U0529606

*A Study on Cognitive Diagnostic Assessment and Promotion Strategy of Pupils' Reading Ability*

# 小学生阅读能力的认知诊断与提升策略研究

谢美华 黄友泉 著

中国社会科学出版社

## 图书在版编目（CIP）数据

小学生阅读能力的认知诊断与提升策略研究 / 谢美华等著 . —北京：中国社会科学出版社，2022.9
ISBN 978 - 7 - 5227 - 0496 - 8

Ⅰ. ①小… Ⅱ. ①谢… Ⅲ. ①阅读课—教学研究—小学 Ⅳ. ①G623.232

中国版本图书馆 CIP 数据核字（2022）第 125469 号

| | |
|---|---|
| 出 版 人 | 赵剑英 |
| 责任编辑 | 许 琳　齐 芳 |
| 责任校对 | 谈龙亮 |
| 责任印制 | 郝美娜 |
| 出　　版 | 中国社会科学出版社 |
| 社　　址 | 北京鼓楼西大街甲 158 号 |
| 邮　　编 | 100720 |
| 网　　址 | http://www.csspw.cn |
| 发 行 部 | 010 - 84083685 |
| 门 市 部 | 010 - 84029450 |
| 经　　销 | 新华书店及其他书店 |
| 印　　刷 | 北京君升印刷有限公司 |
| 装　　订 | 廊坊市广阳区广增装订厂 |
| 版　　次 | 2022 年 9 月第 1 版 |
| 印　　次 | 2022 年 9 月第 1 次印刷 |
| 开　　本 | 710×1000　1/16 |
| 印　　张 | 23 |
| 插　　页 | 2 |
| 字　　数 | 335 千字 |
| 定　　价 | 128.00 元 |

凡购买中国社会科学出版社图书，如有质量问题请与本社营销中心联系调换
电话：010 - 84083683
版权所有　侵权必究

# 目　录

前言 …………………………………………………………（1）

第一章　文献综述和研究设计 ……………………………（1）
　　第一节　概念界定 ……………………………………（1）
　　第二节　文献综述 ……………………………………（9）
　　第三节　问题提出 ……………………………………（55）
　　第四节　研究设计 ……………………………………（61）

第二章　小学生阅读能力认知模型的建构 ………………（69）
　　第一节　研究设计 ……………………………………（69）
　　第二节　小学生阅读能力认知模型的建构依据 ……（70）
　　第三节　认知属性及其层级关系的界定——认知分析法 …（88）
　　第四节　认知属性及其层级关系的验证——口语报告法 …（95）
　　第五节　认知属性及其层级关系的验证——专家评定法 …（105）

第三章　认知诊断测验的编制及其质量分析 ……………（107）
　　第一节　研究设计 ……………………………………（107）
　　第二节　基于Q矩阵理论的认知诊断测验编制 ……（109）
　　第三节　测验的试测及其质量分析 …………………（121）
　　第四节　正式测验质量分析 …………………………（131）

**第四章　小学生阅读能力认知诊断结果分析** ………………（172）
　　第一节　研究设计 …………………………………………（172）
　　第二节　研究结果 …………………………………………（176）

**第五章　认知诊断信息的反馈及其有效性检验** ……………（234）
　　第一节　研究设计 …………………………………………（234）
　　第二节　认知诊断信息的反馈 ……………………………（236）
　　第三节　诊断信息反馈的有效性检验 ……………………（256）

**第六章　小学生阅读能力影响因素及提升策略** ……………（269）
　　第一节　研究设计 …………………………………………（269）
　　第二节　小学生阅读属性掌握概率差异的原因分析 ………（270）
　　第三节　小学生阅读能力的提升策略 ……………………（283）

**参考文献** ………………………………………………………（308）

**附录** ……………………………………………………………（325）

# 前　言

随着知识经济和信息化时代的到来，阅读已不仅仅是人们获取知识的重要途径，更成为人类生存发展所必须具备的一种基本技能。因此，阅读能力的提升问题受到世界各国政府和全社会的广泛关注，联合国教科文组织发出了"走向阅读社会"的呼吁，并于1995年开始，把每年的4月23日定为"世界读书日"。国际阅读素养进展研究（PIRLS）认为"阅读素养是学生从小学开始就应该掌握的最重要的能力"。世界各国及组织都十分重视对学生阅读水平的监测和评估，美国国家教育发展评估（NAEP）项目早在1969年就开始对4年级、8年级、12年级学生的阅读能力水平进行监测和评估。2000年，经济合作与发展组织开发了国际学生评价项目（PISA）以15岁青少年的阅读能力为评估对象对世界各国和地区进行包含阅读能力在内的监测和评估。国际教育成就评价协会也于2001年在国际范围内开展了国际阅读素养进展评估，以监控国际范围内四年级学生的阅读素养。我国也于2011年开始了对基础教育阶段中小学生的语文阅读能力的试点监测。可见，对阅读能力的评估受到了国际国内的重视。

认知诊断不是"对学习的评价"，而是"为学习而评价"。认知诊断评估（Cognitive Diagnostic Assessment，CDA）是近年来国内外认知心理学和心理测量学相结合的一个崭新的研究领域，林顿和格雷尔2007年指出认知诊断目前还处于萌芽状态。国内在这一领域的研究尚处于起步阶段。埃博拉森1999年和斯科特2002年均预示认知诊断将是21世纪一个新的测量范式，倡导加强研究和应用认知诊断。美国 2001 年正式通过法案《不让一个孩子掉队》，规定美国所有实施的测验必须提供诊断信息给家长、老师和学生。美国社会主流舆论认为，只考试不诊断或者只诊断而不作补救教学，都是不负责任的表现。如美国国家优秀奖学金资格考试 NMSQT 和多层次评估项目 SEP-UP 均需为家长、老师和学生提供诊断信息。国外已开发出 60 多种认知诊断模型，出版有专著多部，曾召开过多次以认知诊断为主题的国际性大型会议，有大量公开发表的学术论文和博士论文。曾成功对数学、阅读、科学、儿童心理发展阶段、三段论加工、推理、段落理解、言语、几何图形类比推理的认知加工过程等进行了诊断。因此，认知诊断研究将会是测量理论发展的必然方向。

　　2001 年教育部启动了新一轮基础教育课程改革，其中提高学生学业质量是课程改革的重要目标之一。2003 年，在教育部基础教育课程教材发展中心组织下提出要建立中小学生学业质量分析、反馈与指导系统。而要建立中小学生学业质量分析、反馈与指导系统，离不开对学生学业质量的细致评估。传统测验关注的重点是考生分数，对分数背后所隐藏的心理内部加工过程、技能和策略、知识结构等无法提供更多的信息。相对于传统测验只提供一个笼统的能力分数值，认知诊断有助于人们更好地了解人类内部心理活动规律及其加工机制，实现对个体认知强项和弱项的诊断，探查个体所掌握的不同知识结构、个体在认知过程中所采用的不同策略及属性掌握状态的详细信息，在此基础上给个体提供有针性的补救性措施。这将有助于学生、教师、家长和教育管理者对学生知识掌握状态的全面了解，有助于学生开展有效的补救性学习和教师进行有针对性的补救性教学，有助于管理者制定有针对性的教育措施，有助于中小学生学业质量分析、反馈与指导系统的建立。

# 第一章 文献综述和研究设计

## 第一节 概念界定

对阅读能力开展认知诊断，先要明确阅读是什么？阅读能力是什么？阅读能力由哪些子技能构成？在阅读过程中，学生运用阅读子技能的顺序是什么？对这些问题的回答是开展阅读能力认知诊断研究的基础工作。

### 一 阅读

关于阅读是什么，国内外研究者们从不同的角度对阅读进行了不同的阐述。西方最早对阅读进行系统研究的是休伊 1908 年在他的《阅读心理和教育学》一书中指出阅读理论应该包括"对人类思维的许多最为复杂的工作"进行的描述[1]。1975 年，吉布森和莱文认为，阅读是从篇章中提取意义的过程，其过程是把文字符号译码为声音并使之具有相应的心理词典，从而可以从语意记忆中获得书写该词的意义并能够将这些词的意义进行整合[2]。1982 年，道林和李梁认为阅读是把书写的符号翻译成声音的符号，也指由读者用已具有的概念去建构新的意义的过程[3]。1986 年，阔伏和途末认为阅读就是解码×语言

---

[1] Huey, E. B. *The Psychology and Pedagogy of Reading*, Cambrige, MA：MIT Press, 1908.
[2] Gibson, E. J. & Levin, H. *The psychology of reading*, The MIT press, 1975.
[3] Downing, J. A., & Leong, C. K. *Psychology of reading*, New York：Macmillan. Eskey (Eds.) *Interactive Approaches to Second LanguageReading*. Canbridge：Cambridge University Press, 1982, pp：11 - 21.

理解的过程①。1989年,雷纳和颇拉提司客把阅读定义为从页面抽取视觉资料和理解篇章意义的过程②。上述研究者的观点虽然表述上各不相同,但这些观点在本质上具有一致性,即都认为阅读是将视觉符号转变成为声音符号从而获得意义的过程。

国内也有许多研究者对阅读的定义提出过自己的看法,如1991年,彭聆龄在《语言心理学》中指出阅读是指从文字系统(包括具有一定意义的其他符号、图表等)中提取信息的过程③。1991年,王继坤指出阅读是具有主观能动性的阅读个体对于阅读文本认知、理解、消化和应用的过程④。2004年,袁茵指出阅读是读者从书面材料中获取信息,经过心理加工而表现为心智活动和行为,并多方面影响读者的过程,而且阅读与认知、动机、情感、个性等心理因素紧密联系。阅读活动由获取信息、心理加工、行为表现构成⑤。2005年,张必隐在《阅读心理学》一书中指出阅读是从书面材料中获取信息并影响读者非智力因素的过程且与动机、情感、个性紧密相关⑥。2006年,伍岳指出阅读的实质就是学生根据阅读的文字材料激活大脑原有知识表征,利用阅读策略以适应各种不同阅读条件的心智过程⑦。2008年,周小兵等人将阅读定义为通过视觉及触觉从广义书面语中提取信息、建构意义的认知过程⑧。2019年,顾永桂指出阅读是从书面材料中提炼信息,主动建构意义的行为,是读者主动投入,运用各

---

① Gough, P. B., Tummer, W. E., "Decoding, Reading, and Reading Disability", *Remedial and Special Education*, No. 7, 1986, pp. 6–10.
② Rayner., K. & Pollatsek, A. *The psychology of reading*, Englewood, Cliffs, N. J.: Prenticehall, 1989, p. 67.
③ 彭聆龄:《语言心理学》,北京师范大学出版社1991年版。
④ 王继坤:《现代阅读学》,济南出版社1991年版。
⑤ 袁茵:《听觉障碍中小学生汉语阅读能力研究》,博士学位论文,辽宁师范大学,2004年。
⑥ 张必隐:《阅读心理学》,北京师范大学出版社2005年版。
⑦ 伍岳:《新课程下学生阅读能力的培养》,硕士学位论文,江西师范大学,2006年。
⑧ 周小兵、张世涛、干红梅:《汉语阅读教学理论与方法》,北京大学出版社2008年版。

种阅读策略与文本进行对话的过程①。除了有众多研究者对阅读进行解读外，许多工具书也都给阅读下了定义。如《阅读与写作词典》：阅读，就是读书，即借助感官，通过思考来了解文字符号所表达的内容，并以理解意义为中心的智力活动②。《实用语文教学词典》：阅读是通过视觉转向大脑接收书面语言信息的学习实践活动③。《语文教育词典》：阅读是读者靠目视或口诵，从书面文字符号中理解和提取意义的一种学习活动④。《现代汉语词典》：看并领会其内容。

从国内研究者和工具书给出的阅读定义中进行关键词提炼，得到如下结果。彭聃龄：提取信息的过程。王继坤：主观能动性的个体对阅读文本认知、理解、消化和应用的过程。袁茵：从书面材料中获取信息，经心理加工表现为心智活动和行为，影响阅读者的过程，且与认知、动机、情感、个性等心理因素紧密联系。张必隐：获取信息并影响阅读者非智力因素的过程，且与动机、情感、个性紧密相关。伍岳：激活原有知识、用阅读策略适应阅读条件的心智过程。周小兵：通过视觉和触觉提取信息、构建意义的认知过程。顾永桂：提炼信息，主动构建意义的行为，用阅读策略与文本对话的过程。《阅读与写作词典》：借助感官、通过思考、了解符号表达的内容、理解意义的智力活动。《实用语文教学词典》：通过视觉转向大脑接收书面信息的学习实践活动。《语文教育词典》：靠目视或口诵、从书面符号中理解和提取意义的学习活动。《现代汉语词典》：看并领会内容。

从国内外关于阅读的定义可知：第一，定义中所界定的阅读要素有所不同，如王继坤和顾永桂提到了主动性；伍岳和顾永桂提到了阅读策略；伍岳还提到了背景知识；袁茵和张必隐提到了阅读中的非智力因素；袁茵、周小兵和所有工具书都提到了阅读过程所用到的途径

---

① 顾永桂：《小学高段学生语文阅读能力的调查研究》，硕士学位论文，苏州大学，2019年。
② 林士良：《阅读与写作词典》，广西人民出版社1988年版。
③ 罗大同：《实用语文教学词典》，天津教育出版社1989年版。
④ 朱绍禹：《语文教育词典》，延边人民出版社1991年版。

如视觉、触觉、口诵等。提到较多的相同点是信息提取和获得意义。第二，关于阅读的性质主要有两种观点：过程观和活动观。过程观的表述有心智过程、认知过程、与文本对话的过程；活动观的表述有心智活动、智力活动、学习实践活动、学习活动。我们认为：第一，阅读要素可分为核心要素和外围要素，核心要素是指阅读过程中要用到的基础知识和基本认知技能，外围要素是指影响阅读的因素如非智力因素。广义的阅读包含核心要素和外围要素，狭义的阅读不包含外围因素。第二，过程观还是活动观？由于过程由活动组成，所以阅读是一种活动过程。根据心智、认知、智力的心理学定义，心智过程、认知过程、心智活动、智力活动等表述其本质一样，都强调大脑对书面材料的反映。但阅读活动过程中不仅有大脑的参与，也有情志因素的渗透，因此，阅读是一种心理活动过程而不仅仅是认知过程。而工具书中学习实践活动与学习活动的提法太宽泛，不能反映阅读活动与其他学习活动的本质区别。综上，课题组认为阅读有广义和狭义之分，广义的阅读是指"读者通过视觉或口诵等方式从书面材料中提取信息，利用已有背景知识，调动阅读目的、阅读动机、阅读情意等非智力因素，采用一定的阅读策略积极主动地构建意义的心理活动过程"。狭义的阅读是指"读者通过视觉或口诵等方式从书面材料中提取信息，利用已有背景知识积极主动地构建意义的心理活动过程"，其中的心理活动包括字词认知、词句理解、信息获取、信息加工、信息转换、信息推断、信息构建和情感体验等。这是新旧信息交互作用的过程，也是读者利用已有背景知识内化新信息的复杂的心理活动过程，是一个具有一定生成性和创造性的心理活动过程。

## 二 阅读能力

认知诊断研究诊断的对象不是阅读，而是阅读能力，准确地说，是阅读能力的子技能，因此，有必要进一步厘清阅读能力的概念。关于阅读能力的概念，也存在诸多观点。首先要了解的是国际三大阅读能力测试项目对阅读素养的界定，这是国外最有代表性的三大阅读能力测试项目。

国际经济合作与发展组织（OECD）的国际学生评价项目（The Programme for International Student Assessment，PISA）对阅读素养的定义是不断发展的。PISA2000：学生为了实现个人目标、增长知识、发展潜能以及有效地参与社会生活而理解、运用和反思书面材料的能力。PISA2009：指学生为了达到个人目标、增进知识、发展潜能以及参与社会活动而理解、运用、反思书面文本的能力以及阅读参与度的状况[1]。显然，2009年的定义里增加了"阅读参与度"的考察，大陆有研究者专门对PISA的学习参与度进行了研究[2]。PISA关于阅读素养定义的特点是全面关注了阅读的个人意义、社会活动参与和阅读参与度。

国际教育成就评价协会（IEA）开展的大型国际测试项目TIMSS中的子项目之一——国际阅读素养进展研究项目（Progress in International Reading Literacy Study，PIRLS）对阅读素养的定义也是发展中的。PIRLS2001：理解和运用那些社会需要的或个人认为有价值的书面语言形式的能力；年轻的读者能够从各种文章中建构意义；他们通过阅读来进行学习、参与阅读社群、获得愉悦感[3]。PIRLS2006：读者出于社会或个人的需要、理解并且运用书面语言，包括从各种形式的文本中建构意义；从阅读中学习；参与学校和生活中的读者群体活动；从中寻找乐趣[4]。2001与2006年定义的相同之处是，都强调阅读基于社会或个人需要而理解和运用书面语言和建构意义，阅读的作用是学习、生活和娱乐，即阅读不仅为了理解，还与生活息息相关。不同之处是，前者界定的是"参与阅读社群、获得愉悦感"，后者界

---

[1] Ray Adams & Margaret Wu. *PISA 2009 Technical Rrport*，OECD Publication，2012.

[2] 陆璟：《PISA学习参与度评价》，《上海教育研究》2009年第12期。

[3] Campbell J R, Kelly D L, Mullis I V S, ed. *Framework and specifications for PIRLS assessment 2001*，Boston：PIRLS Internaitons Study Center，Lynch School of Eductation，Boston College，2001.

[4] Mullis I V S, Kennedy A M, Martin M O, ed. *PIRLS 2006 assessment Framework and specifications* 2nd ed. Boston：TIMSS & PIRLS Internaitons Study Center，Lynch School of Eductation，Boston College，2006.

定的是"参与学校和生活中的读者群体活动、从中寻找乐趣",后者明确了参与的是学校与生活中的读者群。

美国国家教育进展评估(National Assessment of Educational Progress,NAEP)2009认为阅读是包含不同行为的动态的复杂过程,阅读能力是指学生能够根据不同的目的和已有的知识经验流利阅读并关注读物的意义,形成对读物的理解并能对其意义进行扩展、描述及批判,并且在这个过程中能够运用不同的策略及形成积极的阅读习惯和态度[①]。显然,NAEP阅读能力的定义与PISA和PIRLS的不同之处是包含了阅读的核心要素和外围要素,但没有涉及阅读的社会意义和生活意义。

NAEP和PISA和PIRLS的共同点是都强调阅读的目的性、强调阅读过程对书面材料的理解、运用和意义建构,如PISA强调的是"理解、运用和反思能力",PIRLS强调的是"理解和运用能力",NAEP强调的是"理解、扩展、描述和批判能力以及阅读习惯和阅读态度"。不同点在于PISA和PIRLS都强调阅读是参与社会活动或生活的方式之一,而NAEP没有强调这一点但强调了阅读策略、阅读习惯和阅读态度等外围要素。不过,PIRLS和PISA对阅读素养外围要素的考察是通过配套问卷实现的,只是没有在定义中体现。可见,国际三大阅读评估项目对阅读能力的评估的共同点是都非常重视考核学生阅读的理解能力(整体感知和信息关注)、运用能力和反思批判能力,都强调阅读的目的和作用。第二个特点是对阅读能力的界定不是线性的,而是综合的立体的系统的。三大阅读项目都重视考核阅读的核心能力,还重视考核阅读能力的外围影响因素,如学校、教师、家庭、学生本人的阅读兴趣、阅读策略、阅读习惯等,不是把阅读能力当成一个孤立的存在,而是把阅读能力看成一个综合的立体的系统能力,考核结果对现实的指导意义更强大。

---

① National Asessment Governing Board. *Reading framework for the* 2009 *national assessment of educational progress*,Washington,DC:National Assessment Governing Board,2008.

其次，国内关于阅读能力的研究成果非常丰富，我们选择部分研究者的观点和工具书的表述作为分析的代表。《心理学大词典》：阅读能力是读者运用自己掌握的知识、经验和策略顺利而有效地完成阅读任务达到阅读目的的智力活动所必备的个性心理特征[①]。《教育大辞典》：阅读能力是完成阅读任务的复杂心理特征的总和"[②]。2002年，邹花香提到作为能力意义上的阅读是指个体在言语实践中，从书面材料中获得信息时对整个过程起稳定调节作用的个性心理特征[③]。2004年，袁茵在其博士论文中指出，阅读能力是指辨认和理解书面语言，并将书面语言转换为有意义的言语的能力[④]。2006年，李英杰在分析国际三大阅读项目后指出三大项目对阅读能力的共同关注点是对文章整体的感知和概括、对具体信息的关注、对细节的解释以及对内容和形式的评价[⑤]。2007年，崔海峰指出阅读能力包含阅读知识、智力、情志和方法四个因素[⑥]。2015年，刘晶晶提出，阅读能力是一个由阅读知识（语言知识、文本知识、元认知知识）、阅读能力（理解欣赏创造等基础性阅读能力和学科性阅读能力）和阅读情志（阅读兴趣、阅读情感、阅读习惯）组成的三维要素空间。阅读能力包括认知因素和非认知因素，并认为知识要素、能力要素和情志要素共同构成了阅读能力[⑦]。

综上，严格来说，国际三大阅读评价项目所测评的是阅读素养不仅仅是阅读能力，素养概念的外延更大，从他们对阅读素养的界定来

---

① 朱智贤：《心理学大词典》，北京师范大学出版社1989年版。
② 顾明远：《教育大辞典》，上海教育出版社1998年版。
③ 邹花香、周金业：《认知心理学的阅读能力观及其教学含义》，《江西社会科学》2002年第11期。
④ 袁茵：《听觉障碍中小学生汉语阅读能力研究》，博士学位论文，辽宁师范大学，2004年。
⑤ 李英杰：《小学生阅读能力学业水平评价的研究》，硕士学位论文，首都师范大学，2006年。
⑥ 崔海峰：《小学生语文阅读能力的要素、结构、层次及其培养研究》，硕士学位论文，南京师范大学，2007年。
⑦ 刘晶晶：《小学语文阅读能力标准与学生评价的一致性研究》，博士学位论文，华中师范大学，2015年。

看，如果说是对阅读能力的界定，那么应该称之为大阅读观或广义的阅读能力。而国内对阅读能力的定义可以分为两大类，一类是纯学科意义上的狭义的阅读能力，如《心理学大词典》、《教育大辞典》、邹花香、袁茵和李英杰等认为阅读能力是一种个性心理特征或一种言语能力，没有关注到阅读能力的其他要素。而崔海峰和刘晶晶则不同，他们认为阅读能力包括了知识、能力、情志甚至方法要素。后两位研究者的观点与国际上对阅读素养的界定接近。

由此，阅读能力有广义和狭义之分，广义的阅读能力是指"读者利用已有的知识经验从书面材料中获取信息、调动自身的认知能力和情志因素，采用一定的策略对其进行理解、推断、整合、体验、反思和评价的个性心理特征的总和。"狭义的阅读能力是指"读者从书面材料中获取信息并对其进行理解、推断、整合、体验、反思和评价的个性心理特征"。阅读能力是学生在阅读活动中形成和发展起来的，运用科学的阅读策略独立获取、加工和利用信息，并进行问题分析和解决实际问题的一种个性心理特征。课题所测评的是广义的阅读能力，但对阅读策略、阅读兴趣、阅读动机等外围能力要素的测评则以配套问卷的形式实现。单从认知诊断角度来说，由于认知诊断模型的限制，诊断的是狭义的阅读能力。把广义阅读能力包含的所有要素都放进认知诊断模型的模型还有待开发，其参数估计较难实现。不过，已有研究者开发了包含认知策略的诊断模型[①]。

需明确的是，阅读与阅读能力是两个本质不同的概念，不能把二者混淆。其中，最根本的区别在于阅读是一种受智力和非智力因素影响的心理活动过程，其根本特征是一种活动过程；而阅读能力是顺利完成阅读活动所必需具备的个性心理特征，这种综合的个性心理特征会影响阅读活动的顺利进行。认知诊断阅读能力评估的是阅读活动过程中体现出来的个性心理特征。

---

① 刘铁川：《Mix-DINA 模型功能开发及其与 DINA、MS-DINA 模型的模拟与实证比较》，博士学位论文，江西师范大学，2012 年。

## 第二节 文献综述

### 一 关于阅读能力结构的研究

认知诊断评估学生阅读能力的目的是从微观视角揭示阅读子技能的掌握程度而不仅仅满足以从宏观上对阅读能力给予综合评价,因此,剖析阅读能力的结构是开展阅读认知诊断的前提性工作。从第一节的概念界定可知,阅读是一个复杂的心理活动过程,阅读过程需要各种阅读子技能的协同参与;阅读能力是完成阅读任务达成阅读目的而对信息进行多种加工的个性心理特征。阅读能力是语文能力的基础也是其他所有学科学习的基础,无论是为了更好地开展阅读教学以提高学生的阅读能力还是为了认识这一现象的本质,对阅读能力结构的研究历来受到研究者的高度关注,因此,关于阅读能力结构的研究成果相当丰富。由于研究者的知识背景和研究方法各不相同,所以阅读能力结构的成分划分可谓百花齐放、百家争鸣。下面分别对国内和国外阅读能力结构的代表性研究成果进行分析。

#### (一) 国外阅读能力结构研究

较早对阅读能力结构开展研究的是发展心理学家对儿童早期阅读能力结构的关注。心理学家认为儿童早期阅读活动以识字为主,儿童需要具备的是字词解码能力,即能从心理词典中通达词的发音和意义的能力,培养的是一种快速而自动化地识别并理解词汇的能力,这是高级阅读能力形成的基础。如果字词的解码达不到一定的速度和准确性,将会使得阅读中更为高级的加工活动无法进行。1975 年,谱尔菲提在他的言语效能理论中指出单词解码的速度和自动性是造成阅读困难的核心要素[1]。麦克格劳认为阅读包括文字理解、解释性阅读理解和批判性理解[2]。帕姆弗雷认为阅读是建构性的思维过程,包括对精确意

---

[1] Perfetti, C. A., & Hogaboam, "T. Relationship between single word decoding and reading comprehension skill", *Journal of Educational Psychology*, Vol. 67, No. 4, 1975, p. 461.

[2] McGraw Hill. *Prescriptive reading inventory*, New York: Author, 1974.

义的理解和对隐含意义的理解，具体而言包含理解、应用、分析、评价和想象①。帕林科萨和布朗指出阅读能力由推理、重要内容的关注、文章内在与外在一致性评价以及阅读监控能力构成②。约翰逊提出语文阅读能力包括：译码、字义、表述和评价③。戴维斯认为阅读过程包括词义的存储、内容推理、结构领会、了解作者的写作意图、态度、情绪和找出表面或内隐问题的答案④。昆丝雀指出阅读过程存在三种水平的信息加工活动，一是句子水平的词句解码活动，二是段落或宏观命题水平的组织活动，三是语篇水平上结构的分析综合活动⑤。亨特认为阅读能力由解码速度和整体连贯能力组成⑥。心理学家费雷得认为，阅读能力应由了解所陈述的事实与细节的能力、掌握主要思想的能力、理解事件或步骤的顺序的能力、作出推论与得出结论的能力、组织思想与关系的能力、运用阅读所获得的知识解决问题与检验假设的能力、评价的能力所构成⑦。研究者们对阅读能力的划分不尽相同，我们试图以综合视角来看待这些研究，从众多研究者的观点中提取相同点和不同点，发现国外学者眼中的阅读能力要素有：译码、字义、词义；了解表面信息、了解事实和细节；推理或推论、分析；掌握主要思想；结构领会、理解事件或步骤顺序；监控、评价、想象；应用能力；了解作者写作意图、态度、情绪。进而对这些词语进行归类可以得到如

---

① Pumfrey, P. D., "Measuring reading abilities: Concepts, sources and applications", *Hodder and Stoughton*, 1977.

② Palincsar, A. S., & Brown, A. L., "Reciprocal teaching of comprehension fostering and monitoring activities", *cognition and instruction*, 1984.

③ Johnson, T. D., & Louis, D. R., "Literacy through literature", *Portsmouth*, NH: Heinemann. No. 3, 1987.

④ Davis, T. C., Mayeaux, E. J., Fredrickson, D., Bocchini, J. A., Jackson, R. H., & Murphy, P., "Reading ability of parents compared with reading level of pediatric patient education 23. materials", *Pediatrics*, Vol. 93, No. 3, 1994, pp. 460 – 468.

⑤ Kintsch, W. *Comprehension: A paradigm for cognition*, Cambridge university press, 1998.

⑥ Hunt, A., & Beglar, D., "A Framework for Developing EFL Reading Vocabulary", *Reading in a Foreign language*, Vol. 17, No. 1, 2005, pp. 23 – 59.

⑦ Freed, B., "Second language learning in a study abroad context", *In Encyclopedia of language and education. Springer US*, No. 1, 2008, pp. 1215 – 1227.

下子能力：字词解码、表面信息提取、推论能力、分析能力、概括能力、写作手法、鉴赏评价、应用能力、体验能力。

以上研究者对阅读能力的成分划分并不完全一致，国际三大阅读测评项目对阅读能力的子技能的划分也不尽相同：PISA：（1）获取信息；（2）形成总体上的一般理解；（3）形成解释；（4）反思和评价文本的内容；（5）反思和评价文本的形式。PIRLS：（1）关注并提取明确陈述的信息；（2）直接推论；（3）解释并整合观点和信息，能发表意见；（4）判断与评价的能力。NAEP：（1）整体感知；（2）形成解释；（3）联系自身；（4）作出评价。尽管国际三大阅读测评项目对阅读能力的划分似乎也不一致，但通过比较发现，他们有着共同的观点，那就是：提取信息、一般理解、整合理解或解释、反思或判断与评价。

**（二）国内阅读能力结构研究**

国内对阅读能力结构的研究始于20世纪初，发展于20世纪中叶，繁荣于20世纪中期以后，至今为止形成了多种多样的阅读能力结构观。下面从众多文献中挑选出1989—2019年间的代表性文献进行分析和归纳，以期从中找到国内关于阅读能力结构划分的共性。

1989年，我国著名的语文教师章熊认为阅读能力包含四种子能力，即认识与筛选能力、阐释能力、组合与调整能力以及扩展能力[①]。1990年，莫雷的研究发现小学六年级学生语文阅读能力包括语言解码能力、组织联贯能力、模式辨别能力、筛选贮存能力、语感能力、阅读迁移能力[②]。莫雷进一步指出阅读能力呈现随年龄变化而变化的特点，阅读能力的主要构成因素是语言解码能力、组织连贯能力、概括能力和评价能力[③]。莫雷还对阅读过程进行了分析，认为阅读过程

---

① 章熊：《谈谈现代阅读的能力要求》，《中学语文教学》1989年第1期。
② 莫雷：《小学六年级学生语文阅读能力结构的因素分析研究》，《心理科学通讯》1990年第1期。
③ 莫雷：《中小学生语文阅读能力结构的研究》，《华南师范大学学报》（社会科学版）1996年第1期。

包括四大类别 9 种能力：微观理解（词句理解、语境理解和连贯理解）、宏观理解（布局谋篇的理解、写作意图与表现手法的理解、重点信息的把握、潜在信息的推论、整体信息的组织与建构）、评价阅读（评价与鉴赏）、发散阅读（独特的领悟与迁移）。

1998 年，中国阅读学研究会会长曾祥芹在其主编的《阅读学新论》中指出阅读能力是一个多维的系统。首先，阅读能力由知识系统（基础结构）、智能系统（主干结构）和情志系统（动力结构）组成。其中智能系统是一个纵横交错的立体化结构，纵向层级结构由阅读感知力、阅读理解力、阅读鉴赏（评价）力、阅读迁移力、阅读创造力组成的，其中以阅读理解力为核心，是关于阅读操作技能的行为系统；横向贯串结构由阅读选择力、阅读思考力、阅读想象力、阅读记忆力、阅读时效力组成的，是关于阅读认知心理的智力系统，其中以阅读思考力为核心。阅读理解力和阅读思考力两个核心并不矛盾，而是表里如一。而阅读情志是指阅读的意向品质，包括阅读动机、阅读兴趣、阅读情感、阅读意志，以及由此综合养成的阅读理想、阅读道德、阅读态度、阅读习惯。非智力的阅读情志在阅读的长征中，有时比阅读智力更起作用[1]。

2000 年，刘润清和韩宝成将阅读能力划分为高、低两个层次。低层能力包括：（1）理解各种语法概念，如原因、结果、目的、比较等；（2）理解主从句的句法结构；（3）理解句段的标志；（4）理解词汇/语法的连贯关系；（5）理解词汇的意义。高层能力包括：（1）掌握所读材料的主旨和大意；（2）了解阐述主旨的事实和细节；（3）根据上下文判断某些词语和短语的意义；（4）理解上下文的逻辑关系；（5）根据所读材料进行一定的判断、推论；（6）领会作者的观点、意图和态度[2]。

2001 年，罗照盛和张厚粲的研究结论表明，阅读能力的成分包

---

[1] 曾祥芹：《阅读学新论》，语文出版社 1998 年版。
[2] 刘润清、韩宝成：《语言测试和它的方法》，外语教学与研究出版社 2000 年版。

括语文知识、简单表达、知觉的广度、语词理解能力、归纳段意、整体概括能力、综合分析能力、推理能力和情感体验。指出不同年级的学生其阅读能力水平不同,主要表现为阅读能力结构的变化,随着年级水平的提高,阅读理解能力水平的结构也趋于复杂。即能力层次更高的因素如情感体验在高年级学生特别是高分组学生的阅读能力结构占据重要地位。但影响低年级学生阅读作答的主要是一些低层次的阅读能力如表达能力①。李毓秋和张厚粲采用探索性因素分析方法提出阅读能力由词汇量、推理学习、句意整合、情感理解、归纳概括、评价赏析和综合应用 7 种成分构成②。

2001 年,夏正江对阅读能力提出了较为全面的结构观,认为阅读能力首先分为本体性阅读能力和相关性阅读能力③。其中本体性阅读能力又分为知识性阅读能力、理解性阅读能力和探索性阅读能力;相关性阅读能力又分为自动化阅读能力、朗读与默读能力、浏览检索能力、查阅工具书的能力、摘录、制作卡片的能力、写内容提要和读书笔记的能力。而知识性阅读能力又包括基本的字词知识、语法知识、修辞知识和文学知识。理解性阅读能力包括转换能力、分析能力、概括能力、分类能力、推断能力。探索性阅读能力包括审美能力、评价能力和创新能力。自动化阅读能力的标志是能做到边阅读边思考。朗读与默读能力是指能用普通话正确、流利、有感情地朗读课文;默读有效率,具有一定的速度。浏览检索能力是指能根据需要,从书、报、杂志、互联网等,搜集并处理有关信息材料。查阅工具书的能力是指会使用多种语文工具书查阅自己所需要的资料。摘录、制作卡片的能力是指摘录应选择那些最有意义与价值的内容。2001 年韦志成把阅读过程分为五个阶段:认读—感知阶段、理解—联想阶

---

① 罗照盛、张厚粲:《中小学生语文阅读理解能力结构及其发展特点研究》,《心理科学》2001 年第 6 期。
② 李毓秋、张厚粲、李彬、李凤玫:《中小学生阅读理解能力结构的研究》,《中国教育学刊》2003 年第 3 期。
③ 夏正江:《试论中小学生语文阅读能力的层级结构及其培养》,《课程、教材、教法》2001 年第 2 期。

段、评价—思维阶段、积累—记忆阶段、运用—迁移阶段。进一步指出阅读由感受能力、理解能力、筛选能力、鉴赏能力和记忆能力组成[1]。

2002年，陈良启指出阅读过程包括理解、解释、评价和创造等心理活动过程。学生表现较差的属性有理解能力、概括能力、思维能力、迁移能力、想象力、评价能力[2]。2004年，明卫红依据心理学相关理论提出语文阅读能力的构成要素有：知识因素、智力因素、策略因素、非智力因素，小学阶段的侧重点是知识因素和非智力因素，非智力因素主要是激发阅读兴趣和培养良好的阅读习惯[3]。

为了更清晰地体现研究者们的核心观点，把1989—2019年间的部分研究结果整理成表1-1，含没有在上面陈述的研究。

表1-1　　　　　　　　国内阅读能力研究结构划分

| 作者和年份 | 阅读能力子能力划分 |
| --- | --- |
| 章熊，1989 | 认识与筛选能力、阐释能力、组合与调整能力以及扩展能力 |
| 莫雷，1990 | 语言解码能力、组织联贯能力、模式辨别能力、筛选贮存能力、语感能力、阅读迁移能力 |
| 莫雷，1996 | 微观理解（词句理解、语境理解和连贯理解）、宏观理解（布局谋篇的理解、写作意图与表现手法的理解、重点信息的把握、潜在信息的推论、整体信息的组织与建构）、评价阅读（评价与鉴赏）、发散阅读（独特的领悟与迁移） |
| 武永明，1990 | 认读能力、理解能力、评价能力和创造能力[4] |
| 戴宝云，1992 | 认读能力、理解能力、感受能力和记诵能力[5] |

---

[1] 韦志成：《现代阅读教学论》，广西教育出版社2001年版。
[2] 陈良启：《高中语文阅读能力结构》，硕士学位论文，福建师范大学，2002年。
[3] 明卫红：《阅读能力的要素、结构层次及其培养》，硕士学位论文，南京师范大学，2004年。
[4] 武永明：《阅读能力结构初探》，《语文教学通讯》1990年第9期。
[5] 戴宝云：《小学语文教育学》，浙江教育出版社1992年版。

## 第一章 文献综述和研究设计

续表

| 作者和年份 | 阅读能力子能力划分 |
|---|---|
| 曾祥芹，1998 | 知识系统、智能系统、情志系统 |
| 刘润清和韩宝成，2000 | 低层能力：理解各种语法概念，如原因、结果、目的、比较等；理解主从句的句法结构；理解句段的标志；理解词汇/语法的连贯关系；理解词汇的意义。高层能力：掌握主旨和大意；了解阐述主旨的事实和细节；判断某些词语和短语的意义；理解上下文逻辑关系；根据所读材料进行一定的判断、推论；领会作者的观点、意图和态度 |
| 罗照盛和张厚粲，2001 | 语文知识、简单表达、知觉的广度、语词理解能力、归纳段意、整体概括能力、综合分析能力、推理能力和情感体验 |
| 李毓秋和张厚粲，2001 | 语文知识、简单表达、知觉的广度、语词理解能力、归纳段意、整体概括能力、综合分析能力、推理能力和情感体验 |
| 夏正江，2001 | 本体性阅读能力（知识性、理解性、探索性）和相关性阅读能力（自动化、朗读与默读、浏览检索、查阅工具书、摘录制作卡片、写内容提要和读书笔记） |
| 韦志成，2001 | 感受能力、理解能力、筛选能力、鉴赏能力和记忆能力 |
| 陈良启，2002 | 理解能力、概括能力、思维能力、迁移能力、想象力、评价能力 |
| 明卫红，2004 | 知识因素、智力（思维）因素、阅读的方法与策略因素、非智力因素 |
| 崔海峰，2007 | 阅读感知力、阅读理解力、阅读鉴赏力、阅读迁移力和阅读创造力[①] |
| 娄阿利，2011 | 认读能力、理解能力、评赏能力、借鉴能力[②] |
| 李亮，2012 | 信息提取、分析概括、领会理解、解释推断、发散拓展和批判赏析[③] |
| 张燕华，2015 | 整体感知、信息整合、理解阐释、鉴赏评价、批判探究[④] |

---

[①] 崔海峰：《小学生语文阅读能力的要素、结构、层次及其培养研究》，硕士学位论文，南京师范大学，2007年。

[②] 娄阿利：《9—12岁小学生语文阅读能力的发展特点及培养研究》，硕士学位论文，沈阳师范大学，2011年。

[③] 李亮、周彦：《江苏省小学语文学业质量分析报告》，《江苏教育研究》2012年第6期。

[④] 张燕华、郑国民、关惠文：《初中生语文阅读能力表现研究》，《教育学报》2015年第6期。

续表

| 作者和年份 | 阅读能力子能力划分 |
|---|---|
| 朱淑君，2017 | 感知能力、分析理解能力、概括能力、反思评价能力[1] |
| 管贤强，2017 | 筛选整合、理解阐释、反思评价、推断探究、实践应用[2] |
| 顾永桂，2019 | 认读能力、提取能力、理解能力、联想推断能力、归纳概括能力、评价鉴赏能力[3] |

上述研究中，莫雷、曾祥芹、刘润清和韩宝成、夏正江这几位研究者把阅读能力看成是一个有结构有层次的立体结构，而其他研究者认为阅读能力是线性连续体，针对阅读能力线性观，把他们的相同和不同表述进行全面梳理，保留相同要素和不同要素，所提到的全部表述有：语文知识、认读能力或语言解码能力、感受能力（感知力、整体感知、语感）、模式辨别能力、记诵能力（记忆能力）、信息筛选能力（信息提取）、领会理解能力（理解阐释）、联想推理能力（想象力）、分析能力、归纳概括能力（信息整合、组合与调整、组织联贯）、情感体验、反思评价鉴赏能力（批判赏析、鉴赏评价、批判探究）、迁移能力（扩展能力、发散拓展、实践应用）、创造力、非智力因素、阅读方法、阅读策略。从这些表述可以看出，这是一个大阅读观的阅读能力划分，有很多要素都是研究者的共同观点，只是表述不同，当然，还存在一个属性粒度大小不同的问题。

结合国外阅读能力要素即字词解码、表面信息提取、推论能力、分析能力、概括能力、写作手法、鉴赏评价、应用能力、体验能力和国际三大阅读评价项目的阅读要素即提取信息、一般理解、整合理解或解释、反思或判断与评价。我们发现在大量研究背后隐藏着共性成

---

[1] 朱淑君：《小学高年级语文阅读能力研究》，硕士学位论文，山东师范大学，2017年。
[2] 管贤强：《核心素养取向的非连续性文本阅读能力评价》，《中学语文教学》2017年第11期。
[3] 顾永桂：《小学高段学生语文阅读能力的调查研究》，硕士学位论文，苏州大学，2019年。

分。由此，我们对阅读能力结构的认识是：（1）阅读能力是一个多层级的立体的而非线性的能力结构体系。（2）高级阅读能力以低级阅读能力的掌握为基础。（3）字词认读能力和理解能力是最基础的阅读能力。（4）阅读理解过程是一个从部分到整体，从局部到连贯、从低级到高级、从事实到情感、从表层理解到深层理解的过程。（5）尽管对阅读能力的构成成分无论在表述上还是在数量上都不完全相同，但综合大家的观点可归纳出一些共识性成分，即感知、认读、识记、理解、筛选（选择）、推断（推理）、整合、吸收、反思、评价、体验、鉴赏、运用（迁移）、创造等。

## 二 关于阅读认知过程的研究

自20世纪50年代以来，心理学界提出了不少关于阅读的理论模型，他们致力于解决如下问题：读者是如何进行心理表征的？心理表征的顺序和关系是什么？如何将已有信息和书面信息结合起来？如何提取并整合信息？对这些问题的回答即是把阅读过程看成是一个动态的过程，这个动态过程是如何进行的问题。早期的阅读认知过程模型主要有三种，即自下而上模式、自上而下模式和交互作用模式。后来陆续有容量理论、建构整合理论、建构主义理论、最小假设理论、基于记忆的语篇加工理论等。

### （一）自下而上模式

以高夫为代表提出的自下而上模式认为阅读理解过程是按照线性序列传递进行的，即按照字母、单词、词组、句子、段落、语篇的顺序有序进行，包括印刷字母的注意、形象表征和字母辨认、词的心理词典意义、句子中的词的意义、句子在语篇中的意义、语篇的理解[①]。该模式认为要达到任何高一级的阅读水平，都必须以掌握低级水平的阅读知识为前提，任何水平上的信息加工只对其后一级的信息加工产

---

① Gough, P. B., Tummer, W. E., "Decoding, Reading, and Reading Disability", *Remedial and Special Education*, No. 7, 1986, pp. 6–10.

生直接的影响。因此，阅读被认为是一个精确的过程，是基于文本的信息解码过程。模式对阅读加工过程的描述简单、易于理解，但把阅读过程看成是从读物中提取意义的单一线性过程简化了复杂的阅读过程。

### （二）自上而下模式

越来越多的研究表明，读者记忆中已有知识对阅读会产生很大的作用。字母在熟悉的词中更容易得到辨认，即所谓的"词优效应"，这是已有知识产生作用的结果。同时，词在一定的上下文中比单独出现更易被理解，即存在"语境效应"。词优效应和语境效应都说明阅读不单纯是从眼前文本中获取信息的过程，也与读者原有知识有很大的关系，即存在自上而下的作用。古德曼提出的"阅读的心理语言学猜测模式"就是最具影响力的自上而下模式[1]。古德曼认为把阅读看作对一系列词的知觉是错误的[2]。他指出阅读是一种根据读者预见的语言提示进行选择的过程，被选择的部分信息随着阅读的进展而被证实、否定或改进。同时，他还认为读物本身并没有意义，阅读不是逐字逐句的辩识过程，阅读是基于读者知识的预期过程。他把这个过程分成5个步骤，即识别启动、预测、证实、修正和结束。与自下而上的观点认为阅读以文本为起点的观点相对的是，自上而下模式认为阅读以读者头脑中已有知识和有关经验为起点。这种观点过于极端，只强调高层次的预测而忽略低层次的词汇和语法知识的快速而准确的作用也不符合阅读的实际过程。研究表明[3]，低层次的阅读过程如视觉信息加工在阅读中非常重要。

### （三）交互作用模式

上述两种模式都认为阅读的加工过程是线性前进的，其信息是单

---

[1] Goodman, K. S., "Reading: A psycholinguistic guessing game", *Journal of the Reading Specialist*, No. 4, 1967, pp. 126 – 135.

[2] Goodman, K. S. *The Reading process*, In P. L. Carrell, J. Devine & D. E. 1988.

[3] Rayner, K. The perceptual span and eye movement control during reading. In K. Rayner (Ed.). *Eye Movements in Reading: Perceptual and Language Process*, New York: Academic Press, 1983, pp. 97 – 120.

向传递的,每个阶段的信息处理独立进行,上一阶段把处理结果传递给下一阶段,但阶段间互不影响。不同之处在于自下而上模式认为阅读从最低的字词加工开始上升到更高水平的加工,完全否认读者先前知识在阅读中的作用,语篇理解的失败根源于读者语言解码能力的不足。而自上而下模式认为阅读从读者的假设和预测开始,再用获得的信息对假设和预测进行证实,但完全否认低水平加工的作用,夸大了读者已有知识经验和高层次阅读的作用。随着阅读研究的发展,越来越多的研究者认识到阅读并不是线性进行的,而是两种模式交替进行的复杂过程,视觉信息和已有知识不断在字、词、句、语法、语义和语篇等不同层次上进行着辨别、假设验证的过程以共同构成对文本的理解,这就是交互作用模式的思想。较为典型的交互作用模式有图式理论和交互补偿模式。1977 年,鲁梅尔哈特提出的图式理论是相互作用模型中的典型代表[1]。图式是一种抽象的知识结构,也有人将其定义为过去的经历在大脑中的动态组织。它是由变量组成的具有等级结构的知识网络,它可以在不同的抽象水平表征我们的知识。图式是认知的基础,人们认识外在世界时都要调用大脑中的图式来解释、预测、组织从而吸收外界的信息。根据图式理论,人们大脑中的现有图式由于不断有新的信息被整合进来而变成新的图式,这一新的图式又是新的认识的基础。而阅读就是读者现有图式与阅读材料之间的信息交互作用的过程,读者会根据已掌握的相关知识对文章进行推测和假设,并进行不断的验证和修正,最终获得信息的通达的过程。因此,阅读过程是读者意义建构的过程,相同的语篇在不同的读者那里会获得不同的意义解释,语篇只是提供了调用图式的线索和方向,读者大脑中的图式越多、越丰富、越稳定,被调用的速度就越快,阅读理解

---

[1] Rumelhart, D. E. Understanding and summarizing brief stories, In D. Laberge & S. J. Samuels (Eds.). *Bacic Process in Reading: Perception and Comprehension*. Hillsdale, NJ: Erlbaum, 1977, pp. 265–303.

的效率也就越高。卡雷尔[①]把图式分为两种:一是内容图式,指与文章内容相关的背景知识。二是形式图式,指与文本的体裁和篇章结构相关的知识。如果读者拥有足够的文本体裁、结构和修辞等方面的知识,在阅读过程中,熟练地运用结构策略迅速理清文章的组织结构和段落之间的逻辑关系,这将有助于读者对文章的透彻理解。在交互模式的基础上,1980年,斯坦诺维奇提出了交互补偿模式[②],他认为"任何层次的步骤都可以对其他任何层次的缺陷加以补偿"。其中,交互式是指在任何阶段,不管处于阅读过程中的哪个阶段,都可以和其他任何阶段沟通。补偿式是指如果读者某种知识源相对较弱,可以依赖其他比较发达的知识资源进行补偿。这种观点是对交互模式的补充,两个模式合并起来可以称为交互补偿模式。

除了以上三种阅读加工过程模式,学者们陆续对阅读加工过程进行了研究,较有代表性的理论有:

### (四)语篇理解的建构—整合模型

昆丝雀认为语篇阅读理解的过程是由建构和整合两个阶段形成的,建构是指构建命题网络,整合是指把文本的基本单位整合进读者的原有知识从而形成连贯的语篇意义的心理表征[③]。构建阶段主要包括以下四个步骤:(1)激活与语言输入直接相对应的概念和命题以建构语篇的命题表征。(2)激活与阶段1形成的微观命题联系最紧密的相邻节点形成宏观命题以帮助后面的语篇加工,但这种激活是无序的且不受上下文的制约,即无控制性推理。(3)通过控制性推理加工产生额外的宏观命题或连接推理。昆丝雀指出理解所需的推理并非全是在无序的自由的增添机制下产生,问题的解决则需要有控制性的加工以产生理解所需的推理。(4)将以上三个阶段所生成的命题

---

① Carrel, P. L. ed., "Schema Theory and ESL Reading Pedagogy", *TESOL Quarterly*, Vol. 14, No. 4, 1983, pp. 553 – 573.

② Stanovich, K. E., "Toward an interactive-compensatory model of individual differences in the development of reading fluency", *Reading research quarterly*, No. 1, 1980, pp. 32 – 71.

③ Kintsch, W., "The use of knowledge in discourse processing: A construction-intergration model", *Psychological Review*, No. 95, 1988, pp. 163 – 182.

(微观命题、宏观命题及二者相联系的命题)连接起来,并根据相互间的相关强度来分配联结强度。构建阶段中,词、句法、语义和世界知识等概念(知识节点)被激活会形成概念网络,但这些激活不受语篇整体约束的限制,所形成的网络虽丰富但松散而不连贯,甚至有可能相互矛盾。因此,整合阶段的任务是排除语篇表征的无关成分。这一过程发生在文本处理的各个层面,单词、句子及语篇表征中都存在且反复循环地进行。即新构建的意义表征随即与工作记忆中先前所产生的语义网络相整合,如果整合失败,新的命题或推理会加入网络,再进行整合,直到产生前后一致的意念,而那些不一致的相关较低的命题和概念就会从表征中消失,从而形成连贯的通达的语篇心理表征。最后,建构—整合模型认为所有这些加工过程都是自动发生的,一般而言,这种自动的建构和整合过程基本都能满足理解的需要,但当加工失败时,就需要大量的问题解决性加工的参与。

**(五)容量理论**

容量理论是伽丝特和卡彭特提出的语言理解的理论,这一理论关注的是人的认知资源特别是工作记忆中的资源在加工过程中的分配[①]。其观点是工作记忆中的最大激活量会制约语篇理解,且个体间存在容量的差异。可见,该理论强调的是阅读过程中每个需要表征的成分如字词、知识、命题、语法或语篇结构等能否被成功激活,而激活有两种方式,一是信息编码,二是从长时记忆中提取,只有被激活的成分才能进入工作记忆,进而参与理解的加工过程。而每个读者的加工资源是有限的,即其所具备的总激活量是有限的。当任务对资源的要求超过读者的容量时,加工速度就会减慢,部分加工结果就会被遗忘。可见,容量理论的本质强调的是读者原有知识对阅读理解的影响。

**(六)建构主义理论**

格雷塞尔、辛格和特拉巴索认为语篇理解是读者主动利用长时记

---

① Just, M. A. & Carpenter, P. A., "A capacity theory of comprthension: Individual difference in working memory", *Psychological Review*, No. 9, 1992, pp. 122-149.

忆中的背景知识与当前的语篇意义表征相结合而不断形成文章情境模式的心理过程①。格雷塞尔等人指出阅读是探求意义的过程，这一过程可用三个假设来解释语篇阅读的过程。1. 读者目的假设，即读者在阅读过程中为力图建构与其目标一致的意义表征而进行深层加工。2. 连贯假设，即读者在阅读过程中总是努力建构局部连贯（短语或句子）和整体连贯（要点或主题等）的意义表征。3. 解释假设，即读者力图解释语篇中的为什么，通过推理、判断以形成连贯的语篇表征。该理论认为，以上三个过程都是读者根据一定的目的主动搜寻特定信息以并力图加以解释的过程。

### （七）最小假设模型

麦考恩和拉特克利夫提出的最小假设模型认为读者在没有特定目标驱动时，阅读过程中只有最低限度的自动推理，此时，建构的是语篇的最小表征，即局部连贯表征，读者此时不会自动建构语篇的整体情境的推理，即精加工推理和目标推理②。麦考恩等人认为，阅读分为两种：有明确目的的阅读和没有明确目的的阅读（自然阅读）。前种情况下读者进行的是策略性推理，后一种情况下进行的是自动推理。自动推理是无意识的，其生成取决于两个条件：一是必要的局部连贯表征；二是能从语篇快速提取推理所需的明示信息或普遍知识。当自动推理无法达到局部连贯的最低需要时，局部信息连贯就会中断，命题难以形成，此时，需要进行策略推理，提取语篇信息的整体连贯以完成整体表征。

### （八）基于记忆的语篇加工理论

麦考恩等人基于最低限度理论提出了基于记忆的语篇加工理论③。

---

① Graesser, A. C., Singer, M. & Trabasso, T., "Constructing inference during narrative text comprehension", *Psychological Review*, Vol. 101, No. 3, 1994, pp. 371–395.

② Mckoon, G. & Ratcliff, R. The minimalist hypothesis: Direction for research. In C. Weaver, S. Mannes, and C. Fletcher (Eds.). Discourse Comprehension: Essays in Honor of Walter Kintsch, Hillsdale, NJ: Lawrence Erlbaum Associates, Inc, 1995, pp. 97–116.

③ Mckoon, G. & Ratcliff, R. Memory-based language processing: Psychololinguistic research in the 1990s", *Annual Rview of Psychology*, No. 49, 1998, pp. 25–42.

该理论强调激活记忆中的信息是语篇理解的前提条件和基础，强调长时记忆中的一般知识（词汇知识、世界知识、语义记忆知识）和语篇中先前信息的激活对理解的作用。基于记忆的语篇加工理论因研究者的侧重点不同而衍生出不同的理论，如基于场景的模型和振荡模型等。但这些理论都强调，阅读过程中长时记忆中的信息是以被动、快速、自动的方式被激活，从而实现对语篇的理解。

自下而上模式、自上而下模式、交互作用模式、容量理论、建构整合理论、建构主义理论、最小假设理论、基于记忆的语篇加工理论的核心观点依次是基于文本的信息解码、强调已有知识经验的作用、自下而上和自上而下两种模式交替进行、工作记忆中的最大激活量制约语篇理解且个体间存在容量差异、阅读是主动构建的过程、读者在没有特定目标驱动时阅读过程中只有最低限度的自动推理、长时记忆中的一般知识和语篇中先前信息的激活是语篇理解的前提条件和基础。可见，每个理论都从某个角度揭示了阅读心理加工过程的本质，综合起来可以认为阅读是读者从语言材料和长时记忆中提取信息，建立起新旧信息的联系以形成新的表征并加以整合形成连贯心理表征的过程，因而阅读是一系列复杂的心理成分交互作用的过程，涉及从字词识别到建立连贯表征的一系列心理加工活动，会受到读者阅读的主动性、阅读目标和长时记忆中的信息激活量的影响。

### 三 关于阅读能力测评的研究

在语文教学过程中，阅读理解是语文教学的重要内容，教师若能及时了解学生阅读能力的发展状况，发现每位学生阅读技能上的强项和弱项，对教育者制定有针对性的教学计划和教学大纲，教师采取有针对性的措施改进教学，更快地促进学生阅读能力的发展具有重要意义。因此，中外阅读心理学家、教育学家和测量学家都开展了大量的阅读能力测评工作。

#### （一）国外阅读测验发展概述

较早的阅读测验考察的是最基本的阅读能力如记忆能力，如

1913年，聘腾纳要求学生尽可能地写下只看过一遍的内容①。也有阅读速度的测验，如考第斯默读测验要求学生在3分钟的速读基础上，再进行5分钟的段落阅读，然后回答文后的5个是否问题②。1914年，巴拉德编制了第一个评价学生的阅读能力的阅读测验。杜雷尔的阅读困难诊断分析量表有1937、1955、1980三个版本，测试内容包括：朗读8段文章后做随后的理解题、默读8段与上面难度相当的文章后测试其回忆内容的成绩、听力理解测试、词的再认和词的分析、听词汇理解词义、发音测试、拼写测试、单词回忆测试、听写或辨认词的声音共9个分测验。1984年斯坦福的阅读诊断测验是一个标准的规范化的阅读测验。这个测验以团体施测的形式测查学生的编码、词汇、理解和阅读速度等技能，主要测试内容有：词汇听力测试、词汇、相似词听觉辨别、语音分析、词的结构分析、词的前缀、后缀、词根分析、词语再认、句子理解、阅读速度测试、扫描重点信息和提取信息的能力、快速阅读和理解能力测试。斯坦福的阅读诊断测验既具有相对测验的功能，又能诊断学生具体阅读子技能上的优劣。1986年出版的维德霍特标准阅读问卷主要考察学生默读和朗读方面的技能技巧。盖茨－麦金青阅读测验主要测查的是学生的词汇、篇章理解、阅读句子和阅读速度（1989年第三版）。格雷朗读测验（1992年第三版）设计者希望该测验既能测查学生的阅读能力，又能测查学生阅读方面的优势和劣势，特别希望能帮助到阅读能力较低的人。可见这个测验具有一定的诊断功能。被广泛使用的一个阅读测验是盖茨－麦克基洛普－霍洛维茨阅读诊断测验，包括记录朗读中的错误、阅读过程呈现的词汇、朗读无时间限制的词语、字词知识考核、元章字母的辨别、听觉单词混合、语素辨别能力、听写单词和无主题写作共八个分测验，从测验目的来看是为了诊断学生的阅读困难，从测量方法来

---

① Pintner R., "Oral and silent reading of fourth grade pupils", *Journal of Educational Psychology*, No. 4, 1913, pp. 333–337.
② 闫国利：《阅读发展心理学》，安徽教育出版社2004年版。

看，其量化方式依然是传统的评分方式①。伍德沃克阅读水平测验（Woodcock Reading Mastery Tests，WRMT-R）适用对幼儿园到成人不同层次的人的阅读能力进行测试，测试内容包括：把视觉刺激转化成自己的语言、字母辨认能力、读单词的能力、识别错误词汇的能力、词语理解、篇章理解。评分报告是百分等级剖面图和诊断剖面图，学生、教师和家长能直观地了解学生在6个分测验上的优势和不足。

近年来，有几个大型国际测试项目在开展国际评估时都包含了对阅读能力的测评，如IEA的PIRLS、OECD的PISA都把阅读作为测评的三大领域之一。还有美国的NAEP、英国的标准成绩考试评价项目（SATS）、澳大利亚的国家教育进展评估（NAP），也都将阅读作为国家教育评估的主要科目。

总之，国外在20世纪八九十年代已在努力开发具有诊断功能的阅读能力测试，对阅读子技能的测试普遍采用分测验的形式，测验设计的测量学理论基础主要是经典测量理论，测验形式普遍采用标准化形式。

（二）国内阅读测验发展概述

对于一个国家和民族而言，阅读是促进儿童素质发展的重要途径，通过阅读可传承民族优秀文化，提高国家的综合竞争力。如何测评个人的甚至整个国家阅读水平也是历来受到我国研究者们的重视的。

较早开发阅读能力测试的是心理学家陈鹤琴先生，他于1922—1924年间编制了《初小默读测验》、《小学默读测验》和《中学默读测验》以测评不同年龄段的学生的阅读能力。其中，《初小默读测验》包括4个分测验分别测量学生辨别汉字、使用汉字、了解字义或句义及造句的能力。《小学默读测验》与《中学默读测验》类似，以四选一的选择题形式考察学生对篇章的理解能力。测验分为五类，每

---

① 闫国利：《阅读发展心理学》，安徽教育出版社2004年版。

类有10篇文章，每篇附有3—5个试题，整份测验有近200道题。

艾伟和杨清编制了以诊断阅读困难儿童为目的的《默读诊断测验》，后来艾伟在我国台湾地区进行了测验的修订。该测验分为四个子测验，主要测试学生的速读后的概括能力、精读和识记能力、把握文章脉络的能力、掌握文字和了解寓意的能力。此后，艾伟和王全桂又编制了《小学国语默读测验》，该测验分为三组，分别适用于低、中、高三个年级段的学生，测验由10—20段文字组成，每段文字后有3—5个问题，共有50个问题，测验时间为35分钟[①]。

朱作仁等编制的《中国小学毕业生默读量表》是一个标准化的量表。它适用于测量不同人群（包括汉语为母语和非母语的学生）。量表包括三个子测验，分别测查阅读速度、知识长进率和阅读理解，其中阅读理解测验测查的内容包括确定词语的意思、了解句子的含义、分段、写段落大意、概括中心思想、摘录有关句子等。题型有选择、是非、填空、问答等。阅读总分为三个分测验的加权总分[②]。

莫雷和司徒伟成等人编制的《语文阅读水平测量量表》的测验目的是为学生阅读成就的评定、诊断及学校教学工作的评价提供客观有效的工具[③]。他们把阅读分为理解性阅读、保持性阅读、评价性阅读和应用性阅读以及快速阅读五个一级指标。

近年来，陆续有研究者编制阅读认知诊断测验，如刘芳、谢美华、李松柏、王松缘、范晓玲、孙梦杰、张启睿等，详细内容参见文献综述"以汉语为母语的认知诊断研究"部分。

通过对国内外阅读能力测评进行归纳和比较发现，阅读能力测评有以下几个特点：（1）总体而言，国内测验标准化程度不如国外高。（2）国内外都有以诊断阅读困难为目的的测验，但测验编制的测量

---

① 孙帮正、邹季婉：《教育与教育测验》，台湾商务印书馆1983年版。
② 朱作仁：《语文测验原理与实施法》，上海教育出版社1986年版。
③ 莫雷等著：《语文阅读水平测量》，中山大学出版社1997年版。

学基础是经典测验理论。（3）大部分测验评估的是宏观阅读能力，对子能力的测量以分测验的形式达到测评目的。（4）阅读认知诊断测验编制还没有受到研究者的较多关注。

### 四 认知诊断研究概况

国外的认知诊断研究早于中国，20世纪六[1]七十[2]年代，研究者已开始关注认知心理学与心理测量学的结合，八十年代[3]有了更多的基础研究并开始发表一些实际应用的研究，九十年代[4]成果渐为丰富且已出版认知诊断评估专集[5]，21世纪以后至今进入了一个快速发展的飞跃时期，越来越多的研究者参与其中，有些研究者如塔苏卡、德拉托雷、格雷尔、亨森、林顿、腾谱林等都发表了多篇论文，已开发出60多种认知诊断模型[6]，出版多部专著，曾召开过多次以认知诊断为主题的国际性大型会议。在教育实践中，美国、英国等发达国家非常重视认知诊断对教育改革做出的贡献，美国2001年正式通过法案《不让一个孩子掉队》，要求教育要有针对性地对每个孩子的学习过程作出评价。在我国台湾地区，郭伯臣带领的研究团队已开发出结合认知诊断的计算机化自适应测验并在教育实践中开展实验性应用。我国香港2003年已

---

[1] Gentile, J., Kessler, K., & Gentil, k., "Process of solving analogies items", *Journal of Educational Psychology*, No.6, 1969, pp.494–502.

[2] Fischer, G. H., "The linear logistic model as an instrument in educational reseach", *Acta Psychology*, No.37, 1973, pp.359–374.

[3] Tatsuoka K. K., "Rule space: An approach for dealing with misconceptions based on item response theory", *Journal of Educational Measurement*, No.20, 1983, pp.345–354.

[4] Buck, G. &Tatsuoka, K. K., "Application of the rule-space procedure to language testing: Examining attributes of a free response listening test", *Language Testing*, No.15, 1998, pp.119–157. Embretson, S. E., "A cognitive design system approach to generating valid tests: Application to abstract reasoning", *Psychological Methods*, No.3, 1998, pp.380–396.

[5] Nichols Paul D., Chipman Susan F., Brennan Robert L., *Cognitively Diagnostic Assessment*, Lawrence Erlbaum Associates: 1995.

[6] Jang, E. E. *A validity narrative: Effects of reading skills diagnosis on teaching and learning in the context of NG TOEFL*, Unpublished doctoral dissertation, University of Illinois at Urbana-Champaign, 2005.

有博士开展结合认知诊断的计算机化自适应测验研究①。但林顿和格雷尔认为认知诊断还处于萌芽状态②。刘芯伶等借助引文空间软件对科学网数据库中认知诊断研究近十年的成果进行知识图谱分析,结果发现国际上认知诊断现状有如下特点③:(1)研究的覆盖国家较少,以美国为核心,中国不断逼近核心地位;(2)跨国际合作较为薄弱;(3)认知诊断知识基础包括认知诊断模型、Q矩阵校准和模型数据拟合等方面,CDCAT研究在2013年后迅速增加;(4)理论研究较多,应用研究缺乏。而我国在这一领域的研究正处于迅速发展阶段,近年来发展较快,研究成果逐渐增多。

为了解我国认知诊断研究现状,采用文献计量学法对我国1984—2020④年间的认知诊断研究文献进行分析。以我国学术期刊网络出版总库(CAJD)为数据源进行分析。CAJD是世界上最大的连续动态更新的我国学术期刊全文数据库,收录自1915年至今出版的期刊,部分期刊回溯至创刊,核心期刊收录率达96%。采用专业检索方法进行文献检索,检索式为:SU = '认知诊断' + '认知诊断评估' + '认知诊断模型' + '规则空间模型' + 'DINA 模型' + '属性层级模型模型',SU表示主题,"+"表示或者,检索年限为1980—2020年,采用模糊查询,检索到文献547篇⑤,包括期刊论文、学位论文和会议论文三种来源。选择主题进行搜索,表示在"题名、关键词、摘要"范围中包含检索词的文献都被检出,检索面较为宽,检索

---

① 文剑冰:《规则空间模型在诊断性计算机化自适应测验中的应用》,博士学位论文,香港中文大学,2003年。
② Leighton, J. P., & Gierl M. J. *Cognitive Diagnostic Assessment for Education*: *Theory and Applications*, Cambridge University Press. The Edinburgh Building, Cambridge CB2 8RU, UK, 2007.
③ 刘芯伶、康春花、曾平飞:《认知诊断十年:基于CiteSpace的知识图谱分析》,《考试研究》2020年第1期。
④ 仅分析CAJD收录的中国大陆认知诊断研究文献,不包含中国大陆作者发表在国外的文献。
⑤ 由于文献搜索方法不同会导致所搜索到文献量略有差异;有些单位的学位论文没有上网,导致部分文献搜索不到,整本书所统计的文献量仅限于能搜索到的文献,也许略有缺漏。

到的文献较为全面。下面从文献量、研究类型和研究主题3个方面分析我国认知诊断研究的现状。

**（一）文献量分析**

1984—2020年间，我国公开发表的认知诊断研究文献共547篇，文献类型包括期刊论文、学位论文和会议论文。其中，第1篇文献始于1984年[①]，这篇文章主要是介绍认知诊断，而1995年余嘉元教授发表的期刊论文[②]和2004年张青华的硕士毕业论文[③]分别是第一篇真正开展认知诊断研究的期刊论文和学位论文。37年间，我国的认知诊断研究迅速发展，尤其是2005年后的文献量呈现快速增长趋势，表1-2是详细的文献量年代分布，图1-3清晰地体现了这种趋势。我国在2005年前的21年间关于认知诊断的总文献量为7篇，发表年份分别是1984、1990、1993、1994、1995、2003、2004，每年1篇，2005年后的16年间快速发展。2003—2020年间，我国认知诊断文献平均增长率为41.94%，呈现快速增长趋势。平均增长率计算公式为：$r = \sqrt[n]{A/a} - 1$（A为文献累计量，a为初始时刻的文献数量，n为统计年数）[④]。

表1-2　　　　　　　　我国认知诊断文献量统计

| 年份 | 1984—1999 | 2000 | 2001 | 2002 | 2003 | 2004 | 2005 | 2006 | 2007 | 2008 | 2009 |
|---|---|---|---|---|---|---|---|---|---|---|---|
| 文献量 | 5 | 0 | 0 | 0 | 1 | 1 | 4 | 8 | 9 | 14 | 23 |
| 年份 | 2010 | 2011 | 2012 | 2013 | 2014 | 2015 | 2016 | 2017 | 2018 | 2019 | 2020 |
| 文献量 | 17 | 33 | 30 | 34 | 47 | 43 | 43 | 45 | 60 | 79 | 51 |

---

[①] 方富熹：《关于儿童算术的认知诊断》，《心理学动态》1984年第3期。
[②] 余嘉元：《运用规则空间模型识别解题中的认知错误》，《心理学报》1995年第2期。
[③] 张青华：《规则空间模型在统计学习模式识别中的应用研究》，硕士学位论文，江西师范大学，2003年。
[④] 万晓霞：《近10年SCI人格心理学研究文献计量分析》，《心理科学进展》2009年第6期。

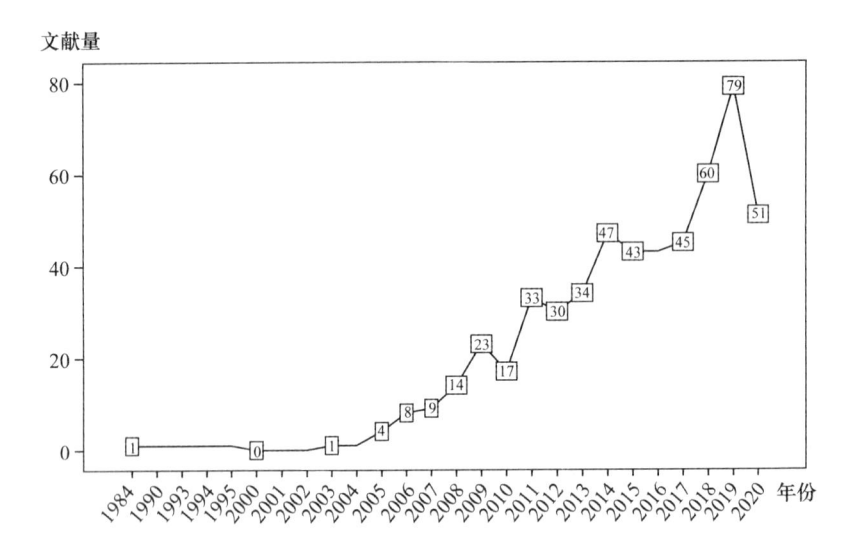

图 1-1 我国认知诊断研究文献量增长趋势

### (二) 研究类型分析

根据研究目的的不同,可以把研究分为基础研究和应用研究。经统计,1984—2011 年间基础研究占总数的 80.85%,应用研究占总数的 19.15%;基础研究中介绍性文献占 38.30%,对诊断方法开展研究的文献占 42.55%。其中介绍性文献内容有认知诊断理论、认知诊断的基本流程、规则空间模型及属性层级模型述评、认知诊断模型的分类及模型进展以及教育领域对认知诊断的引介,这类文献集中在 2006 年前。对诊断方法开展的研究集中于 2007 年之后,文献内容主要围绕 CD—CAT、选题策略、在线属性标定、模型改进或比较、诊断测验编制方法、诊断分类方法、等值,其中大部分研究关于诊断模型,采用实测数据进行验证[1]或采用实测数据和模拟方法相结合的方法[2]进行验证的研究较少,95% 的研究采用模拟方法验证新模型或新

---

[1] 涂冬波、戴海琦、蔡艳、丁树良:《小学儿童数学问题解决认知诊断》,《心理科学》2010 年第 6 期。

[2] 陈德枝:《基于认知诊断的小学儿童图形推理能力的动态评估研究》,博士学位论文,江西师范大学,2009 年。

方法的有效性。可见，2011年前，我国开展的认知诊断研究主要是基础研究。应用研究集中在2008年之后，诊断对象涉及有英语阅读问题解决、瑞文智力测验、小学儿童数学问题解决、汉语测试、图形或类比推理、初中化学、描述统计学习模式，但鲜有应用研究报告诊断的信度和效度以及对诊断结果进行反馈。

上述结论主要来自课题主持人于2013年对我国认知诊断文献的分析[①]，当时统计的1984—2011年间文献量是94篇，没有包含会议论文，此次统计的文献包含了会议论文，因此1984—2011年间的文献量是115，而2012—2020年间的文献量是432。那么近9年来，我国的认知诊断研究除了前面所述文献量快速增长特点外，在研究内容上有啥变化呢？同样，我们把432篇文献分成基础研究和应用研究，其中，应用研究119篇，占比27.55%；基础研究313篇，占比72.45%。与2011年前相比，应用研究占比由19.15%提高到了27.55%，应用研究逐渐受到关注。在313篇基础研究文献中，综述类介绍性文献大大减少，239篇期刊文献中只有5篇是述评类文献，其他研究主要关于模型开发、模型改进、诊断信度、模型比较等内容，即约有98%的基础研究在进行诊断技术研究。在119篇应用研究文献中，期刊论文49篇，会议论文6篇，学位论文64篇，分别占各自文献总量的18.77%、23.08%、44.14%（432篇总文献中，期刊论文261、会议论文26、学位论文145）。可见，相对而言，应用研究主要集中于学位论文。

认知诊断应用研究是指应用认知诊断技术对实测数据进行诊断获得学生真实的属性掌握状态。对119篇应用研究文献进行研究对象统计，发现诊断对象从早期的集中于数学到后来扩展到所有科目，具体分布为：数学（46）、英语（19）、语文（17）、物理（12）、化学（12）、生物（5）、地理（3）、政治（1）、高考试卷（1）、其他

---

① 戴海琦、谢美华、丁树良：《我国大陆认知诊断研究的文献计量分析》，《南京师大学报》（社会科学版）2013年第6期。

(3)。应用研究诊断对象在逐渐扩大，范围分布从小学到中学的大部分科目，其中数学、英语、语文、物理和化学这五个科目分别占比38.66%、15.97%和14.28%、10.08%、10.08%，总占比89.08%。对应用研究所采用的诊断模型进行统计发现，DINA模型是被应用最多的模型，其次是规则空间模型，再次是属性层级方法，有极少量文献应用了融合模型。

（三）研究主题分析

文献的主题是指文献研究的具体对象或问题，即文献的中心内容。对文献主题进行分析是对每篇文献的内容或中心思想进行浓缩、提炼以及剖析主题结构、研究主题类型。对文献的主题进行统计分析，能够在一定程度上反映出该领域内某段时间的研究方向。主题分为主要主题和次要主题。经统计，我国在1984—2020年间的认知诊断研究文献中的高频主题词有：认知诊断（258）、认知诊断模型（44）、规则空间模型（32）、多级评分（24）、选题策略（21）、认知诊断测验（18）、规则（16）、DINA模型（15）、CAT（13）、Q矩阵（12）、认知诊断评估（11）、认知诊断理论（11）、认知诊断性评估（10）、空间模型（10）、模型研究（9）、认知诊断测验设计（9）、三角函数（9）、测验编制（8）、参数估计（8）、计算机化自适应测验（7）、类比推理（7）、学习进阶（7）、小学数学（7）、多策略（7）、阅读障碍儿童（6）、认知诊断评价（6）、语言测试（5）、HO-DINA（5）……由此可见，我国认知诊断研究内容主要关于认知诊断、认知诊断模型、选题策略、计算机化自适应认知诊断测验、认知诊断测验设计、Q矩阵理论等，而多级评分和多策略等主题研究表明我国的诊断技术越来越适应实践研究的需求。这些基础研究都是认知诊断的核心技术，研究紧跟国际认知诊断理论研究的前沿，为我国认知诊断研究从理论走向实践奠定了坚实的基础。次要主题词的统计结果如下：属性掌握模式（75）、知识状态（56）、认知诊断模型（29）、项目反应理论（23）、项目参数（21）、测验项目（21）、反应模式（21）、认知诊断（21）、规则空间模型（20）、层级关系（20）、DINA模型（19）、属性层级关系（19）、Q矩阵（14）、CDM（13）、属性掌握情况（12）、认知诊断评估（12）、G-DINA模型（12）、认知属性（11）、参数估计（11）、可达阵（11）、多级评分（10）、MCMC算法（10）、学习者（9）、认知诊断理论（9）、认知模型（9）、正确率（9）、知识点（9）、层级结构（9）……从次要主题分布来看，我国目前的认知诊断研究集中于获得被试的属性掌握模式、知识状态、反应模式、属性掌握情况，对诊断模型CDM如规则空间模型、DINA模型、多级评分模型等内容。但是模型的研究有了更多的拓展研究，如DINA模型的拓展模型有G-DINA、P-DINA、GP-DINA、H0-DINA、Mix-DINA、MS-DINA等拓展模型，还有多维题组效应模型、多策略多级评分模型，这些研究表明我国的认知诊断模型研究正在向深度和广度发展。但是关于认知模型的构建方法、诊断测验的编制技术的研究还有待加强。

我国认知诊断研究现状小结：（1）大陆认知诊断研究从2005年起呈现快速增长趋势，2003—2020年间的文献量平均增长率为41.94%。（2）应用研究逐渐受到关注。应用研究的占比由2011年前的19.15%提高到了27.55%。（3）应用研究诊断对象扩大，范围几乎覆盖了小学到中学的所有科目，主要集中于数学、英语、语文、物理和化学，这五个科目占比分别是38.66%、15.97%和14.28%、10.08%、10.08%，总占比89.08%。但应用研究较少报告诊断信度和效度，较少进行诊断结果的反馈和反馈有效性检验。（4）近9年来我国认知诊断研究主要关注点依然是诊断技术研究，主要内容有诊断模型的开发和改进、选题策略、CD-CAT、认知诊断测验等内容。（5）次要主题分析表明我国的认知诊断研究集中于获得被试的属性掌握模式、知识状态、反应模式、属性掌握情况。（6）认知诊断模型研究正在向深度和广度发展，其中被研究和开发最多的模型是DINA模型，DINA模型的拓展模型有G-DINA、P-DINA、GP-DINA、H0-DI-NA、Mix-DINA、MS-DINA，还有多维题组效应模型、多策略多级评分模型。（7）被使用最多的模型是DINA，其次是规则空间模型模型和属性层级方法,有极少数研究应用融合模型,鲜有新模型被应用。(8)关于认知模型的构建方法、诊断测验的编制技术的研究相对较少。

## 五 认知诊断模型综述
### (一)认知诊断测量模型综述

认知诊断心理测量模型(Cognitively diagnostic psychometric models,CDM)与认知模型是不同的,认知模型是标识属性及属性层级关系的理论模型,CDM是分析数据的统计模型,简称认知诊断模型。有了CDM,才能获得每个被试对每个属性的掌握情况。CDM的开发对认知诊断理论的发展相当重要,甚至有研究者认为CDM的开发是认知诊断理论的核心技术,认为只有建构出能够融合不同认知变量的模型并且模型中的参数能够被很好地估计出来,才能对各个认知变量进行量化分析,进而对被试的认知结构进行刻画。但模型的简洁性与模型参数估计的可能性之间有一定的矛盾,简单的诊断模型其参数容易估计但难以完备地刻画被试真实的认知过程;复杂的模型能真实反映被试的作答过程但模型参数却很较难估计。随着科学技术的发展,模型参数估计问题逐渐得到解决,近年来国内外都新开发了能处理多策略多级计分的模型。研究者在选用诊断模型时,要综合考虑模型的特点、模型参数估计的现实可能性、研究对象的特点、研究结果的要求等多种因素。为了更好地体现诊断模型的特点,国内外都有研究者对模型进行分类,如尼科尔斯、吉普漫和布伦南在《认知诊断评估》一书中对早期诊断模型进行了梳理后将诊断模型分为学生模型、概念网络模型和基于属性的心理计量模型三个类别[①]。迪贝罗和斯托特将已有诊断模型分成潜在类别模型、连续的潜在特质模型、基于贝叶斯网络的CDM和基于非参数人工智能的规则空间模型与规则空间模型

---

① Nichols, P. D., Chipman, S. F. & Brennan, R. L. (Eds.)., *Cognitively diagnostic assessment*, Routledge, 2012.

的变式属性等级模型①。陈秋梅和张敏强根据诊断模型理论基础的不同,把 CDM 分成潜在特质模型、基于非参数人工智能的方法、潜在分类模型、证据中心设计②。甘媛源和余嘉元把 CDM 分为潜在特质模型和潜在分类模型两类③。二者的差异在于,前者根据考生在潜在特质上质的差异将被试归于不同的属性掌握式;后者则通过深入剖析考生观测分数下的潜在特质而寻找量上的差异。下面就这两类模型进行梳理。

1. 潜在特质模型

潜在特质模型包括线性逻辑斯谛克特质模型(linear logistic trait model,LLTM);多成分潜在特质模型(multicomponent latent trait model,MLTM);拓广多成分潜在特质模型(general multicomponent latent trait model,GLTM);多策略多成分潜在特质模型(Multicomponent Latent Trait Models for Multiple Strategies,MLTM for MS)。这类模型是基于 IRT 的 CDM(IRT-Based Cognitive Diagnostic Models,ICDM)。斯托特认为,潜在特质模型假定技能是连续的④,尽管潜在特质模型对被试的能力的描述还是用一个笼统的能力值 θ 来表示,但是潜在特质模型实现了认知和测量的结合,有助于分析影响整个测验难度的因素,适用于对已有测验进行认知操作成分的分析诊断。虽然有研究者提出可以采用一些后续分析作为弥补,让测验更加注重认知操作过程,但仍没有对被试是否掌握各认知属性进行更直接的评价。

2. 潜在分类模型

潜在分类模型包括规则空间模型(Rule Space Model,RSM)、属

---

① DiBello, L. V. & Stout, W., "Guest Editors' Introduction and Overview: IRT-Based Cognitive Diagnostic Models and Related Methods", *Journal of Educational Measurement*, Vol. 44, No. 4, 2007, pp. 285 – 291.
② 陈秋梅、张敏强:《认知诊断模型发展及其应用方法述评》,《心理科学进展》2010 年第 3 期。
③ 甘媛源、余嘉元:《认知诊断模型研究新进展》,《湖北大学学报》(哲学社会科学版) 2010 年第 1 期。
④ Stout, W., "Skills Diagnosis Using IRT - Based Continuous Latent Trait Models", *Journal of Educational Measurement*, Vol. 44, No. 4, 2007, pp. 313 – 332.

性层级方法（Attribute Hierarchy Method，AHM）、DINA（Deterministic Input，Noisy "And" gate model）、NIDA 模型（Noisy Inputs；Deterministic "and" Gate Model）、统一模型（Unified Model，UM）和融合模型（Fusion Model，FM）。其中，我国较活跃的模型有 RSM、DINA、AHM，FM 有少量文献，NIDA 和 UM 几乎没有相关文献。

（1）规则空间模型

1983[①]、1990[②]、1995[③] 年塔苏卡与她的同事们借助统计方法和几何原理将被试在测验项目上的作答反应划归为某种与认知属性相关联的属性掌握模式，创建了规则空间模型 RSM。我国真正开展认知诊断研究的最早文献采用的就是 RSM[④]，以规则空间模型或规则空间方法为检索词进行文献搜索，共搜索到文献 50 篇，其中代表性文献是（余嘉元，1995；戴海琦，张青华，2004[⑤]；辛涛，焦丽亚，2006[⑥]；余娜，辛涛，2007[⑦]；祝玉芳，丁树良，2008[⑧]；田伟，辛涛，2012[⑨]）。其他文献中有 36 篇文献是运用规则空间模型开展关于某一内容的认知诊断，诊断内容有数学（10）、化学（7）、语文（6）、物理（4）、心理（3）、医学（2）、生物（1）、

---

① Kikumi K. Tatsuoka., "Rule Space: An Approach for Dealing with Misconceptions Based on Item Response Theory", *Journal of Educational Measurement*, Vol. 20, No. 4, 1983.

② Tatsuoka K. K. Toward integration of item response theory and cognitive error diagnoses, In N. Frederiksen, R. L. Glasser, A. M. Lesgold, and M. G. Shafto (Eds.), Diagnostic monitoring ofskills and knowledge acquisition, Hillsdale, NJ: Lawrence Erlbaum Associates, 1990, pp. 453 - 486.

③ Tatsuoka K. K. Architecture of knowledge structure and cognitive diagnosis: A statistical pattern recognition and classification approach. In P. D. Nichols, S. F. Chipman, and R. L. Brennan (Eds.), Cognitively Diagnostic Assessment, Hillsdale, NJ: Lawrence Erlbaum Associates. 1995, pp. 327 - 361.

④ 余嘉元：《运用规则空间模型识别解题中的认知错误》，《心理学报》1995 年第 2 期。

⑤ 戴海琦、张青华：《规则空间模型在描述统计学习模式识别中的应用研究》，《心理科学》2004 年第 4 期。

⑥ 辛涛、焦丽亚：《测量理论的新进展：规则空间模型》，《华东师范大学学报》（教育科学版）2006 年第 3 期。

⑦ 余娜、辛涛：《规则空间模型的简介与述评》，《中国考试》（研究版）2007 年第 9 期。

⑧ 祝玉芳、丁树良：《规则空间模型理论基础的改进》，《江西师范大学学报》（自然科学版）2008 年第 1 期。

⑨ 田伟、辛涛：《基于等级反应模型的规则空间方法》，《心理学报》2012 年第 2 期。

中职课程（1）、其他（2）。RSM 的优点是能为被试同时提供综合能力水平、属性掌握模式和属性掌握概率，所以，RSM 是其他 CDM 的基础模型，而 Q 矩阵理论更是为认知诊断理论的发展奠定了理论基础。其缺点是模型对属性较难定义或属性数量较多且层级关系复杂的学科应用困难；将属性区分为掌握与没掌握过于简单；模型本身没有提供能证明被试判别正确与否的检验方法；对项目所测认知属性是否完备难于考察；Q 矩阵理论有一定的缺陷；归类方法较为复杂。但无论如何，迪贝罗、卢索斯和斯托特[①]在回顾诊断模型的发展历程时认为 RSM 和 LLTM 是两个重要的里程碑。RSM 比 LLTM 的优秀之处在于能够估计出学生在每个属性上的掌握概率，提供直接的诊断信息。

（2）属性层级方法

属性层级方法 AHM 认知诊断的逻辑是先编制测验再确定测验属性及其层级关系，不强调先确定测验中属性的层次关系再编制测验，林顿、格雷尔和珲卡[②]认为这样构造的 Q 矩阵可能没有反映所测属性之间真正的层级关系，这势必会影响诊断的精确性，因而他们在 RSM 的基础上提出 AHM。以属性层级方法或 AHM 为检索词进行文献搜索，共搜索到文献 33 篇，代表性文献是赵顶位，2007[③]、毛萌萌，2008[④]、祝玉芳，丁树良，2009[⑤]、罗欢，丁树良等，2010[⑥]、韩裕

---

① DiBello, L. V., Stout, W. F., & Roussos, L. A., "Unified cognitive/psychometric diagnostic assessment likelihood-based classification techniques", *Cognitively diagnostic assessment*, No. 2, 1995, pp. 361–389.

② Leighton, Gierl & Hunka, "The attribute hierarchy method for cognitive assessment: A varaiation on Tatsuoka's rule space approach", *Journal of Educational Measurment*, Vol. 41, No. 3, 2004, pp. 205–236.

③ 赵顶位：《属性层次方法下的三段论推理测验制及个体属性掌握模式的判别》，硕士学位论文，江西师范大学，2007 年。

④ 毛萌萌：《AHM 模型下的新分类方法》，硕士学位论文，江西师范大学，2008 年。

⑤ 祝玉芳、丁树良：《基于等级反应模型的属性层级方法》，《心理学报》2009 年第 3 期。

⑥ 罗欢、丁树良、汪文义、喻晓锋、曹慧媛：《属性不等权重的多级评分属性层级方法》，《心理学报》2010 年第 4 期。

娜、张敏强，2012①、涂冬波、蔡艳、戴海琦，2013②、韩裕娜、张敏强、方杰，2015③等。对 AHM 开展的研究，主要内容是模型的介绍和改进、AHM 与 RSM 的比较以及少量应用研究，分别对推理测验、高中生物、小学四年级应用题、小学六年级应用题、高中平面向量和英语等学科内容进行诊断。关于 AHM 的优点，毛萌萌认为 AHM 比 RSM 的逻辑更清晰④。陈德枝、戴海琦和赵顶位采用模拟研究与实测数据相结合对 RSM 和 AHM 归类方法进行了诊断准确性的比较，结果表明 AHM 诊断准确性高于 RSM⑤。林顿认为 AHM 更适用于区分大样本被试，但对小样本则不太合适⑥。总之，AHM 与 RSM 一样克服了标准测验理论单维性及只重视作答结果而忽视作答过程考察的缺点，但依然没有实现认知过程复杂关系的参数化。而对属性之间层级关系的依赖却也正是属性层级模型的不足。因此，应用 AHM 更加需要认知心理学家与测量学家之间的合作。

（3）DINA 模型

DINA 模型是目前研究中较为活跃且应用较多的 CDM，模型适用于对（0，1）计分项目测验进行认知诊断。研究者对 DINA 模型进行了较多探索，德拉托雷 2008⑦和 2009⑧认为被试的能力是多维的，与项目难

---

① 韩裕娜、张敏强：《AHM 分类方法的改良》，《华南师范大学学报》（自然科学版）2012 年第 4 期。
② 涂冬波、蔡艳、戴海琦：《几种常用非补偿型认知诊断模型的比较与选用：基于属性层级关系的考量》，《心理学报》2013 年第 2 期。
③ 韩裕娜、张敏强、方杰：《属性层级模型的改良及诊断性能研究》，《心理学探新》2015 年第 1 期。
④ 毛萌萌：《AHM 模型下的新分类方法》，硕士学位论文，江西师范大学，2008 年。
⑤ 陈德枝、戴海琦、赵顶位：《规则空间方法与属性层次方法的诊断准确性比较》，《心理科学》2009 年第 2 期。
⑥ Leighton, Gierl & Hunka, "The attribute hierarchy method for cognitive assessment: A varaiation on Tatsuoka's rule space approach", Journal of Educational Measurment, Vol. 41, No. 3, 2004, pp. 205 – 236.
⑦ De La Torre, J., "An Empirically Based Method of Q - Matrix Validation for the DINA Model: Development and Applications", Journal of educational measurement, Vol. 45, No. 4, 2008, pp. 343 – 362.
⑧ De La Torre, J., "DINA model and parameter estimation: A didactic", Journal of Educational and Behavioral Statistics, Vol. 34, No. 1, 2009, pp. 115 – 130.

度和区分度的多维性相对应,在此基础上建立了六参数的高阶DINA模型并用MCMC进行了参数估计。拉普和腾普林研究了Q矩阵的不完整性对DINA模型诊断结果的影响①,指出从Q矩阵中删除一些属性将使得项目的失误参数被高估,加入一些属性将使得项目的猜测参数被高估,Q矩阵中本来包括的属性被删除会导致较高的错误属性分类。在我国,DINA模型是最活跃的模型,以DINA作为主题或关键词进行文献搜索,共搜索到文献91篇,这些文献主要分类两类,一是模型开发以及新模型的性能研究,这类文献有55篇,占DINA研究总文献量60.44%。被开发出来的新DINA模型有:P-DINA②、HO-DINA③、R-DINA④、Mix-DINA⑤、G-DINA⑥、多分属性DINA⑦、GP-DINA⑧。二是用DINA模型及新开发的DINA模型开展应用研究,这类文献有36篇,占DINA总文献量的39.56%。诊断对象覆盖了多个学科,分布为数学⑨(17)、语文⑩(6)、

---

① Rupp, A. A., & Templin, J., "The effects of Q-matrix misspecification on parameter estimates and classification accuracy in the DINA model", *Educational and Psychological Measurement*, Vol. 68, No. 1, 2008, pp. 79 – 96.

② 涂冬波、蔡艳、戴海琦、丁树良:《一种多级评分的认知诊断模型:P-DINA模型的开发》,《心理学报》2010年第10期。

③ 涂冬波、蔡艳、戴海琦、丁树良:《HO-DINA模型的MCMC参数估计及模型性能研究》,《心理科学》2011年第6期。

④ 宋丽红、戴海琦、汪文义、丁树良:《R-DINA模型参数估计EM算法准确性检验》,《心理学探新》2012年第5期。

⑤ 刘铁川:《Mix-DINA模型功能开发及其与DINA、MS-DINA模型的模拟与实证比较》,博士学位论文,江西师范大学,2012年。

⑥ 陈慧麟、陈劲松:《G-DINA认知诊断模型在语言测验中的验证》,《心理科学》2013年第6期。

⑦ 昌维:《多分属性DINA模型多级评分拓广》,硕士学位论文,浙江师范大学,2017年。

⑧ 王大洋、胡春红、卢秋婷:《基于GP-DINA模型的学生多级评分的广义认知诊断模型研究》,《现代电子技术》2019年第24期。

⑨ 鲍孟颖:《运用DINA模型对5年级学生数学应用题问题解决进行认知诊断》,硕士学位论文,华东师范大学,2014年。

⑩ 陈艳梅:《初中三年级学生阅读能力评价研究》,硕士学位论文,江西师范大学,2009年。

英语（3）、物理（3）、化学（3）、生物①（1）、其他②（3）。DINA 模型实现了对项目与属性、被试与属性关系的参数化，模型简洁，应用广泛。研究表明 DINA 具有较高的判准率③，但该模型过于简单，对被试作答过程的描述不够细致和充分，对一个属性没掌握和多个属性没有掌握的被试无法区分，而事实上，被试缺少一个属性比缺少多个属性更有可能答对题目。

（4）NIDA 模型

NIDA 模型的创建始于 2001 年④，模型克服了 DINA 模型对被试过于简单的分类等缺点，能更好地反映现实测试情景。但模型依然是一个较为简单的模型，比较适用于对已有的大规模考试进行研究。在国外，早在 1995 年，迪贝罗就将该模型的思想融入到建立更为精致的统一模型中去，实际上，统一模型也可以看成是 NIDA 模型的扩展。而国内目前未见有对该模型的研究和应用。

（5）统一模型

为了改进诸多模型存在的种种不足，迪贝罗、斯托特和卢梭开发了统一模 UM⑤，UM 是一个非常精细的模型，克服了诸多模型的缺陷，它详尽地刻画了被试问题解决过程中所有属性应用与项目间的关系，设置了众多的参数来描述被试的作答过程，如被试潜在残余能力参数、项目参数、Q 矩阵属性参数、Q 矩阵完备性参数、被试解题策

---

① 杨宇杰：《基于 DINA 模型的中学生物学认知诊断研究》，硕士学位论文，华东师范大学，2015 年。

② 王丹：《多维 HO-DINA 模型的开发及其在几何类比推理测验中的诊断应用》，硕士学位论文，江西师范大学，2015 年。

③ Rupp, A. A., & Templin, J., "The effects of Q-matrix misspecification on parameter estimates and classification accuracy in the DINA model", *Educational and Psychological Measurement*, Vol. 68, No. 1, 2008, pp. 78 – 96.

④ Junker, B. W., & Sijtsma, K., "Cognitive assessment models with few assumptions, and connections with nonparametric item response theory", *Applied Psychological Measurement*, Vol. 25, No. 3, 2001, pp. 258 – 272.

⑤ DiBello, L. V., Stout, W. F., & Roussos, L. A. Unified cognitive/psychometric diagnosis foundations and application. In annual meeting of the American Educational Research Association, Atlanta, Ga. 1993.

略参数和被试运用属性概率大小的参数,正因为参数太多,到目前为止,UM 的参数估计问题没能得到解决,因此,UM 到至今是一个理论上完美但还不太可行的理想模型。

(6) 融合模型

融合模型 FM 是 UM 再参数化后的简化模型,它的提出①主要源于 UM 的参数无法估计问题而做出的补救措施。FM 的数学表达式为:

$$p(X_{ij}=1|\alpha_j,\theta_j) = \pi_{ik}^* \prod_{k=1}^{K} r_{ik}^{*(1-\alpha_{jk}) \times q_{ik}} p_{ci}(\theta_j)$$

其中,参数 $\pi_{ik}^* = \prod_{k=1}^{k} p(Y_{ijk}=1|\alpha_{jk}=1)^{q_{ik}}$,是被试 j 正确应用 Q 矩阵定义的属性正确作答项目 i 的概率。被称为以 Q 矩阵为基础的项目难度参数,其值介于 0—1 之间,值越大说明项目越容易。一个项目只有一个难度参数。从逻辑上说,$\pi_i^*$ 也是错误作答概率失误参数的补数,即 $\pi_i^* = 1 - s_j$。$r_{ik}^* = \dfrac{r_{ik}}{\pi_{ik}} = \dfrac{p(Y_{ijk}=1|\alpha_{jk}=0)}{p(Y_{ijk}=1|\alpha_{jk}=1)}$,是被试未掌握属性 k 而答对项目 i 的概率与掌握属性 k 答对项目 i 的概率之比,它刻画的是属性 k 对项目 i 的重要性,其值介于 0—1 之间,其值越小说明属性 k 对正确作答项目 i 越重要,其值越大说明属性 k 对正确作答项目 i 越不重要,称为项目 i 的区分度参数。一个项目若有 k 个属性,则该项目有 k 个区分度参数。由此看来,一个项目将有 1 个难度参数 $\pi_i^*$,K 个区分度参数 $r_{ik}^*$ 以及 1 个完整度参数 $c_i$,一个好的项目,它将是低 $r_{ik}^*$ 和高 $c_i$ 值。$p_{c_i}(\theta_j)$ 是单参数 Logistic 模型,$c_i$ 称为容易度参数(与难度相反)。$c_i = -b_i$:$p_{c_i}(\theta_j) = \dfrac{e^{D(\theta_j+c_i)}}{1+e^{D(\theta_j+c_i)}}$。D 设为是常数 1.7。$c_i$ 值介于(0,3)之间。$c_i$ 参数是测量 Q 矩阵完整性的指标,$c_i$ 值接近 0 表示 Q 矩阵定义的属性没有完整刻画正确作答项目所需的属性。此时,项目作答概率很大部分被 $\theta_j$ 影响。相反,当 $c_i$ 接近 3 表

---

① DiBello, L. V., Stout, W. F. & Roussos, L. A., "Unified cognitive/psychometric diagnostic assessment likelihood-based classification techniques", *Cognitively diagnostic assessment*, No. 2, 1995, pp. 361–389.

示 Q 矩阵定义的属性完整刻画了正确作答项目所需的属性，$\theta_j$ 对项目作答影响很小。即低 $c_i$ 值表明被试是用 Q 矩阵以外的策略来作答。与前述模型相比，FM 具有以下优势：

第一，FM 比较完整地刻画了认知过程。早期的模型没有考察到 Q 矩阵的完备性，都假设研究中所确定的 Q 矩阵是完备的；LLTM 假设两个具有相同能力的被试在任何题目上都有相同的作答概率；DINA 模型中，没有掌握项目所需的一个属性和没有掌握多个甚至是全部属性的被试具有相等的正确作答概率；这些在现实中都是不太可能的。而 FM 用 $\pi_i^*$ 刻画项目难度，用 $r_{iK}^*$ 刻画项目的属性区分度，用 $c_i$ 刻画 Q 矩阵的完整性，掌握属性不同的被试答对项目的概率也不同，可见，FM 是一个比较精细的符合实际的模型。下面通过一个例子说明 DINA 模型与 FM 模型是怎样模拟反应概率的。假设的 Q 矩阵和项目参数见表 1-3、1-4 和 1-5。

表 1-3　　　　　　　　　假设的测验 Q 矩阵

| 项目 | 属性 1 | 属性 2 | 属性 3 |
| --- | --- | --- | --- |
| 项目 1 | 1 | 1 | 0 |
| 项目 2 | 0 | 0 | 1 |

表 1-4　　　　　　　　　DINA 项目参数

| 项目参数 | 项目 1 | 项目 2 |
| --- | --- | --- |
| $s_j$ | 0.20 | 0.1 |
| $g_j$ | 0.25 | 0.2 |

假设被试 1 掌握了属性 3，由于项目 1 考察的是属性 1 和属性 2，因有 $\eta_{ji} = \prod_{k=1}^{k} \alpha_{jk}^{q_{ik}}$，则有 $\eta_{11} = \alpha_{10}^{q_{11}} \times \alpha_{10}^{q_{12}} \times \alpha_{13}^{q_{10}} = 0 \times 0 \times 0 = 0$，他在项目 1 上的正确作答概率为：$p(Y_{j1}|\alpha_j, s, g) = (1-s_i)^{\eta_{ji}} g_i^{1-\eta_{ji}} = (1-0.20)^0 \times 0.25^1 = 0.25$。项目 2 考察的是属性 3，假定被试掌握了该属性，则 $\eta_{12}$

等于 1，他在项目 2 上的正确反应概率为：$p(Y_{j2}|\alpha_j,s,g) = (1-0.1)^1 \times 0.2^0 = 0.9$。

假设被试 2 掌握了属性 2 和属性 3，而项目 1 考察的是属性 1 和属性 2，$\eta_{21} = \alpha_{20}^{q_{11}} \times \alpha_{22}^{q_{12}} \times \alpha_{23}^{q_{10}} = 0 \times 1 \times 0 = 0$，他在项目 1 上的正确作答概率为：$p(Y_{j1}|\alpha_j,s,g) = (1-0.20)^0 \times 0.25^1 = 0.25$。他在项目 2 上的正确作答概率为 $\eta_{22} = \alpha_{20}^{q_{20}} \times \alpha_{22}^{q_{20}} \times \alpha_{23}^{q_{23}} = 1 \times 1 \times 1 = 1$，$p(Y_{j2}|\alpha_j,s,g) = (1-0.1)^1 \times 0.2^0 = 0.9$。比较以上两个被试的正确作答概率可知，两个被试所掌握的属性不同，即被试 1 缺少正确作答项目 1 的所有属性，被试 2 缺少正确作答项目 1 的 1 个属性，而两个被试在两道题上的正确作答概率却相等。可见，DINA 模型对缺少一个属性的被试和缺少所有的属性的被试在正确回答某个项目的概率上没有能力加以区分。

表 1 - 5　　　　　　　　　　FM 项目参数

| 项目 | $r_{i1}^*$ | $r_{i2}^*$ | $r_{i3}^*$ | $\pi_i^*$ |
|---|---|---|---|---|
| 项目 1 | 0.3 | 0.25 | | |
| 项目 2 | | | 0.2 | 0.9 |

假设被试 1 掌握了属性 3，他在项目 1 上的正确作答概率为：$p(X_{ij}=1|\alpha_j,\theta_j) = \pi_{ik}^* \prod_{k=1}^{K} r_{ik}^{*(1-\alpha_{jk}) \times q_{ik}} p_{ci}(\theta_j) = 0.8 \times (0.3)^{(1-0) \times 1} \times (0.25)^{(1-0) \times 1} = 0.06$ 假设被试 2 掌握了属性 2 和属性 3，他在项目 1 上的正确作答概率为：$p(X_{ij}=1|\alpha_j,\theta_j) = 0.8 \times (0.3)^{(1-0) \times 1} \times (0.25)^{(1-1) \times 1} = 0.24$。可见，掌握了正确作答项目 1 的 1 个属性的被试 2 比完全没有掌握正确作答项目 1 的属性的被试 1 在这道题的正确作答概率由 0.06 上升到了 0.24，这比 DINA 模型更符合实际情况。如果被试 3 掌握了属性 1、2 和 3，则其在项目 1 上的正确作答概率为：$p(X_{ij}=1|\alpha_j,\theta_j) = 0.8 \times (0.3)^{(1-1) \times 1} \times (0.25)^{(1-1) \times 1} = 0.8$；假

设被试 4 掌握了属性 1 和属性 2，则其在项目 1 上的正确作答概率为：$p(X_{ij}=1|\alpha_j,\theta_j) = 0.8 \times (0.3)^{(1-1)\times 1} \times (0.25)^{(1-1)\times 1} = 0.8$。可见，由于项目 1 只考察了属性 1 和属性 2，被试是否掌握属性 3 对正确作答概率没有影响，正确作答概率都是 0.8，这也非常符合实际情况。

上述实例表明 FM 充分反映了被试属性掌握情况对项目反应概率的影响，而对没有掌握属性起惩罚作用的是 $r_{ik}^*$ 参数，因此，$r_{ik}^*$ 参数很好地起到了区分属性掌握不同的被试。对项目没有考察的属性，被试的掌握与否对正确作答没有影响；对项目所考察的属性，被试是否掌握有很大的影响。

第二，借助 FM 可以进行 Q 矩阵的修正。FM 中，$\pi_i^*$ 是被试正确应用项目 i 所有属性的概率，是以 Q 矩阵为基础的项目难度参数，$\pi_i^*$ 越大说明项目越容易。$r_{ik}^*$ 是被试缺乏属性 k 与掌握属性 k 但都答对项目的概率比，它能反映属性 k 的重要性。被称为项目 i 属性 k 的区分度参数，$r_{ik}^*$ 越小说明项目 i 的属性 k 在正确回答项目 i 上越重要，也即该属性越能区分答对与答错该题的被试，属性 k 有高的区分度。$c_i$ 是被试答对项目 i 所需残余能力的程度。是考察项目 i 在 Q 矩阵属性完整性的指标，$c_i$ 越大说明 Q 矩阵所界定的项目 i 所测的属性越完整。根据属性完备度参数 c 可以考察项目的属性充分性、根据属性区分度参数的大小可以考察属性的必要性，再结合理论上的依据及其他统计指标可以修正 Q 矩阵。

第三，FM 能给被试提供丰富的诊断信息。FM 能对被试做出基于属性的能力评估，可以估计每个被试的潜在残余能力、被试期望总分以及每个被试在每个属性上的掌握概率，在确定属性的掌握概率分界点的基础上进一步可以把被试分为掌握者和非掌握者，也可以根据一组属性评价被试的能力。

第四，FM 系统能提供诊断质量的报告。由美国 ETS 开发的 FM 参数估计专用分析软件 Arpeggio 对模型参数估计的质量进行报告，如诊断分类的内部一致性、重测信度、内部效度和属性判准率。对模型与数据资料的拟合程度也提供了有效的检验方法。

第五，FM 既适用于 0、1 记分，也适用于多级记分题。

第六，FM 是一个可行的模型。相对于 UM 的参数不可识别性，国外已有较多关于 FM 的应用研究。如哈尔茨、卢索斯和斯托特用 FM 对小学三年级学生的阅读评估测验及 PSAT 测验进行了认知诊断[1]。蒙特罗、蒙菲尔丝、王业、朱莉娜和穆迪则将 FM 应用于高等学校课程考试中[2]。张用 FM 对语言测试的阅读理解能力进行了诊断并认为具有良好的效度[3]。哈尔茨、卢索斯和斯托特对 FM 进行了模拟研究，并将它运用于 PSAT 等测验的评估中[4]。模拟研究分别对高认知结构（理论 Q 矩阵与实际 Q 矩阵一致）、弱认知结构（包含低认知及复杂认知结构）和错误认知结构（Q 矩阵包含了一个额外的认知属性或缺少了一个重要的认知属性或有一个项目的认知属性描述错误）三种情形中评价 FM 各参数估计的准确性。在我国，关于 FM 的理论研究几乎空白，但有几个应用研究，闫彦把 FM 应用于 C. TEST 阅读理解测试中[5]，黄海峰使用 FM 对第二语言学生的阅读理解进行诊断[6]，车芳芳使用 FM 对初中代数进行认知诊断[7]，杨旭使用 FM 对 C. TEST 听力理解进行认知诊断[8]，王家祺和刘红

---

[1] Hartz, S. M., Roussos, L. A. & Stout, W. The Fusion Model for cognitive diagnosis: Blending theory with practicality, 2002.

[2] Montero, D. H., Monfils, L., Wang, J., Yen, W. M., Julian, M. W. & Moody, M., "Investigation of the application of cognitive diagnostic testing to an end-of-course high school examination," In annual meeting of the National Council on Measurement in Education, Chicago, IL, April, 2003.

[3] Jang, E. E., "Cognitive diagnostic assessment of L2 reading comprehension ability: Validity arguments for Fusion Model application to LanguEdge assessment", *Language Testing*, Vol. 26, No. 1, 2009, pp. 31 – 73.

[4] Hartz S, Roussos L, Stout W. Skills Diagnosi. Theory and Praetiee. User Manual for Arpeggioso ftware. ETS, 2007, p. 26.

[5] 闫彦：《应用融合模型对 C. TEST 阅读理解测试的诊断性评价研究》，硕士学位论文，北京语言大学，2010 年。

[6] 黄海峰：《基于融合模型的汉语作为第二语言阅读之认知诊断研究》，硕士学位论文，北京语言大学，2010 年。

[7] 车芳芳：《融合模型在初中代数认知诊断中的应用》，硕士学位论文，华东师范大学，2010 年。

[8] 杨旭：《融合模型在 C. TEST 听力理解试题中的认知诊断研究》，硕士学位论文，北京语言大学，2010 年。

云在小学数学认知诊断评价中应用了 FM①。谢美华使用 FM 对初中生现代文阅读理解能力进行了认知诊断②。

总之，FM 被认为是一个很成功的 CDM，它符合一个有效 CDM 所应具备的三个条件：（1）估计学生的属性掌握情况；（2）刻画项目与属性间的关系；（3）模型参数可以识别③。

### （二）认知诊断测量模型的选用

傅建冰指出，CDM 开发有 60 多种④，这些 CDM 不论是对认知结构还是从项目结构上都有不同的假设。基于这些不同的假设，心理测量学家所设计出的 CDM 都有其各自的特点、适用范围和对象。在特定的测量情境中，从众多 CDM 中选择合适的模型时需要考虑的主要因素有：一、属性之间的相互作用关系，如补偿、部分补偿还是非补偿（见图 1-2）。二、测验能力的维度，属性是连续的还是离散的，

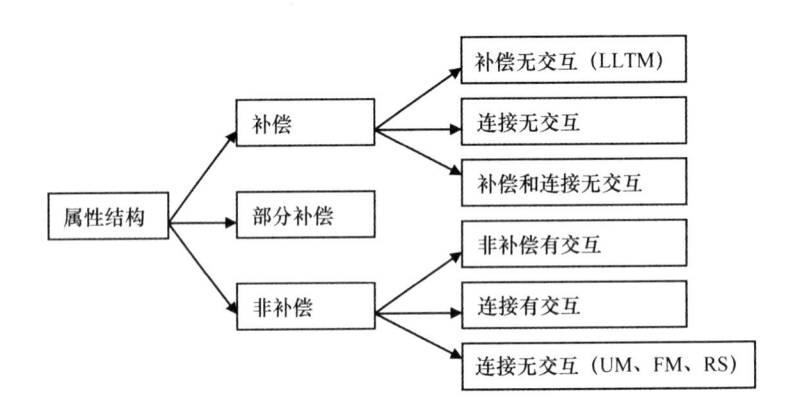

**图 1-2　属性结构的特点**

---

① 王家祺、刘红云：《融合模型在小学数学认知诊断评价中的应用》，《心理学探新》2012 年第 5 期。

② 谢美华：《初中生现代文阅读理解能力的认知诊断评估研究》，博士学位论文，江西师范大学，2014 年。

③ Hartz, S., Roussos, L. & Stout, W. *Skills diagnosis: Theory and practice*. User Manual for Arpeggio software. ETS. 2002.

④ Fu, J., *A polytomous extension of the fusion model and its Bayesian parameter estimation*, University of Wisconsin--Madison, 2005.

属性的个数，属性定义的具体性（见表1-6）。三、模型的特征，表1-7归纳了几个常用诊断模型的特征。

表1-6　　　　　认知诊断测验模型的特征

| 一级特征 | 二级特征 | 三级特征 |
| --- | --- | --- |
| 知识结构 | 一般能力维度 | 单维、多维、单维或多维 |
|  | 属性变量水平 | 连续变量、二分变量、多分变量、连续或二分变量、连续或多分变量 |
| 时间成分 |  | 长期、短期 |
| 项目结构 | 项目类型 | 0、1记分、多级评分、连续评分 |
|  | 所用策略 | 单一或多个策略 |
|  | Q矩阵非完备性 | 不完备、完备 |
|  | 属性结构 | 1. 连接（没有交互） |
|  |  | 2、非连接（没有交互） |
|  |  | 3、补偿（没有交互） |
|  |  | 4、非补偿（有交互） |
|  |  | 5、部分补偿（没有交互） |
|  |  | 6、连接（有交互） |

表1-7　　　　　常用认知诊断模型的特征

| 模型 | 知识结构假设 | | 项目结构假设 | | |
| --- | --- | --- | --- | --- | --- |
|  | 能力维度 | 属性水平 | 属性结构关系 | 多种策略 | Q矩阵的完备性 |
| LLTM | 单维 | 连续 | 补偿 | 否 | 完备 |
| RSM | 多维 | 离散二分 | 非补偿 | 否 | 完备 |
| RUM | 多维 | 离散二分或连续 | 非补偿 | 否 | 非完备 |
| DINA | 多维 | 离散二分 | 非补偿 | 否 | 完备 |

续表

| 模型 | 知识结构假设 | | 项目结构假设 | | |
|---|---|---|---|---|---|
| | 能力维度 | 属性水平 | 属性结构关系 | 多种策略 | Q矩阵的完备性 |
| NIDA | 多维 | 离散二分 | 非补偿 | 否 | 完备 |
| UM | 多维 | 离散二分或连续 | 非补偿 | 是 | 非完备 |
| FM | 多维 | 离散二分或多分 | 非补偿 | 否 | 非完备 |

总之，潜在特质模型实现了认知与测量的结合，开创了认知与测量相结合的先河，但对被试的能力评估依然用笼统的能力值表示，没有实现对被试属性掌握状态的直接评估。每个潜在分类模型各有优缺点：RSM作为潜在分类模型的基础较早用于对被试进行分类且提出了对后期认知诊断研究具有奠基意义的Q矩阵理论却没有实现被试作答参数化；AHM重视认知模型的建构有积极意义但依然没有实现被试作答参数化；DINA模型简单易解但过于简单；NIDA模型从属性层面定义参数能很好地应用于现实测量情景也存在模型过于简单的不足；UM精细却难以实现参数估计。以上模型的共同缺点是没有提供必要的统计量来评价测验项目的诊断性能、没有在模型内部提供Q矩阵的修正方法、评价诊断分类的信度和效度等缺点。因此，开发一个相对能更真实反映被试认知过程又能真正实现参数估计的模型，是所有认知心理学者和心理测量学者的愿望，而融合模型就是在这样的背景下应运而生。融合模型被认为是一个很成功的模型，能估计被试的属性掌握概率，较全面地刻画项和属性的关系，模型参数可以识别。当然，每个模型都有其特点和特有的存在价值，所选模型适合所做的研究就是最正确的选择。因此，研究者要根据研究对象的特点和诊断模型的特点选择恰当的诊断模型。鉴于阅读能力适合用属性掌握概率而不太适合掌握非掌握的描述方式和融合模型能进行Q矩阵修正、提供测验和诊断质量报告等众多优点，我们选用FM进行诊断分析。

## 六 阅读认知诊断研究现状

目前，我国开展的阅读认知诊断研究总量太少，所以把阅读认知诊断的文献梳理扩展到语言认知诊断研究。前已述及，在我国的整个认知诊断研究中，语言类认知诊断研究相对处于弱势，547 篇文献中约有 10% 的文献是语言类的认知诊断研究。这些文献可分为三类，一是综述类，二是外语类，三是汉语类。搜索到的综述类文献有 6 篇，现有研究指出：在已开发出的 60 多种诊断模型中，应用于理解能力上的相对较少[①]。由于语言的复杂性和认知诊断测量模型的局限性，语言认知诊断测验研究还有待于进一步发展[②]。认知诊断研究被越来越多地应用于语言测试领域，但由于语言是一个非常复杂的过程，语言测验也具有很多自身的特点，无论是 Q 矩阵的建立还是认知诊断模型的选择都还有很大完善的空间。未来研究应该重点开发实用性强的认知诊断模型与计算机程序，也应该充分发挥认知诊断报告的作用，对学生做出反馈，从而帮助教师和学生采取补救性措施提高学习效果[③]。第二类外语类文献约有 20 余篇，鉴于我们的研究属于汉语类阅读研究且篇幅有限，故暂时不对外语类文献进行详细分析。接下来重点分析第三类汉语类认知诊断研究的文献，搜索到这类文献有 24 篇，其中有 10 篇文献是汉语为第二语言的认知诊断研究，有 9 篇文献的作者来自北京语言大学，另 1 篇来自北京大学。另外 14 篇以汉语为母语的认知诊断研究中，学位论文 9 篇（有些学校的学位论文不在网上公开，所以统计的是网上能搜索到的学位论文）：6 篇来自湖南师范大学，两篇来自江西师范大学，1 篇来自四川师范大学；期刊论文 5 篇中范晓玲 3 篇、喻晓锋 1 篇，张启睿 1 篇。

---

[①] 范婷婷、用强：《认知诊断测试及其在阅读理解能力上的应用述评》，《中国外语》2016 年第 2 期。

[②] 张启睿、边玉芳：《语言认知诊断测验：产生、发展与面临的挑战》，《楚雄师范学院学报》2016 年第 2 期。

[③] 张海云：《认知诊断评估在语言测试领域的应用》，《当代教育实践与教学研究》2019 年第 15 期。

以上分析说明三点：第一，语言认知诊断研究还处于较为薄弱的状态。第二，对汉语开展的认知诊断研究总量较少。第三，研究单位或作者非常集中，汉语类认知诊断研究的覆盖面太窄，只集中于少数几个单位及作者。下面对汉语类认知诊断研究进行文献分析。

### （一）汉语为第二语言的认知诊断研究

以汉语为第二语言的认知诊断研究的特点有：总量不多，约10篇；对象特殊，都是外国留学生；作者单位集中，10篇文献中有9篇文献的作者来自中国语言大学，另外1篇的作者是北京大学的对外汉语教育学院；9篇文献用翻新法获得属性及其层级关系，1篇文献自编测验；8篇文献采用RSM进行诊断，两篇文献采用FM进行诊断；阅读技能属性分为5—9个不等。详见表1-8最后一列。下表分析的是以汉语为第二语言的认知诊断研究的代表性文献。

表1-8　　汉语为第二语言的认知诊断研究小结

| 作者 | 时间 | 数据来源 | 方法 | 所测属性 |
| --- | --- | --- | --- | --- |
| 陈璐欣<br>王佶旻[①] | 2016年 | 留学生汉语综合统一考试数据 | FM | 7个属性：信息转译能力、信息定位理解能力、信息抽取能力、信息查找能力、概括推理能力、句间关系能力、相关信息归纳能力 |
| 鹿士义<br>苗芳馨[②] | 2014年 | 留学生分班测验中的阅读理解 | RSM | 7个属性：认读拼音或汉字的技能、选择性注意的技能、非文本技能、理解表层信息的技能、根据关键词推断的技能、根据关键句法推断的技能、根据关键情景推断的技能 |

---

[①] 陈璐欣、王佶旻：《汉语阅读理解测验的认知诊断研究——以中国政府奖学金本科来华留学生预科教育汉语综合统一考试为例》，《中国考试》2016年第2期。

[②] 鹿士义、苗芳馨：《分班测验中阅读理解测验的诊断性评价研究》，《国际汉语教学研究》2014年第2期。

续表

| 作者 | 时间 | 数据来源 | 方法 | 所测属性 |
|------|------|----------|------|----------|
| 黄海峰[1] | 2010年 | 2007年HSK考试数据 | 探索性因素分析和FM | 5个属性：信息提取、概括能力、交际策略、推理能力、字词知识和交际文化 |
| 张宠[2] | 2009年 | 自编测验 | RSM | 7个属性：汉字认读的能力、有选择性进行注意的能力、非文本能力、理解表层明示信息的能力、根据关键词推断的能力、根据句法推断的能力、根据情景推断的能力 |
| 周霞[3] | 2009年 | 909名被试在HSK［中级］听力理解 | RSM | 8个属性：语义理解能力、鉴别说话意图能力、信息筛选能力、捕捉细节信息的能力、语境推理能力、联想猜测能力、概括总结能力、体会隐含信息的能力 |
| 王静[4] | 2008年 | 参加C.TEST的857名被试的阅读理解题 | 文献法 专家评定法 RSM | 8个属性：认读能力、记忆选择能力、记忆储存能力、理解表层信息的能力、理解段落要旨及文章大意的能力、搜寻相关信息的能力、理解隐含信息的能力、根据上下文猜测词意的能力 |
| 徐式婧[5] | 2007年 | 参加C.TEST的852名被试的听力理解题作答数据 | 专家评定法 RSM | 9个属性：语音辨析能力、选择注意能力、记忆储存能力、听力和图表对应能力、理解明示信息能力、捕捉细节信息的能力、理解文章大意及主要信息能力、理解隐含信息的能力、推理能力 |

---

[1] 黄海峰：《基于融合模型的汉语作为第二语言阅读之认知诊断研究》，硕士学位论文，北京语言大学，2010年。

[2] 张宠：《汉语作为第二语言的阅读理解诊断性成绩测试研究》，硕士学位论文，北京语言大学，2009年。

[3] 周霞：《HSK［中级］听力理解测验的诊断性评价研究》，硕士学位论文，北京语言大学，2009年。

[4] 王静：《C.TEST阅读理解测验的诊断性评价研究》，硕士学位论文，北京语言大学，2008年。

[5] 徐式婧：《C.TEST听力理解测验的诊断性评价研究》，硕士学位论文，北京语言大学，2007年。

## （二）汉语为母语的认知诊断研究

以汉语为母语的认知诊断研究和以汉语为第二语言的认知诊断研究是非常有必要分开论述和研究的，因为同样是对汉语进行认知加工，对母语的认知加工和对第二语言的认知加工其加工过程具有本质差异。我国对以汉语为母语认知过程开展的认知诊断研究文献总量不多，总数不到 20 篇，下面以能搜索到的 5 篇期刊论文和 10 篇学位论文为分析对象，主要从数据来源、诊断方法和所测属性进行分析，以期获得我国汉语为母语的认知诊断研究现状。

表 1-9　　　　　　以汉语为母语的认知诊断研究小结

| 作者 | 时间 | 数据来源 | 方法 | 所测属性 |
| --- | --- | --- | --- | --- |
| 陈艳梅[①] | 2009 年 | 用 PISA 阅读公开题收集 | DINA | 属性 3 个：筛选信息的能力、推断理解能力、评价能力 |
| 刘文[②] | 2011 年 | 国内大型调查项目之语文测验 | 出声思维专家评定法 | 属性 16 个：字义辨析、词义辨析、句子理解、修辞、语病、成语、排序、文学文化常识、古诗文知识、文言文知识、确定词语在上下文中的含义、从文章中获取信息、概括理解文章主题、据上下文推断、据上下文理解句子、作者态度情感 |
| 刘芳[③] | 2011 年 | 自编测验 | RSM | 属性 4 个：命名速度、记忆广度、词语理解、句子理解 |
| 谢美华[④] | 2014 年 | 自编初中阅读理解测验 | FM | 8 个属性：字词解码、形式图式、信息提取、连贯理解、信息推断、内容分析、内容概括和文本赏析 |

---

①　陈艳梅：《初中三年级学生阅读能力评价研究》，硕士学位论文，江西师范大学，2009 年。

②　刘文：《题组认知诊断方法模拟与初中语文测验的认知诊断研究》，硕士学位论文，北京师范大学，2011 年。

③　刘芳：《3—4 年级汉语阅读障碍认知诊断测验初编》，硕士学位论文，湖南师范大学，2011 年。

④　谢美华：《初中生现代文阅读理解能力的认知诊断评估研究》，博士学位论文，江西师范大学，2014 年。

续表

| 作者 | 时间 | 数据来源 | 方法 | 所测属性 |
|---|---|---|---|---|
| 喻晓锋① | 2014年 | 文中未说明 | DINA | 7个属性：字词解码、形式图式、信息提取、信息推断、内容分析、内容概括和文本赏析 |
| 李松柏② | 2015年 | 自编阅读测验 | RSM DINA | 属性3类共12个：语音字形测验（音韵、音调、音节、形近异音字字音、形近异音字字义、镜象字）；快速命名和工作记忆测验（命名速度、记忆广度、词句理解）、语素意误测验（同音同形、语素理解、语素组合） |
| 王思缘③ | 2016年 | 自编词汇测验 | RSM | 属性8个：视觉词汇、错词辨别、颠倒字、整词语音、语素语音、感情色彩、整词理解、语素理解 |
| 范晓玲④ | 2017年 | 自编语素意识测验 | RSM | 属性5个：同音异字、同字异音、同音异形、语素理解、语素组合 |
| 范晓玲⑤ | 2018年 | 自编小学4—5年级词汇认知诊断测验 | RSM | 属性8个：视觉词汇、错词辨别、颠倒词、整体词音、词素词音、感情色彩理解、整词理解、语素理解 |
| 范晓玲⑥ | 2019年 | 自编小学4—5年级单字测验 | RSM | 属性8个：辨音、音韵、结构、错别字、语素、音形结合、形义结合、音义结合 |

---

① 喻晓锋、罗照盛、高椿雷、彭亚风、李喻骏：《认知诊断框架下的语言认知测验的实证分析与研究》，《贵州师范大学学报》（自然科学版）2014年第6期。

② 李松柏：《3—4年级阅读障碍认知诊断研究》，硕士学位论文，湖南师范大学，2015年。

③ 王思缘：《阅读障碍儿童汉语词汇的认知诊断研究》，硕士学位论文，湖南师范大学，2016年。

④ 范晓玲、王珺、周路平、卢谢峰：《基于规则空间模型的3~4年级阅读障碍儿童语素意识的认知诊断》，《教育测量与评价》2017年第5期。

⑤ 范晓玲、王思缘、耿博、伍慧、王梦翔：《4~5年级阅读障碍儿童汉语词汇的认知诊断测验》，《教育测量与评价》2018年第3期。

⑥ 范晓玲、耿博、李添韵、宋少坤、李汪：《4~5年级阅读障碍儿童汉语单字的认知诊断测验》，《教育测量与评价》2019年第10期。

续表

| 作者 | 时间 | 数据来源 | 方法 | 所测属性 |
| --- | --- | --- | --- | --- |
| 刘欢① | 2019年 | 自编测验小学5年级阅读测验 | LCDM | 属性6个：字词解码、语句运用、信息提取、内容分析、概括大意、鉴赏评价 |
| 邝雨漠② | 2019年 | 自编小学3—4年级学生句子阅读测验 | DINA | 属性7个：字词解码、内容分析、标点符号理解、关联词理解、扩句缩句、句型转换、病句辨析 |
| 孙梦杰③ | 2019年 | 自编小学3—4年级学生篇章阅读测验 | DINA | 属性8个：字词理解、形式图式、题干把控、连贯理解、信息提取、信息推断、分析概括、文本赏析 |
| 周喜娣④ | 2019年 | 自编小学3—4年级学生字词句篇章阅读测验 | DINA | 字词3个（形音、音义、形义）、句子6个（词素理解、整句理解、感性色彩理解、句子结构成分理解、病句理解、句子连贯）、篇章5个（字词理解、信息定位与提取、隐含信息推断、内容分析概括、文本赏析） |
| 张启睿⑤ | 2019年 | 自编小学1—3年级学生识字测验 | DINA | 属性10个：笔画、部件、形旁推理、声旁推理、整字、形旁精细、声旁精细、字义联系、字音联系、书写 |

以汉语为母语的认知诊断研究现状是：文献总量不多，不到20篇；作者单位集中，文献主要来自湖南师范大学和江西师范大学；以自编测验为主进行数据收集；篇章阅读认知诊断较少，上述15篇文

---

① 徐式婧：《C. TEST 听力理解测验的诊断性评价研究》，硕士学位论文，北京语言大学，2007年。

② 邝雨漠：《3—4年级学生句子阅读的诊断研究》，硕士学位论文，湖南师范大学，2019年。

③ 孙梦杰：《3—4年级学生篇章阅读的认知诊断研究》，硕士学位论文，湖南师范大学，2019年。

④ 周喜娣：《3—4年级学生阅读认知诊断研究》，硕士学位论文，湖南师范大学，2019年。

⑤ 张启睿、边玉芳、陈平、张积家：《小学低年级学生汉字学习认知诊断研究》，《教育研究》2019年第1期。

献中，字、词、句认知诊断有 10 篇，篇章阅读 5 篇；诊断模型主要是 DINA 和 RSM，有 1 篇文献用了 FM；诊断的技能属性分为 3—10 个不等，详见表 1-9 最后一列。

综上，阅读认知诊断研究的现状是：(1) 语言认知诊断文献量很少，特别是汉语阅读认知诊断文献量则更少。(2) 作者单位非常集中，说明对语言开展认知诊断研究没有受到普遍重视，原因可能是认知诊断模型的参数估计还没有被多数人掌握。(3) 主要采用 DINA 和 RSM 模型进行诊断。(4) 早期研究从测验到属性，后期，越来越多的研究从属性到测验，即自编测验越来越多，但对测验质量的考察较多研究仍然只用 CTT 和 IRT 进行质量检验，较少研究从诊断角度考察测验质量。(5) 对外语的诊断和对汉语的诊断文献量相当，以汉语为第二语言和以汉语为母语的诊断文献量相当。(6) 属性粒度大小不一，属性个数多则几十种甚至上百种，少则 3 种。(7) 不同研究者对相同测试数据进行诊断分析，对属性的定义不同，使用的诊断模型不同，得到的研究结果不同。这说明阅读能力的认知诊断结果很难如数学或物理化学学科那样具有很强的客观性和结果的绝对统一性，在认知诊断过程中，确定属性的方法和属性粒度大小都具有一定的主观性，诊断模型的选用也会影响到诊断的结果，所以，对阅读能力开展认知诊断是可行的却是相当困难的但又是十分必要的。

## 第三节 问题提出

认知诊断是 21 世纪教育与心理学测量领域的一项新兴技术。国内对这一领域的研究尚处于起步阶段。1984 年，方富熹编译的"关于儿童数学的认知诊断"是我国最早关于认知诊断的论文，论文限于编译外国的认知诊断原理，而没有运用认知诊断技术解决实际问题。1995 年，余嘉元发表的论文"运用 RSM 识别解题中的认知错误"首次运用了认知诊断技术解决实际问题。进入 21 世纪以来，尤其是近几年来，国内的认知诊断研究发展迅速，这些研究集中在如下几个领域：CDM 的开发与改进、CD-CAT、Q 矩阵理论的改进以及越来越多的应用研究。

上一节从阅读能力和认知诊断两个方面进行了文献梳理。对阅读从阅读能力结构、阅读认知过程和阅读能力测评三个方面进行了梳理；对认知诊断从我国认知诊断研究总体现状、认知诊断模型和阅读认知诊断三个方面进行梳理。对阅读和诊断两个领域的国内外研究成果的系统梳理和综合分析发现，无论在阅读能力测评方面还是在认知诊断方面，现有研究都已取得了丰硕的成果，这些成果为进一步开展阅读能力测评研究和认知诊断理论和技术的发展奠定了坚实的基础，但是，理论的发展过程是不断进步和完善的过程，就认知诊断理论的发展和理论应有的价值而言，从整体角度来看，关于阅读和认知诊断的研究也不可避免存在一些困难之处需要进一步完善。

## 一　阅读能力测评研究困难

### （一）阅读能力测评重宏观轻微观

文献综述"阅读能力测评"部分对国内外阅读能力测评的梳理发现，以往对阅读能力的测评采用的评价方式偏向于宏观评价而缺少微观层面的评价，这种评价方式仅给出一个笼统的总分值，没有揭示学生阅读过程中所展开的内部心理加工过程，因而难以了解不同个体在知识结构上的细微差异。这种评价方式无论对学生学习的促进还是对教师教学方式的改进都更难以起到针对性的作用。而认知诊断评价可以为学生的学习同时提供关于过程和结果、微观和宏观层面的详细信息。近年来陆续有研究者编制基于认知诊断理论的阅读认知诊断测验，但总量很少，因此，加强学科学习的认知诊断研究是促进学生发展的必然要求。

### （二）阅读能力测评重结果轻过程

评价的最终目的不是为了定水平定等级而是为了促进步促发展，相对而言，过程评价更有利于促进被评价者的发展。文献综述"阅读能力的结构"和"阅读能力测评"部分的分析可知对学生阅读能力的测评方式大都是结果评价，对阅读能力结构的研究较局限于把阅读能力看成是一个静态笼统的对象加以研究，重在揭示其"是什么"，而没有把重点放在"其过程是什么"的研究上。相对而言，国外对过程评价尤其对认知诊断评估的重视远远大于国内。因此，加强对阅读能力甚至对学生的整个学业采取基于认知诊断的评估是国际发展趋势。

（三）阅读能力认知诊断评估没有受到大众关注

文献综述"认知诊断在阅读领域中的应用"的分析结果表明汉语认知诊断研究的文献量相当少。文献综述"认知诊断研究概况之研究类型分析"部分结果显示，2012—2020年间，国内开展的119篇认知诊断应用研究中，语文学科认知诊断文献占14.28%。而其中专门的阅读认知诊断研究的文献则更少。可见，开展以汉语为母语的阅读能力的认知诊断研究不仅是研究现实的需求，也是深化认知诊断理论和推广认知诊断价值的必然要求。

## 二 认知诊断研究困难

（一）认知诊断研究重基础研究轻应用研究

实践是检验真理的唯一标准。基础研究与应用研究的关系是相互影响、相互促进的关系。基础研究是应用研究的基础，应用研究反过来可以促进基础研究的发展。在理论建立和完善的过程中，二者都不可偏废。从文献综述之认知诊断研究类型的分析结果可知，应用研究逐渐受到关注，应用研究的占比由2011年前的19.15%提高到了27.55%，尽管如此，应用研究还是有待继续加强。随着基础研究的不断发展，所构建的理论也需要应用研究不断进行检验和评价以不断完善理论。如在模型开发和修正时一般用模拟数据进行模型性能检验，但模拟数据不等同于实测数据，如果能继续用实测数据进行检验也许能更好地促进模型的完善。基础研究不是为了建立理论而进行基础研究，应用研究也不纯粹是为了改进实践而开展应用研究，基础研究为了改进实践，应用研究也为了理论提升。总之，为了更好地实现"促进学生发展"这个认知诊断的根本目的，认知诊断的基础研究与应用研究应协同作战，互相促进。

**（二）认知诊断应用研究重理科轻文科**

由文献综述之四"认知诊断研究概况之研究类型分析"部分可知，应用研究的诊断对象覆盖面较大，诊断科目几乎覆盖了小学到中学的所有科目以及大学的小部分科目，如语文、数学、英语、物理、化学、生物、政治、地理和心理等学科，但主要集中于数学、英语、语文、物理和化学，这五个科目占比分别是38.66%、15.97%和14.28%、10.08%、10.08%，总占比89.08%。其中理科占比69.75%，文科占比30.25%。由文献综述之六"阅读认知诊断研究现状"分析部分可知，在文科认知诊断研究中，语言认知诊断文献量不多；在语言认知诊断文献中，对汉语为母语的认知诊断研究少；在对汉语为母语的认知诊断研究中，阅读能力认知诊断研究很少。因此，对阅读能力开展认知诊断研究十分迫切。

**（三）重测量模型的研究轻认知模型的研究**

林顿于2007年指出，认知模型的发展可能成为影响认知诊断评估成功或失败的最重要因素，而目前还未开发适合于成就测验的认知模型[①]。丁树良教授认为构建正确的认知模型是成功进行认知诊断的关键之一，如果认知诊断测验不能完整准确地代表这个认知模型，这个测验的效度就存在问题。[②] 文献综述之四"认知诊断研究概况之主题分析"部分可知近9年来我国认知诊断研究主要关注点依然是诊断技术研究，主要内容有诊断模型开发和改进、选题策略、CD-CAT、认知诊断测验等内容；次要主题分析表明我国目前的认知诊断研究集中于获得被试的属性掌握模式、知识状态、反应模式、属性掌握情况；而关于认知模型的构建方法的研究相对欠缺。因此，如何加强认知模型的构建研究是认知诊断研究深入发展的必然选择。

---

[①] Leighton, J. P., & Gierl M. J., *Cognitive Diagnostic Assessment for Education*: Theory and Applications, Cambridge University Press, The Edinburgh Building, Cambridge CB2 8RU, UK. 2007.

[②] 丁树良、毛萌萌、汪文义、罗芬：《教育认知诊断测验与认知模型一致性的评估》，《心理学报》2012年第11期。

### (四) 认知诊断模型的开发和使用集中于三个模型

文献综述之四"认知诊断研究概况之文献总量分析"和文献综述中之五"认知诊断模型"两部分的分析都表明,我国认知诊断研究中最活跃的诊断模型是 DINA、RSM 和 AHM,其中被改进最多且应用也最多的模型是 DINA 模型,DINA 模型的拓展模型有 G-DINA、P-DINA、GP-DINA、HO-DINA、Mix-DINA、MS-DINA,说明认知诊断模型研究正在向深度发展但广度不够。傅建冰[1]指出,CDM 已开发有 60 多种模型,但在我国认知诊断领域尤其是应用研究范畴内,鲜见有除上述三种模型之外的模型应用。

### (五) 对自编认知诊断测验少从认知诊断角度进行质量检测

RSM 与 AHM 的最大区别在于,前者主张从测验到属性,后者主张从属性到测验。先有测验再从测验中析出属性的做法可能存在以下风险:析出的属性可能存在不完备性、属性的层级关系有可能与理论不符、对认知模型的认识局限于已编测验、所测到的属性认知模型与实测数据有可能不拟合等。因此,越来越多的研究者开始自编认知诊断测验并对自编认知诊断测验质量进行分析,但在质量分析时,鲜见根据诊断测验的特有要求对测验进行质量分析,如测验的每个项目是否测到了所测属性?每个项目所测属性是否完备?测验的属性结构效度是否达标?每个属性的区分度如何?卢彻特[2]认为规范的测验设计对认知诊断而言起着关键作用。由文献综述之三"阅读能力测验"部分可知,目前国内外就认知诊断测验编制的指导性研究较少,因此,尝试编制以诊断为目的的诊断测验并进行认知诊断层面的质量分析可以加快认知诊断理论为实践服务的速度。

### (六) 重诊断轻诊断质量的报告

任何测量在报告结果时都必须同时报告测量结果的质量状况,如

---

[1] Fu, J., A polytomous extension of the fusion model and its Bayesian parameter estimation, University of Wisconsin - - Madison, 2005.

[2] Luecht, R. M., "Computer-based approaches to diagnostic assessment," Invited presentation at the annual meeting of the Association of Test Publishers, Orlando, FL, February, 2006.

结果是否可信、是否有效。但关于认知诊断信度和效度的研究仍较为欠缺。汪文义等人认为教育认知诊断测验的信度和效度研究较新，仍存在着一定的不足且缺乏全面的比较研究，更缺少系统的评价体系①。因此，大部分诊断研究尤其是应用研究在报告诊断结果时没有报告诊断的信度和效度，这是诊断研究的遗憾。关于诊断信度的研究，汪文义等人用模拟研究验证和比较了 Bootstrap 法、平行测验法和平行测验配对法估计诊断分类一致性但推荐用 Bootstrap 法估计认知诊断属性分类一致性信度的置信区间②。博斯布姆和梅伦伯格③把认知诊断的效度定义为理论上所欲测量的属性与总分的相关，如果属性的变异能反映于分数的变异上，则这样的诊断结果是有效的。我国目前的认知诊断研究质量主要报告的是判准率，但诊断结果的质量还需要多方验证，如全面报告重测一致性、分类一致性、分类准确性、理论构想效度等指标来检验诊断结果的质量。

（七）重诊断轻反馈及反馈有效性的检验

诊断结果的反馈是实现认知诊断研究服务于教育的实践价值的最后一环，因此，首先，反馈是必要的。其次，如何反馈、怎样的反馈形式效果更好、如何检验反馈的效果等问题的研究也是认知诊断研究不可回避的研究环节。

（八）重诊断轻原因分析和策略提出

从完整的认知诊断研究来说，需要对影响学生属性掌握概率的因素做出全面深入的分析后，在此基础上，结合整个认知诊断的研究结果，提出基于认知诊断研究结果的阅读能力提升策略，这样才能实现认知诊断研究"促进学生发展"的最终目的，实现认知诊断理论研究为教育实践服务的根本宗旨。

---

① 汪文义、宋丽红、丁树良：《教育认知诊断测验的信度和效度研究评述》，《考试研究》2014 年第 5 期。

② 汪文义、方小婷、叶宝娟：《认知诊断属性分类一致性信度区间估计三种方法》，《心理科学》2018 年第 6 期。

③ Borsboom, D., Mellenbergh, G. J. & Van Heerden, J., "The concept of validity", *Psychological Review*, No. 11, 2004, pp. 1061–1071.

## 第四节 研究设计

### 一 研究目的

为了实现认知诊断的根本宗旨：促进学生发展，研究自始至终围绕"如何使认知诊断研究更加科学、可信、有效从而更好地促进学生发展"，选取至今为止国内没有重视的研究领域"小学生阅读能力"进行诊断测评，以期实现一次较为系统的理论与实践相结合的研究，并探索诊断测量结果如何为学生、教师以及教育管理者提供服务的现实道路。具体而言，欲实现以下几个目的：

（一）建立小学生阅读能力的认知模型。

（二）编制以诊断为目的的小学生阅读能力认知诊断测验并进行质量检验。

（三）采用融合模型估计学生的属性掌握状态并对诊断结果进行质量检验。

（四）诊断结果反馈及其有效性检验。

（五）属性掌握概率的影响因素分析及阅读能力提升策略。

### 二 研究对象

研究以小学 4—6 年级学生为阅读能力的测评对象，基于以下两方面的考虑：一是理论依据。查尔将阅读分为 6 个阶段，前 3 个阶段是"学着读"（出生到小学二三年级），后 3 个阶段（小学四年级以上至成年人）是"读着学"，也就是小学四年级是真正的独立阅读的开端。国内也有研究者[1]认为小学四年级开始强调独立阅读，认为学前期是阅读准备阶段，小学一年级是学习阅读阶段，小学二三年级是阅读能力迅速发展期，主要任务是扩大词汇量、增强阅读兴趣、培养

---

[1] 袁茵：《听觉障碍中小学生汉语阅读能力研究》，博士学位论文，辽宁师范大学，2004 年。

默读能力；小学四年级以后是泛读发展阶段，强调学生独立阅读，扩大阅读范围，发展理解技能，阅读后能够归纳段落大意和中心思想等。二是可行性依据。小学1—3年级学生的身心发展尤其是认知发展特点限制了小学低年级学生的阅读速度和阅读能力不太能适应课题研究所采用的阅读测验和配套问卷，小学低年级学生的阅读能力测评工具更适合用字词句测验。从《课程标准》规定的小学生阅读分段目标可以看出，小学低年级学生和高年级学生的阅读目标有较大差距。而针对小学低年级学生实施口语报告法也有一定难度。基于上述因素，研究将以小学4—6年级学生为代表开展小学生阅读能力认知诊断研究。

### 三 研究工具

2011年《小学语文课程标准》提出阅读评价要综合考察学生阅读过程中的感受、体验、理解和价值取向，要关注其阅读兴趣、方法与习惯，也要关注其阅读面和阅读量。因此，课题组将自编两份工具，一是小学生阅读能力认知诊断测验，考察学生阅读过程中的感受、体验、理解和价值取向。二是配套问卷，考察学生的阅读兴趣、阅读方法、阅读习惯和阅读面等。工具二除了上述学生因素，还包括学校和家庭中可能影响学生阅读能力的因素。

### 四 研究内容

为了实现上述研究目的，研究将围绕以下五个板块的内容展开：

**（一）小学生阅读能力认知模型建构**

认知模型是认知诊断测验编制的依据，也是整个认知诊断研究的基础，因此，开展认知诊断研究的首要任务是构建适用于研究目的的认知模型。研究拟采用认知分析法、口语报告法和专家评定法构建小学生阅读能力认知模型，为后续研究奠定基础。

**（二）小学生阅读能力认知诊断测验编制及其质量分析**

认知诊断测验是联系认知模型与学生反应的中介，可靠而有效的认知诊断测验才能确保诊断目的的实现。为了保证所编制的诊断测验是值得信赖且能有助于实现诊断目的，课题组拟采取以下思路展开研究：诊断测验初编——试测——质量分析——测验修订——正式施测——质量分析。测验编制的理论基础是Q矩阵理论，测验施测和正式施测的被试均采用分层抽样和整群抽样获得，修正内容包括测验的修正和Q矩阵的修正，从CTT、IRT和CDA三大测量理论角度进行测验质量分析以全面保证诊断测验的质量。

**（三）小学生阅读能力认知诊断测评结果分析**

认知诊断研究能为实践工作者提供反馈信息的最直接环节是对所收集的学生反应数据进行分析，如果认知模型科学、合理，诊断测验工具可信有效，接下来保证诊断结果质量的是采用恰当的CDM进行数据分析。课题组拟采用被认为很成功的认知诊断测量模型FM进行数据分析并对诊断质量进行检验以便为第五章的结果反馈提供材料。FM的数据分析包括项目参数估计和被试属性掌握概率估计，诊断质量分析包括MCMC链是否收敛、模型资料拟合检验、诊断信度和效度检验，诊断结果的统计分析包括个体特征分析和群体差异分析。

**（四）小学生阅读能力诊断结果的反馈及其有效性检验**

诊断的最终目的是促进学生的发展，诊断信息的反馈及反馈效果的检验是认知诊断研究的必要环节，所以有针对性地为学校、班级和学生制作诊断反馈报告卡。选取两个班进行准实验研究并对校长、教师和部分学生进行开放式访谈以检验信息反馈的有效性。

**（五）小学生阅读能力影响因素分析及提升策略**

为了实现促进学生发展的目的，完整的认知诊断研究不能缺少的最后环节是对影响学生属性掌握概率的原因进行多方面的深入探查，并在此基础上提出基于认知诊断研究结果的策略，以期为提升小学生的阅读能力提供非传统视角的对策。

## 五 研究思路

研究遵循从理论研究到实践指导的基本路线，具体研究路线为：

概念界定—文献梳理—认知模型建构—诊断测验和配套问卷编制—测验试测及修订—正式测验及问卷发放以收集数据—运用 FM 模型进行诊断分析—诊断信度和效度检验—制作诊断反馈报告卡—诊断信息反馈—反馈效果检验—属性掌握程度影响因素分析—阅读能力提升策略。研究基本思路见图 1-4，研究整体设计见图 1-5。

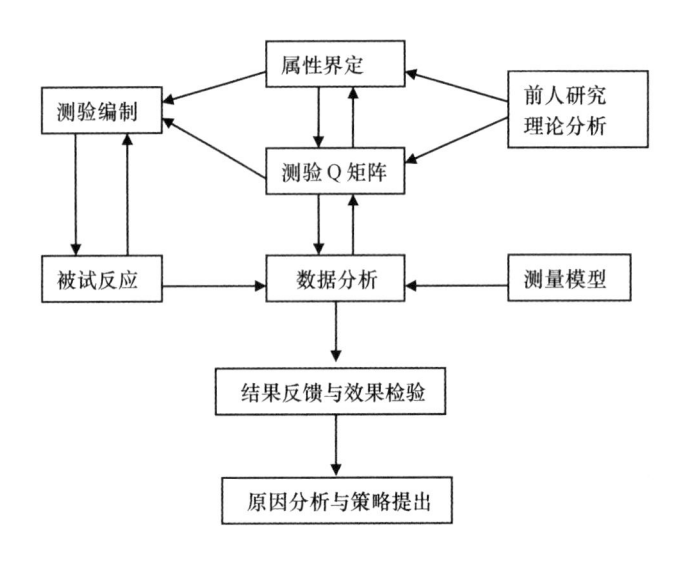

图 1-4 研究路线

## 六 研究意义

### (一) 理论意义

1. 有利于促进认知诊断理论体系的形成

我国认知诊断研究从 2005 年起至今处于快速发展阶段，从文献综述结果可知，大部分研究围绕诊断模型的开发和改进、CD-CAT 相关策略、Q 矩阵、具体学科的诊断等。大多研究是基本心理测量学层面的研究范式和研究意义，缺少从教育学角度去挖掘认知诊断意义的研究。从教育意义的角度来看待认知诊断研究，则更希望认知诊断研究更加系统化和完整化，即要从更宏观更完整的角度去挖掘和体现认知诊断的意义。如不仅要进行诊断，也要进行诊断结果的反馈和有效

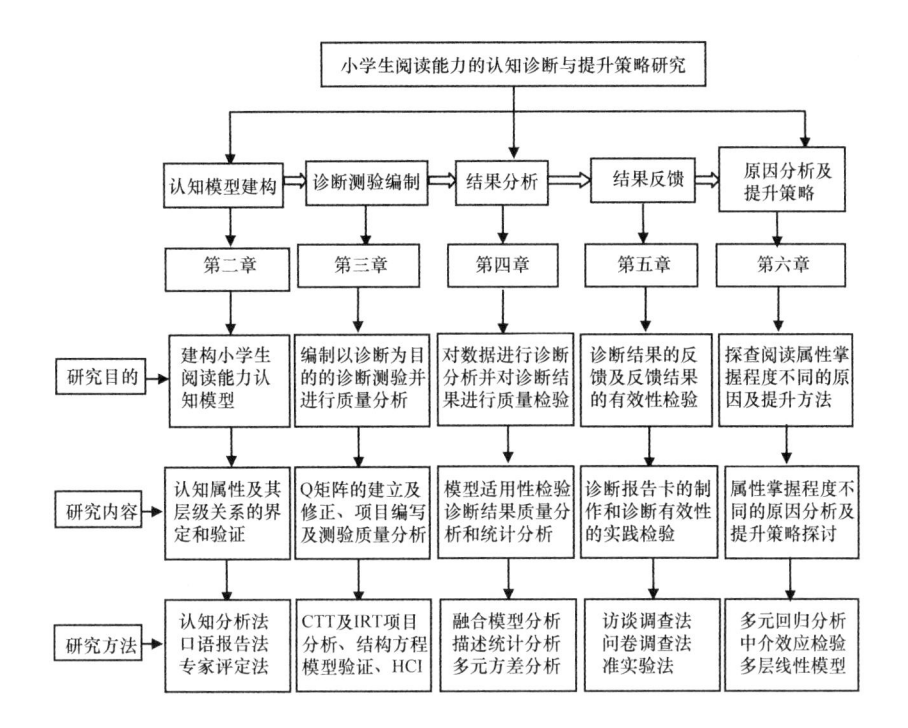

图 1-5 研究整体设计

性检验，还要展开原因分析和为促进学生发展提出基于认知诊断的对策建议。从这个角度来说，课题开展的研究有助于认知诊断理论体系的形成，表现为：对汉语阅读能力进行诊断拓宽了诊断在语言诊断领域中的应用范畴；构建小学生阅读能力认知模型具有一定的开创意义；采用自上而下的方式编制诊断测验并从诊断角度报告测验质量有利于诊断目的的实现；借助 FM 进行 Q 矩阵的修正改良了一次性确定认知模型的做法；应用 FM 进行诊断分析拓展了国内研究囿于采用 RSM、AHM 和 DINA 模型进行数据分析的狭隘思路；对诊断结果进行信度和效度检验确保了诊断结果的质量；首次采用属性掌握程度进行信息报告和信息反馈不仅能保留更多的诊断信息而且吻合了当今小学生学业评价的做法；对信息反馈的有效性进行实验检验为今后开展阅读能力认知诊断研究提供了可资借鉴的信息；对属性掌握概率的影响因素进行分析并提出有针对性的反馈意见和提升策略有助于实现认知诊断的教育意义；更重要的是，以上所有分研究整合在一个有逻辑关系的综合性研究中则有助于完整的认知诊断理论体系的构建。因此，课题组的研究不仅给出诊断结果（结果是什么），报告诊断结果的信度和效度（结果怎么样），而且在此基础上探查不同认知属性掌握概率的影响因素（为什么），并为改进教学和促进学习提供有针对性的建议和对策（怎么做），这种系统化的认知诊断研究有助于促进认知诊断理论的系统化和体系化。

2. 有利于改进阅读能力测评理论

阅读能力是个体的基本素质之一，对阅读能力的测评历来受到重视。过去阅读能力的测评方法均只能给出笼统的能力值，这种注重宏观能力而忽略微观能力测评的思想对实现有效地"促进学生发展"的目的显得无能为力，而认知诊断测评理论不仅能为学生提供宏观的阅读能力值，还能同时提供微观的关于阅读子技能的掌握情况，为阅读能力测评方式的改进开辟了新的道路。

3. 有利于完善学生学业评价理论

认知诊断对学生知识状态或认知技能的评价是一种过程性评价，而在中国的学业评价理论领域中，一直以来都是给予学生一个笼统的分数而忽视对学生作答过程的微观技能的评估。尽管过程性评价的理念并不是首次出现于学业评价领域，但结合认知心理学和心理测量学方法对学生的认知心理加工过程进行评价具有开创性的意义，为历来仅重视宏观能力的评价忽略微观能力的评价模式开辟了新的视角。当然，这种评价思路不仅适合于难以诊断的阅读能力评价，而且适用于对所有学科所有层级的学生进行评价，所以，对诊断对象年龄小、诊断较难的小学生阅读能力开展认知诊断有助于完善对所有学生所有学科的学业评价理论。

**(二) 实践意义**

1. 有利于提高小学生的阅读能力

发展阅读能力、培养阅读习惯，儿童阶段是一个重要阶段。这一阶段的儿童不仅阅读能力发展快速，而且良好的阅读能力对儿童其他方面的发展也有着重要影响。与国际社会对儿童阅读的高度重视相比，我国儿童阅读存在一些发展困境，如阅读起始年龄较晚、阅读量小、城乡差距较大等问题。近几十年来，国内外研究者们对儿童阅读发展的特点、阅读能力对其他心理发展的影响、如何在家庭和学校中培养儿童的阅读能力等问题进行了卓有成效的探索，但如果能从阅读能力评估方法层面寻求新的突破口也许对提高学生的阅读能力有所助益。课题着眼于小学生阅读能力的认知诊断，力求从细微的微观的角度了解每位学生在阅读能力上的优势和不足，从而为每位学生阅读能力的现状提供精准信息，这将有助于接收到诊断信息的人或单位采取相应的措施去提高每位小学生的阅读能力。

2. 有利于促进认知诊断理论与实际应用的衔接

开展认知诊断研究需要多学科知识，如认知心理学知识、统计与测量知识、学科专业知识、计算机知识，缺乏哪一板块的知识都有可能阻碍认知诊断研究的顺利进行。正因为研究的专业性和复杂度，现今的认知诊断研究大都处于理论研究阶段，认知诊断技术还没有为大众所掌握，但学界认为认知诊断对促进学生的真正发展有着重要意义，因此，如何实现诊断理论研究与实践应用者更快地对接，让认知诊断理论如CTT一样在实践工作中体现其应有的价值，这是所有认知诊断理论研究者们的共同愿望。为此，课题组在研究的过程中一直致力于与一线教师开展交流与合作，并将诊断结果反馈于教育实践工作中，期待一线教师能加深对认知诊断的认识和了解。

3. 有利于学生进行有针对性的补救性学习

诊断的目的是促进学生发展，不是为了诊断而诊断。当学生在阅读能力测评后仅获得一个笼统的分数值或综合水平等级时，他们对今后该如何提升自己的阅读能力是比较茫然的。课题组借助认知诊断测量理论能对学生在阅读过程中所用到的阅读微技能或子属性进行细致的考察，然后为学生制作具有个性化的诊断报告卡，学生从我们的研究结果报告中不仅能知晓自身的综合阅读能力，还可以知道自己阅读能力结构中的强项和弱项，这将十分有利于学生在此后的学习中有针对性地补救性学习。

4. 有利于教师实现真正意义上的因材施教

教师实施因材施教的前提是了解不同"材"的特点，传统的阅读能力测试对教师实施因材施教的指导作用是有限的，例如相同得分的学生在教师眼中是一样的"材"，而事实上却并非如此。认知诊断研究可以对每位学生微技能的掌握程度进行判断，在传统测评中结果相同的学生，在认知诊断研究中却是不同的，如阅读测验得分都获得10分的学生，他们在阅读子技能的掌握上可能是不同的。如果每次测验后，教师都能收到认知诊断结果的报告，这将有助教师实现真正意义上的因材施教。同时，不同群体在属性掌握上的差异也有助于教师开展有针对性的教学，如男女群体的差异、学生干部与非学生干部的差异等。

5. 有利于教育管理者制定相应的管理措施

尽管认知诊断的直接目的是对学生的心理过程进行微观层面的评估，但如果研究设计合理，在收集学生个人信息的同时有意识地收集关于学生群体的信息，那么对学生群体的诊断结果进行分析就特别有利于教育管理者进行宏观调控，如课题组研究设计中的学校差异、地区差异、班级差异、学生背景差异分析等都有利于教育管理者从更宏观的角度进行调控以提高学生的阅读能力水平。

# 第二章 小学生阅读能力认知模型的建构

## 第一节 研究设计

### 一 研究目的

编制测验前首先要明确的是测什么，传统测验的关注点是宏观能力如阅读能力；诊断测验的关注点是微观能力，如阅读能力所包括的子能力。如果用传统测验方法测子能力，则采用分测验的方式实现并且假设子能力彼此独立；诊断测验对子能力的考察则把阅读能力看成由子能力所构成的完整的有逻辑层次关系的整体。因此，诊断测验编制之前要明确学生在阅读过程中会用到哪些技能？这些技能的关系是什么？在认知诊断理论中，子技能及其关系被称为属性及属性间的层级关系，简称为认知模型。认知模型在认知诊断理论中处于基础地位，是整个认知诊断的根基，若根基有偏差，则后续所有的研究工作如测验编制和数据分析都随之出现偏差。1999年，美国出版的《教育与心理测试标准》指出"测验的效度依赖于测验编制的理论框架"。这个理论框架就是认知模型。

在认知诊断理论中，准确的诊断结果的获得依赖于优质的测验，优质的测验依赖于正确的认知模型以及在此基础上确定的测验Q矩阵，这就是测验编制的蓝图。测验Q矩阵由测验项目和技能属性共同组成。迄今为止，测验Q矩阵的建构主要有两条思路，一是自下而上的翻新法，二是自上而下的方法。前者的做法是利用现成的测验获得Q矩阵，后者则根据理论先确立认知模型，再以认知模型为基础编制相应的认知诊断测验。翻新法是目前大部分认知诊断研究所采用的方法，这种方法的优点是省时省力，缺点是所获得的认知模型可能不能真正反映所测领域的认知加工过程，也有可能得到的认知属性在测验中的分布与诊断评估的测量学要求不符。而采用自上而下的方法构建的Q矩阵从理论上来说更符合实质心理学要求和诊断的测量学要求。所以，课题组决定采用自上而下的方法即先确定认知模型再自编诊断测验获得Q矩阵，这就有了本章的研究目的，即确定认知诊断测验编制的理论依据——认知模型。

### 二　研究方法

采用文献分析法确定初始属性并界定属性层级关系，采用认知分析法即口语报告法和专家评定法验证所提出的认知属性及其关系的合理性。

## 第二节　小学生阅读能力认知模型的建构依据

### 一　阅读理解能力是一种多分技能的结构

阅读能力能够被分解为多个认知技能是开展阅读能力 CDA 研究的前提。奥尔德森和鲁克漫尼[1]；兰姆利[2]；威尔等人[3]；奥尔德森[4]等人认为阅读技能能在多大程度上分解为独立的可识别的技能仍然存

---

[1] Alderson, J. C. & Lukmani, Y, "Cognition and reading: Cognitive levels as embodied in test questions", *Reading in a Foreign Language*, Vol. 5, No. 2, 1989, pp. 253 – 270.

[2] Lumley, T., "The notion of subskills in reading comprehension tests: An EAP example", *Language Testing*, Vol. 10, No. 3, 1993, pp. 211 – 234.

[3] Weir, C. J., Huizhong, Y. & Yan, J., *An empirical investigation of the componentiality of L2 reading in English for academic purposes*, Cambridge: Cambridge University Press, 2000.

[4] Alderson, J. C, *Assessing reading*, Cambridge: Cambridge University Press, 2000.

在着争议。卡弗[1]和罗斯特[2]等研究人员指出,阅读是由一个个单一的整体结构所组成的并质疑阅读能否分解为层级的模式。奥尔德森和鲁克漫尼[3]认为,阅读结构是由一组多成分的技能所组成,但是在数量、范围和性质上存在多种观点。如尼沃[4];奥尔德森、巴赫曼、珀金斯和科恩[5];格拉贝[6];兰姆利[7];巴赫曼、戴维森和米拉诺维奇[8];威尔等人[9]。其中,伯科夫[10];卡弗[11]认为阅读是双成分结构,即阅读能力由两个独立可识别的要素即词汇和一般阅读理解能力所构成。威尔和波特[12]则提出学术目的性阅读测验中,阅读技能和策略各有两个分类,即实质上的四分类。除了研究阅读技能的种类、性质和范围

---

[1] Carver, R. P., "What do standardized tests of reading comprehension measure in terms of efficiency, accuracy, and rate", *Reading Research Quarterly*, Vol. 27, No. 4, 1992, pp. 347 – 359.

[2] Rost, D., "Assessing the different components of reading comprehension: Fact or fiction", *Language Testing*, Vol. 10, No. 1, 1993, pp. 79 – 82.

[3] Alderson, J. C. & Lukmani, Y., "Cognition and reading: Cognitive levels as embodied in test questions", *Reading in a Foreign Language*, Vol. 5, No. 2, 1989, pp. 253 – 270.

[4] Nevo, N., "Test-taking strategies on a multiple-choice test of reading comprehension", *Language Learning*, No. 6, 1989, pp. 199 – 215.

[5] Anderson, N. J., Bachman, L., Perkins, K. & Cohen, A., "An exploratory study into the construct validity of a reading comprehension test: Triangulation of data sources", *Language Testing*, No. 8, 1991, pp. 41 – 66.

[6] Grabe, W., "Current developments in second language reading research", *TESOL Quarterly*, Vol. 25, No. 3, 1991, pp. 375 – 406.

[7] Lumley, T., "The notion of subskills in reading comprehension tests: An EAP example", *Language Testing*, Vol. 10, No. 3, 1993, pp. 211 – 234.

[8] Bachman, L. F., Davidson, F. & Milanovic, M., "The use of test method characteristics in the content analysis and design of EFL proficiency tests", *Language Testing*, Vol. 13, No. 2, 1996, pp. 125 – 150.

[9] Weir, C. J., Huizhong, Y. & Yan, J. *An empirical investigation of the componentiality of L2 reading in English for academic purposes*, Cambridge: Cambridge University Press, 2000.

[10] Berkoff, N. A., "Reading skills in extended discourse in English as a Foreign Language", *Journal of Research in Reading*, Vol. 2, No. 2, 1979, pp. 95 – 107.

[11] Carver, R. P., "What do standardized tests of reading comprehension measure in terms of efficiency, accuracy, and rate", *Reading Research Quarterly*, Vol. 27, No. 4, 1992, pp. 347 – 359.

[12] Weir, C. J. & Porter, D., "The multi-divisible or unitary nature of reading: The language tester between Scylla and Charybdis", *Reading in a Foreign Language*, No. 10, 1996, pp. 1 – 19.

外，费尔巴赫和约翰顿[1]；安德森等人[2]等阅读研究人员采用出声思维和访谈法对教师和学生进行阅读过程和阅读策略的研究。法尔、普理查德和斯密腾[3]指出，在测验和非测验的不同情境下，阅读者所采用的策略取决于测试题的类型，查德和戴[4]的研究则发现学生在测试情境中相比于非测试情境会更频繁地使用策略。李[5]注意到读者在成功地完成同一项任务时会使用不同的技能并且使用各种各样的技能处理文本信息，其中有些技能是测验开发者没有预想到的。同样，安德森等人[6]发现学习者报告的技能与测试题的预期目的间的关系没有统计显著性。这些研究结果表明阅读过程是一个复杂的认知过程，其间用到的阅读能力存在多变性，如阅读情境也会影响到阅读能力的应用，甚至出现阅读者报告的技能与研究者的预期不一致的情况，可以说，学者们的研究结果为开展阅读能力认知诊断研究提供了理论基础又让我们意识到 CDA 用于阅读能力所存在的挑战。

正是由于阅读过程的复杂性和阅读能力在人的综合素质中的基础地位，研究者们一直致力于探究阅读能力的结构，国内外不同的学者用不同的研究方法从不同的角度得出了许多不同结果，对阅读结构的划分少则三种多则几十种甚至上百种。文献综述中"关于阅读能力的

---

[1] Afflerbach, P. & Johnston, P., "Research methodology: On the use of verbal reports in reading research", *Journal of Reading Behavior*, Vol. 16, No. 4, 1984, pp. 307 – 322.

[2] Anderson, N. J., Bachman, L., Perkins, K. & Cohen, A., "An exploratory study into the construct validity of a reading comprehension test: Triangulation of data sources", *Language Testing*, No. 8, 1991, pp. 41 – 66.

[3] Farr, R., Pritchard, R. & Smitten, B., "A description of what happens when an examinee takes a multiple-choice reading comprehension test", *Journal of Educational Measurement*, Vol. 27, No. 3, 1990, pp. 209 – 226.

[4] Cordon, L. A. & Day, J. D., "Strategy use on standardized reading comprehension tests", *Journal of Educational Psychology*, Vol. 88, No. 2, 1996, pp. 288 – 295.

[5] Li, W., "What is a test testing? An investigation of the agreement between students' test-taking processes and test constructors' presumption", Unpublished MA thesis, Lancaster University, 1992.

[6] Anderson, N. J., Bachman, L., Perkins, K. & Cohen, A., "An exploratory study into the construct validity of a reading comprehension test: Triangulation of data sources", *Language Testing*, No. 8, 1991, pp. 41 – 66.

结构"和"阅读的认知诊断研究"中有详细论述,这些研究成果是我们确定阅读子技能的重要依据。

## 二 阅读理解过程的认知加工理论

文献综述中关于"阅读的认知过程研究"部分表明,阅读并不是单纯的线性加工过程,而是糅合了自下而上、自上而下、容量理论、最小假设等多种加工方式的复杂过程。在阅读理解过程中,其进程是阶段性的且阶段性之间可以相互通达和补偿,这是补偿性相互作用模式的观点。图式理论认为人们对材料的理解程度依赖于先前的内容图式和形式图式的丰富程度,容量理论认为阅读理解过程依赖于读者所储备的加工资源在工作记忆中被激活的多寡。基于记忆的语篇加工理论指出阅读过程中长时记忆中的信息以被动、快速、自动的方式被激活,从而实现对语篇的理解。建构整合模型理论指出阅读理解过程要历经两个阶段,即建构和整合,其中建构过程包括建构命题表征、无控制性推理加工、控制性推理加工、形成概念网络四个阶段,整合是指阅读者把当前的加工结果与读者先前的表征形成通达的心理表征。并且认为上述加工过程是自动进行的,如果加工失败,则需要大量的问题解决性加工策略的参与。建构主义理论则非常强调读者的主动性,认为语篇理解是读者主动提取长时记忆中的背景知识并与当前的语篇意义表征相结合而不断形成文章情境模式的心理过程,其中奠基、映射和转换的过程都是读者根据一定的目的主动地搜寻特定信息并力图加以解释的过程。但最小假设模型却认为,读者在没有特定目标驱动时,只有最低限度的自动推理,此时建构的是语篇的最小表征即局部连贯表征,读者此时不会自动建构语篇的整体情境的推理,即精加工推理和目标推理。麦考恩和拉特克利夫[1]进一步提示了不同阅读情境下的加工方

---

[1] Mckoon, G. & Ratcliff, R., "Inference during reading", *Psychological Review*, No. 9, 1992, pp. 440–446.

式,分为明确目的情境下进行的是策略性加工,无明确目的情境下进行的是自动推理加工。

综上所述,关于阅读认知过程的理解,有以下几点认识:(一)阅读不是单纯的线性加工过程,而是综合的加工过程。(二)阅读过程具有阶段性和连续性。(三)阅读理解过程从非连贯理解到连贯理解。(四)读者相应的背景知识影响阅读者对材料的理解程度。(五)阅读情境会影响读者所采用到的加工方式和加工精度。(六)阅读过程既有主动性加工也有自动性加工。(七)阅读过程是自动推理和目标性推理相结合的过程。这些结论为构建阅读能力认知模型提供了坚实的理论基础。一般情况而言,自然情境下的阅读采用自动化加工,当需要进行问题解决时,会采用目标推理加工。在自动加工过程中,基本按照字、词、句、段、篇章的过程进行加工。在问题情境中能否正确回答具体问题则依赖于读者相应的背景知识、对当前材料的表征程度以及某一特定问题所对应的技能掌握程度。

### 三 《课标》对小学生阅读能力的考核

《全日制义务教育语文课程标准》(以下简称《课标》)是由中华人民共和国教育部制定的国家级课程标准,是语文教材编写、教学、评估和考试命题的依据,是国家管理和评价课程的基础。它体现了国家对不同阶段学生在知识与技能、过程与方法、情感态度价值观等方面的基本要求,是国家课程的基本纲领性文件。因此,对小学生阅读能力进行评价必须全面仔细透彻地解读《课标》。下面从四个方面即小学生阅读能力的培养目标、关于阅读的理解、阅读教学的要求和阅读能力的评价四个方面进行解读,以期从中总结归纳出共性的信息,为小学生阅读能力诊断评估提供基础。

#### (一)关于小学生阅读能力培养目标的解读

《课标》中关于小学生阅读能力培养的总目标表述为:具有独立阅读的能力,学会运用多种阅读方法。有较为丰富的积累和良好的语感,注重情感体验,发展感受和理解能力。能阅读日常的书报杂志,能初步鉴赏文学作品，丰富自己的精神世界。能借助工具书阅读浅易文言文。九年课外阅读总量应在 400 万字以上。并把小学分为三个学段分别进行目标阐述，详表 2－1。

表 2－1　　　　　　　　《课标》规定的具体学段目标

| 学段 | 目标 |
| --- | --- |
| 1—2 年级 | 1. 喜欢阅读，感受阅读的乐趣。初步养成爱护图书的习惯。<br>2. 学习用普通话正确、流利、有感情地朗读课文。学习默读。<br>3. 结合上下文和生活实际了解课文中词句的意思，在阅读中积累词语。借助读物中的图画阅读。<br>4. 阅读浅近的童话、寓言、故事，向往美好的情境，关心自然和生命，对感兴趣的人物和事件有自己的感受和想法，并乐于与人交流。<br>5. 诵读儿歌、童谣和浅近的古诗，展开想象，获得初步的情感体验，感受语言的优美。<br>6. 认识课文中出现的常用标点符号。在阅读中，体会句号、问号、感叹号所表达的不同语气。<br>7. 积累自己喜欢的成语和格言警句。背诵优秀诗文 50 篇（段）。课外阅读总量不少于 5 万字。 |
| 3—4 年级 | 1. 用普通话正确、流利、有感情地朗读课文。<br>2. 初步学会默读，做到不出声，不指读。学习略读，粗知文章大意。<br>3. 能联系上下文，理解词句的意思，体会课文中关键词句表达情意的作用。能借助字典、词典和生活积累，理解生词的意义。<br>4. 能初步把握文章的主要内容，体会文章表达的思想感情。能对课文中不理解的地方提出疑问。<br>5. 能复述叙事性作品的大意，初步感受作品中生动的形象和优美的语言，关心作品中人物的命运和喜怒哀乐，与他人交流自己的阅读感受。<br>6. 诵读优秀诗文，注意在诵读过程中体验情感，展开想象，领悟诗文大意。<br>7. 在理解语句的过程中，体会句号与逗号的不同用法，了解冒号、引号的一般用法。<br>8. 积累课文中的优美词语、精彩句段，以及在课外阅读和生活中获得的语言材料。背诵优秀诗文 50 篇（段）。<br>9. 养成读书看报的习惯，收藏图书资料，乐于与同学交流。课外阅读总量不少于 40 万字。 |

续表

| 学段 | 目标 |
|---|---|
| 5—6年级 | 1. 能用普通话正确、流利、有感情地朗读课文。<br>2. 默读有一定速度，默读一般读物每分钟不少于300字。学习浏览，扩大知识面，根据需要搜集信息。<br>3. 能联系上下文和自己的积累，推想课文中有关键词句的意思，辨别词语的感情色彩，体会其表达效果。<br>4. 在阅读中揣摩文章的表达顺序，体会作者的思想感情，初步领悟文章基本的表达方法。在交流和讨论中，敢于提出自己的看法，作出自己的判断。<br>5. 阅读叙事性作品，了解事件梗概，能简单描述自己印象最深的场景、人物、细节，说出自己的喜爱、憎恶、崇敬、向往、同情等感受。阅读诗歌，大体把握诗意，想象诗歌描述的情境，体会诗人的情感。受到优秀作品的感染和激励，向往和追求美好的理想。阅读说明性文章，能抓住要点，了解课文的基本说明方法。阅读简单的非连续性文本，能从图文等组合材料中找出有价值的信息。<br>6. 在理解课文的过程中，体会顿号与逗号、分号与句号的不同用法。<br>7. 诵读优秀诗文，注意通过语调、韵律、节奏等体会作品的内容和情感。背诵优秀诗文60篇（段）。<br>8. 扩展阅读面。课外阅读总量不少于100万字。 |

从上表可以看出，小学三个学段的阅读目标是一个纵横交错的综合体。从横向来看，三个学段围绕着相同的目标维度如阅读方式、认知目标、情感目标、鉴赏目标、语法目标和阅读面展开。从纵向来看，每个维度的目标在每个学段都有体现，但各学段水平和要求不同，下表详细呈现了《课标》中不同学段目标规定的解析结果。

表2-2　　　　　　　　小学三个学段阅读目标对比

| | 1—2年级 | 3—4年级 | 5—6年级 |
|---|---|---|---|
| 阅读方式 | 正确流利有感情地朗读<br>喜欢阅读，感受阅读乐趣<br>初步养成爱护图书的习惯<br>学习默读 | 正确流利有感情地朗读<br>初步学会默读<br>学习略读 | 正确流利有感情地朗读<br>默读有速度，每分钟不少于300字<br>学习浏览，会搜集信息 |

续表

|  | 1—2年级 | 3—4年级 | 5—6年级 |
| --- | --- | --- | --- |
| 认知目标 | 了解词句意思 | 理解词句意思 | 推想词句意思 |
|  | 借助图画阅读 | 体会关键词的作用<br>初步把握文章主要内容<br>展开想象领悟诗文大意 | 了解叙事文事件梗概<br>大体把握诗歌诗意<br>抓住说明文要点<br>找出非连续文本中有价值的信息 |
| 情感目标 | 向往美好的情境<br>有自己的感受<br>获得初步的情感体验 | 体验作者情感<br>初步感受作品形象<br>体验诗文情感 | 体会作者思想感情<br>体会诗人情感<br>体会优秀诗文的情感 |
| 鉴赏目标 | 对感兴趣的人物和事件有自己的感受和想法，并乐于与人交流 | 能对文中不理解的地方提出疑问<br>与他人交流自己的阅读感受 | 在交流和讨论中，敢于提出自己的看法，作出自己的判断<br>辨别词语的感情色彩，体会其表达效果 |
| 语法目标 | 认识常用标点符号 | 体会句号与逗号的不同 | 揣摩文章表达顺序 |
|  | 体会句号、问号、感叹号的不同 | 了解冒号和引号的用法 | 初步领悟文章基本表达方法<br>了解基本说明方法<br>体会顿号与逗号、分号与句号的用法 |
| 阅读量 | 积累成语格言警句<br>背诵优秀诗文50篇<br>阅读总量不少于5万字 | 积累优美词语精彩句段<br>背诵优秀诗文50篇<br>阅读总量不少于40万字 | 扩展阅读面<br>背诵优秀诗文60篇<br>阅读总量不少于100万字 |

从《课标》中小学生阅读能力培养的总目标中可以析出以下几个关键词：方法、积累、理解、感受、体验、鉴赏。从《课标》的分段目标中可以归纳出几个考核用词，即理解词句意思、推想词句意思、找出有价值的信息、把握文章大意、体会作者情感、有自己的看法并与他人交流、标点符号的用法、积累词句段，其中推想词句意思和找出有价值的信息是对5—6年级学生的要求，其余6个方面与总目标一致，并且在各学段提出了不同程度的要求。

## （二）《课标》关于阅读的解读

《课标》把阅读界定为"搜集处理信息、认识世界、发展思维、获得审美体验的重要途径"。阅读是学生的个性化行为，应引导学生钻研文本，在主动积极的思维和情感活动中，加深理解和体验，有所感悟和思考，受到情感熏陶，获得思想启迪，享受审美乐趣。要珍视学生独特的感受、体验和理解。不应完全以教师的分析来代替学生的阅读实践，也要防止用集体讨论代替个人阅读，或远离文本过度发挥。从《课标》对阅读的界定中也可以析出这几个词：搜集信息、认识世界、主动思维、加深理解、获得审美体验、有所感悟和思考。

## （三）《课标》关于阅读教学的解读

《课标》把阅读教学界定为"学生、教师、教科书编者、文本之间对话的过程"。对阅读教学提出了以下几点建议：（1）强调阅读教学应注重培养学生具有感受、理解、欣赏和评价的能力。（2）逐步培养学生探究性阅读和创造性阅读的能力，提倡多角度的、有创意的阅读，利用阅读期待、阅读反思和批判等环节，拓展思维空间，提高阅读质量。（3）各个学段的阅读教学都要重视朗读和默读。应加强对阅读方法的指导，让学生逐步学会精读、略读和浏览。有些诗文应要求学生诵读，以利于积累、体验、培养语感。（4）在阅读教学中，为了帮助理解课文，可以引导学生随文学习必要的语法和修辞知识如词类、短语结构、句子成分、常见修辞格，但不必进行系统的语法修辞知识教学，更不应要求学生死记硬背这些知识。（5）培养学生广泛的阅读兴趣，扩大阅读面，增加阅读量。提倡少做题，多读书，好读书，读好书，读整本的书。鼓励学生自主选择阅读材料。（6）还应注意学生阅读时的心理卫生和用眼卫生。从《课标》对阅读教学所提的要求中可以感受到国家对学生阅读能力培养的要求有：培养感受、理解、欣赏和评价的能力；培养探究性阅读和创造性阅读的能力；重视朗读、默读等阅读方法的指导；学习必要的语法和修辞知识；培养阅读兴趣，扩大阅读面，增加阅读量；注意心理卫生和用眼卫生。

## （四）《课标》关于阅读能力评价的解读

关于阅读的评价，是在语文评价的大框架指导下提出的评价要求。《课标》关于语文评价的建议中有两点对阅读评价有重要的借鉴意义。其一，应发挥语文课程评价的多种功能，尤其应注意发挥其诊断、反馈和激励功能。《课标》规定应充分发挥语文课程评价检查、诊断、反馈、激励、甄别和选拔等多种功能，其目的不仅是为了考察学生实现课程目标的程度，更是为了检验和改进学生的语文学习和教师的教学，改善课程设计，完善教学过程，从而有效地促进学生的发展。其二，语文评价应突出语文课程评价的整体性和综合性。语文课程评价要注意识字与写字、阅读、写作、口语交际和综合性学习五个方面的有机联系，注意知识与能力、过程与方法、情感态度与价值观的交融、整合，体现语文课程目标的整体性和综合性，避免只从知识、技能方面进行评价。要根据不同年龄学生的学习特点，以不同学段的目标为参照，抓住关键，突出重点。在这个框架下，阅读评价要综合考察学生阅读过程中的感受、体验、理解和价值取向，要关注其阅读兴趣、方法与习惯，也要关注其阅读面和阅读量，以及选择阅读材料的趣味和能力。重视对学生多角度、有创意阅读的评价。语法、修辞知识不作为考试内容。表2-3详细呈现了《课标》对每种阅读方法进行评价的具体要求以及在此基础上析出的阅读技能。

表2-3　　　　《课标》对阅读方法评价的具体要求

| 阅读方法 | 评价要求 | 阅读技能 |
| --- | --- | --- |
| 朗读 | 能用普通话正确、流利、有感情地朗读课文 评价学生的朗读，应注意考察对内容的理解 可从语音、语调和情感表达等方面进行综合考察 | 内容理解 语音语调 情感表达 |
| 默读 | 综合考察学生默读的方法、速度、效果和习惯 | 方法速度效果习惯 |
| 精读 | 要考察学生在词句理解、文意把握、要点概括、内容探究、作品感受等方面的表现，重视评价学生对读物的综合理解能力。要注意评价学生的情感体验和创造性的理解 | 词句理解、文意把握、要点概括、内容探究、作品感受等，情感体验、创造性的理解 |
| 略读 | 重在考察学生能否把握阅读材料的大意 | 把握材料大意 |

续表

| 阅读方法 | 评价要求 | 阅读技能 |
|---|---|---|
| 浏览 | 重在考察学生能否从阅读材料中捕捉有用信息 | 捕捉有用信息 |
| 文学作品阅读 | 着重考察学生对形象的感受和情感的体验，对学生独特的感受和体验应加以鼓励 | 形象感受<br>情感体验 |
| 古诗文阅读 | 评价学生阅读古代诗词和浅易文言文，重点考察学生的记诵积累，考察他们能否凭借注释和工具书理解诗文大意 | 记诵积累<br>理解诗文大意 |

综合《课标》关于阅读目标、阅读的界定、阅读教学的要求和阅读能力评价的建议，从中获得一些关键信息并由此进一步转化为所要考核的阅读技能，见表2-4，为评估小学生的阅读能力提供参考。

表2-4　　从《课标》中提炼出的小学生阅读能力考核信息

| | 核心要求 | 阅读技能 |
|---|---|---|
| 总目标 | 阅读方法、积累、理解<br>感受、体验、初步鉴赏 | 理解能力、感受体验能力、<br>初步鉴赏能力、方法、积累 |
| 分段目标 | 理解词句意思<br>推想词句意思<br>找出有价值的信息<br>把握文章大意<br>体会作者情感<br>有自己的看法并与他人交流<br>掌握标点符号的用法<br>积累量、扩大阅读面 | 词句理解<br>信息推想（5—6年级）<br>信息提取（5—6年级）<br>概括能力<br>情感体验<br>鉴赏能力<br>写作手法<br>阅读量和阅读面 |
| 阅读定义 | 搜集信息、认识世界、主动思维、加深理解、获得审美体验、有所感悟和思考 | 信息提取、信息理解、美的体验、感悟思考（鉴赏） |
| 阅读教学 | 培养感受、理解、欣赏和评价的能力；<br>培养探究性阅读和创造性阅读的能力；<br>重视阅读方法的指导；<br>学习必要的语法和修辞知识；<br>培养阅读兴趣，扩大阅读面；<br>注意心理卫生和用眼卫生 | 理解、感受和鉴赏能力<br>探究能力和创造能力<br>阅读方法<br>必要的写作手法<br>阅读兴趣和阅读面<br>心理卫生和用眼卫生 |

续表

| | 核心要求 | 阅读技能 |
|---|---|---|
| 阅读能力评价 | 综合考察学生阅读过程中的感受、体验、理解和价值取向；要关注其阅读兴趣、方法与习惯；也要关注其阅读面和阅读量，以及选择阅读材料的趣味和能力。重视对学生多角度、有创意阅读的评价。语法、修辞知识不作为考试内容 | 理解能力、感受体验能力<br>阅读兴趣、方法和习惯<br>阅读面和阅读量<br>材料选择趣味和能力<br>创意阅读<br>语法修辞知识不作为考试内容 |

由上述分析可知，《课标》关于小学生阅读能力考核的要求有以下几个要点：（一）对各学段学生都考核阅读理解能力、概括能力、感受能力或称情感体验能力和初步的鉴赏能力。（二）考察5—6年级学生的信息提取能力、探究能力和创造力。（三）学习必要的语法和修辞知识但不必进行系统的语法修辞知识教学，更不应要求学生死记硬背这些知识。在阅读能力评价中规定语法、修辞知识不作为考试内容。（四）除了考察学生阅读能力的核心技能，也考察学生的阅读兴趣、阅读方法、阅读习惯、阅读面和阅读量等与阅读能力相关的要素。

**四 《考试大纲》对小学生阅读能力的考核**

《课标》具体规定了语文课程的性质、基本理念、课程目标、内容标准、课堂实施建议等，与《课标》的纲领性不同的是，《小学语文考试大纲》（以下简称《考试大纲》）则具体规定了小学语文考试的参考教材、考试内容、考试要求和命题原则。《考试大纲》规定，小升初语文考试以现行人教版《义务教育课程标准实验教科书》为主，考试主要包括拼音、字词、句子、阅读、语言表达等方面的内容。其中基础知识部分约占50分，阅读部分占20分，习作部分30分。下面着重介绍大纲中关于阅读部分的阐述。阅读考试的范围包括课本内容和课外内容两部分。课外内容为程度适宜的现代文文本及浅易文言文片段和《语文课标》推荐的优秀诗文背诵篇目。课内阅读要求学生能按原文填空，并指出所填文章的出处、作者等；能把握课文片段的主要内容，体会作者表达的思想感情；能正确理解关键词、句的意思，发表自己的见解，并能领悟一些表达方法。课外阅读主要从词句理解、标点使用、文意把握、要点概括、内容探究等方面考查学生对语言、情感、写作思路等方面的领悟程度以及获取信息的能力，评价学生初步的独立阅读文章的能力。阅读考核题型有分析理解题、概括内容题、归纳中心题、感悟道理题、阐述观点题。命题原则按《小学语文教学大纲》和《语文课程标准》要求命题，根据所使用教材的不同，可以有所侧重。命题要着重考查学生的语文基础知识和运用知识解决问题的能力及创新能力，有利于他们进入初中后的可持续学习；内容以毕业年级所学内容为主。《考试大纲》也为小学生阅读能力认知属性的确定和测验编制提供了重要信息，对《考试大纲》提供的信息进行归纳并析出相应的阅读技能，见下表。

表2-5　　　　　《考试大纲》关于阅读考试的解读

| 类目 | 《考试大纲》中关于小学生阅读考试的规定 | 阅读技能 |
| --- | --- | --- |
| 阅读分值 | 20分 | |
| 课内阅读考核 | 能把握课文片段的主要内容<br>体会作者表达的思想感情<br>能正确理解关键词、句的意思<br>发表自己的见解<br>并能领悟一些表达方法 | 概括能力<br>情感体验<br>词句理解<br>鉴赏能力<br>写作手法 |
| 课外阅读考核 | 词句理解、标点使用、文意把握、要点概括、内容探究等方面考查学生对语言、情感、写作思路等方面的领悟程度以及获取信息的能力，评价学生初步的独立阅读文章的能力 | 词句理解、标点使用<br>概括能力、内容探究<br>情感领悟、写作思路<br>信息获取 |
| 题型 | 分析理解题；概括内容题；归纳中心题；感悟道理题；阐述观点题 | 理解能力、概括能力、感悟能力、鉴赏能力 |
| 命题原则 | 着重考查学生的语文基础知识和运用知识解决问题的能力及创新能力，以毕业年级所学内容为主 | 基础知识掌握<br>运用知识能力 |

从《考试大纲》对小学生阅读能力的考核要求来看，所考核的阅读技能有词句理解能力、概括能力、情感体验能力、写作手法、鉴赏能力、信息提取能力、内容探究能力，归纳为两个层面即是考察学生基础知识的掌握情况和运用知识的能力。

**五　小学生身心发展特征**

人的身心发展是一个不断变化的过程，这种变化具有连续性、阶段性、定向性、顺序性、不平衡性和个别差异性等特点。教育教学工作要以学生的生理、心理发展水平为出发点，根据学生已有的发展水平开展教育教学和学业能力评价工作。教育工作者除了要考虑学生的生理发展水平对教育教学工作的影响外，特别要关注学生心理发展的水平和特点，包括认知发展特点、情绪情感特点和意志发展特点。从阅读能力评价的角度来看，尤其要关注学生的认知发展特点。瑞士心理学家皮亚杰是发生认识论的创始人，他创立的认知发展阶段理论是目前发展心理学界最具有权威的理论观点之一。他认为，认知发展是个体建构的过程，是个体与环境不断相互作用的过程。儿童从出生到成人的认知发展不是一个数量不断增加的简单累积过程，而是伴随同化性的认知结构的不断再构，使认知发展形成几个按不变顺序相继出现的阶段。他指出逻辑思维是智慧的最高表现，他把逻辑学中的运算概念作为划分认知发展阶段的依据。运算是指心理运算，即能在心理上进行的、内化了的动作，而不是形式逻辑中的逻辑演算。认知发展是由于成熟和经验的积累而导致的心理技能的变化。皮亚杰认为，所有的儿童都要依次经历感知运动、前运算、具体运算、形式运算四个不同的发展阶段，每两个阶段之间会有交叉和重叠，而且不可能跳过其中任何一个阶段，每个阶段的年龄和特点见表 2-6。但由于环境、文化、教育等差异，这些阶段的出现可能提前，也可能推迟。显然，小学生处于皮亚杰所划分的具体运算阶段，这个阶段儿童的认知结构已经具有了抽象概念，能够进行逻辑推理但要依赖具体事物的支持，缺乏抽象逻辑推理能力，只能凭借具体事物或从具体事物中获得的表象进行逻辑思维和群集运算。守恒概念的形成是这个阶段的标志。所谓"守恒",指儿童认识到客体尽管在外形上发生了变化,但其特有的属性不变。除此之外,这个阶段的儿童的思维还具有如下特征:多维、可逆和去自我中心。

表2-6　　　　　　　　　　皮亚杰认知发展阶段

| 年龄 | 阶段划分 | 认知发展特点 |
| --- | --- | --- |
| 0—2岁 | 感知运动阶段 | 儿童主要通过感知和动作来探索外部环境。初生的婴儿,只有一系列笼统的反射,阶段后期,感觉与动作逐渐分化,认知发展获得了两个重要成就,即客体永恒性和表象思维 |
| 2—7岁 | 前运算阶段 | 发展了符号表征能力,不能守恒,思维单维、直觉、不可逆,具有非逻辑性且以自我为中心 |
| 7—11岁 | 具体运算阶段 | 有了抽象概念,能够进行逻辑思维和群集运算但需要具体事物的支持。认知活动具有了守恒性和可逆性。学会了去自我中心,即逐渐学会从他人的角度去看问题,这是儿童社会性发展的重要标志。思维具有了一定多维性 |
| 11—15岁 | 形式运算阶段 | 具有抽象逻辑思维能力,能处理命题之间的关系;能进行假设—演绎推理;思维具有可逆性和补偿性;思维的灵活性增强;系统性思维得到发展 |

从皮亚杰的认知发展阶段理论可知,小学生处于具体运算阶段,对这阶段儿童阅读能力的考核应以词句理解、作品感受、大意把握、捕捉信息、要点概括等为主,考察重点是学生的具体逻辑思维能力和群集运算能力(如分段要点概括,内容排序等)、初步的情感体验和一定的鉴赏评价能力。

**六　查尔的阅读能力发展六阶段理论**

阅读能力的形成和任何其他能力的形成一样,需要经历一个逐渐发展的过程。美国心理学家珍妮查尔(Jeanne Chall)博士1983年出版了《阅读力进阶》(*Stages of Reading Development*)一书,她将美国孩子从阅读入门到阅读流畅的过程划分成六个阶段。她的阅读能力阶

第二章 小学生阅读能力认知模型的建构

段划分得到了学界和社会的广泛认同，对人们认识阅读能力的形成过程和规律有很大的借鉴意义。表 2-7 详细列出了每一阶段的年龄和发展特点。

表 2-7　　　　　　　　查尔的阅读能力发展六阶段

| 年龄划分 | 阅读阶段 | 阅读能力发展特点 |
| --- | --- | --- |
| 半岁—6 岁 | 听读阶段 | 又称为前阅读或假阅读阶段，对阅读材料有最初感知和意识，能在成人的帮助下进行简单的字母或词汇的辨认 |
| 6—7 岁 | 猜词阶段 | 又称为初始阅读和编码阶段，只能机械的模仿，能关注所学字母和发音间的关系，但不能内化材料，能阅读简单的故事，主要借助听以发展更高的语言模式 |
| 7—8 岁 | 寻找关联阶段 | 又称为巩固熟练阶段，对高频词汇能自动化理解、可以利用语境调控自己的阅读并开始学会默读 |
| 9—13 岁 | 真正阅读阶段 | 又称为为获取新知识而阅读的阶段，阅读成为获取新知识的重要手段，第一次独立学习新思想、获取新知识、体会新态度、体验新感受。这一阶段包括小学高年级和初中。在小学高年级阶段，对高频词汇，能逐渐自动化的再认而且阅读越来越流畅。七八年级是阅读能力发展的里程碑阶段。他们开始批判性阅读，成功的理解越来越依赖于早期词语积累和事实的理解。思维能力相对较弱的学生在这一阶段会表现出明显的阅读困难，相反，文本表征能力较强的学生表现出极大的阅读兴趣，他们开始集中于语篇的推理加工、语篇的记忆表征和语篇理解活动 |
| 15—17 岁 | 思考阶段 | 又称为多视角阶段，能对不同的观点进行批判、整合，言语推理能力进一步加强，可以阅读复杂性较高的文本，并能辨别文本中不同水平的意义 |
| 18 岁以后 | 批判思维阶段 | 又称为建构和再建构阶段，能分析、综合、评价所阅读的材料，能利用新旧知识的关系建构自己的知识并通过知识的整合创造新的知识 |

从表 2-7 可知，阅读能力的发展要依次经历前阅读阶段—初始阅读和编码阶段—巩固熟练阶段—为获取新知而阅读阶段—多视角阶段—建构和再建构阶段共六个阶段。通俗地说即是从听读、猜词到寻

找关联，再从真正阅读、思考到批判思维，她把前3个阶段概括为"学会阅读"阶段，后3个阶段概括为"在阅读中学习"阶段。这是阅读能力的形成过程，也是阅读能力获得和不断提高的过程。阅读能力的结构随着年龄的变化而变化，一是阅读能力的子能力数量在增加；二是复杂的层次较高的子能力在能力结构中的相对地位不断增强。在复杂的阅读能力形成过程中，每个阶段的主导任务不同，每个发展阶段的阅读能力培养目的也不同。其中，第二、第三和第四个阶段的前段共同构成了整个小学生的生涯，即小学生的阅读水平处于猜词、寻找关联和真正阅读的初始阶段。根据查尔的理论，小学生基本处于学习阅读阶段和在阅读中学习的初始阶段，需要积累大量的阅读知识和学习基础的阅读技能，如果小学生没能学会阅读，就很难进入"在阅读中学习"的阶段，因此，对小学生阅读能力的强项和弱项进行认知诊断从而帮助小学生提高阅读能力，其意义非常重大。而根据查尔的观点，对小学生阅读能力诊断应重视基础知识和基础技能的考核，如表中7—8岁阶段的理解能力、9—13岁阶段中对小学高年级学生的考核有独立学习新思想、获取新知识、体会新态度、体验新感受、自动化的再认和流畅阅读的能力。

## 七　布卢姆教学目标层次

美国教育家布卢姆把教学目标分为三大领域：认知领域、情感领域、动作技能领域。认知领域的教学目标是指有关知识或认知能力方面的学习结果，根据认知能力发展顺序和学习复杂程度，认知领域的目标分为知识、理解、应用、分析、综合与评价6个层次。情感领域的教学目标是指有关态度、兴趣、理想、欣赏和适应方式等情感能力的学习结果，从简单的具体的到复杂的抽象的情感，依次分为接受、反应、评价、重组和内化5个层次。动作技能领域的教学目标是指动作和技能方面的学习行为，从简单到复杂分为感知、准备、模仿、自动化、复杂反应和创作6个层次。鉴于阅读能力评价主要与认知和情感领域有关，下表详细列出了这两个层次目标的内涵。

表2-8　　　　布卢姆教学目标认知领域和情感领域的分类

| 目标领域 | 目标层次 | 解释 |
| --- | --- | --- |
| 认知领域 | 知识 | 最低层次的认知能力，包括名词、事实、定理和原理原则的记忆 |
| | 理解 | 能够掌握所学过的知识或概念意义的能力 |
| | 应用 | 将所学方法原理原则概念等，应用到新情境，解决新问题的能力 |
| | 分析 | 将所学概念或原则，分析成各个构造部分，或找出各部分之间相互关系的能力 |
| | 综合 | 将所学片断概念或知识、原理原则、事实等，综合、归纳或合并成一个新的整体的能力 |
| | 评价 | 最高层次的认知能力，为依据某项标准做成价值判断的能力 |
| 情感领域 | 接受 | 最低层次的情感能力，指对某些现象和刺激的接触、倾听、知觉、感受、体会和选择性注意的能力 |
| | 反应 | 指主动地注意、积极地参与活动、有作反应的意愿和从参与活动中获得满足的能力 |
| | 评价 | 指对接触到事情、现象或行为感到有价值存在，进而表现出接纳、偏好、承诺和认同等积极的态度和追求价值的能力 |
| | 重组 | 指分析有价值的活动内涵、归纳出推论的价值概念、建立起个人的内在化价值观念、发展个人的价值体系并维持价值体系的一致性和次序性等能力 |
| | 内化 | 指将价值体系内在化，使之成为个性的一部分，个人依据其内在价值体系行事，并做到表里一致的能力 |

布卢姆的教学目标认知领域的层次划分通常是制定内容与目标双向细目表时目标维度的依据，根据目标和内容的双向维度就可以准确地确定要考核的内容和目标。布卢姆的教学目标体系对小学生阅读能力的考核也为小学生阅读能力的认知模型确立提供了依据，如根据认知目标可以设置相应题型分别考核学生对知识的理解能力、应用能

力、分析综合能力和评价能力，根据情感目标各层次的内涵，情感目标中考核到的能力有情感接受能力、情感反应能力、情感评价能力、情感重组能力和情感内化能力。

## 第三节 认知属性及其层级关系的界定——认知分析法

### 一 小学生阅读能力认知属性的确定

认知分析法是指采用文献分析法通过对认知心理学的研究成果以及认知理论的梳理分析得出任务完成所需要的认知属性以及属性间的层级关系。从第一章阅读和阅读能力的概念界定和关于阅读能力结构和认知过程的文献综述到第二章第三节认知模型构建的理论依据，这些内容都在为本节确定小学生阅读能力的认知属性的确定提供理论基础。鉴于前述所有理论基础，课题组最后确定了小学生阅读能力认知过程所需用到的7个属性，即 A1 词句理解、A2 写作手法、A3 信息提取、A4 内容探究、A5 内容概括、A6 文本评鉴和 A7 情感体验。这7个属性的来源详见表2-9。

表2-9　　　　小学生阅读能力认知属性来源列表

| 认知属性 | 来源 |
| --- | --- |
| 词句理解 | 莫雷，1996；张厚粲，2001；王静，2008；张宠，2009；刘文，2011；李亮，2012；顾永桂，2019；刘欢，2019；孙梦杰，2019。Kasai，1997；Wang，2006；Jang，2009。自下而上模式；构建-整合模式；容量理论；课标；考试大纲；皮亚杰理论；Chall 理论；布鲁姆教学目标体系 |
| 写作手法 | 莫雷，1996；张宠，2009；刘欢，2019；孙梦杰，2019；Scott，1998；Buck，2008；Jang，2009；图式理论；建构主义理论 |
| 信息提取 | 莫雷，1996；王静，2008；张宠，2009；陈艳梅，2009；黄海峰，2010；刘文，2011；李亮，2012；顾永桂，2019；刘欢，2019；孙梦杰，2019；Kasai，1997；Scott，1998；Buck，2008；Jang，2009；Jang，2009；PISA；PIRLS；最小假设模型；建构主义理论；课标；考试大纲；皮亚杰理论 |

续表

| 认知属性 | 来源 |
|---|---|
| 内容探究 | 莫雷，1996；张厚粲，2001；王静，2008；张宠，2009；黄海峰，2010；刘文，2011；李亮，2012；顾永桂，2019；孙梦杰，2019；Wang，2006；Jang，2009；PISA；PIRLS；NAEP；建构主义理论；课标；考试大纲 |
| 内容概括 | 莫雷，1996；张厚粲，2001；王静，2008；张宠，2009；陈艳梅，2009；黄海峰，2010；刘文，2011；李亮，2012；顾永桂，2019；刘欢，2019；孙梦杰，2019；Wang，2006；Jang，2009；PISA；PIRLS；NAEP；建构主义理论；课标；考试大纲；皮亚杰理论；布鲁姆教学目标体系 |
| 文本评鉴 | 莫雷，1996；陈艳梅，2009；刘文，2011；李亮，2012；顾永桂，2019；刘欢，2019；孙梦杰，2019。Jang，2009；PISA；PIRLS；NAEP；建构主义理论；课标；考试大纲；皮亚杰理论；布鲁姆教学目标体系 |
| 情感体验 | 张厚粲，2001；刘文，2011；课标；考试大纲；Chall 理论；布鲁姆教学目标体系 |

7个认知属性的确定有着坚实的理论基础，当然，上表仅列举了部分属性的来源依据，属性的最终确定有以下几个要点：（1）属性确定以认知心理学理论为基础。属性符合阅读认知过程理论，即从简单到复杂、由易到难、由分到总的认识过程，体现了阅读能力从字、词、句、篇、章的认知过程，体现了人的认识的复杂性，即阅读过程是一个综合过程，包含着知、情、意多种心理活动，即阅读过程有理解、感受、概括、评价、探究、创造等多种心理活动。（2）属性确定以阅读相关理论为基础。属性确定以阅读研究、阅读能力研究、阅读能力结构研究和阅读认知诊断研究为理论基础。（3）属性确定符合小学生的心理发展特点。（4）属性确定符合阅读能力的发展规律。（5）属性确定以我国小学教育阶段的《课标》及《考试大纲》为依据，各属性与小学生阅读能力的考核要求一一对应。表2-10呈现了研究确定的认知属性与国际三大阅读评估项目和国内部分研究结果比较。

表2-10　　　阅读能力划分与国际三大阅读评估框架和
　　　　　　　国内著名研究结果的比较

| 研究 | 阅读技能 | | |
| --- | --- | --- | --- |
| 祝新华，2005年 | 复述、解释 | 重整、伸展 | 评鉴、创意 |
| 闫国利，2006年 | 词汇、字面理解 | 推理性理解<br>情绪性理解 | 批判性理解 |
| Smith，1969年 | 字面理解 | 阐释 | 评价性阅读<br>创造性阅读 |
| PISA，2009年 | 进入与提取 | 整合与阐释 | 反思与评价 |
| NAEP，2009年 | 寻找/回忆 | 整合/阐释 | 批判/评价 |
| PIRLS，2011年 | 直接推论 | 阐释整合观点和信息 | 检验评价内容<br>语言和文本元素 |
| 课题组 | 词句理解、写作手法<br>信息抽取 | 内容探究<br>内容概括 | 文本评鉴<br>情感体验 |

表2-9和表2-10共同表明课题组最终确定的小学生阅读能力认知属性与国际三大阅读评估项目和国内部分研究结果在逻辑框架上基本一致，不同点在于：（一）属性的粒度大小不一样。（二）写作手法和情感体验被关注相对较少，从理论上来说，这两个属性是需要被关注的。

## 二　小学生阅读能力认知属性的具体含义

要准确地测出上述认知属性，需将抽象的属性转化为可操作化的指标，需要对每一个认知属性的内涵和外延进行明确的界定，以上7个认知属性的操作性定义见表2-11。

这7种能力成分由简单到复杂、由低级到高级可分为二层，即还原性阅读能力（A1A2A3）和延伸性阅读能力（A4A5A6A7），延伸性阅读能力以还原性阅读能力为基础。词句理解能力、信息提取能力和写作手法考察的是读者对文本的还原能力，答案的内容直接来自文本或略高于文本，阅读者的答案具有一致性和统一性。而内容探究能力、内容概括能力、文本评鉴能力和情感体验能力考察的是学生对文本的拓展性思考能力和体验能力，试题的答案在原文中难以找到，答案具有个性而较难统一。这四种能力的考察对认知诊断测验的编制提出了较大挑战。

表2-11　　　　　　　　认知属性的操作化定义

| 属性 | 属性名称 | 操作化定义 |
| --- | --- | --- |
| A1 | 词句理解 | 能准确理解文中字、词、句的意思 |
| A2 | 写作手法 | 能理解、识别文本的体裁、篇章结构、修辞、表达技巧等写作手法 |
| A3 | 信息提取 | 能在文本中找出对解决当前问题有价值的信息 |
| A4 | 内容探究 | 能根据文章信息及已有经验预测、判断、推论文章没有明示的信息、态度、观点、理由等 |
| A5 | 内容概括 | 能概括段落或整篇文章的主旨大意或中心思想 |
| A6 | 文本评鉴 | 能对文本的思想、内容、写作手法、写作风格等进行评价和鉴别 |
| A7 | 情感体验 | 能欣赏文章的优美语句，体会文章所蕴含的思想情感 |

### 三　小学生阅读能力认知属性层级关系的初步界定

综合前述所有关于阅读、阅读能力和阅读认知过程的研究可以看出，阅读能力是一个纵横交错的立体式的层级结构，纵向主线是阅读认知行为，横向线条是阅读能力因素和阅读动力因素。纵向结构从低到高依次为基础知识、局部理解、整合理解、鉴赏、评价和迁移。在进行上述认知活动时，需要运用到阅读选择力、记忆力、想象力、思维力和时效力（阅读速度），同时受制于阅读动力系统的影响，如阅读动机、阅读兴趣、阅读情感、阅读意志、阅读态度和阅读习惯等。上述阅读能力的纵向、横向和动力系统的关系可以表述为图2-1。

◈◈ 小学生阅读能力的认知诊断与提升策略研究

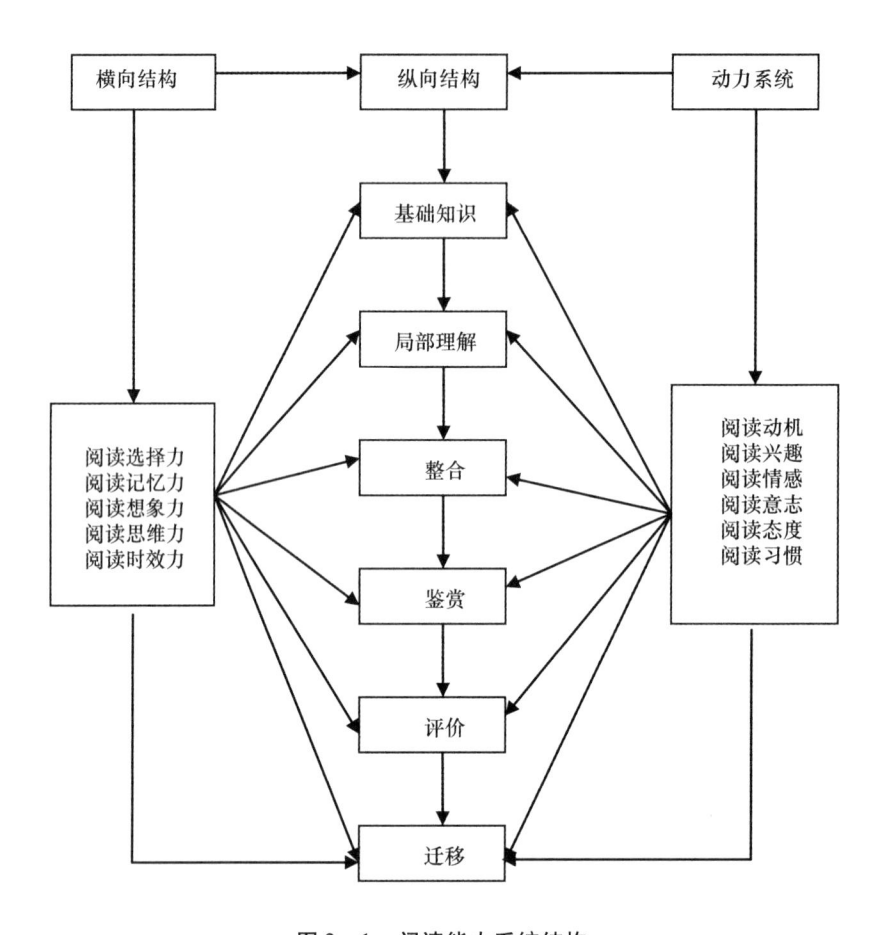

```
┌──────────┐      ┌──────────┐      ┌──────────┐
│ 横向结构 │      │ 纵向结构 │      │ 动力系统 │
└──────────┘      └──────────┘      └──────────┘

                  ┌──────────┐
                  │ 基础知识 │
                  └──────────┘

                  ┌──────────┐
                  │ 局部理解 │
                  └──────────┘
  ┌──────────┐                        ┌──────────┐
  │ 阅读选择力│                        │ 阅读动机 │
  │ 阅读记忆力│    ┌──────────┐        │ 阅读兴趣 │
  │ 阅读想象力│    │   整合   │        │ 阅读情感 │
  │ 阅读思维力│    └──────────┘        │ 阅读意志 │
  │ 阅读时效力│                        │ 阅读态度 │
  └──────────┘                        │ 阅读习惯 │
                  ┌──────────┐        └──────────┘
                  │   鉴赏   │
                  └──────────┘

                  ┌──────────┐
                  │   评价   │
                  └──────────┘

                  ┌──────────┐
                  │   迁移   │
                  └──────────┘
```

图 2-1  阅读能力系统结构

值得注意的是，有目的的阅读过程和自然状态下的阅读过程是不同的，一般而言，测试状态下的阅读都是有目的的阅读，尤其是篇章阅读。篇章阅读理解是问题解决式的阅读理解，这个过程是有目的的阅读理解过程，根据以往阅读认知心理学研究成果以及小学阅读教学中的实际情况，我们将小学生阅读能力的认知过程理解为个体从阅读材料中获取信息、认识世界、发展思维、获得审美体验并运用阅读所获得的信息去解决问题的过程，这是问题解决式的阅读理解过程。属性在问题解决式过程中的关系与理论上推导出的理想关系是有差距的，图 2-1 所示就是理想中的关系，这种复杂关系以现有的诊断技术难以实现。为了界定的属性层级关系,课题组邀请了小学语文特级教师和大学学科语文教学法教师组成课题的认知模型研讨组进行了6次研讨。研讨组由2名研究语文学科教学论教授、2名小学语文教师(选自江西师范大学附属小学和宜春黄岗实验学校)、1名认知心理学博士研究生和1名心理测量方向博士研究生及课题组成员组成。专家学者们对属性4和属性5即内容探究和内容概括在属性之间的位置产生了分歧。有人认为属性4是属性5、属性6和属性7的基础,即内容概括能力、文本鉴赏能力和情感体验能力是并列的关系,这几种能力均以内容探究能力为基础,内容探究能力则以信息提取和写作手法为基础,词句理解是所有属性的基础,所以就有了图2-2的模型1。而另一部分人则认为,内容探究能力、内容概括能力、情感体验能力和文本鉴赏能力属拓展性阅读能力,这4种能力均以信息提取为基础,信息提取与文章的写作手法是并列关系,这两种能力均以词句理解为基础,当然,所有的属性都建立在第一个属性掌握的基础上,所以就有图2-3中的模型2。

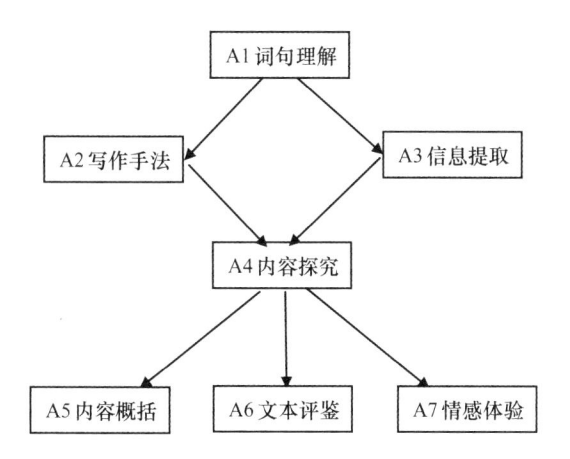

图2-2 小学生阅读能力认知属性层级关系模型1

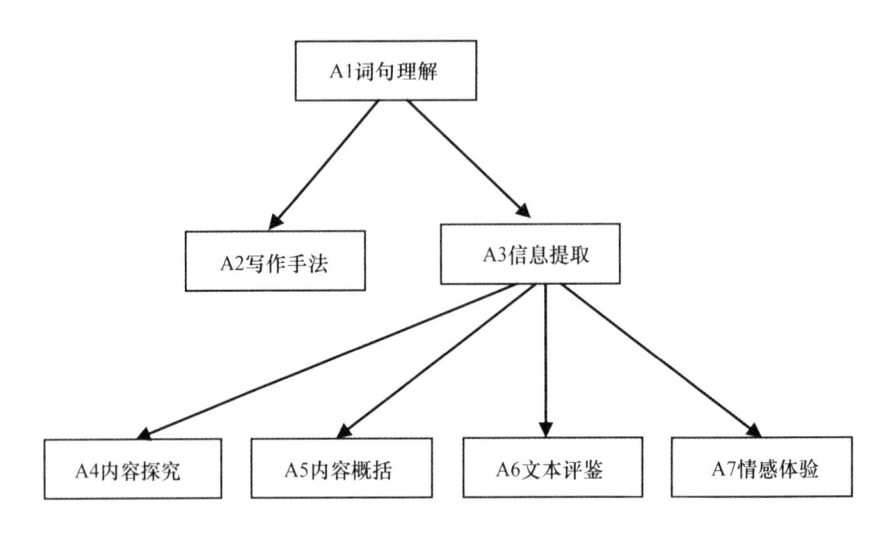

```
        ┌─────────────┐
        │ A1 词句理解 │
        └──────┬──────┘
          ┌────┴────┐
          ▼         ▼
    ┌─────────┐ ┌─────────┐
    │A2写作手法│ │A3信息提取│
    └─────────┘ └────┬────┘
         ┌──────┬────┼────┬──────┐
         ▼      ▼    ▼    ▼
   ┌────────┐┌────────┐┌────────┐┌────────┐
   │A4内容探究││A5内容概括││A6文本评鉴││A7情感体验│
   └────────┘└────────┘└────────┘└────────┘
```

图 2-3　小学生阅读能力认知属性层级关系模型 2

## 四　文献分析结果与讨论

上述研究中，通过大量的文献回顾，采用逻辑分析的思辨方法，析出了小学生阅读能力认知过程的 7 个认知属性。这 7 个认知属性的确定经历了相当艰难而漫长的过程。首先，测量哪些属性的艰难抉择。从符合现代阅读能力的考核要求来看，如果不考核学生的阅读迁移能力和阅读创造力是非常遗憾的，但由于阅读迁移能力和阅读创造力的考查一般采用主观题型，而主观题的考核涉及多级评分，如果采用多级评分，模型的参数估计更难实现，所以最终只能遗憾放弃。其次，属性数量难以确定。从世界三大阅读评估项目（PISA、PIRLS、NAEP）到大量关于阅读能力研究的中外文献中，对阅读子能力的划分少则 3 种，如 PISA 阅读评估的进入与提取、整合与阐释、反思与评价这三种能力；多则几十种，如史密斯和德彻特提出了 23 项阅读技能[1]。第三，属性之间的排他性问题。在给每个属性下操作性定义的时候发现词句理解、信息提取和内容探究之间有着密不可分的内在关联，信息提取需要词句理解，词句理解了就可以提取信息，内容探

---

[1] SMITH H P, DECHANT E V. *Psychology in teaching reading*, NJ: Prentice Hall, 1961.

究也包含词句理解，但信息提取和内容探究的外延都大于词句理解，如内容探究不仅仅指探究词句，在本研究中是指探究文本没有明示的信息、观点、道理或事情发生的原因等。因此，最终决定对这三个属性分别进行考核。可见，阅读能力属性的确定存在很大的争议。这主要源于阅读能力不同于数学、物理和化学等这类理科类能力。阅读能力的属性之间没有逻辑上的明确规定性且属性间可能存在交互性。而理科学科能力的属性之间，其界限非常明晰，也不会存在交叉，所以，阅读能力的属性界定使研究面临巨大挑战。

正因为阅读能力属性的多样性、复杂性和交叉性，所以在界定属性层级关系的过程中更是争议不断而难以抉择决定。在经过多次讨论之后最终确定了两个认知模型，尽管这两个认知模型的属性成分在逻辑上已从多个角度进行了内容体系的论证，但属性之间的关系依然是存在争议的一个问题。因此，文献回顾法结合内容分析法所建立的阅读理解认知模型是否科学、合理，还有待其他方法的进一步检验。为了验证前述研究所获得的 7 个认知属性的必要性以及探究哪个认知模型更符合阅读认知的实际过程，下面分别采用口语报告法和专家评定法进行进一步的验证。

## 第四节　认知属性及其层级关系的验证——口语报告法

### 一　口语报告方法的选择

口语报告法是让被试以口头语言的形式报告自己心理活动过程及行为表现的研究方法[①]。其基本做法是，让被试在从事某种活动（如做阅读理解题）的同时或刚刚完成之后，将自己在头脑中进行的思维活动进程、各种心理操作等用口头方式报告出来，主试采用录音设备

---

① Ericsson, K. A., Simon, H. A. *Verbal Reports as Data*, Cambridge, MA: MIT Press, 1984.

将被试的口头陈述记录下来,然后把录音转换成文字,按一定程序对结果进行分析,最后据此揭示被试心理活动的过程及其规律。大量研究结果表明,口语报告法是客观的、有效的,因此,口语报告法已经成为评估个体认知过程的主要方法之一,被广泛应于人类信息加工过程研究中。在心理和教育科学研究中,口语报告法特别适用于研究被试认知活动的过程和特点,检验有关假设或建立人类认知加工过程的心理模型。在认知诊断研究中,认知模型的建构和验证也通常用口语报告来识别和确认完成任务所需的认知属性和认知技能,如格雷尔等人①和张②的研究。爱立信和西蒙根据报告时间的不同,把口语报告法分为同时性口语报告和追述性口语报告两种类型③。同时性口语报告是指让被试在完成认知任务的同时大声说出完成任务时所有心理活动和思考过程。追述性口语报告是指被试在完成认知任务后再回忆其思考过程。前者是对当前信息的加工和储存,报告的是短时记忆中的信息;后者提供的是长时记忆中提取出来的信息,被试有可能会结合原有经验对思维内容进行推理和补充④。因此,追述性口语报告不如同时性口语报告准确⑤。根据口语报告的方式,可以分为结构性口语报告和非结构性口语报告。结构性口语报告是指报告者报告的内容由主试提供,报告内容受主试限制,内容是封闭式的。非结构性口语报告是指报告者的报告内容不受任何限制,可以自由发挥,内容是开放式的。

---

① Gierl, M., Wang, C. & Zhou, J., "Using the attribute hierarchy method to make diagnostic inferences about examinees' cognitive skills in algebra on the SAT", *Journal of Technology, Learning, and Assessment*, Vol. 6, No. 6, 2008, pp. 1 – 53.

② Jang, E. E., *A validity narrative: Effects of reading skills diagnosis on teaching and learning in the context of NG TOEFL*, Unpublished doctoral dissertation, University of Illinois at Urbana-Champaign, 2005.

③ Ericsson, K. A., Simon, H. A., *Verbal Reports as Data*, Cambridge, MA: MIT Press, 1984.

④ 李菲菲、刘电芝:《口语报告法及其应用研究述评》,《上海教育科研》2005年第1期。

⑤ Ericsson, K. A., Simon, H. A., *Protocol analysis: Verbal report as date*, London: MIT Press, 1993.

根据研究目的，课题组采用了非结构式口语报告法。而在时间上，同时采用了追述性口语报告法和同时性口语报告法。采用同时性口语报告法的目的是为了更准确地探究学生的认知加工过程。对少数学生采用追述性口语报告法的目的记录学生完整的答题时间以辅助确定测验的长度。

## 二 被试选择

格雷尔等人[①]指出应根据以下几个原则选择口语报告的被试：被试的意愿、口头表达能力、成绩水平和性别。具体要求是：（一）被试愿意在解题过程中进行出声思维的汇报。（二）被试有较强的口头表达能力，能更准确地表达问题解决思维过程。（三）选择成绩中等以上的学生，因为这类学生更有可能提供正确合理的加工过程（四）考虑性别比例问题。基于此，采用目的抽样方法，有针对性地抽取了能为诊断研究提供最大信息量的被试。选取的被试是江西师范大学附属小学四、五、六年级学生各 10 名。都是语文成绩较好的学生，其中，男生 16 名，女生 14 名。

## 三 测试材料

### （一）出声思维测验

为全面真实反映小学生阅读能力的认知加工过程，研究选择了一篇长度为 794 字的记叙文《书》作为阅读材料（见附录 1），根据表 2-11 中认知属性的操作性定义和阅读材料共编写了 12 道题，完成这 12 道题需要用到我们已界定的 7 个认知属性，以揭示学生在阅读问题解决时运用属性的逻辑顺序。

### （二）口语报告辅助材料

除了阅读材料，在口语报过程中还要用到录音笔、铅笔、削笔

---

① Gierl, M., Wang, C. & Zhou, J., "Using the attribute hierarchy method to make diagnostic inferences about examinees' cognitive skills in algebra on the SAT", *Journal of Technology, Learning, and Assessment*, Vol. 6, No. 6, 2008, pp. 1 – 53.

机、橡皮擦等辅助材料。测试分三次进行，一次一个年级，每次10位学生，每2位学生一组，需要准备的辅助材料是5只录音笔、5个削笔刀、5个橡皮擦和10支铅笔。此外，安排了5个安静的教室和1个办公室。

**四　组织实施**

为确保了口语报告的质量，我们在主试选择、施测过程、记录要求等方面进行严格把控。首先，主试的选择。5名主试由课题主持人、课题组成员和研究生担任。选择主试的标准是熟悉课题研究内容、亲和力强且有良好的沟通能力。正式进入口语报告法之前，课题主持人对主试先进行培训，所有主试需熟悉测试流程、录音笔的使用方法和注意事项以免因录音笔操作失误等原因而录音失败的遗憾。总之，在测试前需做好充分的准备确保录音的顺利进行。其次，测试安排在5个安静独立的教室内进行，个别施测，不限制测试时间，让学生有足够的时间详尽地报告作答过程。第三，正式测试前，主试要对测验的指导语进行解读并进行出声思维的示范，让学生明白出声思维的要求后才正式开始。第四，测试完成后发给学生小小纪念品。

**五　录音资料转录**

录音语音资料转换成文字资料是一件比较困难的事，30位学生的录音总时长806分钟，但转录所花时间远远多于这个时间，因要放音、停顿、打字都要花费大量时间。为了避免先入为主确保转录资料的准确性，参加口语报告的主试不参与资料转录，而由研究生来完成转录工作以保证转录的客观性。转录要求逐字逐句地进行，最后由研究者对研究生转录的文字资料进行核对以确保转录过程不出现偏差。转录后有30个文档，总字数54447字，文档平均字数1815，文档字数在766到2856之间。口语报告总时长806分钟，平均用时29分钟，用时范围在20到42分钟之间。学生报告所花时间、转录后的文本字数和测验得分见表2-12。

表 2-12　　　出声思维录音时间与转录后的文本文件字数

| 被试编号 | 文本字数 | 所用时间 | 分数 | 被试编号 | 文本字数 | 所用时间 | 得分 |
|---|---|---|---|---|---|---|---|
| A101 | 2856 | 32 | 6 | B206 | 1895 | 30 | 7 |
| A202 | 2063 | 26 | 3 | B207 | 1792 | 21 | 9 |
| A203 | 2095 | 35 | 4 | B208 | 1698 | 28 | 8 |
| A104 | 1956 | 20 | 9 | B209 | 2188 | 26 | 8 |
| A205 | 2643 | 25 | 5 | B210 | 1866 | 25 | 10 |
| A206 | 2045 | 31 | 7 | C101 | 2101 | 28 | 8 |
| A207 | 2201 | 32 | 4 | C102 | 1847 | 24 | 9 |
| A208 | 1435 | 33 | 6 | C103 | 992 | 23 | 10 |
| A109 | 2178 | 25 | 9 | C104 | 1006 | 24 | 9 |
| A110 | 2211 | 29 | 8 | C205 | 1432 | 25 | 8 |
| B101 | 2178 | 26 | 9 | C206 | 889 | 26 | 12 |
| B102 | 2361 | 27 | 4 | C207 | 766 | 25 | 7 |
| B103 | 2280 | 42 | 5 | C208 | 976 | 25 | 8 |
| B204 | 2156 | 24 | 6 | C109 | 1287 | 24 | 11 |
| B205 | 1645 | 23 | 8 | C210 | 1409 | 22 | 8 |

注：被试编号：A、B、C 分别指四年级、五年级、六年级，1 和 2 分别指语文成绩中等和语文成绩优秀，01—10 指同一年级内的学生编号。时间单位是分钟。

上表表明，四、五、六年级学生报告的文本平均字数分别是2168、2006 和 1271；平均时间分别是 29、27 和 25 分钟；阅读平均得分分别是 6 分、7 分和 9 分。

## 六　口语报告资料分析

如何从转录后的文字资料中抽取学生阅读过程的属性成分并构建其关系成为确保口语报告研究质量的关键步骤。析出被试解题过程的心理加工活动的方法有流程图分析法[1]及以扎根理论为基础的资

---

[1] Gierl, M., Wang, C. & Zhou, J., "Using the attribute hierarchy method to make diagnostic inferences about examinees′cognitive skills in algebra on the SAT", *Journal of Technology, Learning, and Assessment*, Vol. 6, No. 6, 2008, pp. 1–53.

料编码。方法的选择与研究对象有关①，流程图分析法比较适用于数学类问题解决过程，对属性逻辑关系不甚明晰的阅读理解过程无能为力，要建立统一标准的模型则更为困难。以扎根理论为基础对资料进行编码的主要宗旨是建构实质理论，这是一种自下而上的理论建构方式，即以事实资料为基础进行理论构建，其基本思路是先系统收集研究资料，然后从研究资料中寻找反映事物本质的核心概念，最后通过这些概念间的关系构建社会理论。这一过程是对资料不断进行浓缩和归纳的过程，其步骤主要分为四步，第一步，产生概念类属，主要工作是资料的编码和归类。第二步，概念类属的确立，主要工作是不断地对资料和已产生的概念间进行比较。第三步，寻找概念与概念之间的关系，理论初步确立。第四步，优化理论并构建最终的理论。其中，对资料进行逐级编码登录是扎根理论中最重要的环节，主要包括三个级别的编码。即开放式编码、关联式编码或轴心编码、核心式编码或选择式编码。开放式编码要求研究者以一种开放的心态将所有资料按其本身所呈现的状态进行尽可能细致地登录甚至直到饱和的状态，要注意寻找当事人使用的能作为码号的原话（定义现象），在此基础上迅速建立起有关概念（类属概念）。关联式编码的主要任务是发现和建立概念之间的关系。在对概念类属间进行关系分析时，研究者不仅要考虑概念类属间的关系，而且要探寻表达这些概念类属的口语报告者的意图和动机，同时还需分辨类属的主次关系然后通过比较的方法把不同级别的类属联结起来。核心式编码的主要工作是提炼出能起到提纲挈领作用的核心类属，核心类属需要具备以下特征：（1）与其他类属有意义关联且关联丰富。（2）在资料中反复出现且较稳定。（3）下属类属丰富、复杂。显然，这种方法比较适用于阅读能力口语报告资料分析，资料编码过程范例如下表。

---

① 李菲菲、刘电芝：《口语报告法及其应用研究述评》，《上海教育科研》2005年第1期。

表 2-13　小学生阅读能力开放式编码和关联式编码范例

| 文本资料摘录 | 开放式编码 | | 关联式编码 |
|---|---|---|---|
| | 定义现象 | 类属概念 | 关联概念 |
| 第1题选D，因为短文第一句话就是"放了学，第一件事就是往书店里跑—那是我的习惯"（A3）原文的意思是（A1）有两，一是第一件事，二是去书店；答案A强调买书，B强调看书，C强调放学后会去书店，没有特别强调是第一件事，所以答案D最符合原文意思 | A3：放了学，第一件事就是往书店里跑——那是我的习惯<br>A1：原文的意思是……，答案A……答案B……答案C…… | A3：信息提取<br>A1：词句理解 | A1A3：选出恰当的原文信息（信息提取），结合原文和答案的理解（词句理解）做出正确的选择 |
| 第2题选A，文章第4自然段中写到"猛然地，天空中一个闷雷，"轰"！……旋即，暴雨倾盆……（A3）这是买完书走在回家路上的暴雨天气（A1）。此前，文章中并没有描写天气的语句，所以只能由突然的暴雨天气推测（A4）去书店时的天气。根据常识，下暴雨之前的天气应该是晴天。这道题还挺难的，如果没有生活常识会做错，如果没看清楚题目中的"去书店时"的天气很容易选D，好险啊，我应该做对了吧 | A1A3：从文章第4自然段找到描写天气的句子进行理解<br>A4：推测去书店时的天气，因为文中没有直接描述 | A4：内容探究<br>A3：信息提取<br>A1：词句理解 | A1A3A4：找到文中对解题有价值的信息进行理解并在此基础上做出推测 |
| 第3题我选C，读完全文，给我的印象是作者很喜欢书，很珍惜买来的书（A1），所以"无情"应该是指雨没有顾及"我"的感受，而不是真正的没有感情啥的，其他3个选项说的都是雨没有感情，我觉得与全文的意思不匹配（A1） | A1：读完全文，给我的理解是……其他选项，我觉得与全文的意思不匹配 | A1：词句理解 | A1：只需要对文章的基本理解就能做对 |

101

续表

| 文本资料摘录 | 开放式编码 | | 关联式编码 |
|---|---|---|---|
| | 定义现象 | 类属概念 | 关联概念 |
| 第8题选D吧，我没有太大的把握，首先我能排除A和C，因为我读完全文完全没有体会到作者有同情的感觉（A7），"我"虽然全身都淋湿了，但"我"是开心的满足的，所以作者应该是赞赏"我"保护心爱的书的，但是我不知道作者是鼓励还是不鼓励这种行为，我再读了一遍文章去找对应的句子（A3）都没找到，那我就按常理来说应该是不鼓励吧，毕竟身体健康是最重要的，我还是选D，保佑我选对了（A1） | A7：读完全文完全没有体会到作者有同情的感觉<br>A3：我再读了一遍文章去找对应的句子<br>A1：那我就按常理来说应该是不鼓励吧…… | A7：情感体验<br>A3：信息提取<br>A1：词句理解 | A1 A3 A7：在理解全文的基础上体会作者的感情，有目的去找寻对解题有价值的信息加深对文章的理解 |
| 第10题，应该是D，首先，我看到A选项中的"没有必要"就不去看后面的文字了，因为像这种关于写法题目的答案，肯定是从有必要里去选（A2）。BCD都是有必要，接下来就看必要的理由，哪个更适合原文。文中最后一句话是"哦……"（A3）。这题还挺难的，要我来评价作者这样写有没用必要（A6），我哪知道啊……尽管3个答案都是有必要，可是，有必要的理由感觉都对啊。算了，凭感觉选了，选D，点明主题，很多文章最后一句话都是这种作用（A1），就选这个答案，不管了 | A2：关于写法题目的答案，肯定是从有必要里去选……<br>A3：文中最后一句话是"哦……"<br>A6：要我来评价作者这样写有没用必要……<br>A1：BCD都是有必要，接下来就看必要的理由，哪个更适合原文…… | A2：写作手法<br>A3：信息提取<br>A6：文本评价<br>A1：词句理解 | A1 A2：在词句理解的基础上根据已有知识判断作者的写作手法<br>A1 A3 A6：词句理解的基础上提取有价值的信息对文章的写作手法进行评价 |

## 第二章 小学生阅读能力认知模型的建构

续表

| 文本资料摘录 | 开放式编码 | | 关联式编码 |
|---|---|---|---|
| | 定义现象 | 类属概念 | 关联概念 |
| 第11题我选A，你看哈，第1、2、3自然段写买到向往已久的书（A3A5），第4、5、6自然段写冒雨回家（A3A5），第7、8自然段写为保护书而淋湿了全身（A3A5），这就是对文章的全面概括呢（A5）。再看看B，买到喜欢的书，冒雨回家，保护书……咦，怎么跟A差不多的意思，什么情况？我没理解错了呀，再看看题目，对文章大意概括最不恰当的是……哦，原来是选不恰当的，差点就上当了，那我再看看C，哦，C少了一个信息点，没说到去书店，那C肯定错了，再看看D，……，嗯，也挺完整的，就C不好，那就选你了，C | A3：第1、2、3自然段 A5：写买到向往已久的书…… A5：这就是对文章全面概括呢 A1：怎么跟A差不多的意思，什么情况？我没理解错了呀…… | A3：信息提取 A5：内容概括 A1：词句理解 | A1A3A5：在词句理解的基础上从文章提取有价值的信息进行段意概括后最后进行全文概括 |
| 第12题我选B，嗯，这四个选项怎么感觉差不多呢，第一和第二个词都一样，那我只要找出不一样的进行对比就可以，是决心买书还是买到新书呢，应该是决心买书好点，毕竟文章中写到（A3）"这两册书要七元多，太贵了，买还是不买？……强烈买书的愿望终于使我从售货员那里买了这本书。"这个"终于"说明下决心买的（A1）。接下来是冒雨回家还是归途遇雨呢，冒雨回家的意思是回家之前就下雨了，归途遇雨的意思是在回家的路上下的雨（A1），文中写到"边走边看书"（A3）说明是回家的路上才开始下的雨，那就是归途遇雨了。好吧，我再理理写作顺序（A2），去书店……享受阅读，选B | A3：毕竟文章中写到……文中写到边走边看书…… A1：冒雨回家的意思是回家之前就下雨了，归途遇雨的意思是在回家的路上下的雨 A2：我再理理写作顺序 | A3：信息提取 A1：词句理解 A2：写作手法 | A1A2：在词句理解的基础上从文章提取信息理清作者的写作思路 A1A3：在词句理解的基础上从文章提取有价值的信息 |

## 七 口语报告结果与讨论

表2-13呈现的是测验中第1、2、3、8、10、11、12题的编码示例，这7道题是从所有口语报告中挑选出的有代表性的报告资料，首先，这几道题的答案都是正确的，只有正确做对的题才能真实地反映学生解题过程中所用到的属性。其次，从7道题分析出的属性来看，学生在做题时所运用到的属性涵盖了前文所界定的7个属性。对于属性间的关系，在"属性层级关系的初步界定"部分用文献法和思辨法提出了两种可能的认知模型，两个模型的区别在于属性A4即内容探究是以属性A2和A3即写作手法和信息提取为基础，还是只以信息提取为基础，进而与属性A5、A6、A7是并列关系。二者的分歧主要是属性4的获得是否需要以属性2和属性3为先决属性。表2-13中的最后一列是根据概念间的关系从关联式编码中得到的关联概念，获得的关联概念有A1A2、A1A3、A1A3A4、A1A3A5、A1A3A6、A1A3A7。这些关联概念的特征表明认知模型1不符合口语报告的资料分析结果，如第2题根据"我"回家途中遇到暴雨推断学生在买书的路上的天气情况，做出这道题不需要学生掌握文章的写作手法，所以，从口语报告的资料分析来看，模型2比较符合口语报告的结果，即学生在做考核到内容推测、内容概括、文本评价和情感体验的题目时，大部分学生会从文中去找相应的信息来支持自己的选择和判断。但是，由于篇幅所限，表中没有呈现所有学生的口语报告资料，有部分学生在做题时不到文中去找信息，而是凭感觉做题，尤其在做情感体验的题目时，更是凭感觉去做。口语报告的结果还显示，年级越低和阅读成绩越差的学生，在做任何题目的时候都没有养成回到文中找信息的习惯，也就是靠直觉做题，似乎有推翻模型2的可能性。难道只有属性1是其他属性的先决条件？其余属性都是并列关系，尽管这个大胆的假设有点不可思议，但是由于小学生年龄较小，还没有掌握一定的阅读技巧，他们在解题时所用到的阅读技能也许本就不符合常规假设，于是课题组提出了一个新的假设模型即认知模型

3，见图2-4，即认为只有属性1是其他所有属性的先决属性，其他属性都是并列关系。又一个挑战来了，认知模型2和认知模型3，前者更符合理论，后者也许符合理论和实践，那只能再用其他方法进行验证。

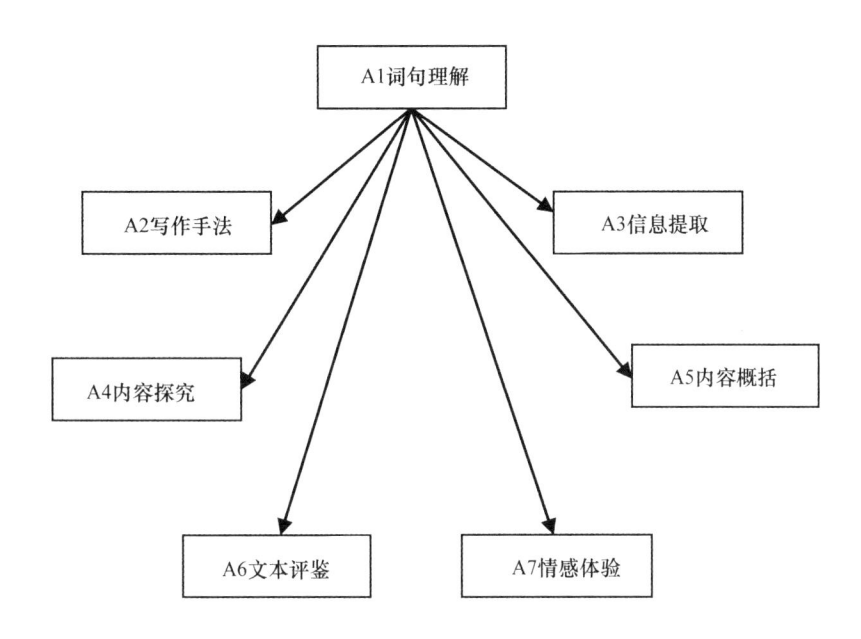

图 2-4 小学生阅读能力认知属性层级关系模型 3

## 第五节 认知属性及其层级关系的验证——专家评定法

有没有实测数据的情况下，验证属性层级关系的另一方法是专家评定法。首先，我们采用开放式评定方法给5位专家提供属性及属性的操作性定义，这5位专家是2位大学教师3位小学名师，希望专家就属性间关系做出自己的判断，结果，5位专家给出了4种不同的意见，这说明主观评定很难获得一致结论，同时也说明阅读技能关系的复杂性，这比数学技能属性关系的判定难很多。进而，我们采用了半封闭式的方式收集专家意见，一方面为专家提供两种资料，一是属性及属性的操作性定义，二是课题组初定的认知模型2和认知模型3。另一方面，也欢迎专家提出开放式意见，所用材料见附录2。为了让结果更具说服力，这次，我们给26位专家寄送了材料，26位专家由6位大学语文教学学科专家、5位认知诊断的专家、15位小学语文名师构成。专家中有部分人员是课题组成员的同事或曾经的同学或学生，采用邮件和快递方式发送材料，在此之前先进行电话沟通以确保良好的配合和回收。最后，资料回收率100%，26位教师中有14位教师选择了模型2，有12位教师选择了模型3，同时有6位专家在选择了模型后给出了自己的想法，这些想法彼此差异较大并且与课题组之前的研究结果吻合度不高而没有采纳。可见，认知模型2或3都有其合理性，我们遇到的问题还是没有得到解决，最终，经课题组多次讨论后决定遵从理论的指导性，以模型2指导下一章的认知诊断测验编制。我们的选择基于如下考虑，模型2更具有理论合理性，以模型2指导诊断测验的编制在理论上是科学的合理的，如果模型2得不到实测数据的支持，从统计方法角度来看，则可以通过模型修正如删除某些属性或固定属性列的方式过渡到模型3，在修正过程中可以结合多项统计指标如HCI、结构方程模型、TCV等辅助矩阵的修正，但如果直接选择模型3则很难回到模型2。所以我们选择大胆假设、小心求证的方式。

# 第三章 认知诊断测验的编制及其质量分析

## 第一节 研究设计

### 一 研究目的

以认知心理学和心理测量学两大学科为基础的 CDA 能实现对被试强项和弱项的判别，精确的能力识别必须依赖于质量良好的测验，因为一份好的认知诊断测验不仅能准确实现测验目的，而且能准确地激发被试相应的行为反应，所以好的测验是连接理论与现实的桥梁，是实现认知诊断的必备工具，测验的质量直接影响认知诊断能否成功实现。过去很长一段时间，认知诊断研究领域的主要研究方向是诊断模型的开发和完善，所用数据由模拟生成，这对于早期阶段的研究是必要的也是非常重要的。随着研究的深入，理论研究一定要服务于实践，满足实践工作的需求，就有了对已有测验的认知诊断研究。这种获得诊断数据的方法叫做翻新法。翻新法的做法是对已有的测验如中考高考试卷进行认知诊断分析，即基于现成的测验去分析试题考核了哪些认知属性，这种方法是一种自下而上的方法，其优点是省去了认知诊断测验的编制时间，实施简便易行。但翻新法存在较多先天缺限。一是认知模型与实测数据拟合不好；二是测验所考核的属性不一定完备；三是难以确定属性之间的关系；四是测验不一定满足认知诊断理论的要求。原因是传统测验的设计依据不是认知理论框架，其测验目的并非微观层面的技能诊断，所以难免出现理论与现实的冲突。

而最糟糕的情况是，使用翻新法很可能只能得到非常不理想的诊断结果，因此，这种方法不是一种理想的方法。但很长一段时间以来，认知诊断领域采用的就是翻新法，原因是专门编制认知诊断测验还没有较强的理论指导。近年来，随着认知诊断研究的拓展，出现了关于认知诊断测验编制的一些文献，但依然鲜见有真正的实践研究。要想真正体现认知诊断对于实践工作的指导价值，就必须编制基于认知理论的专门用于诊断的认知诊断测验。专门的认知诊断测验既要体现认知理论的要求，又要考虑认知诊断数据分析模型的假设，每个测验项目的存在从一开始就承担着诊断的功能，服务于诊断的目的，整个测验所有项目的构成完整地符合认知诊断测验编制的要求，这种自上而下的数据获取方法使得认知诊断研究从设计到结果分析具有一致性，可以大大提高诊断的信度和效度。本章的研究目的之一就是基于塔苏卡提出的Q矩阵理论编制出符合上一章研究结果的认知诊断测验。所编制的诊断测验要考察到研究所界定的7个认知属性并符合假定的属性层级关系。

本章研究目的之二是认知模型的修正。过往针对实测数据的认知诊断研究较多集中于理科类技能，如数学、物理能力，对文科科目领域能力的诊断研究相对要少，原因是文科科目中的能力模型相对复杂，属性关系难以界定，这一点在上一章中已述及。理科技能属性的独立性和逻辑性在属性关系的界定上要相对容易，而文科技能属性的非独立性和多可能性使得属性关系的界定相当困难。课题组尝试基于上一章的研究结果编制认知诊断测验并进行试测，如前所述，由于阅读过程的错综复杂性、阅读认知属性的交叉性和研究对象的特殊性（小学生），很难保证上一章所确定的认知模型就是唯一正确的模型。本章的第二个目的便是借助FM对理论上的认知模型与实践中的数据间的拟合程度进行检验，在检验的基础上进行模型修正并确定最终的认知模型，最终的认知模型必须是在理论上具有科学性，在实践中具有现实可能性的模型。

本章研究目的之三是检验测验编制的质量。前已述及，关于专门的认知诊断测验编制的理论研究和实践研究都相对较少，而传统的翻新法所采用的现成测验是基于 CTT 和 TRT 理论而设计的，这种现成的测验难以满足认知诊断的目的。那么，专门针对诊断而编制测验能否同时满足 CTT、IRT 和 CDA 的要求呢？因此，本章的第三个目的是对基于认知诊断理论而编制的诊断测验进行全面的质量分析，包括基于 CTT 和 IRT 的测验项目分析和信效度分析，基于 CDA 的项目分析和属性效度验证，包括属性的必要性、充分性及属性关系的合理性等。

具体而言主要关注以下三个问题：

（1）采用自上而下的方式如何编制基于 Q 矩阵理论的认知诊断测验？

（2）研究所确定的认知模型是否科学、合理？能否与实测数据拟合？

（3）所编制的认知诊断测验质量如何？测验能否通过 CTT、IRT 和 CDA 三大理论的测量质量考核？

**二　研究假设**

基于上述三个研究问题，本章的三个研究假设为：

（1）采用自上而下的方法，基于 Q 矩阵理论能够编制出基于认知模型的诊断测验。

（2）借助融合模型进行认知模型修正，修正的认知模型是科学的合理的。

（3）认知诊断测验项目质量和测验质量均达到测量学要求。

## 第二节　基于 Q 矩阵理论的认知诊断测验编制

### 一　小学生阅读能力属性层级关系的连接矩阵 A

塔苏卡用 $K \times K$（K 指属性数目）的二值连接矩阵 A 来刻画属性之间的关系，这个连接矩阵只反映属性之间存在的直接逻辑关系，不反映属性之间的间接关系,矩阵中的1表示属性间有直接逻辑关系,0表示属性间没有直接逻辑关系。根据第二章界定的属性及属性之间的层级关系认知模型2,小学生阅读能力属性之间的连接矩阵见表3-1。

表3-1　　　小学生阅读能力属性层级关系的连接矩阵A

| 属性 | 属性 | | | | | | |
| --- | --- | --- | --- | --- | --- | --- | --- |
| | A1 | A2 | A3 | A4 | A5 | A6 | A7 |
| A1 | 0 | 1 | 1 | 0 | 0 | 0 | 0 |
| A2 | 0 | 0 | 0 | 0 | 0 | 0 | 0 |
| A3 | 0 | 0 | 0 | 1 | 1 | 1 | 1 |
| A4 | 0 | 0 | 0 | 0 | 0 | 0 | 0 |
| A5 | 0 | 0 | 0 | 0 | 0 | 0 | 0 |
| A6 | 0 | 0 | 0 | 0 | 0 | 0 | 0 |
| A7 | 0 | 0 | 0 | 0 | 0 | 0 | 0 |

## 二　小学生阅读能力属性层级关系的可达矩阵R

为了刻画属性之间的直接和间接关系,塔苏卡进一步提出了可达矩阵的概念,可达矩阵K×K用R表示,K表示属性数目,1表示属性之间有关系,包括直接关系和间接关系,0表示属性之间没有关系。R矩阵反映的是属性之间直接和间接的先决关系以及属性之间的自反关系,自反关系是指属性与属性之间本身的关系。可达矩阵R的获得是通过对连接矩阵A进行布尔加法和乘法运算得到的,即$R = (A+I)^n$($I$是单位矩阵,$n = 1, 2, \cdots\cdots, m$)。当n变化而$R = (A+I)^n$不再发生变化时得到的矩阵就是可达矩阵R。R矩阵是个K阶方阵,根据第二章确定的7个认知属性,其R矩阵是个7阶方阵。R矩阵中非对角线上的1表示属性之间有直接或间接的关系,矩阵对角线上的元素1表示属性自身有自反关系。表3-2呈现的就是小学生阅读能力属性层级关系的R矩阵。

表3-2　　　　　小学生阅读能力属性层级关系的 R 矩阵

| 属性 | 属性 | | | | | | |
|---|---|---|---|---|---|---|---|
| | A1 | A2 | A3 | A4 | A5 | A6 | A7 |
| A1 | 1 | 1 | 1 | 1 | 1 | 1 | 1 |
| A2 | 0 | 1 | 0 | 0 | 0 | 0 | 0 |
| A3 | 0 | 0 | 1 | 1 | 1 | 1 | 1 |
| A4 | 0 | 0 | 0 | 1 | 0 | 0 | 0 |
| A5 | 0 | 0 | 0 | 0 | 1 | 0 | 0 |
| A6 | 0 | 0 | 0 | 0 | 0 | 1 | 0 |
| A7 | 0 | 0 | 0 | 0 | 0 | 0 | 1 |

从表3-2可以看出 A1 即词句理解是所有高级属性的先决属性，即不识字或不理解基本的字词义就无法进行阅读理解的其他更高级的认知活动。A2 是指写作手法类知识，如修辞、文章体裁等知识的掌握情况。A3 是信息提取能力，是指学生从文本中提取关键信息的能力。A4、A5、A6 和 A7 分别是探究能力、概括能力、情感体验和鉴赏能力，这四种能力都以字词理解能力和信息提取能力为基础，即无论是信息推断、段落大意或中心思想的概括能力，还是情感的体会和文本的鉴赏评析能力，都要从文中提取一定的信息作为基础。

### 三　符合属性层级关系的缩减矩阵 $Q_p$

塔苏卡用事件矩阵 Q 刻画所有可能的项目类型集，事件矩阵即 k×j 矩阵，k 是属性数目，j 是所有可能的项目数。所有可能的项目类型集是指所有属性组合的项目集合。当属性间彼此独立时，所有可能项目类型集的个数是 $2^k-1$（k 为属性数目）。例如，如果考核的属性有 7 个，那么所有可能的项目类型集的项目数为 $2^7-1=127$ 个，减掉的这个 1 是指考核的属性全 0 的项目，不考核任何属性的项目是不存在的。如果属性之间存在层级关系，即 R 矩阵所表示的关系，则满足属性层级关系的项目类型数量会远远小于 $2^k-1$ 种，满足属性层级关系的项目类型集称为缩减 Q 阵，记为 $Q_p$。有两种方法可以得到 $Q_p$，一是删减法，二是扩张算法。删减法的做法是，首先根据 R 阵列举出 $2^k-1$ 种所有可能的项目类型，然后删除不符合属性层级关系的项目类。如 A3 是 A4、A5、A6 和 A7 的先决条件，不要求掌握 A3 属性就能做对的项目类都应该删除，如（1001000）或（1000100）等。扩张算法是杨淑群等人[①]于 2008 年提出的，其基本思想是如果已知属性间层级关系，矩阵 R 为符合属性层级关系的可达矩阵，则对任意 i 列作布尔加后依然是符合属性层级关系的一个项目。具体操作是以 R 矩阵为基础，对两向量对应元素进行布尔加运算，直到 Q 矩阵不再发生变化为止，这最后的 Q 矩阵即是 $Q_p$。课题研究采用的是扩张算法，得到符合属性层级关系的减化矩阵 $Q_p$ 见表 3-3。

表 3-3　　　　　　符合属性层级关系的缩减矩阵 $Q_p$

| 属性 | 项目 | | | | | | | | | | | | | | | | |
|---|---|---|---|---|---|---|---|---|---|---|---|---|---|---|---|---|---|
|  | 1 | 2 | 3 | 4 | 5 | 6 | 7 | 8 | 9 | 10 | 11 | 12 | 13 | 14 | 15 | 16 | 17 |
| A1 | 1 | 1 | 1 | 1 | 1 | 1 | 1 | 1 | 1 | 1 | 1 | 1 | 1 | 1 | 1 | 1 | 1 |
| A2 | 0 | 1 | 0 | 1 | 0 | 0 | 0 | 0 | 1 | 1 | 1 | 1 | 0 | 0 | 0 | 0 | 0 |
| A3 | 0 | 0 | 1 | 1 | 1 | 1 | 1 | 1 | 1 | 1 | 1 | 1 | 1 | 1 | 1 | 1 | 1 |
| A4 | 0 | 0 | 0 | 0 | 1 | 0 | 0 | 0 | 1 | 0 | 0 | 0 | 1 | 1 | 1 | 0 | 0 |
| A5 | 0 | 0 | 0 | 0 | 0 | 1 | 0 | 0 | 0 | 1 | 0 | 0 | 1 | 0 | 0 | 1 | 1 |
| A6 | 0 | 0 | 0 | 0 | 0 | 0 | 1 | 0 | 0 | 0 | 1 | 0 | 0 | 1 | 0 | 1 | 0 |
| A7 | 0 | 0 | 0 | 0 | 0 | 0 | 0 | 1 | 0 | 0 | 0 | 1 | 0 | 0 | 1 | 0 | 1 |

---

① 杨淑群、蔡声镇、丁树良、林海菁、丁秋林：《求解简化 Q 矩阵的扩张算法》，《兰州大学学报》（自然科学版）2008 年第 3 期。

续表

| 属性 | 项目 | | | | | | | | | | | | | | | | |
|---|---|---|---|---|---|---|---|---|---|---|---|---|---|---|---|---|---|
| | 18 | 19 | 20 | 21 | 22 | 23 | 24 | 25 | 26 | 27 | 28 | 29 | 30 | 31 | 32 | 33 | 34 |
| A1 | 1 | 1 | 1 | 1 | 1 | 1 | 1 | 1 | 1 | 1 | 1 | 1 | 1 | 1 | 1 | 1 | 1 |
| A2 | 0 | 1 | 1 | 1 | 1 | 1 | 1 | 0 | 0 | 0 | 0 | 0 | 1 | 1 | 1 | 1 | 1 |
| A3 | 1 | 1 | 1 | 1 | 1 | 1 | 1 | 1 | 1 | 1 | 1 | 1 | 1 | 1 | 1 | 1 | 1 |
| A4 | 0 | 1 | 1 | 1 | 0 | 0 | 0 | 1 | 1 | 1 | 0 | 1 | 0 | 1 | 1 | 1 | 1 |
| A5 | 0 | 1 | 0 | 0 | 1 | 1 | 0 | 1 | 1 | 0 | 1 | 1 | 1 | 0 | 1 | 1 | 1 |
| A6 | 1 | 0 | 1 | 0 | 1 | 0 | 1 | 1 | 0 | 1 | 1 | 1 | 1 | 1 | 0 | 1 | 1 |
| A7 | 1 | 0 | 0 | 1 | 0 | 1 | 1 | 0 | 1 | 1 | 1 | 1 | 1 | 1 | 1 | 0 | 1 |

表 3-3 表明，符合属性层级关系的项目类型共有 34 种，矩阵中的每一行表示一个属性，每一列表示一个项目类，矩阵的第一列为项目 1，表示正确回答该项目需掌握属性 A1，矩阵的最后一列是项目 34，正确回答该题需要掌握所有的 7 个属性。

## 四 确定测验编制蓝图 $Q_t$

最理想的状态是能编出 34 类符合缩减矩阵中所有属性层级关系的项目组成诊断测验，但林顿指出理想的诊断测验不应该牺牲可行性以获得有用性[1]。如果一类属性组合编 1 道题，至少要编 34 道题，但要编制 34 类项目在可行性上受到以下挑战：第一，对小学生而言，题量偏多，完成 34 道题的测验需要花费较多时间。《课标》规定 5—6 年级学生的默读速度默读一般读物每分钟不少于 300 字。小学生的每篇阅读短文字数一般为 400—800 字，每篇短文后约 5 道题为宜，编制 34 道题需要 7 篇短文。以平均每篇短文 650 字计算，则短文材料约为 4500 字，加上题干和答案的字数共需阅读 8000 字，所需时间

---

[1] Leighton, J. P. & Gierl M. J., *Cognitive Diagnostic Assessment for Education: Theory and Applications*, Cambridge University Press, The Edinburgh Building, Cambridge CB2 8RU, UK. 2007.

约为 30 分钟。根据小学语文教师的经验和口语报告的时间,小学生完成 1 道阅读题的时间约为 1 分钟,则完成 34 道题需要 35 分钟左右,再加上阅读材料的 30 分钟,完成整份阅读测验至少需要 65 分钟。此外,测验同时还配了一份配套问卷,做问卷时间大约需要 15 分钟,以时间总量来看,做完测验和配套问卷一共需要 80 分钟,即 1 小时 20 分钟。如果由于题量太大导致被试产生疲劳效应以致所收集的数据失真对研究而言是不可取的,所以需要考虑测验的可行性。因此,有必要对 34 种项目类进行删减以组成测验 $Q_t$。第二,有些项目难以编写,特别是考核属性较多的项目。例如项目类(11111111)考核被试所有的技能属性,此类题目以开放题形式考核较为合适,但由于很多诊断测量模型只适用于 0、1 记分方式的题目,适用于开放题多级记分方式的诊断模型较少。因此,为了能估出所测属性,编制 0、1 记分题较为稳妥,而编制考核所有属性的 0、1 记分题具有较大挑战性。第三,大量考核较多属性和较难属性的项目类不适合考察小学生的认知水平,如考核 5 个及 5 个以上属性的项目类。

$Q_t$ 是直接指导测验编制的蓝图,它是 $Q_p$ 的子矩阵,$Q_t$ 中的每一列都来自 $Q_p$,$Q_t$ 中的每一列代表某一类型题目,即考察某些属性组合的一类题目,当然这一类题目既可以设计一个或多个。怎样的测验编制蓝图才能保证所编制的测验能对具有不同知识状态的被试进行准确的判断呢?丁树良教授提出,若测验 $Q_t$ 以可达阵 R 为子矩阵,则称 $Q_t$ 为充分必要 Q 矩阵[①],即只有在这种情况下,对具有不同知识状态的被试才能做出准确地划分,因为这样可以保证知识状态与理想反应模式之间的一一对应关系,而不会出现多个知识状态对应同一期望反应模式的情况。另外,涂冬波认为 $Q_t$ 矩阵是否完备,必须符合两个原则:一是测验应能实现对每个认知属性的诊断;二是测验应能实现对每个属性的多次观察[②]。结合上述认知诊断测验的有用性和可行性原

---

① 丁树良、汪文义、杨淑群:《认知诊断测验蓝图的设计》,《心理科学》2011 年第 2 期。
② 涂冬波:《项目自动生成的小学儿童数学问题解决认知诊断 CAT 编制》,博士学位论文,江西师范大学,2009 年。

则，最终确定的测验 $Q_t$ 矩阵见表 3-4。

表 3-4  小学生阅读能力认知诊断测验 $Q_t$

| 项目序号 | 属性 | | | | | | | 属性数目 |
| --- | --- | --- | --- | --- | --- | --- | --- | --- |
|  | A1 | A2 | A3 | A4 | A5 | A6 | A7 |  |
| 1 | 1 | 0 | 1 | 0 | 1 | 0 | 0 | 3 |
| 2 | 1 | 0 | 1 | 0 | 0 | 0 | 0 | 2 |
| 3 | 1 | 0 | 1 | 1 | 0 | 0 | 0 | 3 |
| 4 | 1 | 0 | 1 | 0 | 0 | 0 | 0 | 3 |
| 5 | 1 | 0 | 1 | 0 | 0 | 0 | 0 | 2 |
| 6 | 1 | 0 | 0 | 0 | 0 | 0 | 0 | 1 |
| 7 | 1 | 1 | 0 | 0 | 0 | 0 | 0 | 2 |
| 8 | 1 | 0 | 1 | 0 | 0 | 0 | 0 | 3 |
| 9 | 1 | 1 | 1 | 0 | 0 | 0 | 0 | 3 |
| 10 | 1 | 0 | 1 | 0 | 0 | 1 | 0 | 3 |
| 11 | 1 | 0 | 1 | 0 | 1 | 0 | 1 | 4 |
| 12 | 1 | 0 | 1 | 1 | 1 | 0 | 0 | 4 |
| 13 | 1 | 0 | 1 | 0 | 1 | 0 | 0 | 3 |
| 14 | 1 | 1 | 1 | 1 | 1 | 0 | 0 | 5 |
| 15 | 1 | 0 | 1 | 0 | 0 | 1 | 1 | 4 |
| 16 | 1 | 1 | 1 | 1 | 0 | 1 | 0 | 5 |
| 17 | 1 | 0 | 1 | 1 | 0 | 0 | 1 | 4 |
| 18 | 1 | 0 | 1 | 0 | 0 | 1 | 0 | 3 |
| 19 | 1 | 0 | 1 | 0 | 0 | 1 | 0 | 3 |
| 20 | 1 | 1 | 0 | 0 | 0 | 0 | 0 | 2 |
| 次数 | 20 | 5 | 17 | 7 | 5 | 5 | 3 | 62 |

表 3-4 呈现的测验 $Q_t$ 矩阵有如下特点：（一）包含了 R 阵。（二）符合假定的属性层级关系。（三）对每个属性进行了多次测量，最少的 3 次，最多的 20 次。（四）每一种知识状态有多个题目来测量。事实上，测验 $Q_t$ 的最终确定并非完全基于理论的指导，而是在

$Q_1$ 矩阵与项目设计过程中通过反复修正、不断往复循环确定下来的，也就是确定测验 $Q_1$ 与项目设计这两步之间不是单序向前关系，而是相互循环的关系。

## 五 材料选取及题型设计

### （一）材料选取

在材料选取时，我们综合考虑了被试生理和心理特征、材料熟悉性、短文难易度、生字密度、短文文体、短文长度、答题所需时间等因素。为了测验能顺利进行，考虑到小学四年级学生的阅读能力与小学五六年级学生的阅读能力尽管有一定差距，但在材料选取时，以毕业班即六年级学生的阅读能力为标准进行选择但尽量避免出现学生不认识的生僻字，尤其是对于四年级的学生，这样的选择正好能考察出不同年级学生阅读能力的差距。诊断测验不同于真正的升学考试及平时的目标参照测验，不需要考虑公平和目标达成度，能检测出学生的真实阅读水平就是诊断测验的目的，因此，对小学四年级学生而言测验稍难也是可以的。在文体选择上，以小学生常见文体为材料，有非连续文本、说明文、记叙文、写景状物和议论文这五种文体，没有选择散文、随笔、童话、寓言、诗歌、文言文等文体，并尽量避免所选材料是学生阅读过的熟悉材料以确保数据收集的准确性。短文长度设计是五篇短文三篇较短，两篇较长，按从短到长的顺序排列，最短的放在第一篇，最后一篇最长。文本排序遵循由易到难的顺序，五篇文本排序为：非连续文本、记叙文、说明文、写景状物、议论文。无论是文体本身难易还是文本字数都遵循由易到难的顺序，目的是尽量消除学生可能产生的抵触情绪和厌烦心理，以获得学生最大程度的配合，得到相对真实的测试数据。为了便于实测过程的组织管理以及符合小学生的身心发展特点，阅读测试和配套问卷完成时间控制在一节课即 40 分钟内，配套问卷大约需要 10 分钟，测验答题时间预备控制在 30 分钟左右。为了了解学生的阅读和答题速度，研究者在给学生做出声思维时，对部分学生采用了追述式口语报告法即先答题后追问的方式进行了出声思维测验，发现无论是四年级学生还是五、六年级学生，阅读速度基本都在每分钟 300 字上下，与《课标》默读一般读物每分钟不少于 300 字的要求吻合，解题速度约每道 1 分钟。但对不同的学生而言，题目难易、解题策略和答题速度不完全一样。最终确定下来的整个测验长度为 3114 个字，阅读文本时间约为 10 分钟。根据《考试大纲》的规定，小学生语文考试中阅读分数 20 分，所以拟定编制测验项目 20 个，每道 1 分，这样，答题所需时间为 20 分钟，加上阅读文本所需 10 分钟，共 30 分钟左右完成测验，加上回答配套问卷所需的 15 分钟，完成测验和配套问卷所需时间约为 45 分钟，大约占用小学生一节课的时间。5 篇短文材料情况见下表。

表 3-5　　　　　　　阅读材料文体类型、字数和项目数

|  | 短文 1 | 短文 2 | 短文 3 | 短文 4 | 短文 5 |
| --- | --- | --- | --- | --- | --- |
| 文体 | 非连续文本 | 说明文 | 记叙文 | 写景状物 | 议论文 |
| 字数 | 478 | 500 | 493 | 769 | 874 |
| 项目数 | 4 | 4 | 4 | 4 | 4 |

（二）项目设计

戈林指出成功的认知诊断题目至少要具备两个关键的要素：一是项目形式，即项目要能在特征的适当水平引出学生行为；二是对诊断领域认知属性及认知过程的充分揭示，即要求所获得的认知属性能把学生的行为表现和推断的目标联系起来[①]。传统测题正是由于对认知过程的忽略及项目形式的格式化以至于题目并不能在恰当的水平提供诊断信息。尽管认知科学和心理科学领域的研究者们经常运用数据密集型评估工具以提供关于学生认知过程的直接观察，如口语报告法和

---

① Gorin, J. S., Using alternative data sources to inform item difficulty modeling, Paper presented at the 2006 annual meeting of the National Council on Educational Measurement. San Francisco, CA, 2006.

视觉眼动跟踪①。但这些评估方法耗时、昂贵并且只适合小样本研究。而理想的诊断测验项目要求既能实现认知诊断的目的又能与传统测验一样被高效地计分。

根据认知诊断理论的要求和认知诊断测验项目设计的实践，认知诊断测验项目设计时要考虑以下几点：1. 深刻理解所定义的属性内涵，明确属性的操作性定义，属性与属性在操作性定义上要能严格区分，这样才能准确设计出符合属性内涵的项目，否则，容易出现实际测到的属性与研究者假定所要测量的属性不符的情况。2. 要严格按照测验蓝图设计所有题目，测验 Q 矩阵要包含 R 矩阵。3. 测验的项目总数不能少于属性的个数。4. 适当重复设计具有相同属性组合的项目可以增加测验的信度。5. 要保证每个属性被测次数不少于 3 次。在上述测验编制原则指导下设计了小学生阅读能力认知诊断测验，见附录 3。以下是根据测验 $Q_1$ 矩阵进行项目编写的几个示例。

1. 属性考核模式（1000000）

这类项目只要求学生掌握属性1，即对字、词、句的理解能力，属于最简单的项目类。以下是短文2的第2题，所有题序中的第6题。答对这道题要结合同日而语的基本内涵和文章语境来回答。首先，"不可同日而语"的意思是不能相提并论，结合文意，即是指可燃冰跟传统能源不一样，所以很明显 A 是错的。其次，"不可同日而语"出现在文中第④自然段，结合语境，这段话谈的是可燃冰比煤、石油等传统能源污染更小的问题。所以正确答案是 B。D 出现在文中第三段，谈的是可燃冰密度大能量大，与题干无关。

6. 文章第④自然段用"不可同日而语"的意思是（　　）

A. 可燃冰燃烧后会和传统能源一样产生二氧化碳和水

---

① Cross, D. R. & Paris, S. G., "Assessment of reading comprehension: Matching test purposes and test properties", *Educational Psychologist*, Vol. 22, No. 3, 1987, pp. 313 – 332.

B. 可燃冰燃烧后产生的污染小，与传统能源产生的大量污染大不相同

C. 煤、石油等传统能源燃烧后会产生大量的污染

D. 可燃冰的能量密度比天然气要多出数百倍

2. 属性考核模式（1100000）

这类项目要求学生掌握属性1和属性2，即字词句理解能力和基础性写作手法知识如基本的修辞、表达技巧等，下面是短文2的第3题，所有项目中的第7题。

7. 文章第③自然段中画横线的句子运用的说明方法有（  ）

  A. 列数字、作比较　　　　B. 分类别、列数字

  C. 分类别、打比方　　　　D. 打比方、列数字

3. 属性考核模式（1010000）

这类项目要求学生掌握属性1和属性3，即字词句理解能力和在文中找到信息的能力。下面是短文1的第2题。二维码相对于一维条码的优势在文中可以直接找到答案，不需要推测、概括、体会等其他阅读技能，只需在文中找到原话并把信息提取出来即可。

2. 二维码相对于一维条码有什么优势（  ）

①二维码的数据容量更大。②二维码制作成本更便宜。③二维码的数据密度更大。④二维码引入了错误纠正机制，局部受损时仍可以正确识读。

  A. ①②③　　B. ①③④　　C. ①②④　　D. ②③④

4. 属性考核模式（1011000）

这类项目要求学生掌握属性1、属性3和属性4，即词句理解、信息提取和内容探究能力。短文1的第4题就属于这类题型，这道题看似简单，实则很容易出错的一道题。答案A在文中也有直接陈述，但这个句子的表述不属于二维码在生活中的应用。答案B在文中有原话，考察学生的信息提取能力，答案C和D在文中都没有直接原话，但都可以从文中相关的原话推断出来。如答案C可以由"当游客参观展览时，只要使用智能

手机拍下展品上的二维码,经过解码后,再耳贴手机,就能听到语音介绍"这句话推断出,答案 D 可以由"有人把传统名片和二维码结合起来,既美观,又方便实用,无须交换名片,只要用手机一扫,对方大量的信息就能进入到自己手机中"这句话推断出。

4. 如果要介绍二维码在生活中的应用,下列材料中,不可选用的是哪一项?(　　)

　　A. 二维码能够把文字、图片、音频、视频等"编码"成一个图像

　　B. 扫一扫与公交车相关的二维码,便可获知要乘坐的公交车离站点还有多远

　　C. 去参观秦皇兵马俑时,我们可以通过扫指定的二维码听关于兵马俑的知识的讲解

　　D. 第一次见面,用手机扫一下对方名片上的二维码,对方的个人信息就可进入自己的手机

5. 属性考核模式(1011100)

这类项目要求学生掌握属性 1、属性 3、属性 4 和属性 5,即词句理解、信息提取和内容探究和内容概括能力。短文 3 的第 4 题,所有题序中的第 12 题,就是这类题型。这道题的正确答案要求学生能综合全文信息去探究、分析最后全面概括才能选出。答案 ABC 的特点是都不全面,答案 D 在概述故事的基础上再点明中心思想,是最好的答案。

12. 下面哪句话最能概括本文的中心思想?(　　)

　　A. 我很内疚,她把我想象得同女儿一样可爱,而我却没有把她想象得像母亲一样可信

　　B. 她把我想象成她的女儿了,我不愿意接受

　　C. 我觉得不好意思接受一个陌生人的苹果

　　D. 在火车上,由于我的防备心理拒绝了一位好心阿姨送的苹果,事后感到内疚又温暖

为了保证测验的质量，课题组对项目所测属性进行了反复推敲，此外，还采用专家认定法对设计好的项目进行属性标定以检验项目设计的质量，结果见本章"效度分析"部分。总之，认知诊断测验的项目设计的关键点是在确定了项目形式后要确保所设项目能测到所欲测量的属性，这样才能对被试的属性掌握模式进行准确地分类，这就要求属性的组合一定要符合认知诊断理论的要求。为此，有必要对测验先进行预试，分析调整测验后再投入正式施测。

## 第三节　测验的试测及其质量分析

### 一　被试

预测被试选自江西省5所小学（江西师范大学附属小学、南昌市城东学校、南昌师范附属实验小学高新校区、江西省上饶县第一小学、赣州市大坪明德小学），这5所学校分别是省会城市、地级市、县城和村镇小学的代表，在这些学校抽取小学四、五六年级学生共325名进行试测，回收测验320份，有效测验307份，有效回收率94.46%。试测时请语文教师尽力选出平时语文成绩处于好、中、差三类学生接受测试，三类学生人数分别是85人、156人和66人，占比依次是27.68%、50.81%、21.51%，其中男生125人，女生182人，占比分别40.72%、59.28%。

### 二　研究工具

自编《小学生阅读能力认知诊断测验》。

### 三　组织实施

为了提高测试的信度，尽力排除影响测试信度的因素，如学生随意作答、测试时间的把握和测试环境的控制，组织实施由课题主持人和课题组成员共同完成，同时邀请选定班级的班主任或语文教师进行监考以控制考试过程中学生随意勾选等无关因素的影响，施测安排在语文复习课堂或自习课上进行，没有要求接受试测的学生做其他的试卷或练习，答卷时间约为 25 分钟。测试结束后给学生分发小礼品。

### 四 数据处理

采用社会科学统计软件包 SPSS23.0 进行数据录入和数据清理工作。数据录入采用双录形式，即由两位统计与测量班研究生进行共同录入，并要求保证数据录入的准确性。数据清理工作主要包括数据错录及漏录的检查和处理。数据分析则采用 SPSS23.0 进行经典测验理论（简称 CTT）分析，采用 ANOTE 软件进行 CTT 和项目反映理论（简称 IRT）分析，采用 Arpeggio3.1 进行融合模型（简称 FM）的项目及属性分析。

### 五 预测测验项目 CTT 分析

CTT 项目分析包括项目难度分析和区分度分析。由于阅读测验全部是 0、1 计分题，所以难度指标采用得分率，区分度指标采用题分与满分的相关系数及鉴别指数两种，其中相关系数用点二列相关，结果见表 3 - 6。

表 3 - 6　　　　　预测测验 CTT 项目难度与区分度

| 题号 | 属性 | 属性数 | 难度 | 难易度 | 区分度 | | |
|---|---|---|---|---|---|---|---|
| | | | | | 相关系数 | 鉴别指数 | 区分性能 |
| 1 | A1A3A5 | 3 | .7590 | 易 | .2459 | .2346 | 尚可 |
| 2 | A1A3 | 2 | .5505 | 中 | .2927 | .3827 | 良好 |
| 3 | A1A3A4 | 3 | .4691 | 中 | .3712 | .4445 | 很好 |
| 4 | A1A3A4 | 3 | .5212 | 中 | .2962 | .3827 | 良好 |
| 5 | A1A3 | 2 | .8306 | 易 | .2490 | .2592 | 尚可 |
| 6 | A1 | 1 | .8339 | 易 | .3614 | .2963 | 良好 |
| 7 | A1A2 | 2 | .8241 | 易 | .3785 | .3333 | 良好 |
| 8 | A1A3A4 | 3 | .7752 | 易 | .3579 | .3457 | 良好 |

续表

| 题号 | 属性 | 属性数 | 难度 | 难易度 | 区分度 | | |
|---|---|---|---|---|---|---|---|
| | | | | | 相关系数 | 鉴别指数 | 区分性能 |
| 9 | A1A2A3 | 3 | .4332 | 中 | .2721 | .3333 | 良好 |
| 10 | A1A3A6 | 3 | .7622 | 易 | .4342 | .3827 | 良好 |
| 11 | A1A3A5A7 | 4 | .4137 | 中 | .3168 | .3334 | 良好 |
| 12 | A1A3A4A5 | 4 | .2866 | 难 | .3087 | .3951 | 良好 |
| 13 | A1A3A5 | 3 | .4463 | 中 | .4591 | .5185 | 很好 |
| 14 | A1A2A3A4A5 | 5 | .6091 | 中 | .3906 | .4568 | 很好 |
| 15 | A1A3A6 | 4 | .5081 | 中 | .3973 | .4198 | 很好 |
| 16 | A1A2A3A6A7 | 5 | .2932 | 难 | .1752 | .2099 | 尚可 |
| 17 | A1A3A4A7 | 4 | .4397 | 中 | .3432 | .4814 | 很好 |
| 18 | A1A3A4A6 | 3 | .4332 | 中 | .4133 | .4691 | 很好 |
| 19 | A1A3A6 | 3 | .6254 | 中 | .4788 | .5062 | 很好 |
| 20 | A1A2 | 2 | .6678 | 中 | .3945 | .4938 | 很好 |

### (一) 预测测验项目难度 CTT 分析

表 3-6 表明，预测测验 20 道题的难度系数在 .2866—.8339 之间，其中，难度系数在 .30—.70 之间的中等难度题有 12 道，占总题数的 60%；难度系数低于 .30 的较难题有 2 道，占总题数的 10%；难度系数在 .70 以上的较易题有 6 道，占总题数的 30%。中等难度题占多数，较难和较易题占少数，可见，测验的难度分布合理。图 3-1 直观地呈现了 20 道题的难度分布及难易程度。

其中，较难题是第 12 题和 16 题，难度系数分别是 .2866 和 .2932，这两道题所考察的属性模式分别是（1011100）和（1110011），其共同特点是，属性多、属性难度大。第 12 题考核的属性是词句理解、信息提取、内容探究和内容概括。同样是内容概括题，有难有易，如第 1 题也考察了概括能力，但由于题干和备选项的设置不同，第 12 题要比第 1 题难很多。第 1 题要求选择一个合适的标题，第 12 题要求概括中心思想,无论从题目文字数还是从备选项

◈ 小学生阅读能力的认知诊断与提升策略研究

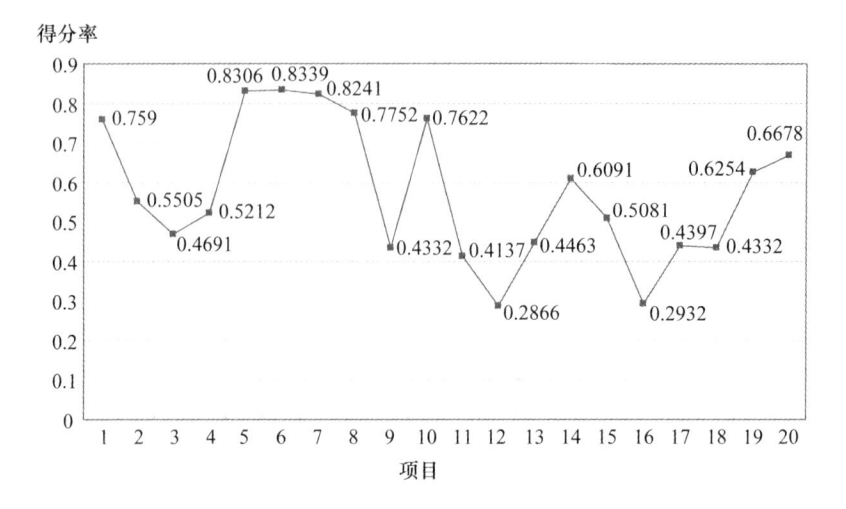

**图 3-1 预测测验 CTT 项目难度分布**

的迷惑性都可以看出，第 12 题更难。第 16 题考察的属性是词句理解、写作手法、信息提取、文本评鉴和情感体验，这是所有项目中，考察属性最多的项目。毫无疑问，文本评鉴对于小学生来说是较难技能。较易的题是第 6、5、7、8、10、1 题，对应的难度系数依次是 .8339、.8306、.8241、.7752、.7622、.7590。这 6 道题考核的属性依次是 A1、A1A3、A1A2、A1A3A4、A1A3A6、A1A3A5。从所考核的属性来看，前 3 道题考察的属性是 1—2 个，且属性为词句理解、写作手法和信息提取这 3 个基础属性的组合。后 3 道题考察的属性均为 3 个，分别考察了属性 4、5、6 这 3 个相对较难的属性，所以这 3 道题虽然总体较易但相对于前 3 道要难一些。可见，项目的难易程度与所考察的属性数量和属性级别有密切关系。为了了解整份测验的难度值，CTT 给出的计算方法是将所有被试的测验总分平均值除以测验满分得到的值就是整份测验的难度，参加预试的 307 名被试总分平均分为 11.04，测验总分 20，所以整份测验的难度系数为 .552。

从难度系数的分布及测验整体难度系数值可以看出，自编"小学生阅读能力认知诊断测验"难度分布合理，难度中等。

124

## (二) 预测测验项目区分度 CTT 分析

表 3-6 所列 20 道题的点二列相关系数取值范围在 .1752—.4788 之间，没有零区分度和负区分度项目，所有相关系数均在 .01 的显著性水平上显著。按相关系数值从高到低进行排列显示，相关系数与鉴别指数的结果大致相同，所以下面重点分析鉴别指数的结果。

衡量项目区分度的另一个指标是鉴别指数，鉴别指数的计算步骤是：第一步，排序。即对被试的阅读总分从高到低进行降序排序。第二步：分组。取总人数的前 27% 作为高分组，后 27% 作为低分组。本例参加预测人数 307 人，阅读总分在排在前 83 名的学生是高分组，后 83 名的是低分组。第三步：计算通过率。分别计算高分组的项目通过率和低分组的项目通过率。第四步：计算鉴别指数。高分组的通过率减去低分组的通过率，记为 D。

美国测验专家埃贝尔提出了鉴别指数评价题目区分度的标准，即鉴别指数值在 .20 以下说明项目区分被试优劣的能力很差，应淘汰这些项目；鉴别指数取值在 .20 至 .29 之间说明项目区别被试优劣的能力相当弱，应通过修改来提高其区分能力；鉴别指数取值在 .30 至 .39 间说明项目区别被试优劣的能力合格；鉴别指数取值大于 .40，项目区别被试优劣的能力很强，是性能优良的试题[①]。表 3-6 和图 3-2 表明，预测测验 20 道题的鉴别指数的取值范围在 .2099—.5185 之间。鉴别指数在 0.4 以上的项目是第 13、19、20、17、18、14、3、15 题，共 8 道，这 8 道题是性能优良的题目，占总题数的 40%。鉴别指数在 .30 至 .39 之间的题目是第 12、10、2、4、8、11、7、9、6，共 9 道，这些项目的区分度是合格的，占总题数的 45%。鉴别指数取值在 .20 至 .29 之间的题目是第 5、1、16 题，共 3 道，这些是需要修改的项目，占总题数的 15%。没有低于 .20 的项目。从项目区分度角度来说，不需要删除任何项目。项目区分度的 CTT 分析表明，这些项目的区分度优良率为 85%，是一份区分度较为理想的测验。

---

[①] 戴海琦、张锋、陈雪枫：《心理与教育测量》，暨南大学出版社 2006 年版。

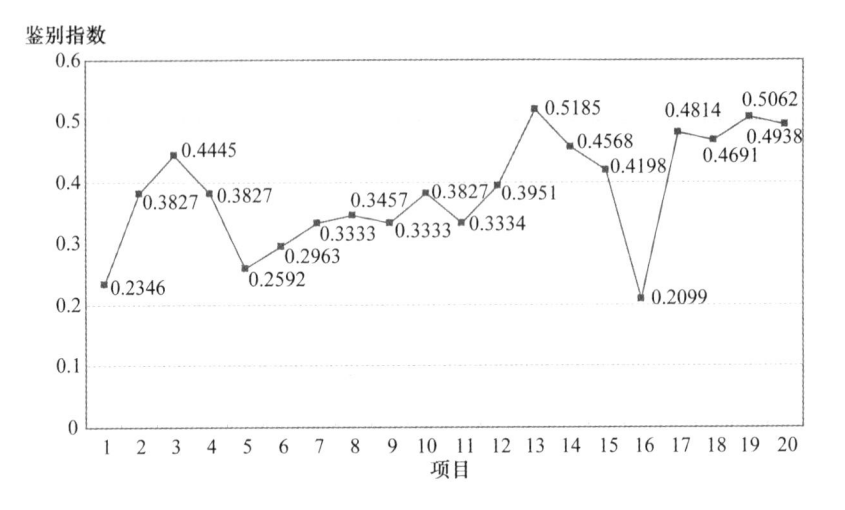

图 3-2 预测测验项目区分度分布

从 CTT 项目难度和区分度分析结果来看，项目难度和区分度的对应关系是，难度中等的项目区分度性能优良，偏难和偏易的项目区分度要差一些，如区分度需要提高的项目中，第 1 题和 5 题偏易，第 16 题偏难，这 3 道题需要修改。

### 六 预测测验项目 IRT 分析

CTT 计算的项目性能指标较大程度上依赖于被试的群体特征，如果被试样本对总体的代表性好，那么预测测验的项目性能指标就较好地反映项目的质量，如果样本对总体的代表性不够理想，那么通过预测样本得到的项目难度和区分度指标就不能作为衡量测验质量的唯一的绝对的参考标准。为了更好地反映所编测验的质量，需进一步用 IRT 即项目反应理论进行项目分析，项目反应理论所分析的项目参数没有样本依赖性。采用江西师范大学测量中心开发的 ANOTE 软件估计试测数据，采用二级记分的三参数逻辑斯蒂克模型进行参数估计，估计结果见表 3-7。

表 3-7  预测测验项目区分度、难度和猜测参数 IRT 分析结果

| 题号 | 区分度 | 难度 | 猜测参数 |
| --- | --- | --- | --- |
| 1 | .2999 | -2.0735 | .2290 |
| 2 | .3795 | -.3190 | .1521 |
| 3 | .5460 | .1863 | .1567 |
| 4 | .4066 | -.1167 | .1579 |
| 5 | .3737 | -2.5818 | .2391 |
| 6 | .6665 | -1.8086 | .2517 |
| 7 | .7061 | -1.6848 | .2527 |
| 8 | .5880 | -1.5163 | .2375 |
| 9 | .3952 | .5110 | .1392 |
| 10 | .7609 | -1.2070 | .2566 |
| 11 | .4639 | .5652 | .1412 |
| 12 | .5036 | 1.3887 | .1117 |
| 13 | .7346 | .2464 | .1619 |
| 14 | .5732 | -.5409 | .1976 |
| 15 | .5886 | -.0218 | .1728 |
| 16 | .3285 | 2.3567 | .1417 |
| 17 | .5112 | .3722 | .1520 |
| 18 | .6367 | .3397 | .1533 |
| 19 | .7823 | -.5233 | .2212 |
| 20 | .5754 | -.8351 | .2208 |

（一）预测测验项目 IRT 区分度分析

IRT 项目区分度参数，又称为 a 参数。a 参数反映了项目特征曲线 ICC 的陡峭程度，也就是曲线的斜率，ICC 越陡峭，项目鉴别能力

越强，ICC 越平，项目鉴别能力越弱，其本质是项目在曲线拐点附近清楚地区分不同水平被试的能力。a 参数理论上的取值范围是负无穷大到正无穷大之间，但精心编制的测验区分度参数一般取值区间在 [0, 2] 或 [0, 2.5] 之间。值越大表示试题区分不同能力水平被试的功能越好，越小表示项目的鉴别效果越差。表 3-7 表明，预测测验 20 道题的区分度参数取值范围在 .2999 到 .7823 之间，其分布特点见图 3-3。

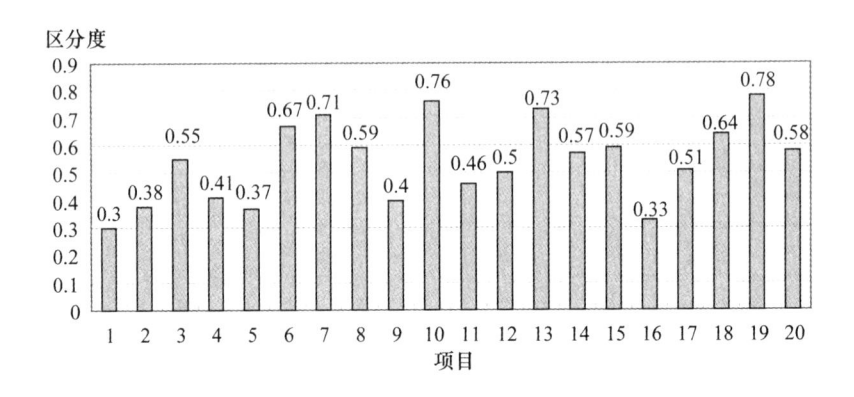

图 3-3 预测测验 IRT 项目区分度分布

表 3-7 和图 3-3 显示，20 个项目的区分度值都处于中等水平。进而计算 20 个项目区分度参数的平均值为 .5410，标准差为 .1465，进一步说明大部分项目的鉴别水平中等。其中，第 1、5、16 题的区分度相对较低，这与 CTT 的分析结果完全一致，进一步说明这 3 道题的质量有待改进。

(二) 预测测验项目 IRT 难度分析

IRT 项目难度值本质上是一个位置参数，又称为 b 参数，b 参数在项目特征曲线 ICC 上的位置是被试答对试题概率为 .5 时所对应的能力上的一个点。理论上 IRT 难度取值范围是负无穷大到正无穷大，但当能力取值为标准分数量表时，难度参数取值一般会在 [-3, +3] 或 [-4, +4] 之间，一般是 [-3, +3] 之间。对不同的项目，相同的答对概率值对应不同的能力值，这就代表正确答对该题所需的能力大小，所以难度值取值越大表示答对该题所需的能力越高，项目越难；取值越小表示答对该题所需的能力越低，项目越容易。表3-7表明，阅读测验20道题的难度值范围在-2.5818到2.3567之间，说明项目难度跨度较大，所有项目的难度分布见图3-4。

IRT难度值

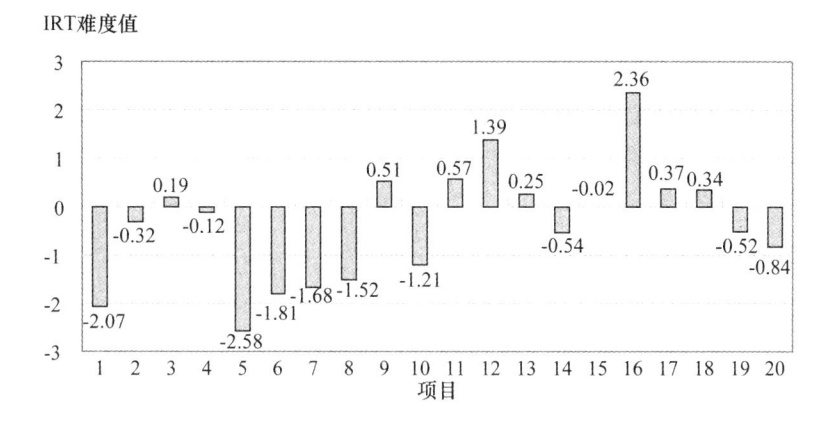

图3-4 预测测验IRT项目难度分布

表3-7和图3-4表明，难度值-1以下即较容易的项目是第1、5、6、7、8、10题，难度值1以上即较难的项目是第12题和第16题，其余项目难度中等。这个难度分布结果与CTT分析结果也是完全一致的。而所有项目难度的平均值为-.3631，标准差为1.2136，再次说明整份测验难度中等。

### （三）预测测验项目IRT猜测度分析

二级记分的三参数逻辑斯蒂克模型对被试是否通过猜测答对题目进行了刻画，猜测参数即c参数，又称为伪猜测参数。在项目特征曲线ICC上，c代表的是ICC的下限，其直观意义是，当一个被试的能力值非常低时（如接近于负无穷），他仍然有可能做对这道题目的概率c就是他在这道题上的猜测能力。理论上c的取值范围是[0,1]，通常情况下c值小于或等于1/选项数。表3-6表明阅读测验的预测猜测度参数的范围在.1117到.2566之间，平均值为.1873，标准差为.0465。总体而言，猜测值不高，就这个指标而言，所有项目均较为理想。猜测值较大的项目是第1、5、6、7、8、10题，这些题目是CTT和IRT共同提示的较易项目，这说明难度较低的项目猜测参数相对应地就会较高。图3-5进一步直观地呈现了项目猜测参数的分布特点。

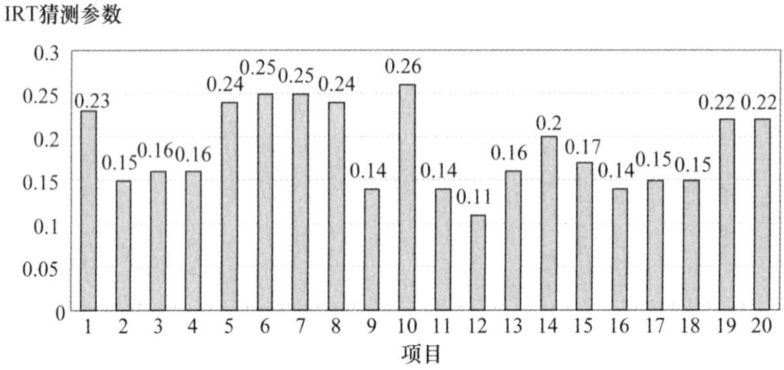

图3-5 预测测验IRT项目猜测度分布

### 七 预测测验项目CTT和IRT分析结果比较

试测的目的是为了改良测验，采用CTT和IRT对所编测验进行项目质量分析的目的是为了找到需要改进的项目，下表对两种测验理论下的项目分析结果进行了总结，供测验修改做参考。

表3-8 预测测验CTT和IRT项目分析的结果比较

| 分析方法 | 较难项目 | 较易项目 | 区分度较低项目 | 猜测度较高项目 |
| --- | --- | --- | --- | --- |
| CTT | 12、16 | 1、5、6、7、8、10 | 1、5、16 | |
| IRT | 12、16 | 1、5、6、7、8、10 | 1、5、16 | 1、5、6、7、8、10 |
| 相同结果 | 12、16 | 1、5、6、7、8、10 | 1、5、16 | |

表 3-8 表明，第 1 题和第 5 题偏易且区分度较低；第 16 题偏难且区分度较低；第 12 题偏难但区分度良好；第 6、7、8、10 题偏易但区分度良好。由此，可以得到测验编制的几点结论：（一）较难或较易的项目，区分度相对较差。（二）难度中等的项目，区分度相对较好。（三）不是所有难题或易题的区分度都不好。（四）较容易的项目猜测度较高。

为了保证自编阅读测验与认知模型的一致性，预测测验试测后不删除任何题目，但会根据上述统计分析结果和理论上的考量对项目进行文字表述和备选答案表述上的修改。修改方向主要有：（一）检查所有项目的标准答案是否正确。如第 12 题的正确答案选项并不是被试选择最多的选项，这说明有可能给错了正确答案，或者题目难度太大，以至于高分考生也没有答对。（二）检查所有项目题干和答案的文字表述。如第 16 题的正确答案可能超出了小学生的知识水平。（三）检查所有项目尤其是偏易题项的答案设计是否具备排他性，即错误答案太明显或正确答案太明显都会导致其他选项失去作用，修改方向是增加选项之间的迷惑性。

## 第四节 正式测验质量分析

### 一 被试

采用整群抽样方法（以班级为单位）对华南、西南、华东、华北地区的 20 所小学 50 个班级的 2598 位小学生进行了现场测试，受测试对象（小学生不适合采用问卷星方式施测，全部采用现场测试）和新冠疫情的影响，被试在全国范围的地域分布上不甚理想，大部分被试选自华东地区的江西省，华南地区、西南地区和华北地区的被试相对较少。除了地域分布有点遗憾外，被试在学校变量如学校、学校所在地、学校性质；家庭变量如学生生源地、家庭经济状况、父母受教育程度、父母职业等；个人特征如性别、年级、学习水平等人口学变量上的分布特征都很理想，详见第四章表 4-1。测试共发放试卷和配套问卷 2598 份，回收 2566 份，回收率为 98.76%，剔除空白卷及合作不良（如试题漏答）的试卷和问卷后，最终有效测试人数为 2406 人，有效回收率为 93.76%。

## 二　研究工具

修改后的《小学生阅读能力认知诊断测验》。

## 三　组织实施

所有数据通过现场测试方式收集，以教学班为单位（不一定是全班学生都参加测试，班级学生太多时，抽取部分学习好、中、差学生参加测试）组织施测。主试由课题负责人或课题组其他成员或经过专门培训的研究生担任，同时受测学校所在班级的班主任或语文教师到现场协助以保证测试过程的可靠性。测试结束后发给学生纪念品。主试必须了解课题的研究目的、研究设计、测试内容，熟悉问卷指导语、填答要求和问卷内容。在学生填答前，要求主试宣读统一的指导语、介绍测试目的和意义、介绍匿名的保证要求和对被试回答问题的要求等，鼓励被试客观、真实、认真作答。测试安排在自习课或语文课上，以考试方式要求学生作答，学生的答卷时间约为 40 分钟。答题完毕后，由主试统一回收问卷。

## 四　测验评分

本测验测题全部为选择题，采用 0、1 记分，答对记为 1，答错记为 0。评分实现过程是，先把学生的原始作答选项输入 SPSS 软件，A、B、C、D 分别赋值为 1、2、3、4，然后通过软件中的转换功能对变量进行重新编码，即选对转换为 1，其他三个数值转换为 0。为了防止转换过程中出现差错，转换时由课题负责人及研究生分别进行转换，然后进行比对，直至两人转换结果完全一致。

## 五　数据录入与处理

### （一）数据录入

采用 SPSS 进行数据录入和清理工作。数据录入由研究者所在学院的研究生在学院机房在统一的时间内完成，采用双录形式。在录入数据前，研究者对录入要求及注意事项进行详细地说明，确保数据录入环节的准确性。但无论怎么努力去尽力做好数据录入工作，录入环节很难避免错录和漏录的现象，这就需要做好数据清理工作。

### （二）数据清理

把所有分组录好的数据进行合并后，需要对合并好的数据文档进行清理，包括数据检查、缺失值处理和剔除无效样本等内容。

1. 数据检查

录好的数据文档会存在有缺失值、数据异常和逻辑错误的现象。缺失值是指数据文档里没有应有的数据，产生的原因有两种可能，一是被试本身没有填答，二是数据录入员漏录了数据。数据异常是指数据里出现了不合理的数值，如性别分别赋值1和2，数据里却出现了3或其他数值。逻辑错误是指，变量与变量之间出现了不合常理的搭配，如某学校对应的学校性质变量既是城区学校又是非城区学校。数据检查采用三种方法同时进行，一是排序法，即对所有变量进行升序和降序排列，升序排序法可以找到缺失值和异常的极小值，降序排序法可以找到异常的极大值。二是输出频数表法，即输出所有变量的频率表，系统会帮助找出异常值和缺失值。三是值标签法。值标签法是借助数据和数据的标签互换发现变量之间的逻辑错误。

2. 缺失值处理

缺失值采用 SPSS 中的"序列均值"法进行替换，具体做法是用该题目上所有被试作答的均值替换该题上的缺失值。

3. 剔除无效样本

一般而言，缺失数据达到10%以上或呈现规律作答则可以将该样本视为无效样本。因此按以下 3 个原则剔除无效样本：（1）连续选择某选项达 10% 及以上的被试；（2）有 10% 及以上的题目未作答的被试；（3）顺序作答重复 2 次及以上的被试（如 A、B、C、D、E）。根据以上原则共剔除无效样本 160 份，无效问卷占总样本数的 6.24%，调查的有效回收率达 93.76%，是较为理想的有效回收率。

（三）数据分析方法

对最终保留的有效样本数据进行正式测验的质量分析，采用 ANOTE 软件进行 IRT 项目分析，采用 SPSS 进行 CTT 的项目难度分析和区分度分析、信度分析和分层回归分析，采用 LISREL 进行 Q 矩阵的结构效度验证，采用 Arpeggio3.1 进行 FM 的项目及属性分析，最后采用自编程序（涂冬波）计算 HCI 指标验证认知属性层级关系的数据—模型的拟合程度。

## 六 Q 矩阵的修正与检验

认知诊断既可以提供传统测验所能提供的宏观信息，又能提供传统测量不能提供的被试属性掌握状态的微观信息。良好的认知诊断测验既要满足经典测验理论 CTT 和项目反映理论 IRT 的要求，又要满足认知诊断理论 CDA 对属性考核的要求，因此，对认知诊断测验的质量分析应以 CTT、IRT 和 CDA 三大测量理论为基础进行分析。

（一）测验 Q 矩阵的修正

对测验 Q 矩阵的合理性进行分析是 FM 系统的一项重要工作，方法是衡量模型与数据的拟合度，如果拟合不良，则需要对测验 Q 矩阵进行修正。FM 的项目参数包括项目难度参数 $\pi_i^*$，属性区分度参数 $r_{ik}^*$ 和项目属性完备度参数 $c_i$。FM 的项目分析可以得到每道题的难度 $\pi_i^*$、每个属性的区分度 $r_{ik}^*$ 和项目属性的完备性指标 $c_i$ 这三类项目参数。参数定义详见文献综述中关于 FM 的介绍部分。每个项目有 1 个难度参数 $\pi_i^*$，K 个区分度参数 $r_{ik}^*$ 以及 1 个完整度参数 $c_i$，好项目的特点是低 $r_{ik}^*$ 高 $c_i$ 值。如果 $r_{ik}^*$ 大于 .9 就要怀疑该属性对被试正确作答的必要性[1]。在认知诊断评估中,Q 矩阵是整个诊断过程的理论基础,Q 矩阵是否合理关系到诊断能否成功。在认知模型建构一章提出的 Q 矩阵只具备了理论合理性,这个矩阵是否也具备实践合理性(能否与数据拟合)还有待检验。如果 $r_{ik}^*$ 和 $c_i$ 参数不能提供有效的信息,就有必要删除这样的参数,让模型的统计能力集中于有诊断信息的部分。因为模型参数个数的减少有利于提高模型的诊断能力。其原理是用同样的测量数据估计的参数越少,获得的参数估计标准误则会越小。当然,在删除 Q 矩阵某个属性或某列属性时,依然要保证修正的测验 Q 矩阵符合测验编制过程的基本原理,因此,删除属性时要注意以下几点:一次只删除一个属性;删除任何一个属性都要综合考虑理论和统计层面的双重合理性;修正后的 Q 矩阵包含 R 阵;HCI 指标变得更好;Q 矩阵与 FM 拟合最好。

  Q 矩阵的修正不是直线进行的,而是综合考虑各种指标后循环往复进行的,最理想的 Q 矩阵的确定需经历多重反复修订的过程,这个过程是漫长而艰难的过程。如前如述,Q 矩阵的最终确定不仅要基于统计的结果,也要基于理论合理性的考量;不仅要看 FM 的指标,还要看矩阵和测验的效度指标。在这个过程中,课题组经过了 20 多次的模型估计,综合考量 FM、结构方程模型和其他指标,如 MCMC 链的收敛程度、结构方程模型的模型资料拟合程度等。每做一次修定都小心翼翼,因为,每改动一个属性,都有可能导致模型巨大的改变,甚至导致在结构方程模型检验时直接估不出任何参数,所以,Q 矩阵的修正一定要非常谨慎。下面简要地把 Q 矩阵的修正过程分五步呈现出来,第一步,初始 Q 矩阵的估计结果(Q);第二步,根据第一步估计结果固定参数 c;第三步,根据第一步和第二步估计结果,撤除结构性假设,获得新矩阵 $Q_1$;第四步,根据第三步估计结果固定属性 2 获得矩阵 $Q_2$,同时增加属性 $r_{20\_3}^*$;第五步,结合第四步结果和

---

[1] Hongli Li & Hoi K., "Suen Constructing and Validating a Q-Matrix for Cognitive Diagnostic Analyses of a Reading Test", *Educational Assessment*, Vol. 18, No. 1, 2013, pp. 1–25.

理论上的考量删除属性 $r^*_{3\_4}$、$r^*_{8\_4}$ 和 $r^*_{10\_6}$ 后获得矩阵 $Q_3$。

1. 初始 Q 矩阵估计结果。

表3-9　　　　　　　初始 Q 矩阵 FM 估计的项目参数

| 项目 | $\pi_i^*$ | $r_1^*$ | $r_2^*$ | $r_3^*$ | $r_4^*$ | $r_5^*$ | $r_6^*$ | $r_7^*$ | c |
|---|---|---|---|---|---|---|---|---|---|
| 1 | .9694 | .8016 | .0 | .8929 | .0 | .9394 | .0 | .0 | 2.9242 |
| 2 | .8427 | .9356 | .0 | .3908 | .0 | .0 | .0 | .0 | 1.9056 |
| 3 | .8153 | .8604 | .0 | .4918 | .8614 | .0 | .0 | .0 | 2.5296 |
| 4 | .8577 | .8049 | .0 | .8239 | .6375 | .0 | .0 | .0 | 2.5474 |
| 5 | .9877 | .9598 | .0 | .9807 | .0 | .0 | .0 | .0 | 2.0342 |
| 6 | .9975 | .9952 | .0 | .0 | .0 | .0 | .0 | .0 | 1.9180 |
| 7 | .9969 | .9914 | .9837 | .0 | .0 | .0 | .0 | .0 | 1.6558 |
| 8 | .9944 | .9817 | .0 | .9790 | .9798 | .0 | .0 | .0 | 1.3602 |
| 9 | .6673 | .9127 | .8556 | .7295 | .0 | .0 | .0 | .0 | 1.6863 |
| 10 | .9344 | .9882 | .0 | .9575 | .0 | .0 | .9824 | .0 | 1.4418 |
| 11 | .6722 | .8982 | .0 | .9362 | .0 | .8313 | .0 | .4906 | 2.0658 |
| 12 | .5753 | .8406 | .0 | .8850 | .7108 | .5498 | .0 | .0 | 1.3886 |
| 13 | .8139 | .7706 | .0 | .7806 | .0 | .3164 | .0 | .0 | 2.3254 |
| 14 | .8337 | .8957 | .9740 | .9595 | .9066 | .8203 | .0 | .0 | 1.7660 |
| 15 | .7831 | .5855 | .0 | .8051 | .0 | .0 | .7947 | .0 | 2.4662 |
| 16 | .7403 | .4055 | .6530 | .7854 | .0 | .0 | .9491 | .1578 | 2.8745 |
| 17 | .8204 | .6309 | .0 | .8325 | .6322 | .0 | .0 | .5567 | 2.6796 |
| 18 | .8083 | .7097 | .0 | .7687 | .6774 | .0 | .7931 | .0 | 2.4969 |
| 19 | .9880 | .8937 | .0 | .9685 | .0 | .0 | .0684 | .0 | 2.4196 |
| 20 | .9825 | .9424 | .4397 | .0 | .0 | .0 | .0 | .0 | 2.4964 |

参数 c 是模型估计后首先要仔细考察的，c 参数是属性完备性参数，表示项目所界定属性的完备程度。如果 $c_i > 1.5$，表示项目属性完备性可以接受；如果 $c_i > 2$ 表示项目属性是完备的。李宏利和孙海

光指出如果项目 $c_i$ 值大于 2 表示正确作答该项目所需的属性由 Q 矩阵基本完全界定[1]。如果大部分 c 参数较为理想，可以考虑固定全部或部分理想 c 参数后重新估计以获得更精确的模型参数估计值，即假定被试反应变异均由 Q 矩阵已经界定的属性技能来解释。如果所有项目的 c 参数值都非常小，说明所有项目的解答都依赖于非 Q 矩阵所界定的属性，被试的残余能力 η 解释了项目反应的大部分变异，需要对 Q 矩阵进行重新界定。因此，有必要考察每个项目的被试残余能力。FM 在 JDExamReports 文档中给出了被试的 η 值。估计结果表明，用初始矩阵估计的 2406 名被试的 η 平均值为 .0078，标准差为 .0107，最大值为 .2009，最小值为 .0001，说明被试主要用研究所界定的属性技能在完成测试，被试残余能力没有占据模型的主导地位。表 3-9 中的最后一列显示，第 8、10、12 题 $c_i$ 值低于 1.5，第 2、6、7、9、14 题的 $c_i$ 值介于 1.5 和 2 之间，共余 12 道题的 $c_i$ 值都大于 2。可见，共有 17 道题的属性界定是可以接受的。在这种情况下，为了提高模型估计的精度，可以固定部分或全部 $c_i$ 值。鉴于大部分项目的属性界定都是完备的，所以第二次估计时 $c_i$ 值全部固定。FM 系统默认的固定 $c_i$ 值是 10，第二次估计结果见表 3-10。

表 3-10　初始 Q 矩阵 FM 估计的项目参数（固定 C 值）

| 项目 | $\pi_i^*$ | $r_1^*$ | $r_2^*$ | $r_3^*$ | $r_4^*$ | $r_5^*$ | $r_6^*$ | $r_7^*$ | c |
|---|---|---|---|---|---|---|---|---|---|
| 1 | .9313 | .9083 | .0 | .8067 | .0 | .8741 | .0 | .0 | 10 |
| 2 | .7591 | .7083 | .0 | .5414 | .0 | .0 | .0 | .0 | 10 |
| 3 | .7507 | .7056 | .0 | .5717 | .9146 | .0 | .0 | .0 | 10 |
| 4 | .8099 | .6610 | .0 | .7405 | .7315 | .0 | .0 | .0 | 10 |
| 5 | .9643 | .7381 | .0 | .9697 | .0 | .0 | .0 | .0 | 10 |

---

[1] Hongli Li & Hoi K., "Suen Constructing and Validating a Q-Matrix for Cognitive Diagnostic Analyses of a Reading Test", *Educational Assessment*, Vol.18, No.1, 2013, pp.1-25.

续表

| 项目 | $\pi_i^*$ | $r_1^*$ | $r_2^*$ | $r_3^*$ | $r_4^*$ | $r_5^*$ | $r_6^*$ | $r_7^*$ | c |
|---|---|---|---|---|---|---|---|---|---|
| 6 | .9979 | .6531 | .0 | | .0 | .0 | .0 | .0 | 10 |
| 7 | .9856 | .5702 | .9788 | .0 | .0 | .0 | .0 | .0 | 10 |
| 8 | .9633 | .5164 | .0 | .9765 | .9392 | .0 | .0 | .0 | 10 |
| 9 | .6275 | .5797 | .9022 | .7272 | .0 | .0 | .0 | .0 | 10 |
| 10 | .8901 | .5631 | .0 | .9644 | .0 | .0 | .9499 | .0 | 10 |
| 11 | .6344 | .7026 | .0 | .8873 | .0 | .8519 | .0 | .5141 | 10 |
| 12 | .5222 | .6308 | .0 | .8151 | .7113 | .0980 | .0 | .0 | 10 |
| 13 | .7311 | .5874 | .0 | .6794 | .0 | .4082 | .0 | .0 | 10 |
| 14 | .7989 | .6752 | .9780 | .9439 | .8714 | .6463 | .0 | .0 | 10 |
| 15 | .7214 | .7383 | .0 | .6359 | .0 | .0 | .7323 | .0 | 10 |
| 16 | .6466 | .8463 | .6344 | .5399 | .0 | .0 | .9246 | .0875 | 10 |
| 17 | .8082 | .7986 | .0 | .7584 | .5327 | .0 | .0 | .3896 | 10 |
| 18 | .7726 | .7387 | .0 | .6724 | .6380 | .0 | .8003 | .0 | 10 |
| 19 | .9588 | .7697 | .0 | .8849 | .0 | .0 | .0231 | .0 | 10 |
| 20 | .9818 | .9293 | .2840 | .0 | .0 | .0 | .0 | .0 | 10 |

2. 固定 C 参数的估计结果。

在项目属性界定完备的前提下，接着要考虑的是属性的必要性，即考察属性区分度参数 $r_{ik}^*$。一般认为，如果 $r_{ik}^* < .5$，表示属性区分度很好，$r_{ik}^* > .9$，表示被试作答可能没有用到该属性，可以考虑删除这个属性[①]。表 3-10 表明，固定 c 参数后，Q 矩阵的 $r_{ik}^*$ 参数的估计

---

① Leighton, J. P. & Gierl M. J., *Cognitive Diagnostic Assessment for Education: Theory and Applications*, Cambridge University Press. The Edinburgh Building, Cambridge CB2 8RU, UK. 2007.

值有较大变化,降低了大量大于.9的属性参数值,但依然有11个属性参数值较大。这时就要考虑Q矩阵设计的合理性。表3-9显示,属性1有8个、属3有6个大于.9的结果。表3-10显示,属性1有2个,属性3有4个大于.9的结果。在初始Q矩阵中,这2个属性都属于限定结构的基础属性,而大量大于.9的结果表明属性1和属性3在Q矩阵中的结构性地位受到挑战。但是,属性1即词句理解是其他阅读技能的基础,这个假定在理论上的合理性是毋庸置疑的。也许属性3不是属性4、5、6、7的前提技能,相当于把阅读能力的层级结构认定为无结构型[1],这是一个推翻上一章研究假设的大胆的新的假设。于是,我们尝试删除表3-9中属性大于.9的参数(由于表3-9和表3-10是基于同一个Q矩阵估计出的结果,相对而言,表3-9的结果更接近真实情况)后参数估计结果见表3-11,删除大于.9的$r_{ik}^*$参数即是在撤销假定的结构。

3. 撤销假定结构的结果。

表3-11  修正矩阵($Q_1$) FM估计的项目参数

| 项目 | $\pi_i^*$ | $r_1^*$ | $r_2^*$ | $r_3^*$ | $r_4^*$ | $r_5^*$ | $r_6^*$ | $r_7^*$ | c |
|---|---|---|---|---|---|---|---|---|---|
| 1 | .9340 | .8977 | .0 | .8047 | .0 | .8782 | .0 | .0 | 10 |
| 2 | .7626 | .6765 | .0 | .5557 | .0 | .0 | .0 | .0 | 10 |
| 3 | .7557 | .6843 | .0 | .5595 | .9276 | .0 | .0 | .0 | 10 |
| 4 | .8104 | .6440 | .0 | .7349 | .7490 | .0 | .0 | .0 | 10 |
| 5 | .9565 | .7329 | .0 | .0 | .0 | .0 | .0 | .0 | 10 |
| 6 | .9976 | .6550 | .0 | .0 | .0 | .0 | .0 | .0 | 10 |
| 7 | .9849 | .5760 | .9786 | .0 | .0 | .0 | .0 | .0 | 10 |
| 8 | .9605 | .5220 | .0 | .0 | .9304 | .0 | .0 | .0 | 10 |

---

[1] 丁树良、毛萌萌、汪文义、罗芬:《教育认知诊断测验与认知模型一致性的评估》,《心理学报》2012年第11期。

续表

| 项目 | $\pi_i^*$ | $r_1^*$ | $r_2^*$ | $r_3^*$ | $r_4^*$ | $r_5^*$ | $r_6^*$ | $r_7^*$ | c |
|---|---|---|---|---|---|---|---|---|---|
| 9 | .6299 | .5699 | .8962 | .7349 | .0 | .0 | .0 | .0 | 10 |
| 10 | .8823 | .5588 | .0 | .0 | .0 | .0 | .9556 | .0 | 10 |
| 11 | .6301 | .6888 | .0 | .0 | .0 | .8285 | .0 | .4389 | 10 |
| 12 | .5227 | .6072 | .0 | .8665 | .6676 | .1990 | .0 | .0 | 10 |
| 13 | .7251 | .6011 | .0 | .7056 | .0 | .3831 | .0 | .0 | 10 |
| 14 | .7899 | .6886 | .9775 | .0 | .8736 | .5794 | .0 | .0 | 10 |
| 15 | .7231 | .7190 | .0 | .6584 | .0 | .0 | .7176 | .0 | 10 |
| 16 | .6588 | .8116 | .6351 | .5298 | .0 | .0 | .8944 | .1088 | 10 |
| 17 | .8089 | .7620 | .0 | .7932 | .5232 | .0 | .0 | .4413 | 10 |
| 18 | .7761 | .7123 | .0 | .6918 | .6334 | .0 | .8171 | .0 | 10 |
| 19 | .9438 | .7068 | .0 | .0 | .0 | .0 | .0239 | .0 | 10 |
| 20 | .9672 | .9134 | .3329 | .0 | .0 | .0 | .0 | .0 | 10 |

从表3-9到表3-11，删除的属性有 $r_{5\_3}^*$、$r_{8\_3}^*$、$r_{10\_3}^*$、$r_{11\_3}^*$、$r_{14\_3}^*$、$r_{19\_3}^*$，这6个属性除了 $r_{5\_3}^*$，其余属性的删除分别否定了属性3即信息提取技能是内容探究、内容概括、情感体验和文本评鉴的前提技能，即把属性关系从发散型变为无结构型。但删除这些属性后，很明显，整个Q矩阵的估计值好了很多，特别是属性1作为基础性技能存在的合理性得到了验证，表3-11中属性1的估计值只有 $r_{20\_1}^*$ 大于.9了，说明这一步的改变在统计上是正确的。接下来要考察的是属性2，从前面3次估计结果来看，无论是否限制C参数，其属性估计值均变化不大，特别是第7、9、12题的属性2，3次估计结果都保持高值。从题目设计来看，这几道题确实在考察学生的写作手法，从统计估计结果来看却显示其存在的不必要性。如果删除这3个属性，整个Q矩阵只考察了属性2两次，这不符合认知诊断测验编制的要求。

如前所述，如果某属性所在列有很多个 $r_{ik}^* > .9$，则意味着可能需要删除该属性列，更重要的是，去掉不显著的 Q 矩阵的列减少了混淆掌握和未掌握被试的可能性。从理论上来说，《课标》规定，小学生的语法、修辞知识不作为考试内容（详见第二章表 2-4）。因此，固定属性 2 具有理论上和统计上的双重依据。于是尝试固定属性 2（在参数估计过程中设置 PndSkills2）。另外，第 20 题的属性 2 固定后，增加属性 3 来界定这道题。重新估计模型参数值的结果见表 3-12。

4. 固定属性 2 后的参数估计结果。

表 3-12　　　　固定属性 2（$Q_2$）FM 估计的项目参数

| 项目 | $\pi_i^*$ | $r_1^*$ | $r_2^*$ | $r_3^*$ | $r_4^*$ | $r_5^*$ | $r_6^*$ | $r_7^*$ | c |
|---|---|---|---|---|---|---|---|---|---|
| 1 | .9337 | .8574 | -9.9999 | .8566 | .0 | .8735 | .0 | .0 | 10 |
| 2 | .7408 | .7056 | -9.9999 | .5980 | .0 | .0 | .0 | .0 | 10 |
| 3 | .7509 | .7066 | -9.9999 | .5440 | .9406 | .0 | .0 | .0 | 10 |
| 4 | .7925 | .5943 | -9.9999 | .6526 | .8788 | .0 | .0 | .0 | 10 |
| 5 | .9554 | .7286 | -9.9999 | .0 | .0 | .0 | .0 | .0 | 10 |
| 6 | .9968 | .6471 | -9.9999 | .0 | .0 | .0 | .0 | .0 | 10 |
| 7 | .9794 | .5626 | -9.9999 | .0 | .0 | .0 | .0 | .0 | 10 |
| 8 | .9665 | .5270 | -9.9999 | .0 | .9148 | .0 | .0 | .0 | 10 |
| 9 | .6109 | .5455 | -9.9999 | .7374 | .0 | .0 | .0 | .0 | 10 |
| 10 | .8761 | .5633 | -9.9999 | .0 | .0 | .0 | .9866 | .0 | 10 |
| 11 | .6627 | .6862 | -9.9999 | .0 | .0 | .5358 | .0 | .4662 | 10 |
| 12 | .5411 | .3599 | -9.9999 | .7597 | .7546 | .7107 | .0 | .0 | 10 |
| 13 | .7862 | .4610 | -9.9999 | .7508 | .0 | .3760 | .0 | .0 | 10 |
| 14 | .8309 | .5552 | -9.9999 | .0 | .8002 | .8434 | .0 | .0 | 10 |
| 15 | .7593 | .6635 | -9.9999 | .7941 | .0 | .0 | .7232 | .0 | 10 |

续表

| 项目 | $\pi_i^*$ | $r_1^*$ | $r_2^*$ | $r_3^*$ | $r_4^*$ | $r_5^*$ | $r_6^*$ | $r_7^*$ | c |
|---|---|---|---|---|---|---|---|---|---|
| 16 | .6685 | .6931 | −9.9999 | .5254 | .0 | .0 | .7236 | .0876 | 10 |
| 17 | .8667 | .6879 | −9.9999 | .6988 | .4881 | .0 | .0 | .4916 | 10 |
| 18 | .7938 | .5852 | −9.9999 | .7249 | .7092 | .0 | .8537 | .0 | 10 |
| 19 | .9881 | .4618 | −9.9999 | .0 | .0 | .0 | .5664 | .0 | 10 |
| 20 | .8918 | .5656 | −9.9999 | .7430 | .0 | .0 | .0 | .0 | 10 |

表 3-12 的结果表明，固定属性 2 之后，模型的参数估计结果接近完美，但还有 $r_{3\_4}^*$、$r_{8\_4}^*$ 和 $r_{10\_6}^*$ 3 个属性值较大。这 3 个属性是否有存在的必要性，不能仅从统计结果来考量。对这 3 个属性的去留，课题组经过了充分的大量的讨论后，认为从理论上来说，他们处于非必要性地位，这正是语文阅读技能诊断的难点，语文阅读技能跟理工类技能如数学技能不一样的地方在于，技能之间的独立性和逻辑性都不强，所以属性的关系界定非常困难。课题组成员和专家们的意见也不一致。最后，结合测验的结构效度检验（后面的结构方程模型分析部分）以及其他指标如 HCI 等指标，最终决定删除这 3 个属性。因为在做测验的结构效度检验时，这 3 个属性的存在使得模型资料不能拟合，无法估出要估计的参数。当然，无论是做 FM 分析，还是后面的结构方程模型分析，这 3 个参数的删除都不是一次完成的（跟前面一次删除多个不一样，前面一次删除多个属于同一列），因为一次删除所有大于 .9 的 $r_{ik}^*$ 参数是不可取的。删除任何一个属性都需要综合考量统计依据和理论依据。属性与属性之间的关系是互相影响、互相关联的，任何属性的变化都会牵涉到其他属性的显著性。表 3-13 是最终 Q 矩阵的参数估计结果。

5. 删除属性 $r_{3\_4}^*$、$r_{8\_4}^*$ 和 $r_{10\_6}^*$ 的结果

表 3-13　删除 $r_{3\_4}^*$、$r_{8\_4}^*$ 和 $r_{10\_6}^*$（$Q_3$）后 FM 估计的项目参数

| 项目 | $\pi_i^*$ | $r_1^*$ | $r_2^*$ | $r_3^*$ | $r_4^*$ | $r_5^*$ | $r_6^*$ | $r_7^*$ | c |
|---|---|---|---|---|---|---|---|---|---|
| 1 | .9299 | .8572 | -9.9999 | .8602 | .0 | .8766 | .0 | .0 | 10 |
| 2 | .7505 | .7180 | -9.9999 | .5607 | .0 | .0 | .0 | .0 | 10 |
| 3 | .7367 | .7037 | -9.9999 | .5186 | .0 | .0 | .0 | .0 | 10 |
| 4 | .7790 | .5877 | -9.9999 | .6542 | .9119 | .0 | .0 | .0 | 10 |
| 5 | .9555 | .7317 | -9.9999 | .0 | .0 | .0 | .0 | .0 | 10 |
| 6 | .9967 | .6532 | -9.9999 | .0 | .0 | .0 | .0 | .0 | 10 |
| 7 | .9797 | .5651 | -9.9999 | .0 | .0 | .0 | .0 | .0 | 10 |
| 8 | .9293 | .5086 | -9.9999 | .0 | .0 | .0 | .0 | .0 | 10 |
| 9 | .6182 | .5545 | -9.9999 | .7028 | .0 | .0 | .0 | .0 | 10 |
| 10 | .8737 | .5637 | -9.9999 | .0 | .0 | .0 | .0 | .0 | 10 |
| 11 | .6675 | .7019 | -9.9999 | .0 | .0 | .4330 | .0 | .4723 | 10 |
| 12 | .5379 | .3774 | -9.9999 | .7974 | .7295 | .6880 | .0 | .0 | 10 |
| 13 | .7731 | .4664 | -9.9999 | .7723 | .0 | .3633 | .0 | .0 | 10 |
| 14 | .8190 | .5615 | -9.9999 | .0 | .8128 | .8613 | .0 | .0 | 10 |
| 15 | .7853 | .6689 | -9.9999 | .8984 | .0 | .0 | .6237 | .0 | 10 |
| 16 | .6712 | .6973 | -9.9999 | .6214 | .0 | .0 | .6165 | .1212 | 10 |
| 17 | .8853 | .7528 | -9.9999 | .7974 | .3816 | .0 | .0 | .4461 | 10 |
| 18 | .7713 | .5800 | -9.9999 | .7486 | .8052 | .0 | .8023 | .0 | 10 |
| 19 | .9904 | .4696 | -9.9999 | .0 | .0 | .0 | .7159 | .0 | 10 |
| 20 | .8864 | .5637 | -9.9999 | .7623 | .0 | .0 | .0 | .0 | 10 |

综上，对原始 Q 矩阵进行了多次修正后获得了最终矩阵，最终矩阵的确定是用了多种方法多次尝试才确定下来的，研究过程得到的启

示是，除了理论上的合理性之外，从统计角度来看，也不能用单一理论单一方法去修正 Q 矩阵，而是要在不同理论的指导下用不同的指标从多个角度多个方面去验证，因为同一批数据，其内在结构是客观的唯一的存在，如果用不同的方法能得到相同的结论，说明其结论是合理的能相互佐证的。下面进一步检验修正矩阵的合理性。

（二）修正矩阵的合理性验证

1. 修正矩阵的理论合理性

表 3 – 14 中的矩阵就是修正后的矩阵，这个矩阵是在初始矩阵的基础上解除了属性 3 的限定，固定属性 2 增加了属性 $r^*_{20\_3}$，删除了属性 $r^*_{3\_4}$、$r^*_{8\_4}$、$r^*_{10\_6}$ 之后得到的矩阵。下面讨论上述修正的理论合理性。

第一，结构限定的解除。初始矩阵假定，信息提取是内容探究、内容概括、情感体验和文本评鉴的前提技能，也即学生在完成后四种技能的时候要以一定的信息提取为基础，这种想法从理论上来说是合理的。但是从实际收集回来的数据和口语报告的结果来看，学生在完成后四种技能时不一定会从文中提取信息，也就是说学生会凭感觉去做题。这就是理论和实践的不同，也是"应然"和"实然"的不同，理论上来说要这么做不等于实践中学生会这么去做。结果导致在模型参数估计时总是出现不理想的结果。这是其中的一个原因，第二个原因是数据分析结果表明，属性 3 和属性 1 存在一定的交叉，信息提取属性的结构性一删除，属性 1 的基础性地位立刻得到显现，这说明二者之间不独立。

第二，固定属性 2 和增加属性 $r^*_{20\_3}$。固定属性 2 是一个艰难且无奈的选择。《课标》在规定各学段阅读目标时，对每个学段学生要掌握的相关语法知识提出了相应要求（参见第二章表 2 – 2），如小学 5—6 年级学生要能初步领悟文章基本的表达方法和说明性文章的基本说明方法。但在阅读能力评价中又明确指出"语法修辞知识不作为考试内容"（参见第二章表 2 – 4）。而在阅读教学中则规定，教师在阅读教学中可以引导学生学习必要的语法和修辞知识但不必进行系统的语法修辞知识教学。这说明对小学生进行写作手法的考察有其必要性但又不是很重要,因为从《课标》的规定来看,只要求小学生掌握最基本的方法。所以在确定初始 Q 矩阵的时候,还是考察了这个属性,把它作为一个基于属性 1 之上的相对独立的属性。而数据结果和口语报告均表明,这个属性在整个数据结构中起到了破坏作用,这可能源于考察这个属性的次数较少或者学生用猜测做了考察属性 2 的第 7、9 和 16 题。最后,固定属性 2 主要源于数据的内在结构性要求和口语报告的结果,尽管从理论上来说有点忍痛割爱。由此说明,在认知诊断研究中,无论是认知模型的确定还是测验 Q 矩阵的确立,都要基于理论和实践的多方面考量。

第三,属性 $r^*_{3\_4}$、$r^*_{8\_4}$、$r^*_{10\_6}$ 的删除。项目 3 的属性 4 考察的内容探究,题目答案设计的意思跟原文一样但文字表述不一样,所以最初认定为考核了内容探究,实际上学生在原文找到类似的话也可以做出,因此,删除了属性 4。项目 8 的属性 4 也是内容探究。题目要求考察学生根据文章内容选出不正确的说法。题目的不正确选项在文中没有出现,基于此,最初认定学生需要用探究能力来做这道题。而事实上学生可以用排除法做此题就不需要用到探究能力了,故删除属性 4。这道题的特点跟项目 3 很接近,题干几乎一样,都是要求学生根据文章内容找出不正确的一项。两道题的题型一样,所考察的属性最后表明却不一样。原因在于备选答案的设定,项目 3 的答案很难找,备选答案中的不正确选项在文中出现过的,只是与原文有两个字不符合,粗心的学生会认为是符合原文的。项目 8 的答案很明显,不正确的说法没有在文章中出现过,所以相对而言更容易被选出。项目 10 的属性 6 是文本评鉴,这道题一定程度上来说确实考察了该属性,但由于其他题目对这个属性的考察能力更强削弱了这个题目的功能,这一点从做结构方程模型的测验结构效度可以看出,所以最终还是删除了该属性。

表3-14 修正后的 $Q_t$ 矩阵

| 项目序号 | 属性 | | | | | | | 属性数目 |
|---|---|---|---|---|---|---|---|---|
| | A1 | A2 | A3 | A4 | A5 | A6 | A7 | |
| 1 | 1 | 0 | 1 | 0 | 1 | 0 | 0 | 3 |
| 2 | 1 | 0 | 1 | 0 | 0 | 0 | 0 | 2 |
| 3 | 1 | 0 | 1 | 1 | 0 | 0 | 0 | 3 |
| 4 | 1 | 0 | 1 | 0 | 0 | 0 | 0 | 2 |
| 5 | 1 | 0 | 0 | 0 | 0 | 0 | 0 | 1 |
| 6 | 1 | 0 | 0 | 0 | 0 | 0 | 0 | 1 |
| 7 | 1 | 1 | 0 | 0 | 0 | 0 | 0 | 2 |
| 8 | 1 | 0 | 0 | 0 | 0 | 0 | 0 | 1 |
| 9 | 1 | 1 | 1 | 0 | 0 | 0 | 0 | 3 |
| 10 | 1 | 0 | 0 | 0 | 0 | 0 | 0 | 1 |
| 11 | 1 | 0 | 0 | 0 | 1 | 0 | 1 | 3 |
| 12 | 1 | 0 | 1 | 1 | 1 | 0 | 0 | 4 |
| 13 | 1 | 0 | 1 | 0 | 1 | 0 | 0 | 3 |
| 14 | 1 | 1 | 0 | 1 | 1 | 0 | 0 | 4 |
| 15 | 1 | 0 | 1 | 0 | 0 | 1 | 1 | 4 |
| 16 | 1 | 1 | 1 | 1 | 0 | 1 | 0 | 5 |
| 17 | 1 | 0 | 1 | 1 | 0 | 0 | 1 | 4 |
| 18 | 1 | 0 | 1 | 0 | 0 | 1 | 0 | 3 |
| 19 | 1 | 0 | 0 | 0 | 0 | 1 | 0 | 2 |
| 20 | 1 | 0 | 1 | 0 | 0 | 0 | 0 | 2 |
| 次数 | 20 | 4 | 12 | 5 | 5 | 4 | 3 | 53 |

修正后的Q矩阵有如下特点：（1）依然符合测验编制过程的基本原则。（2）实现了对每个属性的多次测量，最少的有3次，如属性7。（3）属性层级关系变成了无结构型，这与第二章中采用口语报告法获得的认知模型3是一致的，即属性1是其他属性的先决属性，不同的是删除了与属性1可能存在交叉关系的属性3的结构性限定。因

此，修正矩阵获得了理论上的支持。

2. 修正矩阵的统计合理性

从统计角度来看，修正矩阵与初始矩阵优良性能的比较证据是模型与资料的拟合程度，拟合更好的就是相对优良的矩阵。评估 FM 与数据是否拟合的方法主要有两种：一是观察值与期望值的比较，二者的差异越小表示模型资料拟合越好，二者的关系越密切越好；二是技能掌握分类的差距，项目掌握者与项目未掌握者的正确作答比的差距越大表示模型资料拟合越好。

（1）观察值与期望值的比较

观察值与期望值的差异主要通过两个指标的比较来体现，这两个指标分别是项目正确作答比和测验总分，观察值与期望值的差异越小越好。分别对初始矩阵和修正矩阵的项目正确作答比和测验总分的期望值和观察值进行配对样本 t 检验和相关系数检验，结果见表 3－15。

表 3－15　　修正矩阵和初始矩阵的观察值与期望值的比较

| 比较指标 | 矩阵 | 成对因子 | 成对差分 | | t | r |
|---|---|---|---|---|---|---|
| | | | 均值 | 标准差 | | |
| 项目正确作答比 | 初始矩阵 | 期望值－观察值 | .0294 | .0155 | 8.474*** | .997*** |
| | 修正矩阵 | 期望值－观察值 | .0009 | .0021 | 1.916 | .999*** |
| 测验总分 | 初始矩阵 | 期望值－观察值 | .5875 | 1.1853 | 24.315*** | .885** |
| | 修正矩阵 | 期望值－观察值 | .0318 | 1.481 | 1.053 | .915*** |

上表表明，修正矩阵项目正确作答比期望值与观察值的差分均值是 .0009（t＝1.916，P＞.05），初始矩阵项目正确作答比期望值与观察值的差分均值是 .0294（t＝8.474，P＜.001）。修正矩阵测验总分期望值与观察值的差分均值是 .0318（t＝1.053，P＞.05），初始矩阵测验总分期望值与观察值的差分均值是 .5875（t＝24.315，P＜.001）。可见，无论是项目正确作答比还是测验总分，修正矩阵期望值与观察值的差异比初始矩阵期望值与观察值的差异都要小。从期

值与观察值的相关系数来看，修正矩阵项目正确作答比期望值与观察值的相关系数（r=.999，P<.001）大于初始矩阵项目正确作答比期望值与观察值的相关系数（r=.997,），修正矩阵测验总分期望值与观察值的相关系数（r=.915，P<.001）大于初始矩阵测验总分期望值与观察值的相关系数（r=.885，P<.001）。可见，修正矩阵期望值与观察值的关系比初始矩阵期望值与观察值的关系更密切。以上分析表明，修正矩阵的模型资料拟合程度比初始矩阵更胜一筹。

为了更直观地看到项目正确作答比和测验总分观察值和期望值的差异和相关情况，分别绘制了初始矩阵和修正矩阵项目正确作答比观察值和期望值的差异对比图及测验总分观察值和期望值差异对比图。图3-6上图是初始矩阵项目正确作答比观察值和期望值对比图，下图是修正矩阵项目正确作答比观察值和期望值对比图。图3-7上图是初始矩阵测验总分观察值和期望值的对比图，下图是修正矩阵测验总分观察值和期望值的对比图。从项目正确作答比对比图可以看出，用修正矩阵估计的所有项目正确作答比的观察值和期望值几乎吻合，初始矩阵中有部分项目吻合不够好，如第2、3、4、13、14、16、17、20题。从测验总分期望值与观察值的密切程度来看，初始矩阵估计的观察值和期望值的差距明显大于修正矩阵。

（2）项目掌握者与未掌握者项目正确作答比的比较

项目掌握者和未掌握者是研究者根据一定的掌握标准值而划出来两类被试。标准值是指被试在所有技能属性掌握上的后验掌握概率（posterior probability of mastery，PPM）。标准值的划分一般有两种，一是采用.4和.6作为切分点，即如果PPM大于.6，就归类为掌握者；如果PPM小于.4，归类为未掌握者；如果PPM介于.4和.6之间则归类于无法确定者[①]。凯利慈把这种无法确定者称为接近掌握者或部

---

[①] Jang, E. E., "Cognitive diagnostic assessment of L2 reading comprehension ability: Validity arguments for Fusion Model application to LanguEdge assessment", *Language Testing*, Vol. 26, No. 1, 2009, pp. 31–73.

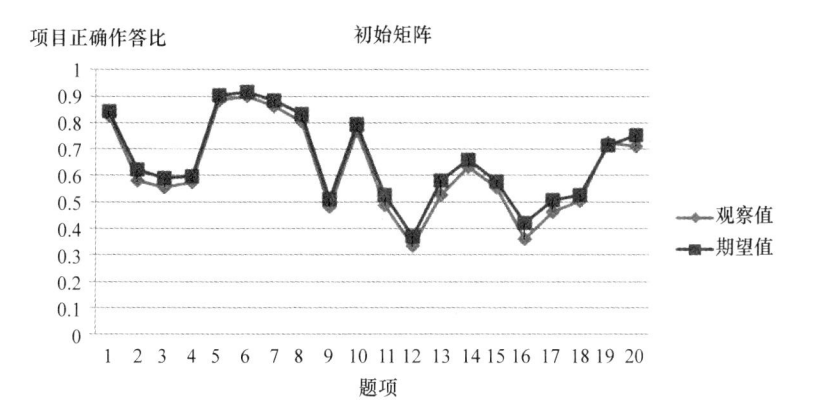

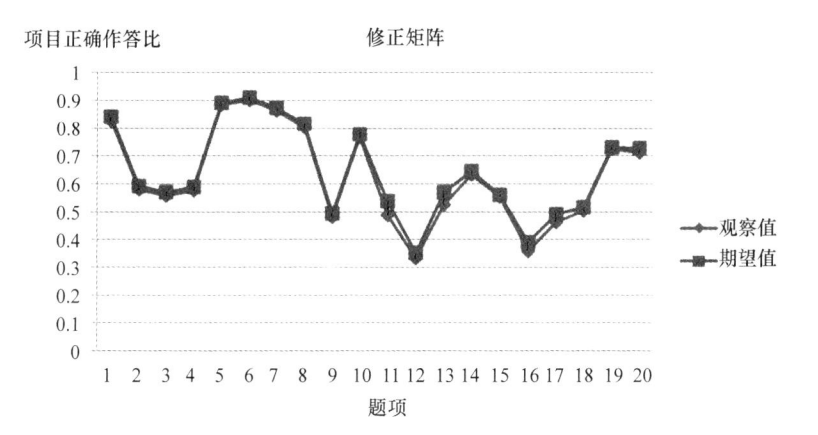

图 3-6 项目正确作答比观察值与期望值对比

分掌握者①。而哈尔茨②和卢索斯和迪贝罗等人③以 PPM 为 .5 作为某

---

① Karelitz, T. M., " How binary skills obscure the transition from non-mastery to mastery", *Measurement: Interdisciplinary Research & Perspective*, No. 6, 2008, pp. 268 – 272.

② Hartz, S., Roussos, L. & Stout, W., *Skills diagnosis: Theory and practice*. User Manual for Arpeggio software. ETS, 2002.

③ Roussos, L. A., DiBello, L. V., Stout, W. F., Hartz, S. M., Henson, R. A. & Templin, J. H., The fusion model skills diagnostic system. In J. Leighton & M. Gierl (Eds.), *Cognitive diagnostic assessment for education: Theory and applications*, New York, NY: Cambridge University Press, 2007, pp. 275 – 318.

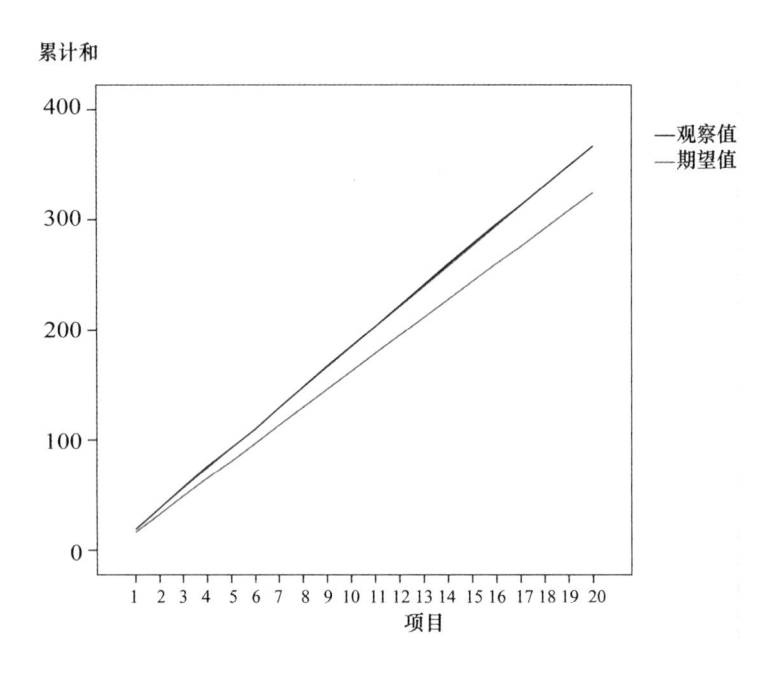

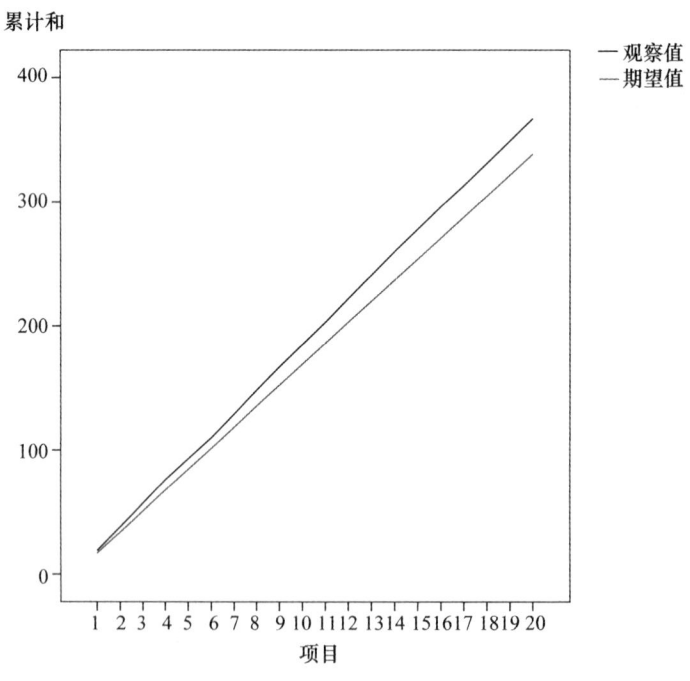

图 3-7 测验总分观察值和期望值对比

被试在某一技能属性上掌握与否的切分点,即被试在某一技能属性上的 PPM 大于 .5,就归类为掌握者。PPM 小于 .5,就归类于未掌握者。由于 .5 附近能给出的信息有限,我们采用张的分类方法把被试分为三类。表 3-16 列出的是用初始矩阵和修正矩阵分别估出的项目掌握者和未掌握者的正确作答比。

表 3-16　项目掌握者与未掌握者项目正确作答比的比较

| 比较指标 | 矩阵 | 成对因子 | 成对差分 | | t | r |
|---|---|---|---|---|---|---|
| | | | 均值 | 标准差 | | |
| 项目正确作答比 | 初始矩阵 | 掌握者-未掌握者 | .2902 | .1625 | 7.986*** | .551 |
| | 修正矩阵 | 掌握者-未掌握者 | .4067 | .1329 | 13.680*** | .474 |

项目掌握者与未掌握者项目正确作答比的差距越大表示模型资料拟合越好,表 3-16 表明,修正矩阵二者的均值差是 .4067（t=7.986,P<.001）,初始矩阵二者的均值差是 .2902（t=13.680,P<.001）,尽管都有显著性差异,但修正矩阵对项目掌握者与未掌握者的分类更清楚。从相关系数来看,修正矩阵项目掌握者与未掌握者的项目正确作答比相关系数 .474 小于初始矩阵的 .551,说明修正矩阵能更好地区分项目掌握者和未掌握者。图 3-8 更直观地呈现出了初始和修正矩阵所估计的项目掌握者和未掌握者的正确作答比的对比情况。初始矩阵中的第 5、6、10、11 题不能较好地区分项目掌握者和项目未掌握者,而从修正矩阵图中可以看出,在每道题上,项目掌握者的正确作答比均高于项目未掌握者。可见,初始矩阵模型资料拟合优度差于修正矩阵。

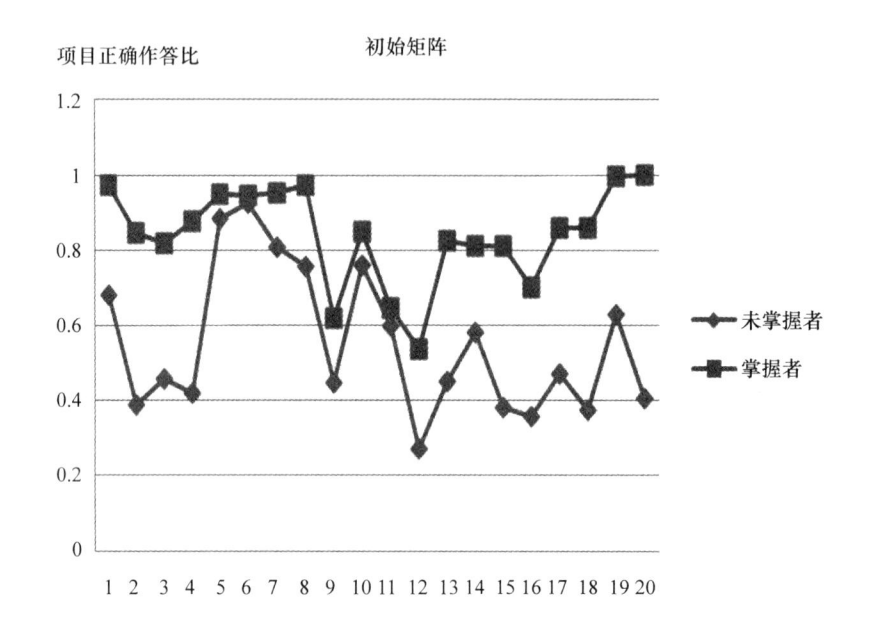

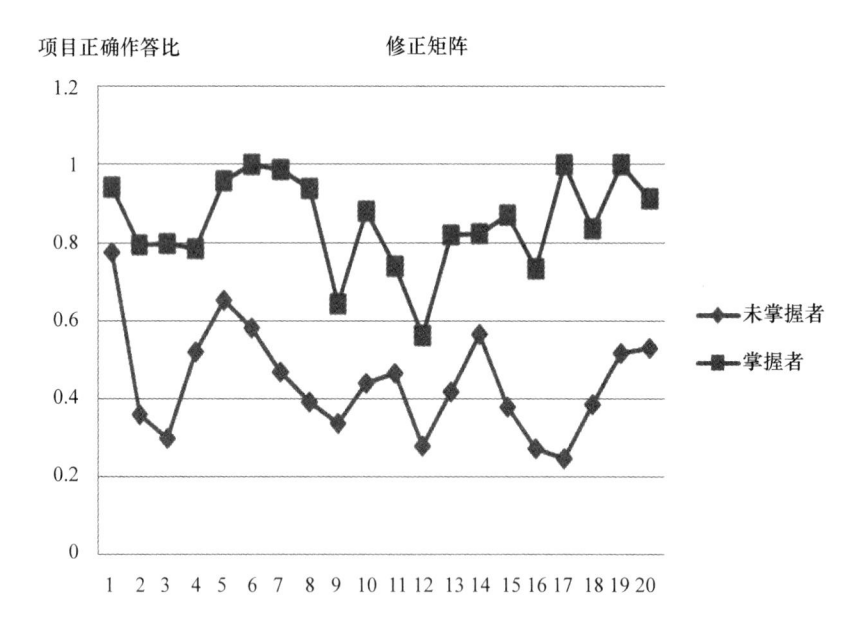

图 3-8 项目掌握者与未掌握者的项目正确作答比对比

总之,上述分析表明,修正矩阵的模型资料拟合程度优于初始矩阵。

## 七 正式测验 CTT 项目分析

预测测验的 CTT 项目分析结果表明部分项目需要改进,基于预测测验的分析结果对相应的题目做了修改后的正式测验需再次进行质量检测。CTT 项目分析主要包括项目难度分析、属性难度分析和项目区分度分析。

### (一) 正式测验难度分析

正式测验难度分析包括项目难度分析和属性难度分析,项目难度指标采用得分率,属性难度指标采用被试在属性上的平均正确作答比,项目难度分析结果见表 3-17。

1. 项目难度分析

表 3-17 所列是以 CTT 为理论基础进行分析得到的正式测验项目难度参数值及与预测测验难度值进行比较的结果,由于预测测验的难度分布已较为合理,只需要略微调整极少数项目的难易程度,如考虑到测试对象是小学生,在预测测验的基础上适当降低测验整体难度,在保证所考核属性不变的情况下,改变一些备选答案的表述,让试题变得更适合小学生的认知水平。特别要降低的是第 12 题和第 16 题的难度。

表 3-17　　　　正式测验和预测测验 CTT 项目难度

| 题目序号 | 考核属性 | 属性数 | 预测测验 | 正式测验 | Δ 难度 | 难易程度 |
| --- | --- | --- | --- | --- | --- | --- |
| 1 | A1A3A5 | 3 | .7590 | .8263 | .0673 | 易 |
| 2 | A1A3 | 2 | .5505 | .5802 | .0297 | 中 |
| 3 | A1A3A4 | 3 | .4691 | .5565 | .0874 | 中 |
| 4 | A1A3A4 | 3 | .5212 | .5752 | .0540 | 中 |
| 5 | A1A3 | 2 | .8306 | .8853 | .0547 | 易 |

续表

| 题目序号 | 考核属性 | 属性数 | 预测测验 | 正式测验 | Δ难度 | 难易程度 |
|---|---|---|---|---|---|---|
| 6 | A1 | 1 | .8339 | .9015 | .0676 | 易 |
| 7 | A1A2 | 2 | .8241 | .8628 | .0387 | 易 |
| 8 | A1A3A4 | 3 | .7752 | .8042 | .0290 | 易 |
| 9 | A1A2A3 | 3 | .4332 | .4830 | .0498 | 中 |
| 10 | A1A3A6 | 3 | .7622 | .7689 | .0067 | 易 |
| 11 | A1A3A5A7 | 4 | .4137 | .4892 | .0755 | 中 |
| 12 | A1A3A4A5 | 4 | .2866 | .3329 | .0463 | 中 |
| 13 | A1A3A5 | 3 | .4463 | .5254 | .0791 | 中 |
| 14 | A1A2A3A4A5 | 5 | .6091 | .6318 | .0227 | 中 |
| 15 | A1A3A6 | 4 | .5081 | .5557 | .0476 | 中 |
| 16 | A1A2A3A6A7 | 5 | .2932 | .3591 | .0659 | 中 |
| 17 | A1A3A4A7 | 4 | .4397 | .4638 | .0241 | 中 |
| 18 | A1A3A4A6 | 3 | .4332 | .5025 | .0693 | 中 |
| 19 | A1A3A6 | 3 | .6254 | .7257 | .1003 | 易 |
| 20 | A1A2 | 2 | .6678 | .7120 | .0442 | 易 |

表3-17第6列的难度变化值和图3-9表明，正式测验所有项目的难度略有下降（难度系变大，表示难度下降；难度系数变小，表示难度上升），其中第12题和16题由难题调整为中等难度题，第19题和20题由中等难度调整为较易题，所有项目的难易程度见表中最后一列。正式测验的学生得分平均分为12.54，难度为.627，而预测测验难度值是.552，所以，总体而言，正式测验比预测测验降低了难度，难度分布基本保持不变，是一份难度值和难度分布较为理想的测验。

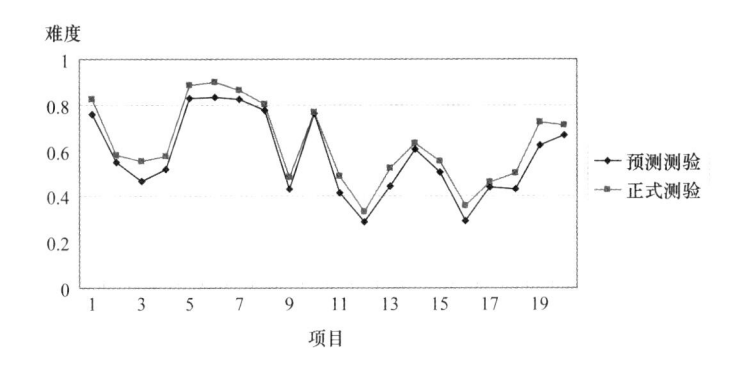

图 3-9 正式测验与预测测验 CTT 项目难度比较

## 2. 属性难度分析

在 CTT 理论中，二分法记分题的项目难度以答对或通过该项目的人数百分比来表示，对于非二分记分题，则用被试在该项目上的平均得分除以项目满分来表示。据此，认知诊断理论中的属性难度可以用答对或通过某属性的人数百分比或属性的平均掌握概率来表示，通过人数越多或属性的平均掌握概率越高，表示属性越容易；反之，说明该属性越难。图 3-10 是根据 FM 估计的属性掌握概率计算的属性平均掌握概率。

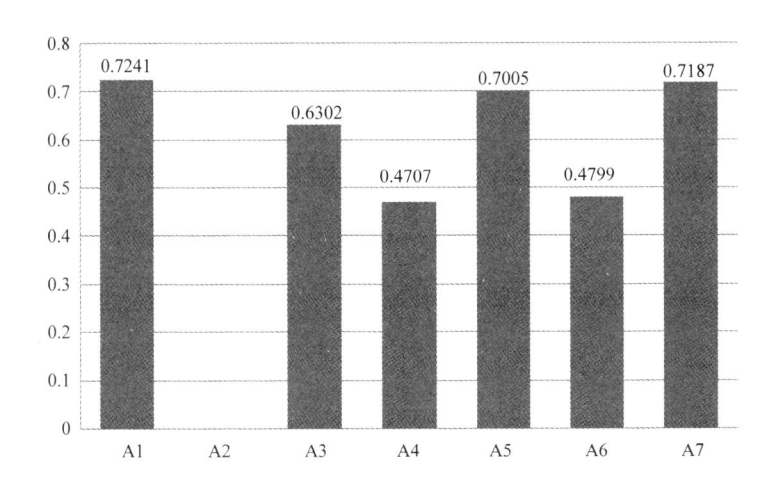

图 3-10 FM 估计的属性难度

图 3-10 表明，FM 估计的属性从易到难依次是：A1、A7、A5、A3、A6、A4，对应的属性依次是词句理解、情感体验、内容概括、信息提取、文本评鉴、内容探究。结合实践教学了解到，小学语文教师对词句理解、内容概括、情感体验这 3 种能力训练较多，小学生阅读能力专项训练书上也有较多这类型题目，而信息提取、文本评鉴和内容探究训练较少，学生掌握得不太好。

3. 项目难度与属性个数的关系分析

一般来说，如果 Q 矩阵界定合理，项目设计质量过硬，那么项目考核的属性个数越多，项目越难，项目通过率越低，其失分率越高。由于项目难度值越大表示项目越容易，所以项目失分率应与所考核的属性个数呈线性关系，其相关为应为正相关。经计算，自编小学生阅读能力认知诊断测验所设计的项目考核的属性个数与项目难度的相关系数为 .616（P＜.001），二者关系如下图。

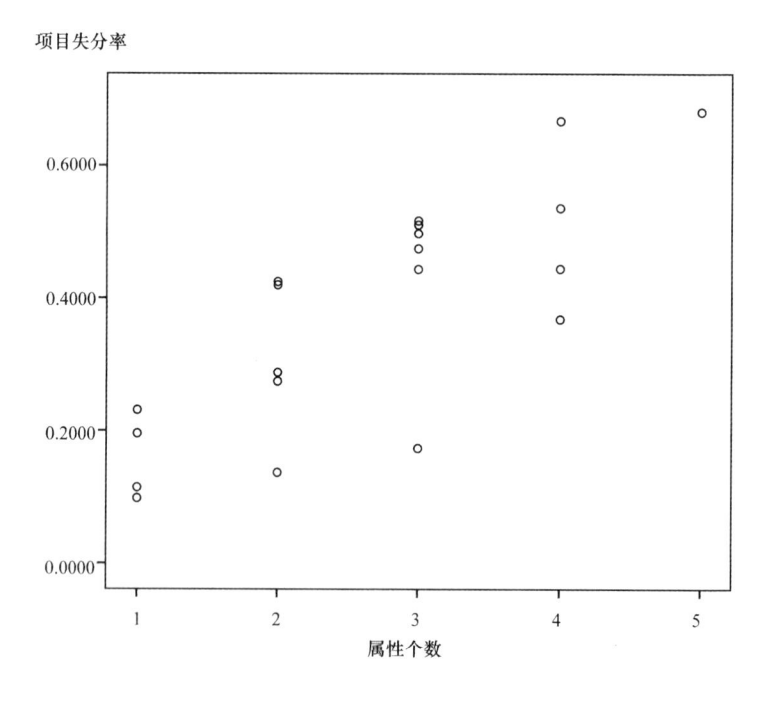

图 3-11 项目属性考核个数与项目失分率的关系

图 3-11 表明，项目属性考核个数与项目失分率呈线性趋势，项目失分率随所考核属性个数的增加而增加，这说明自编诊断测验所设计的测验项目和 Q 矩阵均较为合理。

**（二）正式测验项目区分度分析**

正式测验的项目区分度计算还是采用点二列相关和鉴别指数两个指标。表 3-18 的第 3 列数据表明，正式测验的点二列相关系数的取值范围在 .2919—.5558 之间，各题项与总分关系紧密，所有项目区分度良好。表中第 4 列相关系数变化值和图 3-12 表明，正式测验大部分项目的相关系数值大于预测测验，有小部分项目的相关系数略小于预测测验但不显著，说明正式测验的区分度总体优于预测测验。

表中第 6 列表明，正式测验鉴别指数取值范围在 .2630—.5902 之间，第 1 题和第 5 题的鉴别指数属于尚可程度，其他项目的鉴别能力性能优良。表中最后一列鉴别指数的变化值和图 3-13 表明，正式测验所有项目的鉴别指数都高于正式测验，特别是预测测验提示区分度待提高的第 1、5、16 题，第 1 题和第 5 题的鉴别指数虽然还有待提高但比预测测验分别提高了 .0478 和 .0038，第 16 题的区分度提高了 .2415，该题最后的区分性能很好。

总之，项目区分度的 2 个指标分析均表明，正式测验的区分度比预测测验的区分度有所提高，正式测验 90% 的项目区分度很理想，有 2 道题的区分度略低但可以接受。

表 3-18　　　　　　正式测验和预测测验区分度对比

| 题目序号 | 点二列相关 | | | 鉴别指数 | | |
| --- | --- | --- | --- | --- | --- | --- |
| | 预测测验 | 正式测验 | Δ 相关系数 | 预测测验 | 正式测验 | Δ 鉴别指数 |
| 1 | .2459 | .2919 | .0460 | .2346 | .2824 | .0478 |
| 2 | .2927 | .3840 | .0913 | .3827 | .4583 | .0756 |
| 3 | .3712 | .3482 | -.0230 | .4445 | .4648 | .0203 |
| 4 | .2962 | .3891 | .0929 | .3827 | .4926 | .1099 |
| 5 | .2490 | .4021 | .1531 | .2592 | .2630 | .0038 |

续表

| 题目序号 | 点二列相关 | | | 鉴别指数 | | |
|---|---|---|---|---|---|---|
| | 预测测验 | 正式测验 | Δ相关系数 | 预测测验 | 正式测验 | Δ鉴别指数 |
| 6 | .3614 | .5168 | .1554 | .2963 | .3145 | .0182 |
| 7 | .3785 | .5211 | .1426 | .3333 | .3874 | .0541 |
| 8 | .3579 | .5102 | .1523 | .3457 | .4635 | .1178 |
| 9 | .2721 | .3522 | .0801 | .3333 | .4452 | .1119 |
| 10 | .4342 | .4330 | -.0012 | .3827 | .4005 | .0178 |
| 11 | .3168 | .3220 | .0052 | .3334 | .3840 | .0506 |
| 12 | .3087 | .3762 | .0675 | .3951 | .4545 | .0594 |
| 13 | .4591 | .4397 | -.0194 | .5185 | .5754 | .0569 |
| 14 | .3906 | .3952 | .0046 | .3333 | .4565 | .1232 |
| 15 | .3973 | .3657 | -.0316 | .4198 | .4744 | .0546 |
| 16 | .1752 | .3490 | .1738 | .2099 | .4514 | .2415 |
| 17 | .3432 | .3848 | .0416 | .4814 | .5013 | .0199 |
| 18 | .4133 | .3945 | -.0188 | .4691 | .5203 | .0512 |
| 19 | .4788 | .5558 | .0770 | .5062 | .5902 | .0840 |
| 20 | .3945 | .4547 | .0602 | .4938 | .5107 | .0169 |

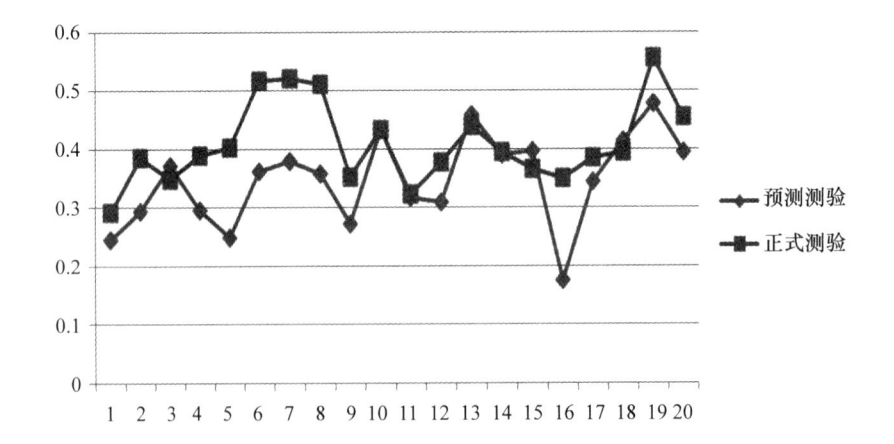

图3-12 正式测验与预测测验项目与总分相关系数值对比

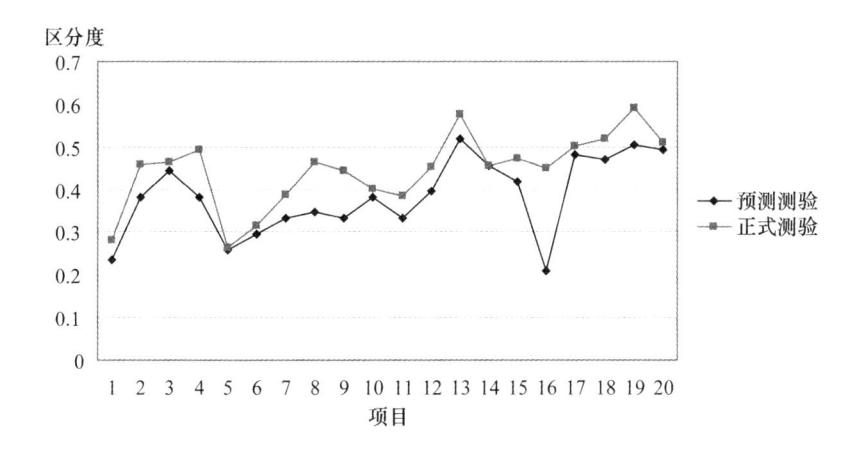

图 3-13 正式测验与预测测验项目鉴别指数对比

## 八 正式测验 IRT 项目分析

由于 CTT 项目性能指标严重依赖于样本的缺憾，有必要进一步对项目质量进行 IRT 分析，表 3-19 呈现的是用正式测验数据估计的三参数逻辑斯蒂克模型的项目参数，图 3-14 呈现的是正式测验与预测测验项目参数的对比情况。

表 3-19 正式测验 IRT 项目区分度、难度和猜测参数及其变化值

| 题号 | 区分度 | 难度 | 猜测度 | Δ 区分度 | Δ 难度 | Δ 猜测度 |
| --- | --- | --- | --- | --- | --- | --- |
| 1 | .4305 | -2.1708 | .2392 | .1306 | -.0973 | .0102 |
| 2 | .5265 | -.3857 | .1542 | .1470 | -.0667 | .0021 |
| 3 | .4714 | -.2905 | .1422 | -.0746 | -.4768 | -.0145 |
| 4 | .5667 | -.3563 | .1549 | .1601 | -.2396 | -.0030 |
| 5 | .9010 | -1.8380 | .2650 | .5273 | .7438 | .0259 |
| 6 | 1.9553 | -1.5445 | .2720 | 1.2888 | .2641 | .0203 |
| 7 | 1.4521 | -1.4033 | .2455 | .7460 | .2815 | -.0072 |
| 8 | 1.0990 | -1.2023 | .2233 | .5110 | .3140 | -.0142 |

续表

| 题号 | 区分度 | 难度 | 猜测度 | Δ区分度 | Δ难度 | Δ猜测度 |
|---|---|---|---|---|---|---|
| 9 | .4973 | .1255 | .1274 | .1021 | -.3855 | -.0118 |
| 10 | .7419 | -1.2276 | .2060 | -.0190 | -.0206 | -.0506 |
| 11 | .4455 | .0983 | .1260 | -.0184 | -.4669 | -.0152 |
| 12 | .5922 | .9027 | .1003 | .0886 | -.4860 | -.0114 |
| 13 | .6826 | -.0927 | .1513 | -.0520 | -.3391 | -.0106 |
| 14 | .5659 | -.6397 | .1641 | -.0073 | -.0988 | -.0335 |
| 15 | .5045 | -.2714 | .1461 | -.0841 | -.2496 | -.0267 |
| 16 | .5533 | .8283 | .1195 | .2248 | -1.5284 | -.0222 |
| 17 | .5809 | .2153 | .1364 | .0697 | -.1569 | -.0156 |
| 18 | .5904 | .0145 | .1414 | -.0463 | -.3252 | -.0119 |
| 19 | 1.1320 | -.8316 | .2027 | .3497 | -.3083 | -.0185 |
| 20 | .7600 | -.9128 | .2047 | .1846 | -.0777 | -.0161 |
| 平均值 | .7524 | -.5491 | .1761 | .2114 | -.1860 | -.0112 |
| 标准差 | .3888 | .8372 | .0518 | .3384 | .4452 | .0172 |

表3-19第2列表明，正式测验的 IRT 区分度取值在 [.4305，1.9553] 之间，平均值为 .7524，标准差为 .3888。由此可以看出正式测验的项目区分度水平良好。从每个项目来看，第6、7、8、19题的项目区分能力很强。表中第5列和图3-14中的区分度对比图表明，正式测验的项目区分度显著提高，特别是第4、5、6、7、8、19题，区分度提高非常明显。

表3-19第3列表明，正式测验的 IRT 难度值处于 [-2.1708，0.9027] 之间，平均难度为 -.5491，标准差为 .8372。这说明正式测验的项目难度水平中等偏易。表中第6列和图3-14中的难度对比图共同表明，第5、6、7、8题难度提升了一点，其他项目难度都下

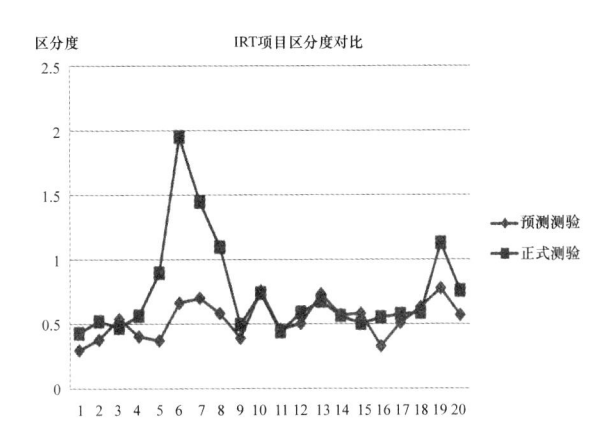

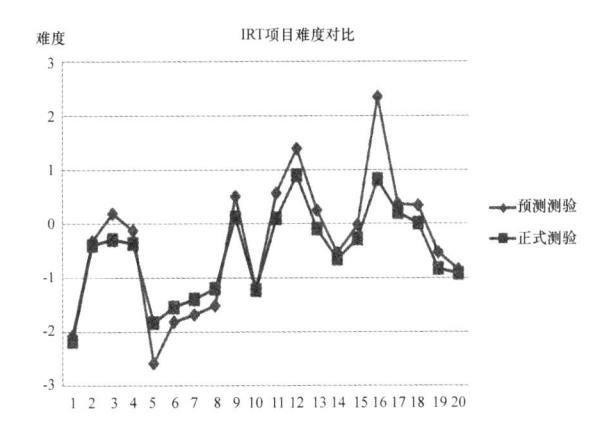

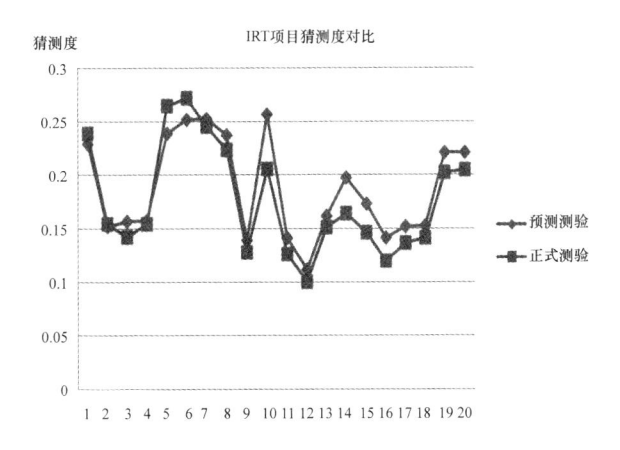

图 3-14 预测测验与正式测验 IRT 项目参数对比

降了一点，即容易题难度提升了一点，难题的难度下降了一点，但不是显著变化。当然，第16题除外，16题的难度显著下降。总体而言，正式测验的难度分析结果符合对预测测验的调整预期。

表3-19第4列表明，正式测验的IRT猜测参数值处于［.1003，.2720］之间，平均猜测度为.1761，标准差为.0517。这说明所有项目的猜测度不高。表3-19第7列和图3-14中的猜测度对比图表明，除了第5题和第6题的猜测参数略微上升之外，其他项目的猜测度参数都显著下降，这也符合修订预测测验的预期。

总之，从正式测验的IRT项目分析可以得到两点结论：第一，正式测验的各项目参数比预测测验都有改善。具体表现为项目区分度参数显著提高；难度参数除第16题显著变易外，其他项目没有显著变化；猜测度参数显著下降。第二，正式测验的项目区分度较理想；难度水平中等偏易，难度分布合理；猜测度参数不高，是一份较理想的测验。

### 九 正式测验信度检验

信度是指测验在测量所测特质时所得分数的一致性、稳定性或可靠性程度，反映测验控制随机误差的能力，信度是衡量测验质量的重要指标。与项目参数质量分析不同的是，一份测验只有一个信度值，但可以用不同的理论不同的指标从多个角度去检验测验信度。常用的理论还是CTT和IRT，基于认知诊断理论的信度分析将在第四章呈现。

CTT信度系数有内部一致性系数、分半信度、评分者信度、复本信度和重测信度，根据每种信度系数的适用条件，适合本课题的信度系数是内部一致性系数和分半信度，这两个信度系数衡量的是测验所有项目之间的内在一致性。在SPSS软件中的可靠性分析中算得内部一致性系数即克龙巴赫α信度系数为.651，分半信度是.565。这说明自编小学生认知诊断测验的信度是可以接受的，测验能为研究的开展提供可靠的信息。埃博拉森和瑞斯提出的 IRT 信度计算公式①是 $r_{tt}' = 1 - \frac{\sigma_\theta^2}{\sigma^2}$（式中 $\sigma_\theta^2$ 是标准误均方，即能力估计标准误的均值，$\sigma^2$ 指所测特质分数的方差），$\sigma_\theta^2$ 为 .6006，$\sigma^2$ 为 1.8946，所以本测验的 IRT 信度值是 .683，这一结果同样说明测验的信度尚可，能为研究提供较为可靠的观测值。

## 十　正式测验效度检验

效度是检验测验性能的最重要指标，效度是指一份测验实际上能测到所要测量的特质的程度，即测验的准确性，反映了测验的有效性。测验的效度直接关系到研究目的的实现，因此，一份良好的测验必需有良好的效度。

认知诊断测验的效度检验比传统测验的效度检验要求更高，认知诊断测验除了要满足传统测验的内容效度、结构效度检验外，还需要进行属性的效度检验，包括研究者欲测量的属性是否被测到？测验与理论模型是否吻合？项目属性对项目是否具备充分的解释力？属性的层级关系是否正确？下面分别对上述几个问题进行检验，方法是：（一）采用 CTT 理论分析测验的内容效度。（二）采用结构方程模型检验测验的结构效度，即用验证性因素分析法检验所有题项与所测属性的结构关系。（三）采用丁树良教授提出的理论构想效度检验测验与理论构想的吻合程度。（四）采用层次回归分析法检验属性对项目难度的解释力度，即建立项目难度对认知属性的多元回归②。（五）计算 HCI 指标验证属性层级关系的合理性（结构效度）。

### （一）内容效度检验

CTT 内容效度是指测验能否测到要测的内容，即每个测验项目是

---

① Embretson, S. E. & Reise, S. P., *Item Response Theory for Psychologists*, Mahwah, New Jersey: Lawrence Erlbaum Associates, Inc, 2000.

② Dogan, E. & Tatsuoka, K., "An international comparison using a diagnostic testing model: Turkish students' profile of mathematical skills on TIMSS-R", *Educational Studies in Mathematics*, Vol. 68, No. 3, 2008, pp. 263 – 272.

否真实地测到了研究者所设定的属性,为了检验测验的内容效度,采用了专家判断法收集资料,制作了类似于双向细目表的表格(见附录4)发给7位专家,并同时附上属性操作性定义及自编小学生阅读能力认知诊断测验。研究借鉴特尔菲法的做法,通过电子邮件的方式聘请专家对课题组所编测验题目用考核的属性进行标定,这样可以确保专家意见的独立性。当然,没有给专家提供课题组的研究假设避免先入为主的影响。7位专家分别是小学语文特级教师3位、某大学统计与测量学专家2位、大学语文学科教学法教授2位。他们分别是实践经验丰富的一线语文教学专家和理论功底深厚的理论研究者。回收后计算评分者信度 Kappa[①] 值来确定专家意见的一致性。根据兰迪斯和科赫的标准,Kappa 值为.61 到.8 时表示专家意见本质上是一致的,在.4 到.6 之间表示专家意见是中等一致的[②]。调查结果发现,专家意见的一致性为.36,专家意见一致性不高。这可能是理论型专家与实践型专家思考的角度不一样所致,抑或是测验本身的内容效度确实不高。为了进一步验证测验的内容效度,重新增加了3位语文学科专家进行属性标定,最后统一计算语文学科专家的评价的一致性,结果 Kappa 值为.59,即语文学科专家对项目所测属性的意见较为一致。进而计算专家意见与研究假设所标定的属性,二者相关系数达.926($P<.001$)。

(二) 测验 Q 矩阵的结构效度检验

结构效度是指测验能否真实地反映理论的构想。对认知诊断测验而言,良好的测验要真实地反映题项与属性之间的关系,即测验与属性之间的关系吻合吗?为了回答这个问题,采用结构方程模型中的验证性因素分析方法,运行 LISREL 软件(自编程序见附录5),结果见图 3-15。图中每道题是测量指标,属性是潜在因子,因子之间的关

---

① Fleiss, J. L., "Measuring nominal scale agreement among many raters", *Psychological bulletin*, Vol. 76, No. 5, 1971, p. 378.

② Landis, J. R. & Koch, G. G., "The measurement of observer agreement for categorical data", *Biometrics*, No. 33, 1977, pp. 159–174.

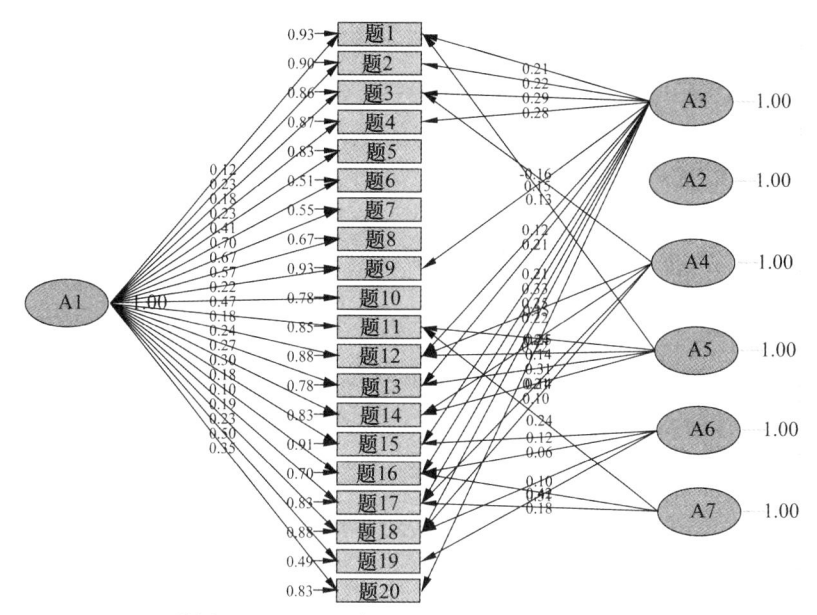

第三章 认知诊断测验的编制及其质量分析

Chi-Square=559.72, df=141, P-value=0.00000, RMSEA=0.035

**图 3-15 测验 Q 矩阵的验证性因素分析结构**

系是属性层级结构。由于模型复杂，所估参数较多，因此，对因子间关系及部分 PH 参数如 PH2 1 至 PH7 1 进行了固定。下图反映的是修正后的 Q 矩阵中属性之间的关系，属性 2 没有与任何测题相关联，因为修正矩阵固定了属性 2。下面从两个方面来判断属性层级关系与数据的吻合程度。第一，模型拟合优度指数表明，Q 矩阵与数据拟合程度良好。模型拟合优度指数 GFI 和 AGFI 分别为 .98 和 .97，相对拟合指数 NFI 和 NNFI 分别为 .94 和 .94，误差均方根 RMSEA 为 .035，小于标准值 .05[①]。第二，每道题与属性之间的关系总体较好。每道题的属性负荷大小反映了每道题与属性的密切程度，其值越大，表示二者的关系越密切。图中的属性负荷值较为理想，尽管部分因子的负荷值较小，但大部分负荷值都是显著性的。结合修正指数（没有

---

① 侯杰泰、温忠麟、成子娟：《结构方程模型及其应用》，教育科学出版社 2002 年版。

较大的修正指数)和理论假设(如学生做每道题都要以词句理解为基础,因此,每道题都考核了属性1),保留了修正后的Q矩阵。以上结果说明修正矩阵在统计上是合理的,测验Q矩阵的结构效度良好。

(三) 理论构想效度检验

认知诊断理论范畴内的理论构想效度是指测验在多大程度上代表理论上的属性及属性层级关系。江西师范大学丁树良教授于2012年提出了认知诊断理论的理论构想效度(theoretic construct validity, TCV)的概念①,其计算公式为 $TCV = (N_3 + 1)/N_1$ 或者 $TCV = N_3/N_1$,前者适用于 $N_2$ 中不包含零向量的情况。式中,$N_1$ 为理论推导出的知识状态数,$N_2$ 为由测验 $Q_1$ 导出的知识状态数,$N_3$ 为 $N_1$ 和 $N_2$ 的交集。就本项课题研究而言,我们的 $N_1$ 是由认知模型3固定属性2后所对应的R阵通过扩张算法得到的所有可能的知识状态数共32种,$N_2$ 是由修正后的 $Q_1$ 矩阵通过逐行比较导出的知识状态数,结果表明 $N_1$ 和 $N_2$ 都是32种,可见,自编测验的理论构想效度为1,即自编测验和认知模型是高度一致的。

表3-20　　　　　　　理论上导出的32种知识状态

| 知识状态 | 属性 | | | | | |
|---|---|---|---|---|---|---|
| | A1 | A3 | A4 | A5 | A6 | A7 |
| 1 | 1 | 0 | 0 | 0 | 0 | 0 |
| 2 | 1 | 1 | 0 | 0 | 0 | 0 |
| 3 | 1 | 0 | 1 | 0 | 0 | 0 |
| 4 | 1 | 0 | 0 | 1 | 0 | 0 |
| 5 | 1 | 0 | 0 | 0 | 1 | 0 |
| 6 | 1 | 0 | 0 | 0 | 0 | 1 |

① 丁树良、毛萌萌、汪文义、罗芬:《教育认知诊断测验与认知模型一致性的评估》,《心理学报》2012年第11期。

续表

| 知识状态 | 属性 | | | | | |
|---|---|---|---|---|---|---|
| | A1 | A3 | A4 | A5 | A6 | A7 |
| 7 | 1 | 1 | 1 | 0 | 0 | 0 |
| 8 | 1 | 1 | 0 | 1 | 0 | 0 |
| 9 | 1 | 1 | 0 | 0 | 1 | 0 |
| 10 | 1 | 1 | 0 | 0 | 0 | 1 |
| 11 | 1 | 0 | 1 | 1 | 0 | 0 |
| 12 | 1 | 0 | 1 | 0 | 1 | 0 |
| 13 | 1 | 0 | 1 | 0 | 0 | 1 |
| 14 | 1 | 0 | 0 | 1 | 1 | 0 |
| 15 | 1 | 0 | 0 | 1 | 0 | 1 |
| 16 | 1 | 0 | 0 | 0 | 1 | 1 |
| 17 | 1 | 1 | 1 | 1 | 0 | 0 |
| 18 | 1 | 1 | 1 | 0 | 1 | 0 |
| 19 | 1 | 1 | 1 | 0 | 0 | 1 |
| 20 | 1 | 1 | 0 | 1 | 1 | 0 |
| 21 | 1 | 1 | 0 | 1 | 0 | 1 |
| 22 | 1 | 1 | 0 | 0 | 1 | 1 |
| 23 | 1 | 0 | 1 | 1 | 1 | 0 |
| 24 | 1 | 0 | 1 | 0 | 1 | 1 |
| 25 | 1 | 0 | 1 | 0 | 1 | 1 |
| 26 | 1 | 0 | 0 | 1 | 1 | 1 |
| 27 | 1 | 1 | 1 | 1 | 1 | 0 |
| 28 | 1 | 1 | 1 | 1 | 0 | 1 |
| 29 | 1 | 1 | 1 | 0 | 1 | 1 |
| 30 | 1 | 1 | 0 | 1 | 1 | 1 |
| 31 | 1 | 0 | 1 | 1 | 1 | 1 |
| 32 | 1 | 1 | 1 | 1 | 1 | 1 |

### (四) Q矩阵充分性的效度检验

采用层次回归分析法验证Q矩阵的充分性,做法是比较多个回归模型选择较优回归模型,第一个简洁模型(Compact Model,简称模型C)嵌套于后面的扩展模型(Augmented Model,简称模型A)中,A模型是在C模型基础上增加了自变量的模型。层次回归的思想是扩展模型比简洁模型能解释更多的变异(用R平方表示,记为$\Delta R^2$)且达到了显著性水平,则表明模型A新增加的变量是必要的,新增变量有利于提高模型C的解释力度,否则应该接受模型C而没必要增加新参数[①]。

小学生阅读能力认知诊断测验考察的认知属性共7个,根据属性在阅读能力层级中的难易程度,把A1、A2、A3即词句理解、写作手法和信息提取界定为基础性阅读能力,把A4、A5、A6和A7即内容探究、内容概括、文本评鉴和情感体验界定为拓展性阅读能力。根据这个划分建立两个回归模型,简洁模型的自变量是A3,因为A1是常量,A2被修正矩阵固定了;扩展模型在简洁模型的基础上增加A4、A5、A6和A7这4个属性,两个模型的因变量都是属性失分率,即1减去属性得分率的值。这种两层回归模型的建立可以考察认知属性对项目难度的解释力度,模型估计结果见表3-21和3-22。

表3-21　　　　　　　　认知属性的回归系数

| 认知属性 | 非标准化系数 | 标准系数 | $t$ |
| --- | --- | --- | --- |
| 信息提取 | .200 | .384 | 3.562** |
| 内容探究 | .173 | .294 | 2.693* |
| 内容概括 | .290 | .491 | 4.410** |
| 文本评鉴 | .250 | .392 | 3.526** |
| 情感体验 | .216 | .302 | 2.858* |

注：*表示P<.05；**表示P<.01；***表示P<.001，下同。

---

① 辛涛:《回归分析与实验设计》,北京师范大学出版社2010年版。

第三章 认知诊断测验的编制及其质量分析

表 3-21 是扩展模型中项目难度对 5 个认知属性变量的标准化回归系数和非标准化回归系数，表中最后一列表明所有回归系数均达到了显著性水平，这说明 Q 矩阵界定的认知属性对题目难度的解释中起到了非常重要的作用。

表 3-22　　　　　　回归模型的决定系数与 F 统计量

| 模型 | $R$ | $R^2$ | $F$ | $\Delta R^2$ | $\Delta F$ |
| --- | --- | --- | --- | --- | --- |
| 回归模型 C | .531 | .282 | 7.059* | | |
| 回归模型 A | .922 | .850 | 15.860*** | .568 | 13.255*** |

表 3-22 是两个模型的决定系数 R、$R^2$、F 检验统计量、$\Delta R^2$ 及其 $\Delta F$ 检验统计量。表中 R 是自变量与因变量的相关系数，在多元回归分析中是所有自变量与因变量的关系表征，如果是一元回归，则是自变量与因变量之间的简单线性相关。模型 C 中的 R 表示信息提取与项目难度的关系是 .531（p<.05），模型 A 中的 R 表示 5 个认知属性与项目难度的复相关系数为 .922（p<.001），意即所有认知属性与项目难度密切相关。$R^2$ 是衡量方程有效性高低的指标，表示自变量对因变量的变异进行解释所占的比例，表中第 3 列表明，信息提取解释了项目难度的 28.2% 的变异，内容探究、内容概括、文本评鉴和情感体验解释了项目难度 56.8% 的变异，5 个属性共同解释了项目难度 85% 的变异。如果认知属性对项目难度的预测力或解释量在 60% 以上，则可认为认知属性是充分可靠的[①]，我们的结果是属性解释了项目难度 85% 的变异，说明研究所界定的认知属性是项目难度的重要预测源，认知属性的认定较为完备。表中两个 F 均显著表示所建立的两个方程都是有效的。表中 $\Delta R^2$ 及 $\Delta F$ 的显著性说明模型 A 中增加的认知属性的必要性。

---

① 涂冬波：《项目自动生成的小学儿童数学问题解决认知诊断 CAT 编制》，博士学位论文，江西师范大学，2009 年。

## （五）认知属性层级关系的 HCI 验证

对认知诊断测验而言，不仅要对每道题所考核的认知属性的必要性及整道题认知属性的完备性进行验证，还要验证属性之间的关系是否合理，方法是计算 HCI 指标[①②③]。计算公式为：$HCI_j = 1 - 2\dfrac{M_{sj}}{N_{cj}}$，这个公式反映了被试 j 的观察反应模式与理想反应模式之间的一致性程度，称为个人拟合指数，而所有被试个人拟合指数的均值可以作为评价认知模型与数据拟合程度的指标[④]。其思想是：假定项目为 0，1 记分方式，记项目 i 和 g 所考察的属性分别为 $A_i$ 和 $A_g$ 且 $A_i$ 包含 $A_g$，则称项目 g 为项目 i 的子项目，若被试不失误，则被试能答对项目 i，则必能答对项目 g。式中，$M_{sj}$ 表示被试 j 在其正确作答项目的所有子项目上失误的次数之和，$N_{cj}$ 表示答对项目上所有子项目的次数之和，$M_{sj} = \sum\limits_{i \in SC_j}\sum\limits_{g \in S_i} x_{ji}(1 - x_{jg})$，如果被试不失误，则 $M_{sj} = 0$。$X_{ji}$ 为被试 j 在项目 i 上的得分，$X_{jg}$ 为被试 j 在项目 g 上的得分，$S_{Cj}$ 表示被试 j 正确作答的项目集，$S_i$ 为项目 i 的子项目集合。$M_{sj}/N_{cj}$ 表示被试 j 的 ORP 与 ERP 不一致程度，则 $1 - M_{sj}/N_{cj}$ 表示的是被试 j 的 ORP 与 ERP 的一致性程度，为了保证 HCI 取值在［-1，1］之间，将其修正为 $HCI_j = 1 - 2\dfrac{M_{sj}}{N_{cj}}$，若被试不失误，则 HCIj = 1。崔莹指出 HCI 高于 .6 表示认知模型与资

---

① Gierl, M., Wang, C. & Zhou, J., "Using the attribute hierarchy method to make diagnostic inferences about examinees´ cognitive skills in algebra on the SAT", *Journal of Technology, Learning, and Assessment*, Vol. 6, No. 6, 2008, pp. 1 – 53.

② Cui, Y. & Leighton, J. P., "The hierarchy consistency index: Evaluating person fit for cognitive diagnostic assessment", *Journal of Educational Measurement*, Vol. 46, No. 4, 2009, pp. 429 – 449.

③ Leighton, J. P., Cui, Y. & Cor, M. K., "Testing expert-based and student-based cognitive models: An application of the attribute hierarchy method and hierarchy consistency index", *Applied Measurement in Education*, Vol. 22, No. 3, 2009, pp. 229 – 254.

④ Wang, C. J. & Gierl, M. J., "Investigating the Cognitive Attributes Underlying Student Performance on the SAT Critical Reading Subtest: An Application of the Attribute HierarchyMethod", Paper presented at the 2007 annual meeting of the National Council on Measurement in Education, Chicago, Illinois, 2007.

料拟合良好①，而王和格雷尔认为 HCI 均值在 .3 以下可以认为模型设置不好，HCI 均值在 .6 以上是好模型②。当然，HCI 等于 1 表示完全拟合，等于 -1 表示完全不拟合。可见，HCI 指标不仅可以验证属性层级关系的合理性，还可以用以对所提出的多个假设模型的合理性进行比较。根据以上 HCI 指标的思想原理及其计算公式，使用 MATLAB7.0 自编程序（涂冬波）对数据进行分析，得到初始模型的 HCI 平均值为 .5355，在此基础上根据 FM 的估计结果解除了属性 3 的结构性限制，删除了第 3 题的属性 4、第 8 题的属性 4 和第 10 题的属性 6 并限制属性 2 从而确立了最终的认知模型，最终认知模型的 HCI 平均值为 .6021，这表明目前认定的属性层级关系与数据拟合情况良好。

---

① Cui, Y., *The hierarchy consistency index: Development and analysis*, Unpublished doctoral dissertation, University of Alberta, Edmonton, Alberta, Canada, 2007.

② Wang, C. J. & Gierl, M. J., "Investigating the Cognitive Attributes Underlying Student Performance on the SAT Critical Reading Subtest: An Application of the Attribute HierarchyMethod", Paper presented at the 2007 annual meeting of the National Council on Measurement in Education, Chicago, Illinois, 2007.

# 第四章 小学生阅读能力认知诊断结果分析

## 第一节 研究设计

### 一 研究目的

用可靠而有效的认知诊断测验收集了数据，选用恰当的认知诊断模型对数据进行分析才能实现对被试知识状态的甄别，了解被试在属性掌握上的优势与不足。基于第一章文献综述中认知诊断模型的介绍和选用诊断模型时要考虑的要素，我们选用的是被认为很成功的认知诊断模型 FM 作为数据分析的模型，希望借助 FM 挖掘到尽可能丰富的诊断信息，为诊断研究者、教学实践工作者和学生提供丰富的参考信息。为了检验 FM 估计结果的效度，同时采用 DINA 模型进行分析并比较两种模型对同一批数据的估计结果。具体而言，希望解决以下几个问题：

（1）模型参数估计的 MCMC 链是否收敛？FM 与所收集的数据资料是否拟合？

（2）FM 估计的小学生阅读能力认知属性掌握状态是否可信？是否有效？

（3）FM 估计的小学生阅读能力认知属性掌握状态的特点是什么？

（4）如何报告 FM 估计的小学生阅读能力认知属性掌握状态？

## 二 研究假设

针对以上研究问题,研究假设有:

(1) 模型参数估计的 MCMC 链能成功收敛,FM 与所收集的数据资料拟合良好。

(2) FM 能准确估计被试的属性掌握状态。

(3) 学生所处的背景不同(如学校、班级等),其属性掌握状态也是不同的。

(4) FM 可以为每位被试提供阅读能力的详细诊断报告。

## 三 研究方法

### (一) 被试

这一章的被试与第三章正式施测的被试相同,选自 20 所小学 50 个班级的 2406 位有效被试,学生分布详见表 4-1。

表 4-1　　　　　　　　　正式测验被试分布

| | 类别 | 人数① | 百分比(%) |
|---|---|---|---|
| 学校 | ECI01 | 86 | 3.6 |
| | ECI02 | 90 | 3.7 |
| | ECI04 | 140 | 5.8 |
| | ECI05 | 140 | 5.8 |
| | ECI06 | 172 | 7.1 |
| | ECI07 | 121 | 5.0 |
| | ECO01 | 210 | 8.7 |
| | ECO02 | 203 | 8.4 |

① 注:表中数据没有统计缺失值。缺失值是统计分析人员和数据采集人员最不愿意见到但是又无法完全避免的现象。在大型调查中,即使有非常严格的质量控制,含有缺项、漏项的记录也非常容易地达到10%;而在进行如家庭收入等敏感问题调查时,缺失值问题就更加突出。参见张文彤《SPSS 统计分析教程》(高级篇),北京希望电子出版社 2002 年版。

续表

|  | 类别 | 人数 | 百分比（%） |
|---|---|---|---|
|  | ECO03 | 100 | 4.2 |
|  | ECO05 | 142 | 5.9 |
|  | ECO06 | 93 | 3.9 |
|  | ECO07 | 115 | 4.8 |
|  | ECO08 | 48 | 2.0 |
|  | ECO09 | 56 | 2.3 |
|  | NCI01 | 132 | 5.5 |
|  | NCI02 | 87 | 3.6 |
|  | SCI01 | 88 | 3.7 |
|  | SCO01 | 156 | 6.5 |
|  | WCI01 | 124 | 5.2 |
|  | WCI02 | 103 | 4.3 |
| 学校所在地 | 村镇 | 593 | 24.6 |
|  | 县城 | 844 | 35.1 |
|  | 地市 | 434 | 18.0 |
|  | 省城 | 535 | 22.2 |
| 学校性质 | 非城区学校 | 983 | 40.9 |
|  | 城区学校 | 1423 | 59.1 |
| 年级 | 四年级 | 601 | 25.0 |
|  | 五年级 | 1006 | 41.8 |
|  | 六年级 | 799 | 33.2 |
| 性别 | 男 | 1087 | 45.2 |
|  | 女 | 1188 | 49.4 |
| 家庭所在地 | 农村 | 784 | 32.6 |
|  | 乡镇 | 322 | 13.4 |
|  | 县城 | 381 | 15.8 |
|  | 地级市 | 273 | 11.3 |
|  | 省会城市或直辖市 | 487 | 20.2 |

续表

|  | 类别 | 人数 | 百分比（%） |
|---|---|---|---|
| 是否学生干部 | 是 | 1310 | 54.4 |
|  | 否 | 991 | 41.2 |
| 学习成绩水平 | 下 | 200 | 8.3 |
|  | 中下 | 429 | 17.8 |
|  | 中等 | 902 | 37.5 |
|  | 中上 | 588 | 24.4 |
|  | 上 | 177 | 7.4 |
| 父亲受教育程度 | 小学以下 | 382 | 16.1 |
|  | 初中高中中专 | 1645 | 69.4 |
|  | 大专 | 211 | 8.9 |
|  | 本科及以上 | 133 | 5.6 |
| 是否独生子女 | 是 | 703 | 30.1 |
|  | 否 | 1629 | 69.9 |
| 与父母关系 | 疏远 | 149 | 6.4 |
|  | 一般 | 1002 | 42.8 |
|  | 亲密 | 1189 | 50.8 |

（二）研究工具

修改后的《小学生阅读能力认知诊断测验》。

（三）数据处理

数据清理工作在第三章已完成，采用的数据是正式测验数据，数据分析方法有：用 ANOTE 软件估计被试能力；用 SPSS 对被试测验总分、属性掌握概率进行描述统计分析和群体差异分析；用 FM 参数估计专用软件 Arpeggio3.1 估计项目参数和被试属性掌握概率、检验模型与数据的拟合程度、诊断的信度和内部效度。用 Matlab7.0 自编 EM 程序估计 DINA 模型的项目参数和被试的掌握模式。

## 第二节 研究结果

### 一 被试能力分布

取样的代表性对研究结论的科学性和推广有重大影响。就阅读能力的诊断而言，合理的样本分布应该是学生的阅读能力呈正态分布，即中等水平的学生占多数，能力高和能力低的学生占少数。选用ANOTE软件的项目反应功能板块，基于二值记分的三参数逻辑斯蒂克模型对被试能力进行估计，其结果是全体被试的能力均值为-.3608，标准差为.8100。项目反应理论对被试能力估计的取值范围一般是[-3, 3]之间，0表示能力中等，可见，样本被试的能力处于中等偏低水平。图4-1是全体被试的能力次数分布图，能力值为-.5左右的被试有684人，占总人数的28.43%，能力值为0和-1左右的人分别有505人和495人，占比分别是20.99%和20.57%。

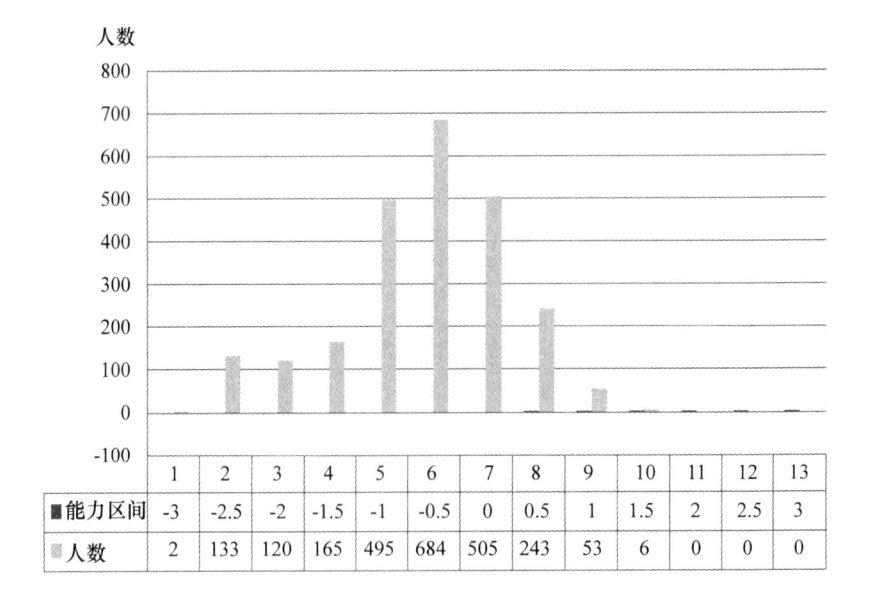

| | 1 | 2 | 3 | 4 | 5 | 6 | 7 | 8 | 9 | 10 | 11 | 12 | 13 |
|---|---|---|---|---|---|---|---|---|---|---|---|---|---|
| ■能力区间 | -3 | -2.5 | -2 | -1.5 | -1 | -0.5 | 0 | 0.5 | 1 | 1.5 | 2 | 2.5 | 3 |
| ▨人数 | 2 | 133 | 120 | 165 | 495 | 684 | 505 | 243 | 53 | 6 | 0 | 0 | 0 |

图4-1 2406名被试的能力分布

由此可以算出能力值处于中［－1，0］之间即上述三类被试总人数为1684人，占比为70%。能力值高于0.5的被试有302人，占比12.55%，能力值低于－1.5的被试有420人，占比17.45%。可见，研究所选样本被试的能力分布近似于正态分布，取样的代表性较好。

## 二　测验分数分布

上述分析能看出被试能力近似于正态分布，但不能确定是否为正态分布。为了进一步确定被试取样的代表性，可以对测验的阅读总分进行进一步分析。采用SPSS软件对阅读总分进行描述统计分析、绘制直方图和正态P-P图，其结果见表4-2、图4-2和图4-3。表4-2显示，测验总分平均分为12.54，标准差3.63，最高分20，最低分2，全距18，分数分布的偏度接近于0，峰度小于3，是一个接近于正态分布的瘦尾分布。从图4-2可以看到，测验总分基本符合正态分布。

表4-2　　　　　　　　阅读总分描述统计量

| 统计量 | 均值 | 标准差 | 最大值 | 最小值 | 全距 | 偏度 | 峰度 |
|---|---|---|---|---|---|---|---|
| 值 | 12.54 | 3.63 | 20 | 2 | 18 | －.544 | －.077 |

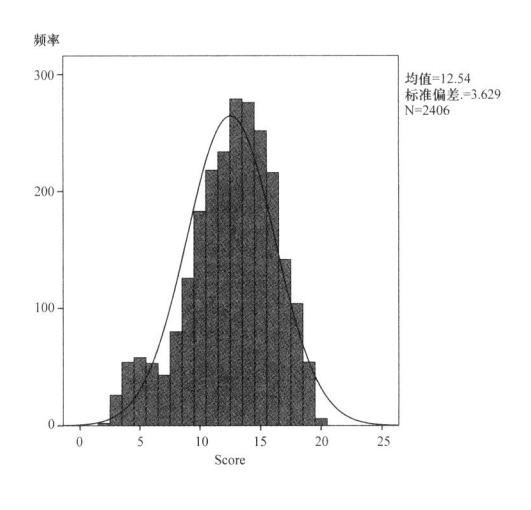

图4-2　测验分数分布直方图

无论是能力分布直方图还是测验总分分布直方图都表明样本被试的分布接近于正态分布,下面的正态 P-P 图和趋降正态 P-P 图可以进一步检验测验分数的正态性。正态 P-P 图通过考察实际累积概率与正态分布所期望的理论累积概率间的吻合程度来检验数据的正态性,图中中间的实线是期望累积概率线,围绕在直线周围的圆圈是观察累积概率,如果圆圈聚集在直线周围,则表示检验变量与正态分布匹配。趋降正态 P-P 图是根据正态分布理论计算的理论值与实际值之差的分布图,也叫分布的残差图,如果图中所有代表残差的点都在 y=0 这条直线上下波动,且残差绝对值不超过.1,则可以判断数据是符合正态分布的①。图 4-3 左图显示观察累积概率与期望累积概率基本吻合,右图表明测验总分的残差值波动范围在 -.06 至.04 之间,残差绝对值低于.1,因而可以认为该测验分数分布服从正态分布,被试的取样代表性很好。

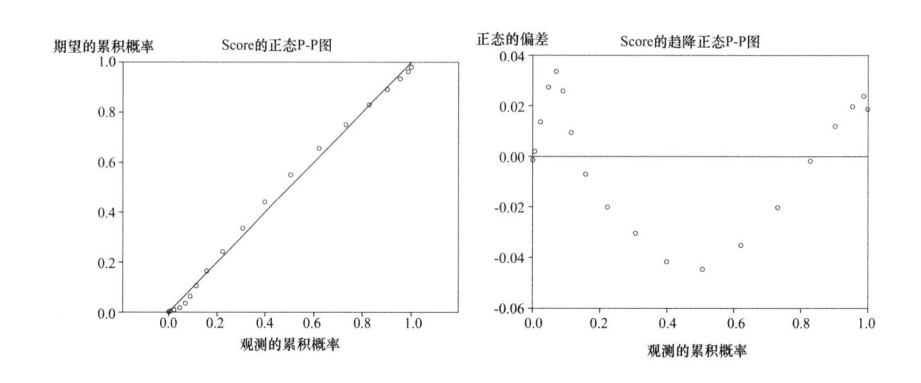

图 4-3　测验总分的正态 P-P 图和趋降正态 P-P 图

### 三　诊断评估质量分析

认知诊断的最终目的是得到被试的属性掌握状态,在正式分析被试属性掌握概率状态之前,先要评估用 Arpeggio3.1 软件估计融合模

---

① 张文彤、邝春伟:《SPSS 统计与分析基础教程》,高等教育出版社 2004 年版。

型参数的质量,以确保获得的被试属性掌握状态的准确性。诊断质量分析部分包括模型参数估计的收敛程度、模型与数据的拟合程度、诊断的信度和效度,下面分别进行介绍。

**(一) MCMC 链的收敛评估**

融合模型 FM 参数估计软件 Arpeggio 是美国测验中心开发的,软件在贝叶斯模型框架下采用马尔科夫链蒙特卡洛(MCMC)算法进行参数估计,包括项目参数估计和能力分布参数估计。所有通过迭代获得参数估计值的统计估计方法都要检查估计值是否收敛,与 EM 算法收敛至一个确定的容忍值不一样的是,MCMC 收敛的判断标准是检查其参数估计值是否收敛至理想的后验分布。MCMC 已在许多 CDA 中被广泛使用,其能否成功实施的关键是链是否已经收敛到期望的后验分布以及模型参数是否被可靠地估计了。由于从 MCMC 估计的完整后验分布中获得的统计信息要比 EM 算法获得的某一估计值及其估计标准误获得的信息要丰富得多,所以评定 MCMC 的收敛要困难得多。而且影响 MCMC 收敛的因素也很多,如模型的复杂程度、研究设计的优良程度、模型假设与资料的拟合程度等。如太复杂的模型本身就是不可识别的,或者模型能识别估计值却不太理想,也许是条件似然函数不太好的原因。当然,如果是模型本身的问题,那用任何算法都会存在同样的问题。但无论怎样,运行 Arpeggio 后要做的第一件事就是判定 MCMC 链是否收敛至理想的后验分布,因为链的收敛对参数估计的稳定性至关重要。关于如何判断 MCMC 的收敛,曾有较多文献对判定标准进行过研究,但至今没有适用于所有模型的简单统计量作为收敛的统一判定标准。而 FM 提供了四种判定 MCMC 收敛的方法,他们是时间序列图、估计值的后验分布、链估计值的自相关及格尔漫和鲁宾 $\hat{R}$ [1]。

第一,时间序列图。时间序列图能显示链估计过程中每一步的参

---

[1] Gelman, A., Carlin, J. B., Stern, H. S. & Rubin, D. R., *Bayesian data analysis*. London: Chapman & Hall. 1995.

数估计值,参数估计值变化很小表示链收敛了,这是评估 MCMC 链收敛的重要方法。第二,估计值的后验分布。后验分布图能反映估计值是否服从稳定的分布,分布稳定表示收敛。第三,链估计值的自相关。链估计值的自相关能够反映链中指定的间隔之间分别估计的两组模拟数据间的独立程度。链估计值的自相关越低,对于给定的链长来说能提供的信息就越丰富,同时也表示链收敛了。如果自相关较高,就意味着要改用更长的链重新进行估计以获得更精确的估计值。如果模型较复杂,自相关函数递减的速度会很慢。FM 参数估计的收敛定义为 lag200(延迟数为 200)自相关系数小于等于 . 2[①]。第四,$\hat{R}$ 值。格尔漫和鲁宾提出的 $\hat{R}$ 值的原理是如果所采用的链长收敛,则同时采用两条不同的链进行估计,其估计值的后验分布在本质上应该是相同的。为了度量其间的差异,格尔漫等人提出的 $\hat{R}$ 的计算公式,即 $\hat{R}$ = (链间方差 + 链内方差)/链内方差,并规定如果其值小于 1.2 意味着收敛。

1. 项目参数估计 MCMC 链收敛评估

为了评估链是否收敛,采用两种方式运行 Arpeggio,一是单链运行但变换链长,分别运行了 20000、25000 和 30000 三条链长,燃烧点分别是 8000、10000 和 20000。二是同时运行两条链,链长均为 30000,燃烧点都是 20000。为了减少估计结果的数量和简化链图,取链中每 10 步作为一个取值点。根据上述判断 MCMC 链收敛的四种评估方法评估链的收敛情况。表 4 - 3 列出了所有项目参数的 $\hat{R}$ 值和 lag200 时各参数估计值的自相关系数,评估标准是 $\hat{R}$ 值小于 1.2,lag200 小于 . 2。

---

[①] Hartz S, Roussos L , Stout W. , *Skills Diagnosi*:*Theory and Praetiee*, User Manual for Arpeggioso Ftware, ETS, 2007, p. 26.

## 第四章 小学生阅读能力认知诊断结果分析

表4-3  项目参数收敛情况

| 项目 | $\pi_i^*$ | | $r_{ik}^*$ | | | $r_{ik}^*$ | | |
|---|---|---|---|---|---|---|---|---|
| | $\hat{R}$ | Lag200 | 属性 | $\hat{R}$ | Lag200 | 属性 | $\hat{R}$ | Lag200 |
| 1 | 1.0343 | .029 | 1_1 | 1.0080 | .013 | 13_1 | 1.0070 | .030 |
| 2 | 1.0961 | -.012 | 1_3 | 1.0178 | .002 | 13_3 | 1.0001 | .099 |
| 3 | 1.0724 | -.045 | 1_5 | 1.0142 | .050 | 13_5 | 1.0045 | .141 |
| 4 | 1.0106 | -.017 | 2_1 | 1.0058 | -.019 | 14_1 | 1.0000 | -.007 |
| 5 | 1.0044 | .032 | 2_3 | 1.1324 | .017 | 14_4 | 1.0674 | -.013 |
| 6 | 1.0009 | -.027 | 3_1 | 1.0033 | .032 | 14_5 | 1.0043 | -.094 |
| 7 | 1.0000 | -.007 | 3_3 | 1.0980 | -.008 | 15_1 | 1.0035 | -.001 |
| 8 | 1.0002 | .010 | 4_1 | 1.0004 | -.056 | 15_3 | 1.0002 | .110 |
| 9 | 1.0148 | .024 | 4_3 | 1.0058 | -.078 | 15_6 | 1.0372 | .008 |
| 10 | 1.0040 | -.016 | 4_4 | 1.0014 | .046 | 16_1 | 1.0000 | -.003 |
| 11 | 1.0030 | .002 | 5_1 | 1.0028 | -.003 | 16_3 | 1.0086 | .057 |
| 12 | 1.0164 | .051 | 6_1 | 1.0000 | -.043 | 16_6 | 1.0578 | .001 |
| 13 | 1.0030 | .036 | 7_1 | 1.0029 | .013 | 16_7 | 1.0485 | .056 |
| 14 | 1.1029 | -.044 | 8_1 | 1.0026 | .002 | 17_1 | 1.0558 | .024 |
| 15 | 1.0972 | .133 | 9_1 | 1.0069 | -.025 | 17_3 | 1.1515 | .167 |
| 16 | 1.0641 | .091 | 9_3 | 1.0324 | -.004 | 17_4 | 1.0635 | .125 |
| 17 | 1.0127 | .122 | 10_1 | 1.0086 | -.055 | 17_7 | 1.0234 | .017 |
| 18 | 1.0324 | .100 | 11_1 | 1.0078 | .061 | 18_1 | 1.0025 | -.023 |
| 19 | 1.0166 | .013 | 11_5 | 1.0525 | .025 | 18_3 | 1.0001 | .035 |
| 20 | 1.0699 | -.032 | 11_7 | 1.0610 | -.051 | 18_4 | 1.0240 | .022 |
| | | | 12_1 | 1.0788 | .024 | 18_6 | 1.0367 | .022 |
| | | | 12_3 | 1.2274 | -.030 | 19_1 | 1.0057 | .066 |
| | | | 12_4 | 1.2116 | .117 | 19_6 | 1.0402 | .059 |
| | | | 12_5 | 1.0113 | .174 | 20_1 | 1.0447 | -.017 |
| | | | | | | 20_3 | 1.1319 | -.072 |

表4-3显示，20个$\pi_i^*$参数和49个$r_{ik}^*$参数（固定了C参数）的$\hat{R}$值均小于标准值1.2，所有项目参数的lag200自相关系数均小于

.2,说明所有项目参数估计链均达到收敛标准,项目参数估计值是稳定的。进而选取项目参数估计标准误相对较大的 $r^*_{15\_1}$ 作为例子分别绘制了 $r^*_{15\_1}$ 的时间序列图、后验分布图和自相关图。

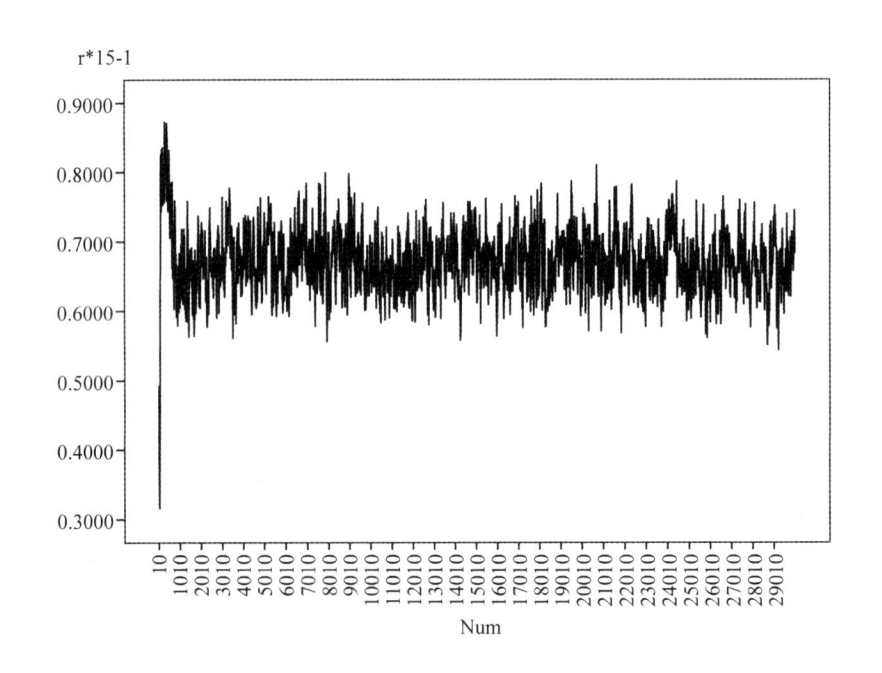

图 4-4　$r^*_{15\_1}$ 的时间序列图

图 4-4 是根据 $r^*_{15\_1}$ 3000 个时间点的估计值绘制的时间序列图,上图表明 $r^*_{15\_1}$ 的估计值波动较小,说明 $r^*_{15\_1}$ 的估计值收敛至相对稳定的值了。

图 4-5 是取 $r^*_{15\_1}$ 3000 个时间点的估计值中的后 1700 个的估计值的后验分布图,这个图表明 $r^*_{15\_1}$ 的估计值基本呈正态分布。图 4-6 是 $r^*_{15\_1}$ 后 1700 个估计值的正态分布检验图,上图表明观察累积概率与正态期望累积概率几乎完全重合,下图显示,正态偏差在 [-.01,.02] 之间波动,远远低于正态偏差 .1 的标准,说明 $r^*_{15\_1}$ 的估计值已收敛至理想的后验分布。

图4-5 $r^*_{15\_1}$后验分布图

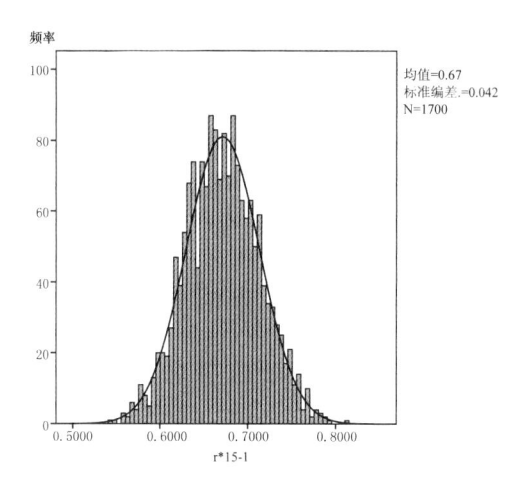

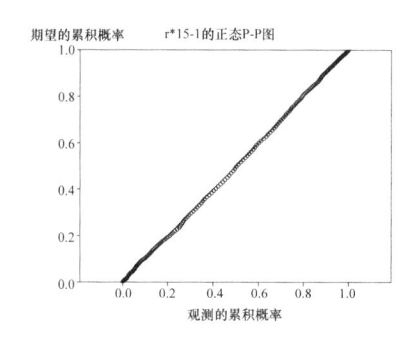

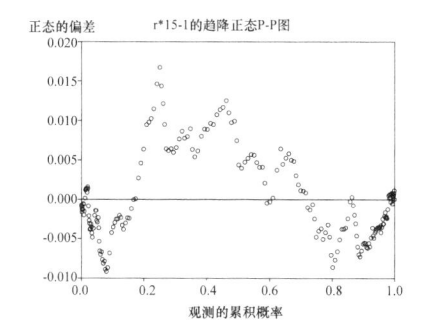

图4-6 $r^*_{15\_1}$正态分布检验图

ACF  r*15-1

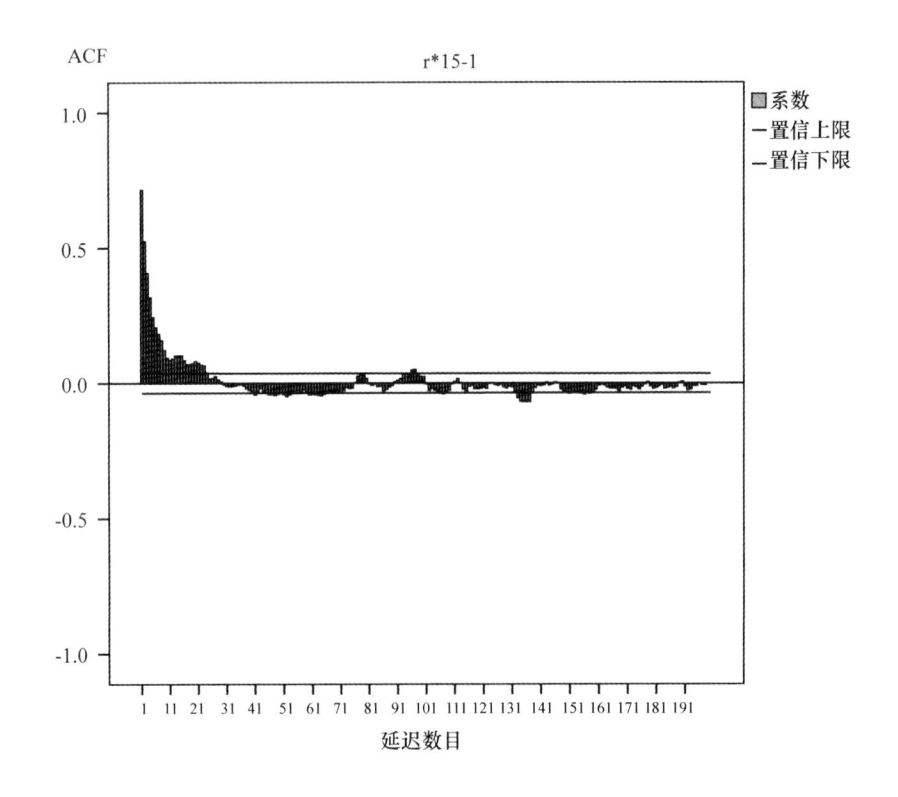

系数
置信上限
置信下限

延迟数目

图4-7 $r^*_{15\_1}$的自相关图

图4-7是$r^*_{15\_1}$ 3000个估计值的自相关图，收敛的标准是自相关值迅速降低，随后保持在稳定的区间范围内。上图显示，$r^*_{15\_1}$的估计值很快降低到较小值并落在稳定的置信区间范围内，表示$r^*_{15\_1}$的估计值已收敛。

总之，上述四种评估MCMC链收敛的方法均表明，用30000链长估计项目参数是可靠的，所估计的项目参数均为稳定的估计值。

2. 被试参数估计MCMC链收敛评估

FM除了报告项目参数外，重点是对每个被试在每个属性上的掌握概率进行报告，因此，还需要对Arpeggio估计的每位被试每个属性掌握概率估计值的收敛情况进行评估。方法和前面评估项目参数链收敛情况一样。FM系统会给出一个pktime文档报告根据认知属性掌概率对被试进行分类的 3000 个时间点的估计值。Exam Reports 文档报告的是所有被试在每个项目上的每个属性的项目正确作比即 PPM，双链估计时会报告 $\hat{R}$ 值。由于被试人数太多，无法如项目参数一样一一呈现 $\hat{R}$ 值，但计算了 2406 位被试的 $\hat{R}$ 值的描述统计量，结果是最大值 1.2516，最小值 1，平均值 1.0319，标准差 .0380，对所有 $\hat{R}$ 值进行降序排列，发现有 7 位被试的 $\hat{R}$ 超过标准值 1.2，但从平均值和标准差值可以看出被试的属性掌握概率估计值还是稳定的。接下来看看根据属性掌握概率对被试分类的情况。pktime 文档给出了每个认知属性的 3000 个 pktime 的估计值。表 4-4 列出的是每个属性 3000 个估计值的 Lag200 自相关系数，这些自相关系数均小于收敛的标准 .2，所以，每个属性掌握概率估计值的 MCMC 链也收敛了。

表 4-4　　　　　　　　被试属性掌握概率收敛情况

| 属性 | PK1 | PK3 | PK4 | PK5 | PK6 | PK7 |
|---|---|---|---|---|---|---|
| Lag200 | .001 | .002 | .001 | .047 | .164 | .050 |

进而，以属性 7 为例绘制属性 7 掌握概率估计值的时间序列图、后验分布图和自相关图来说明链的收敛程度。

时间序列图 4-8 表明属性 7 的 3000 个估计值表明 MCMC 链基本收敛了。

4-9 的直方图和 4-10 的正态检验 P-P 图表明属性 7 掌握概率的估计值已收敛至稳定的后验分布。

属性 7 掌握概率估计值的自相关图 4-11 表明其估计值比较快地降低至非常小的值且稳定在估计值的置信区间内。

（二）模型资料拟合检验

MCMC 链收敛了，说明运行 Arpeggio 对 FM 所估计的参数值是稳定的，检查 MCMC 链的收敛是对估计过程质量的考察，说明的是软件的适切性。而模型资料拟合检验证明的是理论上的假定与所收集的数据间的吻合程度。评估 FM 模型与资料拟合程度的方法主要有：一是比较期望统计量与实际的相应观察统计量，二者的差异越小越好，相关越大越好；二是考察所有被试的属性掌握概率与观察测验总分的单调关系，二者呈单调递增关系则表明模型资料拟合良好。

1. 期望统计量与观察统计量的吻合程度

观察统计量是指研究者由实测数据计算出来的统计量。期望统计量通过拟合模型的模拟数据来获得。模拟模型中使用的项目参数是从真实数据分析中获得的期望后验估计值，而能力参数是随后根据概率产生的。对于已校准过的数据，FM 系统会提供给每个被试每个属性的 PPM 和一个 η 值。在模拟中，被试从校准了的样本中进行放回抽样，通过计算产生一系列独立的伯努力随机变量从而产生模拟的属性掌握向量 $\alpha_k$（k=1，…，K），每种技能都有一个伯努力随机变量，伴随每种技能的伯努力概率就等于取样被试对每种技能的 PPM。那些被重复抽样的被试的实际估计值 η 被用以作为模拟值。有了这些项目参数和能力参数，就可以利用他们产生模拟的项目反应。重复抽样（如 50 万次）的目的是为获得精确的期望统计量。这种方法被称为后验期望模型拟合评估[①]。FM 系统中会计算到的典型的统计量有项目正确作答比、成对项目相关及被试的原始分数分布[②]。相对而言，项目成对相关和分数分布对模型资料的拟合要求更高，因此，要根据诊断评估的目的进行小心地解释。

为了评估模型资料的拟合程度，分别对项目参数指标项目正确作答比和能力参数指标被试测验总分的期望值和观察值进行比较。结果见表 4-5、图 4-12 和图 4-13。

---

[①] Sinharay, S., "Assessing of unidimensional IRT models using a Bayesian approach", *Journal of Educational Measurement*, Vol. 42, 2005, pp. 375-394.

[②] Henson, R. A., Roussos, L. A. & Templin, J. L., *Fusion model "fit" indices*. Unpublished ETS Project Report, Princeton, NJ, 2005.

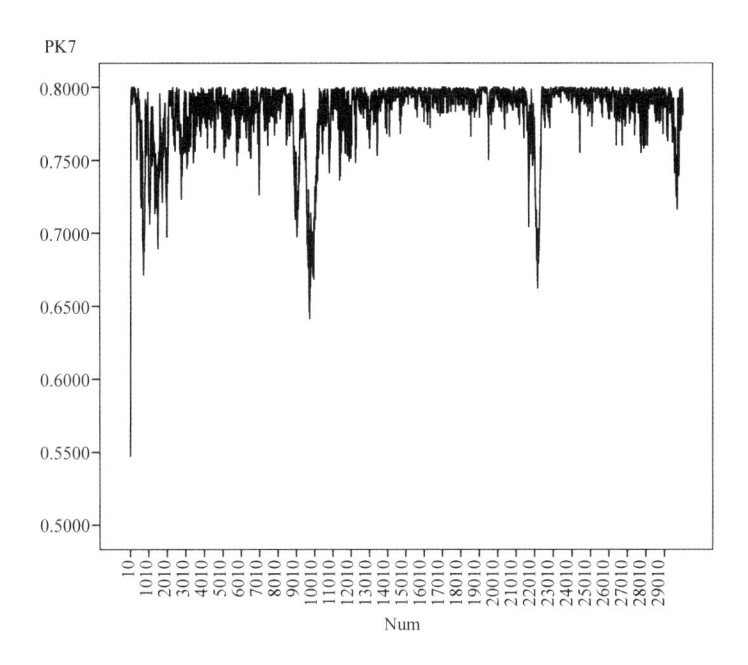

图 4-8 属性 7 掌握概率估计值时间序列图

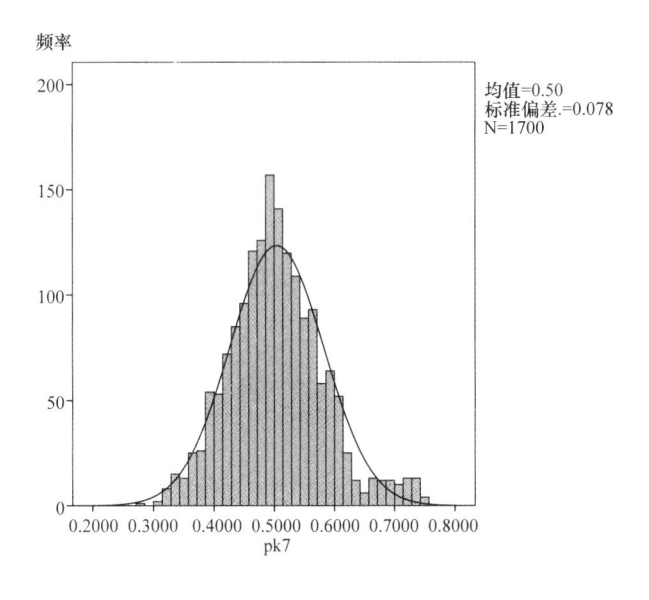

图 4-9 属性 7 掌握概率估计值直方图

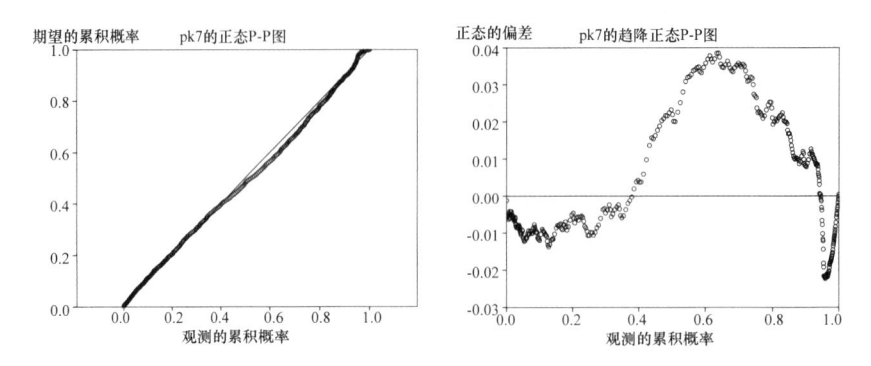

图4-10 属性7掌握概率估计值后验分布图

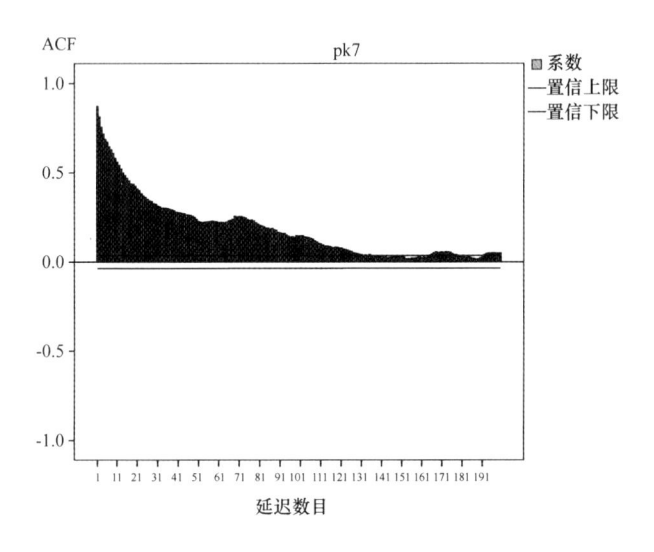

图4-11 属性7掌握概率估计值自相关图

表4-5 观察值与期望值的比较及其相关性检验

| 分组 | n | M | S.D | t | p | r | p |
|---|---|---|---|---|---|---|---|
| 项目正确作答比期望值 | 20 | .6280 | .1736 | 1.916 | .071 | .999 | .000 |
| 项目正确作答比观察值 | 20 | .6270 | .1734 | | | | |
| 测验总分期望值 | 2406 | 12.5737 | 3.1064 | 1.053 | .292 | .915 | .000 |
| 测验总分观察值 | 2406 | 12.5400 | 3.6290 | | | | |

表4-5表明，项目正确作答比的观察值均值为.6270，期望值均值为.6280，经检验，二者的差异不显著（t=1.916，p>.05），二者相关系数为.999（P<.001）。图4-12表明项目正确作答比的观察值和期望值的差距很小，几乎可以忽略不计。从测验总分观察值与期望值的差异来看，测验总分观察值均值为12.54，期望值均值为12.5737，经检验，二者差异也不显著（t=1.053，p>.05），二者相关系数为.915（P<.001）。图4-13表明期望值略微低估了高分段被试，但对低分段被试则高估了较多，中间分数段吻合较好，总体而言，测验总分的观察值与期望值差距较小。两个指标的分析均表明模型资料的拟合程度较为理想。

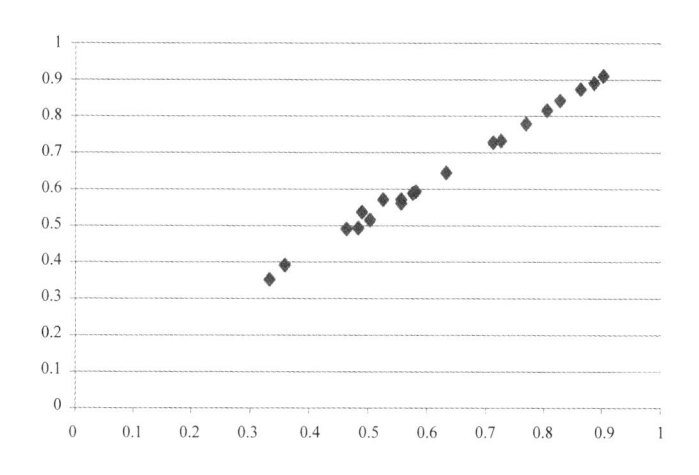

图4-12 项目正确作答比观察值与期望值的拟合情况

2. 被试属性掌握概率与测验观察总分的关系

考察所有被试的属性掌握概率与测验观察总分的单调关系是评估模型资料拟合程度的直观方法，如果二者的关系呈单调递增性特点则表示模型资料拟合程度良好。图4-14是模型估计的2406名被试的属性掌握概率的均值与实际的测验总分之间的关系图，二者呈单调递增关系，表明模型资料拟合良好。

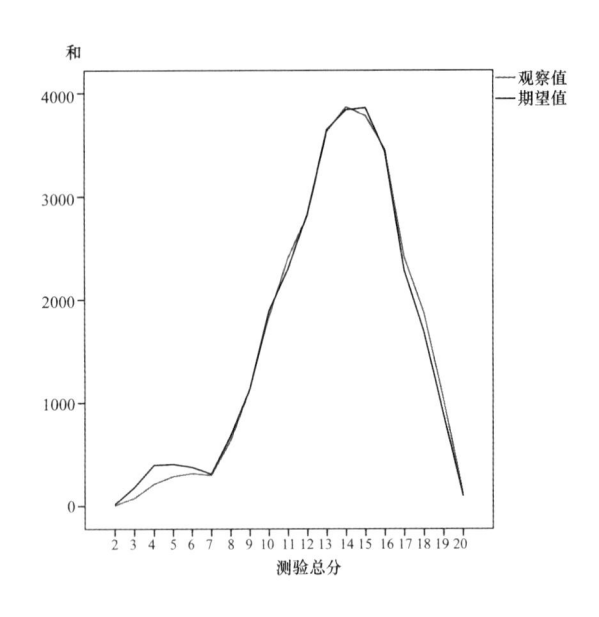

图 4-13 测验总分观察值与期望值的拟合情况

### (三) 诊断信度评估

信度是指多次测量结果的一致性、稳定性和可靠性，这是 CTT 和 IRT 中的信度概念，适用于连续单维潜在特质的信度度量，CDA 中的潜在特质是离散型变量，如掌握和未掌握。因此，CTT 和 IRT 中的信度计算方法不能直接用于 CDA 中，但信度概念的基本思想即一致性同样适用于 CDA，不同的是，CDA 中的是分类一致性，CTT 和 IRT 中是指测量结果的一致性。CDA 中的分类一致性一般从两个方面来衡量，一是真正的技能掌握状态即实际的和推断出来的状态即理论上的对应关系，用分类精度衡量指标 Cohens kappa 系数来度量；二是同一诊断在同一批被试上施测多次，考察多次分类结果的一致性，即重测信度。这就是 FM 信度估计的思想。FM 评估系统为了估计分类一致性，会用校准模型产生几套平行的模拟数据，然后对每套模拟数据中的每位被试都进行属性掌握或未掌握的分类估计。这个模拟过程与模型资料拟合检验产生模拟数据的原理一样。对每种技能，FM 会进行两种估计，一是估计每个被试被正确分类的次数比，二是计算每位

第四章 小学生阅读能力认知诊断结果分析

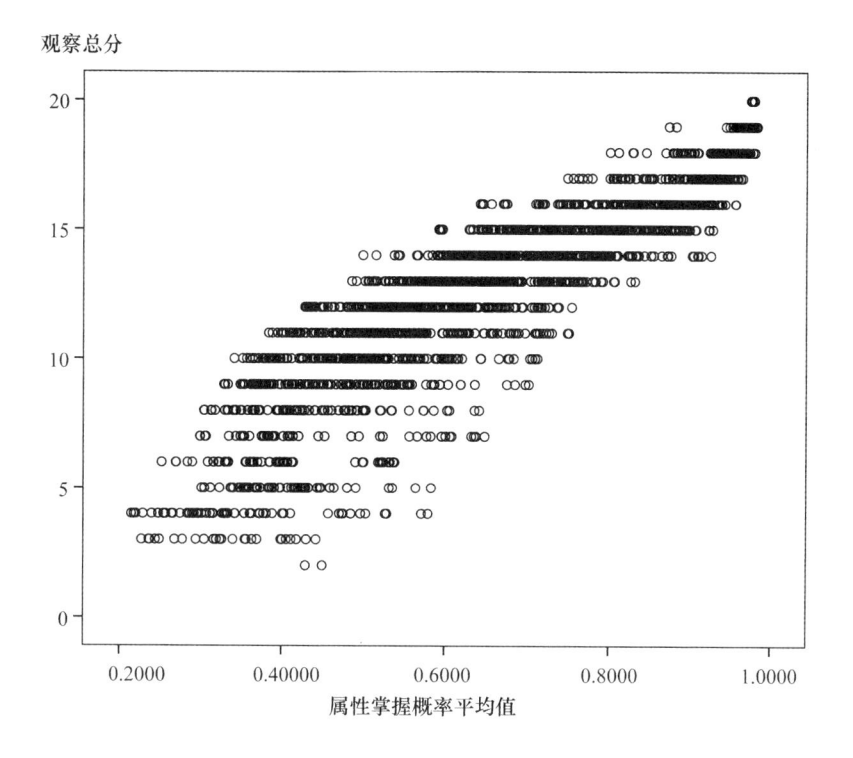

图 4-14 属性掌握概率平均值与测验观察总分的关系

被试在两个平行测验上被正确分类在同一类中的次数比即重测一致性比率的估计。FM 不仅分别报告每种技能的掌握者和未掌握者的正确分类比和重测一致性，还会报告每个属性的判准率和平均判准率。

如何判断某一技能是否为被试所掌握，国际上的习惯做法是根据被试在属性上的 PPM 来判断。判断的标准一般有两类，一是以 .5 为标准，PPM > .5 即为掌握者，PPM < .5 即为未掌握者。另一种分类标准是考虑到 .5 附近的信息不太明确，因此提供一个不太确定的区间，如果 PPM > .6，判定为掌握者，如果 PPM < .4，判定为未掌握者，如果 .4 ≤ PPM ≤ .6，则判定为不确定者。研究者可以根据研究目的、PPM 的实际情况等自行设定分类标准，如 .3 和 .7 或者 .2 和 .8 也是可供选择的分类标准。为了保证大部分被试能被分类，我们采用国际上应用较多的分类标准，即 .4 和 .6。属性判准率、分类一致性

191

和重测信度的指标值如下表。

表4-6　　　　　　　　属性判准率及分类一致性

| 属性 | 判准率 | M 判准率 | NM 判准率 | Cohens kappa | TRC | M TRC | NM TRC |
| --- | --- | --- | --- | --- | --- | --- | --- |
| A1 | .960 | .981 | .903 | .897 | .925 | .963 | .824 |
| A3 | .820 | .890 | .687 | .591 | .724 | .804 | .570 |
| A4 | .769 | .715 | .816 | .534 | .650 | .592 | .700 |
| A5 | .858 | .981 | .206 | .259 | .916 | .962 | .673 |
| A6 | .771 | .753 | .788 | .541 | .648 | .628 | .666 |
| A7 | .881 | .983 | .191 | .248 | .931 | .967 | .691 |
| 平均值 | .847 | .911 | .714 | .512 | .799 | .820 | .687 |

注：M 指掌握者，NM 指未掌握者，Cohens kappa 指分类一致性系数，TRC 指重测信度。

从表4-6中可以看出，第一，属性平均判准率较高，平均判准率.847。属性掌握者的平均判准率（.911）高于未掌握者的平均判准率（.714）。属性A4和A6的判准率相对低些。属性A4和A6的掌握者判准率低于未掌握者的判准率，属性A1、A3、A5和A7的掌握者判准率高于未掌握者的判准率。第二，被试的分类一致性处于中等水平，库恩卡帕系数的平均值为.512。属性A5和A7的分类一致性程度一般，属性A1、A3、A4和A6的分类一致性程度较高。第三，重测信度较高，重测信度均值.799。属性掌握者的重测信度.820高于未掌握者的.687。属性A4和A6的重测分类信度相对较低。属性A4和A6的掌握者重测信度低于未掌握者，属性A1、A3、A5和A7的掌握者重测信度高于未掌握者。第四，属性判准率的结果与重测信度高度一致，结合属性难度分析发现，属性A4和A6是相对较难的2个属性，这说明较难属性的判准率和重测信度相对要低。第五，分类一致性度量指标库恩卡帕系数与属性被测次数有一定程度相关，A1

和 A3 被测次数较多，分类一致性相对较高，A5 和 A7 被测次数较少，分类一致性相对较低。

### （四）诊断效度评估

效度是指一个测验能够测出其所要测的特质的程度，是测验的实测结果与测验目的之间的吻合程度问题，即测验的准确性。根据效度标准的来源，可以把效度分为内部效度和外部效度，内部效度是指效度标准来自于测验数据本身，反映的是研究本身的真实性和有效性。外部效度是指效度标准来自于测验外部，反映的是研究的外推适用性和推广性，又称为生态效度。认知诊断评估的主要目的是评定被试的认知属性掌握状态，如果测验能准确地对被试进行属性掌握状态的分类，说明认知诊断的内部效度高。如果认知诊断评估的结果与学生平时的学业成绩水平相关高，说明认知诊断的外部效度高。FM 系统本身只提供内部效度的验证。

1. 内部效度评估

FM 内部效度评估的指标叫 IM 统计量，全称是项目掌握统计量，内涵是 Arpeggio 估计的每种技能的掌握状态与观察到的被试在每个项目上的实际反应之间的吻合程度。其操作方法是对被分为不同类别的被试进行观察行为的差异比较。就每个项目而言，根据估计的被试对每个项目所设定的技能属性的掌握情况把被试分为三大类：项目掌握者（item i masters, m），指掌握了该项目所考核的所有属性的被试；项目未掌握者（item i nonmasters, nm），指没有完全掌握项目所考核所有属性的被试。项目未掌握者又分为两类，即高能力项目未掌握者（item i high nonmasters, nmh）和低能力项目未掌握者（item i low nonmasters, nml），前者是指掌握了该项目所考核属性一半或一半以上属性的被试，后者是指掌握了项目所考核的属性一半以下的被试。这里所讲的掌握者和未掌握者不是针对某种技能而言，而是针对某项目而言，针对某项目所考核的所有技能而言。IM 统计量计算的是每个项目中这三类被试的观察到的正确作答比（the observed proportion-right score, P）。内部效度的思想是通过比较每个项目掌握者和未掌握者、高能力项目未掌握者和低能力项目未掌握者的 P 值是否有显著性差异，如果差异显著，则表示 FM 对被试的分类是准确而有效的。

表 4 - 7　　　　　　　项目掌握者与未掌握者统计量

| 项目 | 掌握者 | | 未掌握者 | | 高能力项目未掌握者 | | 低能力项目未掌握者 | |
| --- | --- | --- | --- | --- | --- | --- | --- | --- |
| | 人数 | P | 人数 | P | 人数 | P | 人数 | P |
| 1 | 934 | .9411 | 678 | .7729 | 554 | .8249 | 124 | .5403 |
| 2 | 1067 | .7938 | 806 | .3598 | 677 | .4106 | 129 | .0930 |
| 3 | 1067 | .7966 | 806 | .2990 | 677 | .3501 | 129 | .0310 |
| 4 | 582 | .7852 | 998 | .5210 | 508 | .6614 | 490 | .3755 |
| 5 | 1755 | .9578 | 556 | .6529 | 0 | .0 | 556 | .6529 |
| 6 | 1755 | .9989 | 556 | .5809 | 0 | .0 | 556 | .5809 |
| 7 | 1755 | .9875 | 556 | .4676 | 0 | .0 | 556 | .4676 |
| 8 | 1755 | .9385 | 556 | .3903 | 0 | .0 | 556 | .3903 |
| 9 | 1067 | .6420 | 806 | .3350 | 677 | .3619 | 129 | .1938 |
| 10 | 1755 | .8798 | 556 | .4388 | 0 | .0 | 556 | .4388 |
| 11 | 1271 | .7388 | 414 | .4662 | 403 | .4789 | 11 | .0 |
| 12 | 531 | .5612 | 843 | .2800 | 744 | .3051 | 99 | .0909 |
| 13 | 934 | .8180 | 678 | .4159 | 554 | .4657 | 124 | .1935 |
| 14 | 671 | .8212 | 990 | .5646 | 663 | .6712 | 327 | .3486 |
| 15 | 705 | .8709 | 833 | .3794 | 303 | .5314 | 530 | .2925 |
| 16 | 650 | .7323 | 625 | .2736 | 562 | .2883 | 63 | .1429 |
| 17 | 580 | 1.0000 | 712 | .2458 | 668 | .2575 | 44 | .0682 |
| 18 | 500 | .8340 | 807 | .3854 | 413 | .5061 | 394 | .2589 |
| 19 | 756 | 1.0000 | 1100 | .5164 | 792 | .6402 | 308 | .1981 |
| 20 | 1067 | .9128 | 806 | .5310 | 677 | .5938 | 129 | .2016 |
| 均值 | 1058 | .8505 | 734 | .4438 | 444 | .3674 | 291 | .2780 |

从表4-7中可以得到以下几点结论：第一，项目掌握者的平均正确作答比显著高于项目未掌握者。项目掌握者平均P值为.8505，未掌握者平均P值是.4438，二者的均值差为.4067，标准差为.1329，配对样本t检验表明二者存在显著性差异（t = 13.68，P < .000）。第二，每个项目的项目掌握者正确作答比都高于项目未掌握者。第三，高能力项目未掌握者平均P值为.3674，低能力项目未掌握者平均P值是.2708，二者的均值差为.0894。第四，每个项目的高能力项目未掌握者的正确作答比均高于低能力项目未掌握者。第五，项目5、6、7、8、10题没有高能力项目未掌握者人数，所有项目未掌握者均为低能力项目未掌握者，说明这些项目对被试的区分能力很强。根据FM中项目统计量的思想，上述分析表明诊断的内部效度较高。

2. 外部效度评估

认知诊断的外部效度验证标准来自课题组设计的配套问卷，在正式施测的同时测试了一份配套问卷（见附录6），问卷收集了三份效度验证资料，一是被试平时语文成绩，学生填写接受诊断测试前三次语文测验成绩。二是学生平时综合成绩水平，按五级水平划分为上、中上、中、中下、下，分别赋值5、4、3、2、1。三是学生自我评定的阅读能力水平。配套问卷F部分设置了与所考核的属性相对应的7道题（修正模型固定了属性2，最后计算时以6个属性计算），学生根据自己的技能掌握程度做出自我评价，以被试在所有属性上的自评分数平均值作为被试自我评估的阅读能力水平。如果模型估计的属性掌握概率与三种效度验证资料有显著相关关系，表示模型估计的属性掌握概率是准确的。

表4-8表明，FM估计的属性掌握概率与学生平时语文成绩、综合成绩和自评阅读能力均呈显著正相关，这说明FM估计的属性掌握概率具有较高的外部效度。

表4-8　　　　被试属性掌握概率与语文成绩、综合成绩和
自评阅读能力相关分析（$r$, $n=2406$）

| | PPMM | PPM 1 | PPM 3 | PPM 4 | PPM 5 | PPM 6 | PPM 7 | A | B | C |
|---|---|---|---|---|---|---|---|---|---|---|
| PPMM | 1 | | | | | | | | | |
| PPM 1 | .699** | 1 | | | | | | | | |
| PPM 3 | .708** | .220** | 1 | | | | | | | |
| PPM 4 | .733** | .324** | .436** | 1 | | | | | | |
| PPM 5 | .816** | .583** | .498** | .442** | 1 | | | | | |
| PPM 6 | .795** | .263** | .716** | .705** | .532** | 1 | | | | |
| PPM 7 | .820** | .611** | .430** | .512** | .718** | .502** | 1 | | | |
| A | .177** | .177** | .125** | .091** | .157** | .089** | .158** | 1 | | |
| B | .194** | .142** | .152** | .128** | .175** | .141** | .141** | .319** | 1 | |
| C | .266** | .225** | .209** | .148** | .228** | .180** | .208** | .305** | .248** | 1 |

注：PPMM是属性掌握概率平均值；A表示学生平时语文成绩；B表示学生平时综合成绩；C表示学生自评阅读能力，**表示$P<.01$。

## 四　诊断评估结果分析

### （一）项目参数估计结果

第三章Q矩阵修正部分已表明测验$Q_t$矩阵中每个项目所界定的属性是完备的，所以在估计模型估计时对项目完备性参数c进行了固定，其余参数自由估计，参数估计结果见表4-9。

表4-9　　　　　　　　FM估计的项目参数

| 项目 | $\pi_i^*$ | $r_1^*$ | $r_2^*$ | $r_3^*$ | $r_4^*$ | $r_5^*$ | $r_6^*$ | $r_7^*$ | c |
|---|---|---|---|---|---|---|---|---|---|
| 1 | .9299 | .8572 | -9.9999 | .8602 | .0 | .8766 | .0 | .0 | 10 |
| 2 | .7505 | .7180 | -9.9999 | .5607 | .0 | .0 | .0 | .0 | 10 |
| 3 | .7367 | .7037 | -9.9999 | .5186 | .0 | .0 | .0 | .0 | 10 |

续表

| 项目 | $\pi_i^*$ | $r_1^*$ | $r_2^*$ | $r_3^*$ | $r_4^*$ | $r_5^*$ | $r_6^*$ | $r_7^*$ | c |
|---|---|---|---|---|---|---|---|---|---|
| 4 | .7790 | .5877 | -9.9999 | .6542 | .9119 | .0 | .0 | .0 | 10 |
| 5 | .9555 | .7317 | -9.9999 | .0 | .0 | .0 | .0 | .0 | 10 |
| 6 | .9967 | .6532 | -9.9999 | .0 | .0 | .0 | .0 | .0 | 10 |
| 7 | .9797 | .5651 | -9.9999 | .0 | .0 | .0 | .0 | .0 | 10 |
| 8 | .9293 | .5086 | -9.9999 | .0 | .0 | .0 | .0 | .0 | 10 |
| 9 | .6182 | .5545 | -9.9999 | .7028 | .0 | .0 | .0 | .0 | 10 |
| 10 | .8737 | .5637 | -9.9999 | .0 | .0 | .0 | .0 | .0 | 10 |
| 11 | .6675 | .7019 | -9.9999 | .0 | .0 | .4330 | .0 | .4723 | 10 |
| 12 | .5379 | .3774 | -9.9999 | .7974 | .7295 | .6880 | .0 | .0 | 10 |
| 13 | .7731 | .4664 | -9.9999 | .7723 | .0 | .3633 | .0 | .0 | 10 |
| 14 | .8190 | .5615 | -9.9999 | .0 | .8128 | .8613 | .0 | .0 | 10 |
| 15 | .7853 | .6689 | -9.9999 | .8984 | .0 | .0 | .6237 | .0 | 10 |
| 16 | .6712 | .6973 | -9.9999 | .6214 | .0 | .0 | .6165 | .1212 | 10 |
| 17 | .8853 | .7528 | -9.9999 | .7974 | .3816 | .0 | .0 | .4461 | 10 |
| 18 | .7713 | .5800 | -9.9999 | .7486 | .8052 | .0 | .8023 | .0 | 10 |
| 19 | .9904 | .4696 | -9.9999 | .0 | .0 | .0 | .7159 | .0 | 10 |
| 20 | .8864 | .5637 | -9.9999 | .7623 | .0 | .0 | .0 | .0 | 10 |

修正后的 Q 矩阵共有 20 个 $\pi_i^*$ 参数和 49 个 $r_{ik}^*$ 参数需要估计。$\pi_i^*$ 是项目参数，每个项目 1 个；$r_{ik}^*$ 参数是属性区分度参数，1 个项目考核多少个属性，就有多少个属性区分度参数。$\pi_i^*$ 是 FM 中最简单的项目参数，$\pi_i^*$ 越接近于 1 表示项目容易，$\pi_i^* < .6$ 表示项目较难，因此，$\pi_i^*$ 参数被称为 FM 的项目难度参数。表中第 2 列表明，20 个项目的 $\pi_i^*$ 参数取值范围在 .5379 至 .9967 之间，测验难度中等

偏易，项目的难度分布跟和 CTT、TRT 的分析结果基本一致。

$r_{ik}^*$ 参数是 FM 中非常重要的参数，其计算公式是被试未掌握属性 K 而答对项目 i 的概率与掌握属性 K 答对项目 i 的概率之比，刻画的是属性 K 对项目 i 的重要性，其值介于 0—1 之间，其值越小说明属性 K 对正确作答项目 i 越重要，其值越大说明属性 K 对正确作答项目 i 越不重要，因此 $r_{ik}^*$ 被称为项目 i 的属性区分度参数。一般认为 $r_{ik}^*$ 越接近于 0，表示项目 i 某属性越能区分掌握和未掌握该属性的被试，如果 $r_{ik}^*$ 大于 .9 就要怀疑这个属性对于被试正确作答该项目是否是必要的属性[①]。表中第 3、5、6、7、8、9 列共 49 个属性区分度参数 $r_{ik}^*$ 取值范围在 .1212 至 .9119 之间，平均值为 .6457，只有 $r_{4\_4}^*$1 值大于 .9，其余 $r_{ik}^*$ 都小于 .9，说明绝大部分属性的区分性能良好。为了进一步说明项目参数估计的精确性，表 4-10 进一步呈现了每个项目参数的估计值及标准差。

表 4-10　　　　　　　　项目参数的估计值和标准误

| 项目 | $\pi_i^*$ | | $r_{ik}^*$ | | | $r_{ik}^*$ | | |
|---|---|---|---|---|---|---|---|---|
| | 估计值 | 标准差 | 属性 | 估计值 | 标准差 | 属性 | 估计值 | 标准差 |
| 1 | .9299 | .0134 | 1_1 | .8572 | .0284 | 13_1 | .4664 | .0455 |
| 2 | .7505 | .0199 | 1_3 | .8602 | .0358 | 13_3 | .7723 | .0771 |
| 3 | .7367 | .0200 | 1_5 | .8766 | .0488 | 13_5 | .3633 | .1588 |
| 4 | .7790 | .0239 | 2_1 | .7180 | .0433 | 14_1 | .5615 | .0389 |
| 5 | .9555 | .0056 | 2_3 | .5607 | .0572 | 14_4 | .8128 | .0554 |
| 6 | .9967 | .0016 | 3_1 | .7037 | .0464 | 14_5 | .8613 | .0689 |
| 7 | .9797 | .0045 | 3_3 | .5186 | .0522 | 15_1 | .6689 | .0429 |

---

① Leighton, J. P. & Gierl M. J., *Cognitive Diagnostic Assessment for Education: Theory and Applications*, Cambridge University Press, The Edinburgh Building, Cambridge CB2 8RU, UK, 2007.

续表

| 项目 | $\pi_i^*$ 估计值 | 标准差 | 属性 | $r_{ik}^*$ 估计值 | 标准差 | 属性 | $r_{ik}^*$ 估计值 | 标准差 |
|---|---|---|---|---|---|---|---|---|
| 8 | .9293 | .0074 | 4_1 | .5877 | .0397 | 15_3 | .8984 | .0708 |
| 9 | .6182 | .0186 | 4_3 | .6542 | .0577 | 15_6 | .6237 | .0595 |
| 10 | .8737 | .0092 | 4_4 | .9119 | .0560 | 16_1 | .6973 | .0696 |
| 11 | .6675 | .0259 | 5_1 | .7317 | .0225 | 16_3 | .6214 | .1187 |
| 12 | .5379 | .0290 | 6_1 | .6532 | .0205 | 16_6 | .6165 | .1037 |
| 13 | .7731 | .0258 | 7_1 | .5651 | .0240 | 16_7 | .1212 | .0884 |
| 14 | .8190 | .0237 | 8_1 | .5086 | .0262 | 17_1 | .7528 | .1016 |
| 15 | .7853 | .0339 | 9_1 | .5545 | .0422 | 17_3 | .7974 | .0956 |
| 16 | .6712 | .0415 | 9_3 | .7028 | .0644 | 17_4 | .3816 | .1027 |
| 17 | .8853 | .0403 | 10_1 | .5637 | .0286 | 17_7 | .4461 | .1309 |
| 18 | .7713 | .0298 | 11_1 | .7019 | .0510 | 18_1 | .5800 | .0426 |
| 19 | .9904 | .0088 | 11_5 | .4330 | .1505 | 18_3 | .7486 | .0768 |
| 20 | .8864 | .0144 | 11_7 | .4723 | .1155 | 18_4 | .8052 | .0859 |
|  |  |  | 12_1 | .3774 | .0534 | 18_6 | .8023 | .1031 |
|  |  |  | 12_3 | .7974 | .0849 | 19_1 | .4696 | .0325 |
|  |  |  | 12_4 | .7295 | .0916 | 19_6 | .7159 | .0475 |
|  |  |  | 12_5 | .6880 | .1105 | 20_1 | .5637 | .0325 |
|  |  |  |  |  |  | 20_3 | .7623 | .0456 |

表4-10表明，20个$\pi_i^*$参数的估计标准差在.0016至.0415之间，均值为.0199；49个$r_{ik}^*$参数的估计标准差在.0205至.1588之间，均值为.0663。估计值标准差由3000个估计值计算而得，标准差小说明项目参数的估计值稳定而精确，这进一步说明了MCMC链已收敛，所估计的项目参数可信可靠。

## (二) 被试属性掌握概率估计结果

上述项目参数的分析是 FM 估计的两大参数体系之一，分析项目参数是为了检验测验的质量，而认知诊断的最主要目的是获得被试的属性掌握状态，与 DINA 等常用的认知诊断模型给出被试对属性的掌握未掌握状态不同的是，FM 模型直接输出的是每位被试在每个属性上的掌握概率，这给了研究者分析被试的属性掌握状态很大的进一步分析的弹性空间，这正是 FM 的优点之一。下面从属性掌握概率的整体描述性分析、群体差异分析两个方面呈现被试的属性掌握状态。

### 1. 属性掌握概率描述性分析

（1）整体描述

表 4-11 呈现的是 2406 名被试在 6 个属性上的掌握概率的基本描述统计量。

表 4-11　6 个属性的掌握概率描述统计量（N = 2406）

| 属性 | 极小值 | 极大值 | 均值 | 标准差 |
| --- | --- | --- | --- | --- |
| A1 | .0000 | 1.0000 | .7240 | .3792 |
| A3 | .0324 | .9984 | .6302 | .2795 |
| A4 | .0497 | .9524 | .4707 | .2595 |
| A5 | .1139 | .9954 | .7005 | .2347 |
| A6 | .0094 | .9729 | .4799 | .2718 |
| A7 | .0791 | .9991 | .7187 | .2442 |

如 4-11 所示，6 个属性掌握概率的均值从高到低的依次是：A1、A7、A5、A3、A6、A4，对应的属性分别是词句理解、情感体验、内容概括、信息提取、文本评鉴、内容探究。表 4-11 第 4 列和如图 4-15 所示，A1、A7 和 A5 掌握概率都在 .7 以上，处于第一梯队；A3 是 .6302，处于第二梯队；A4 和 A6 分别 .4707 和 .4799，处

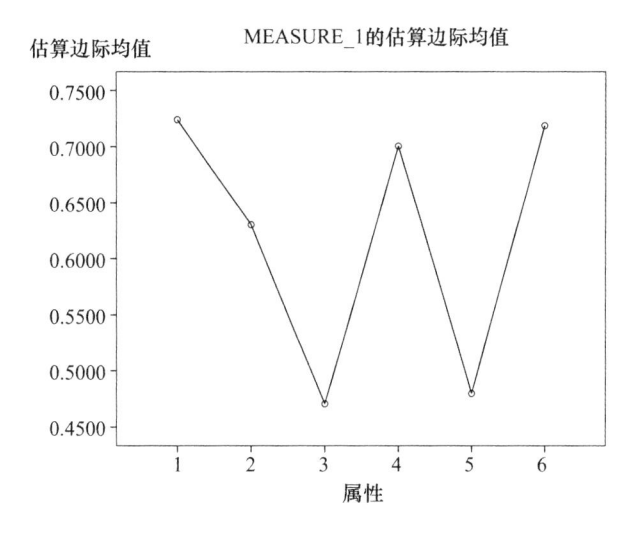

估算边际均值　MEASURE_1的估算边际均值

图4-15　属性掌握概率均值

于第三梯队。首先，词句理解能力是语文阅读能力体系中的基本能力，理应掌握得最好。情感体验和内容概括能力也掌握得较好，这可能源于考核相应属性的题目刚好较容易，也与我国的小学语文教学过程中重视对这三种阅读技能的训练有关。我国传统语文教学的常规教学模式是先朗读课文，然后挑出重要词句进行理解，接着进行段落大意或中心思想的概括和文章思想感情的体验，课堂提问及课后练习也较多地围绕词句理解、内容概括和情感体验这三种技能，因此，相对而言，学生的这三种技能的掌握情况较好。第二，信息提取能力原本是一个相对简单的属性，但研究结果表明，学生的信息提取能力在所考核的属性中处于中等水平，原因有二，一是考核信息提取能力的题目较多，有12道题，这些题目中难题2道，容易题2道，中等难度题8道，所以最后这个属性算出来的难度是中等。二是信息提取能力不是一个独立性很强的属性，可以单独考核这个属性但它总是伴随其他能力一起被考察，语文教师很难对这种能力进行单独训练。第三，掌握较不理想的是内容探究能力和文本评鉴能力，前者综合考察学生的分析、理解、想象和推理等能力，后者考察学生一定的评价能力和创造力，这两种属性本身较难掌握，特别是对于小学生来说，身心发展的特征和年龄特征都限制了对这两种属性的掌握。同时，传统教学也较少训练这两种阅读技能。国际大型阅读能力调查项目PISA把阅读技能分为三个子成分，即是信息提取、信息推断、信息的整合应用能力，对应于我们的信息提取、内容探究和文本评鉴，难易程度和掌握程度匹配。以上分析表明，从研究中获得的学生对属性的掌握情况符合学生的认知特点和我国语文阅读教学的实际情况，与国际阅读能力调查项目的研究结果也较为一致。

（2）属性掌握概率特征曲线

被试属性掌握概率与测验总分之间的关系可以用属性特征曲线（attribute characteristic cureve，ACC）来表达，见图4-16。这个图反映的是在不同的分数段，每个属性的被掌握情况。下图显示：其一，6个属性的平均掌握概率随被试总分呈单调递增趋势，这说明模型所估计的被试属性掌握概率是准确的。其二，10分以下分段数的属性掌握概率特征与10分以上的有较大不同。属性的陡峭程度是属性区分能力的度量，曲线越陡峭表示属性区分能力越强。图中显示，10分以下分数段，曲线更平坦一些，10分以上分数段，曲线更陡峭，说明所有属性对中等水平以上的被试区分能力更强。其三，属性对不同分数段的学生区分能力不同。属性A1对7—14分的学生区分能力强，对7分以下和14分以上的被试区分能力不强。其余属性特点相似，都是对5以下和12分以上的被试区分较好，其余分数段呈现不规律的特点。其四，属性的难易程度由曲线的位置体现，尽管属性曲线之间存在部分交叉现象，总体而言，6个属性在高分段从左往右从高到低的排序依次是A1、A7、A5、A3、A6、A4，这正是属性由易到难的顺序。

（3）属性掌握与未掌握者的分布

FM除了输出每个被试在每个属性上的掌握概率以外，还会根据每个属性的PPM对被试进行分类。分类标准由研究者自行设定，如常见做法是把被试分为三类，即PPM小于.4为该技能未掌握者，PPM大于等于.4小于等于.6为该技能无法确定者，PPM大于.6为该技能掌握者。表4-12是FM根据三分类标准估计的三类被试对应的人数及比例，即掌握者比例、未掌握者比率和无法确定者人数比率。

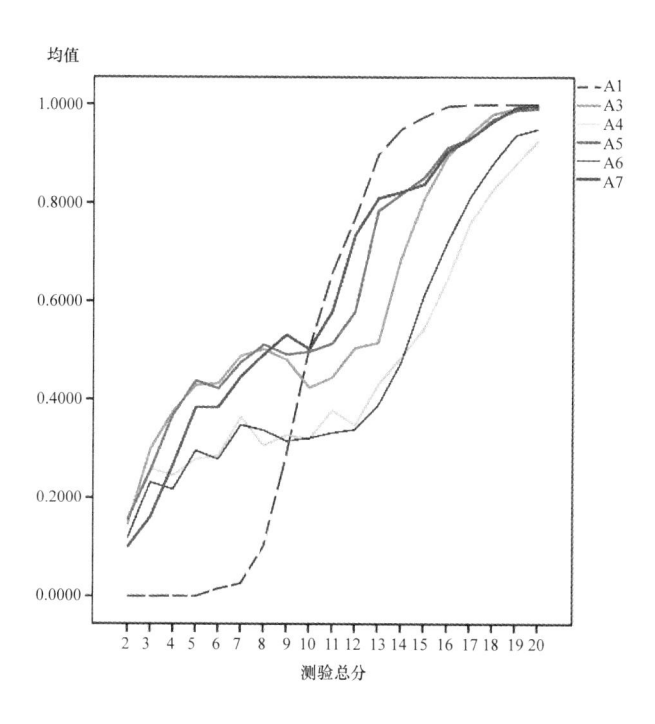

图4-16 6个属性掌握概率特征曲线

表4-12 技能掌握者、未掌握者及无法确定者人数比率

| 属性 | 掌握者比率 | 未掌握者比率 | 无法确定者人数比率 |
| --- | --- | --- | --- |
| A1 | .7294 | .2311 | .0395 |
| A3 | .5599 | .2448 | .1953 |
| A4 | .3562 | .4859 | .1579 |
| A5 | .7901 | .0507 | .1592 |
| A6 | .3645 | .4402 | .1953 |
| A7 | .7697 | .0291 | .2012 |

首先，属性的掌握者比率从高到低依次是 A5、A7、A1、A3、A6、A4，这与属性掌握概率和属性从易到难的排序基本一致。说明属性越难，掌握者比率越低。其次，两个较难属性 A4 和 A6 的掌握者比率低于未掌握者比率，说明较难属性未掌握者人数比掌握者多。第三，4 个相对较易属性的掌握者比率均高于未掌握者比率，说明对于较易属性，掌握者人数多于未掌握者人数。第四，属性 A1 的无法确定者人数比率相对较低，说明属性 A1 的属性掌握概率两极分化较为明显；而属性 A3、A6、A7 有 20% 的左右的被试、属性 A4 和 A5 有 15% 左右的被试的属性掌握概率处于中等水平。

2. 属性掌握概率群体差异分析

认知诊断的根本目的是从微观上分析每位学生的属性掌握状态，但如果测试时有意识地收集了学生的背景信息，在分析时从宏观角度对学生的属性掌握状态进行群体性比较，这种分析结果有助于教师、教育管理者和相关决策部门从整体上把握影响学生属性掌握状态的背景因素。接下来，我们对属性掌握概率的群体性特征进行分析。怎么分析和呈现属性掌握概率的群体特点，有 3 种方法可供选择。一是以 6 个属性的平均值作为因变量，以学生的背景变量如学校、家庭和学生本人的基本信息作为自变量，有多少个自变量就做多少次检验。检验过程操作次数较多，结果呈现需大量篇幅，同时，以 6 个属性的均值作为因变量进行群体差异分析会损失不同被试群体对每个属性掌握情况的信息，不符合认知诊断对知识状态进行详细分析的目的。第二种方法是以每个属性作为因变量，以学生背景信息作为自变量，我们的研究共有 6 个属性即 6 个因变量，学生背景信息有 13 个变量，那么需要进行 78 次检验，这种做法工作量巨大，检验效率低，除此之外，还存在以下几个缺点：一是难以得到一个综合的结论，如同一个背景变量在这个属性上显著在另一个属性上不显著，这样很难说某一背景变量是否影响了属性掌握概率。二是犯一类错误的概率大大增大，如假设有 P 个指标，犯一类错误的概率设定为 .05，P 个指标 P 次检验结果均正确的概率为 $(1-0.05)^P$。当指标数为 6 时，6 次检验结果均正确的概率为 $(1-0.05)^6$，即 .7351，犯一类错误的概率增大为 .2649。三是忽略了因变量之间的相关关系，导致只见树木，不见森林，而且单因量的结果加起来不能向多因变量推广。第三种方法是多元方差分析，该方法适用于多个因变量且这些变量之间存在一定的相关关系。前文在外部效度的验证部分已述及，属性之间的相关系数均存在 .01 的显著性水平上显著。因此，6 属性掌握概率在各群体上的差异分析应选用多元方差分析方法。具体做法是以 6 个属性掌握概率作为因变量，以 13 个学生背景变量作为自变量，分别建立 13 个多元分析模型，表 4-13 是 13 个模型统计检验的结果。

表 4-13　　　　　　　　多元方差分析检验统计量

| 群体类别 | Pillai 值 | F | Sig. | 偏 $\eta^2$ |
| --- | --- | --- | --- | --- |
| 学校所属区域 | .047 | 6.427 | .000 | .016 |
| 学校所在地 | .154 | 21.665 | .000 | .051 |
| 学校性质 | .084 | 36.828 | .000 | .084 |
| 是否有图书馆 | .018 | 7.314 | .000 | .018 |
| 家庭亲子关系 | .008 | 2.542 | .019 | .004 |
| 家庭经济背景 | .030 | 2.807 | .000 | .008 |
| 家庭文化背景 | .026 | 3.401 | .000 | .009 |
| 是否独生子女 | .010 | 3.880 | .000 | .010 |
| 学生生源地 | .046 | 4.387 | .000 | .012 |
| 年级 | .037 | 7.468 | .000 | .018 |
| 性别 | .028 | 10.954 | .000 | .028 |
| 身份 | .050 | 19.963 | .000 | .050 |
| 成绩水平 | .055 | 5.319 | .000 | .014 |

在进行多元方差分析时，SPSS 会计算 4 个统计量，分别是 Pillai 轨迹、Wilks'λ、Hotelling 轨迹和 Roy 的最大根，对于以上 4 种检验统计量，Olson 于 1974 年证明了当模型建立的前提条件不满足时，Pillai 轨迹最稳健[1]，所以表中呈现的是 Pillai 轨迹统计量。这个统计量值恒为正值，值越大，表示该效应项对模型的贡献越大。据此，对模型贡献由大到小依次是学校所在地、学校性质、学生的成绩水平、是否学生干部身份、学校所属区域、学生生源地、年级、家庭经济背景、性别、家庭文化背景、出生次序、家庭亲子关系。表中第 3 列是模型显著与否的 F 检验统计量，第 4 列是模型显著与否的 P 值，这两列数据表明，所有模型均显著，因此，认为表中第 1 列所有自变量对 7 个属性掌握概率的影响都是显著的。即学校因素、家庭因素和自身因素共 13 个自变量分别对 6 个属性掌握概率的影响是显著的。表第 5 列是方差分析的效应量，效应量值范围在 [.004，.084] 之间。一般认为方差分析的小、中、大效果量取值分别是 .01、.06 和 .14[2]。由此，除了学校性质是中效果量，其他变量都是小效果量，但效果是存在的。这说明 13 类不同群体的学生在 7 个属性掌握概率上均存在显著的统计差异。

为了更直观地感受到这 13 个不同变量与 6 个属性掌握概率的关系，进而在 SPSS 中采用比较均值下的均值分析描述多自变量与多因变量的交叉均值，再根据所得自变量与属性掌握概率的交叉均值绘制成了 13 个比较图，如下：

上图表明属性掌握概率具有如下跨群体性特征：①学校变量中，西南地区的学校、村镇学校和非城区学校的学生 6 个属性的掌握概率相对较低，来自地级市和省城城区学校的学生的属性掌握概率相对更高；有图书馆的学校属性掌握概率相对较高。②家庭变量中，家庭经济状况不是特别差、父母受教育程度较高如达到本科以上学历、亲子关系较好、独生子女家庭的孩子，属性掌握概率均相对较高。③所有

---

[1] 张文彤、董伟：《SPSS 统计分析高级教程》，高等教育出版社 2004 年版。
[2] 张敏强：《教育与心理统计学》，人民教育出版社 2020 年版。

属性掌握概率随年级升高而提高。④学生本人变量中，出生于地级城市或省会城市、成绩中等以上、女性、学生干部学生的属性掌握概率相对较高。

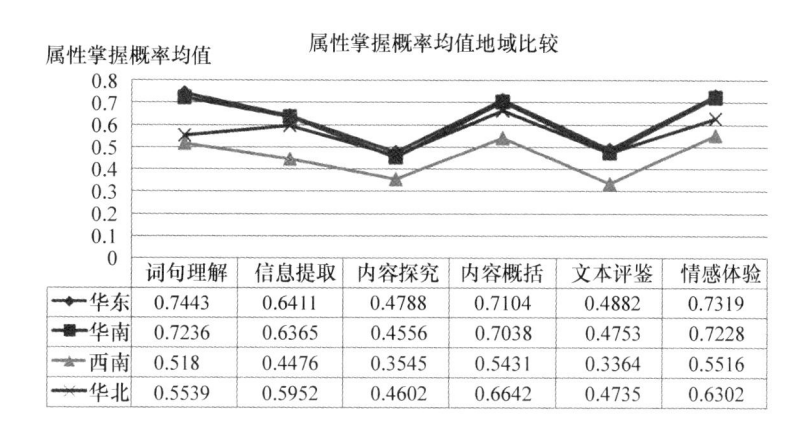

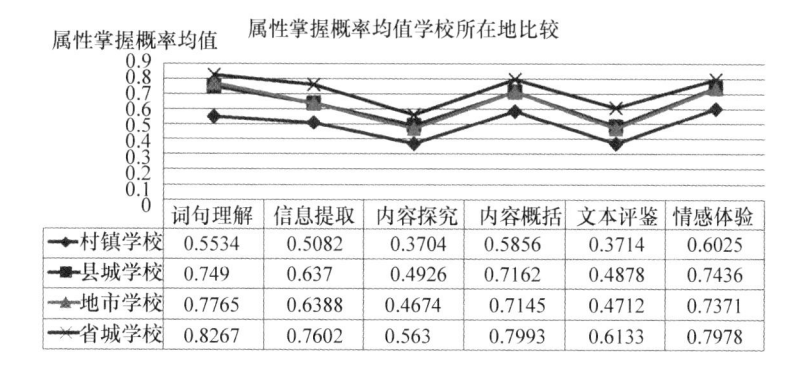

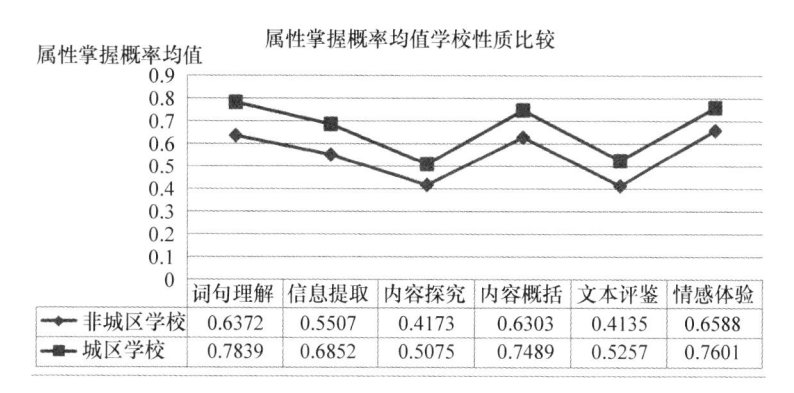

属性掌握概率均值地域比较

| | 词句理解 | 信息提取 | 内容探究 | 内容概括 | 文本评鉴 | 情感体验 |
|---|---|---|---|---|---|---|
| 华东 | 0.7443 | 0.6411 | 0.4788 | 0.7104 | 0.4882 | 0.7319 |
| 华南 | 0.7236 | 0.6365 | 0.4556 | 0.7038 | 0.4753 | 0.7228 |
| 西南 | 0.518 | 0.4476 | 0.3545 | 0.5431 | 0.3364 | 0.5516 |
| 华北 | 0.5539 | 0.5952 | 0.4602 | 0.6642 | 0.4735 | 0.6302 |

属性掌握概率均值学校所在地比较

| | 词句理解 | 信息提取 | 内容探究 | 内容概括 | 文本评鉴 | 情感体验 |
|---|---|---|---|---|---|---|
| 村镇学校 | 0.5534 | 0.5082 | 0.3704 | 0.5856 | 0.3714 | 0.6025 |
| 县城学校 | 0.749 | 0.637 | 0.4926 | 0.7162 | 0.4878 | 0.7436 |
| 地市学校 | 0.7765 | 0.6388 | 0.4674 | 0.7145 | 0.4712 | 0.7371 |
| 省城学校 | 0.8267 | 0.7602 | 0.563 | 0.7993 | 0.6133 | 0.7978 |

属性掌握概率均值学校性质比较

| | 词句理解 | 信息提取 | 内容探究 | 内容概括 | 文本评鉴 | 情感体验 |
|---|---|---|---|---|---|---|
| 非城区学校 | 0.6372 | 0.5507 | 0.4173 | 0.6303 | 0.4135 | 0.6588 |
| 城区学校 | 0.7839 | 0.6852 | 0.5075 | 0.7489 | 0.5257 | 0.7601 |

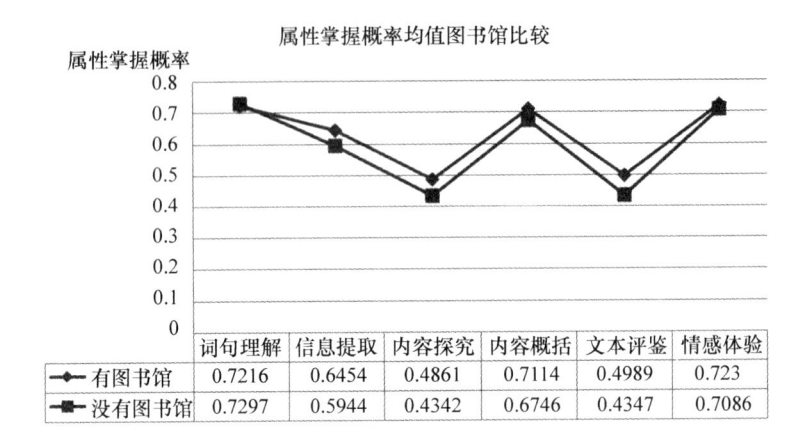

### 属性掌握概率均值图书馆比较

| | 词句理解 | 信息提取 | 内容探究 | 内容概括 | 文本评鉴 | 情感体验 |
|---|---|---|---|---|---|---|
| 有图书馆 | 0.7216 | 0.6454 | 0.4861 | 0.7114 | 0.4989 | 0.723 |
| 没有图书馆 | 0.7297 | 0.5944 | 0.4342 | 0.6746 | 0.4347 | 0.7086 |

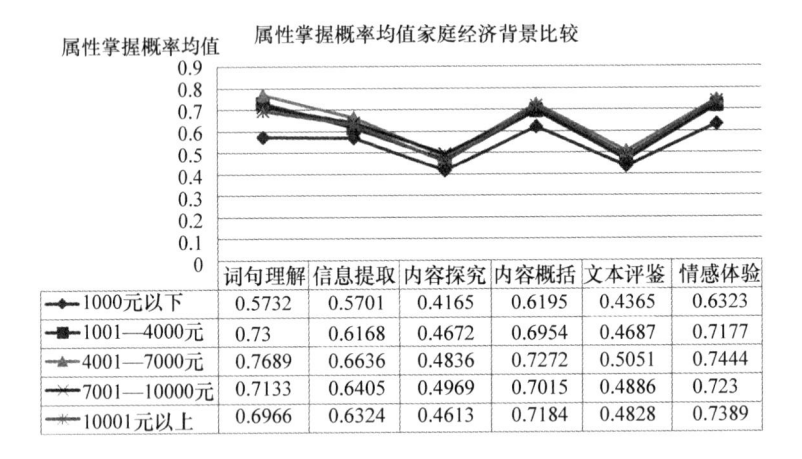

### 属性掌握概率均值家庭经济背景比较

| | 词句理解 | 信息提取 | 内容探究 | 内容概括 | 文本评鉴 | 情感体验 |
|---|---|---|---|---|---|---|
| 1000元以下 | 0.5732 | 0.5701 | 0.4165 | 0.6195 | 0.4365 | 0.6323 |
| 1001—4000元 | 0.73 | 0.6168 | 0.4672 | 0.6954 | 0.4687 | 0.7177 |
| 4001—7000元 | 0.7689 | 0.6636 | 0.4836 | 0.7272 | 0.5051 | 0.7444 |
| 7001—10000元 | 0.7133 | 0.6405 | 0.4969 | 0.7015 | 0.4886 | 0.723 |
| 10001元以上 | 0.6966 | 0.6324 | 0.4613 | 0.7184 | 0.4828 | 0.7389 |

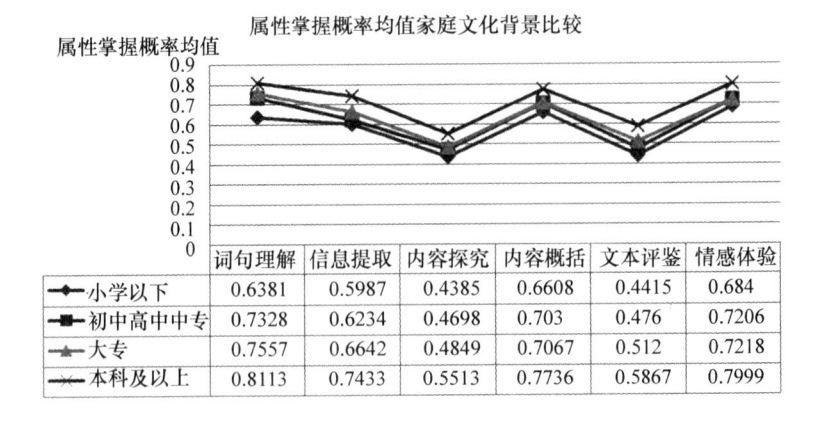

### 属性掌握概率均值家庭文化背景比较

| | 词句理解 | 信息提取 | 内容探究 | 内容概括 | 文本评鉴 | 情感体验 |
|---|---|---|---|---|---|---|
| 小学以下 | 0.6381 | 0.5987 | 0.4385 | 0.6608 | 0.4415 | 0.684 |
| 初中高中中专 | 0.7328 | 0.6234 | 0.4698 | 0.703 | 0.476 | 0.7206 |
| 大专 | 0.7557 | 0.6642 | 0.4849 | 0.7067 | 0.512 | 0.7218 |
| 本科及以上 | 0.8113 | 0.7433 | 0.5513 | 0.7736 | 0.5867 | 0.7999 |

## 第四章 小学生阅读能力认知诊断结果分析

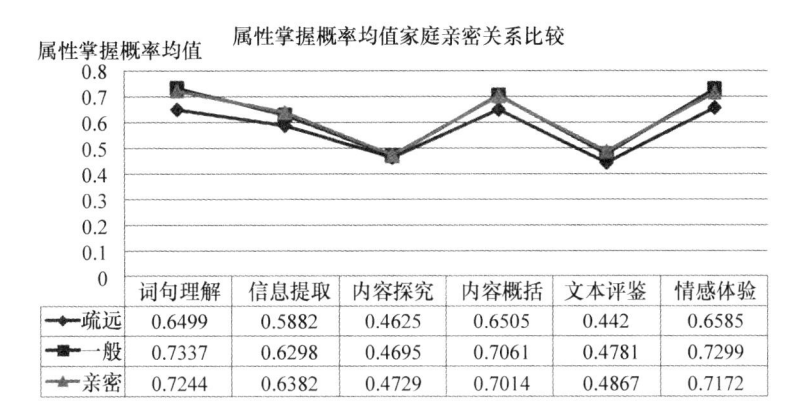

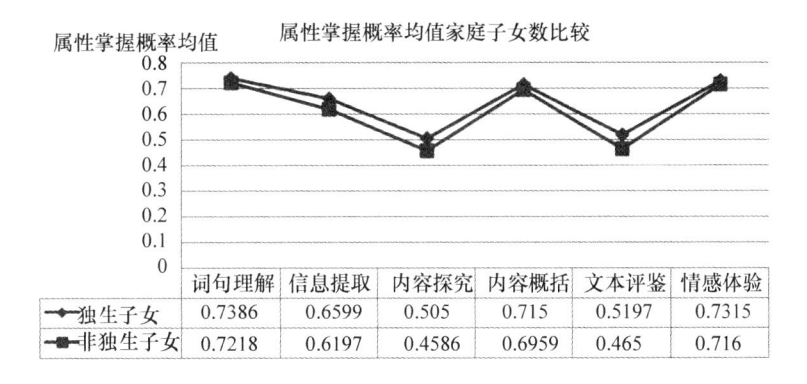

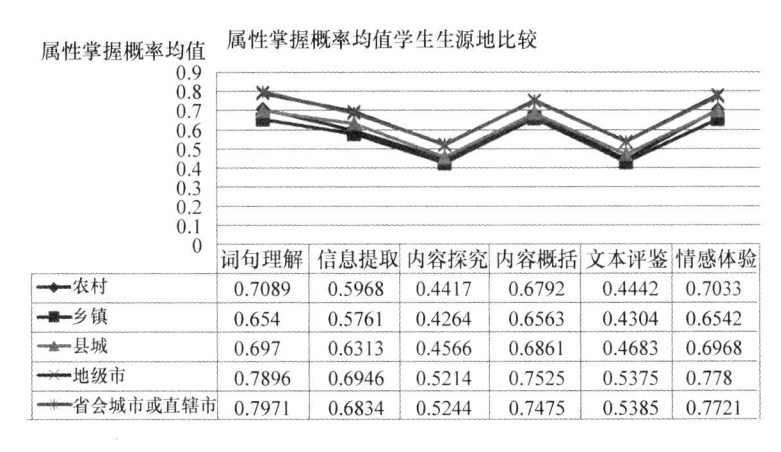

**属性掌握概率均值家庭亲密关系比较**

| | 词句理解 | 信息提取 | 内容探究 | 内容概括 | 文本评鉴 | 情感体验 |
|---|---|---|---|---|---|---|
| 疏远 | 0.6499 | 0.5882 | 0.4625 | 0.6505 | 0.442 | 0.6585 |
| 一般 | 0.7337 | 0.6298 | 0.4695 | 0.7061 | 0.4781 | 0.7299 |
| 亲密 | 0.7244 | 0.6382 | 0.4729 | 0.7014 | 0.4867 | 0.7172 |

**属性掌握概率均值家庭子女数比较**

| | 词句理解 | 信息提取 | 内容探究 | 内容概括 | 文本评鉴 | 情感体验 |
|---|---|---|---|---|---|---|
| 独生子女 | 0.7386 | 0.6599 | 0.505 | 0.715 | 0.5197 | 0.7315 |
| 非独生子女 | 0.7218 | 0.6197 | 0.4586 | 0.6959 | 0.465 | 0.716 |

**属性掌握概率均值学生生源地比较**

| | 词句理解 | 信息提取 | 内容探究 | 内容概括 | 文本评鉴 | 情感体验 |
|---|---|---|---|---|---|---|
| 农村 | 0.7089 | 0.5968 | 0.4417 | 0.6792 | 0.4442 | 0.7033 |
| 乡镇 | 0.654 | 0.5761 | 0.4264 | 0.6563 | 0.4304 | 0.6542 |
| 县城 | 0.697 | 0.6313 | 0.4566 | 0.6861 | 0.4683 | 0.6968 |
| 地级市 | 0.7896 | 0.6946 | 0.5214 | 0.7525 | 0.5375 | 0.778 |
| 省会城市或直辖市 | 0.7971 | 0.6834 | 0.5244 | 0.7475 | 0.5385 | 0.7721 |

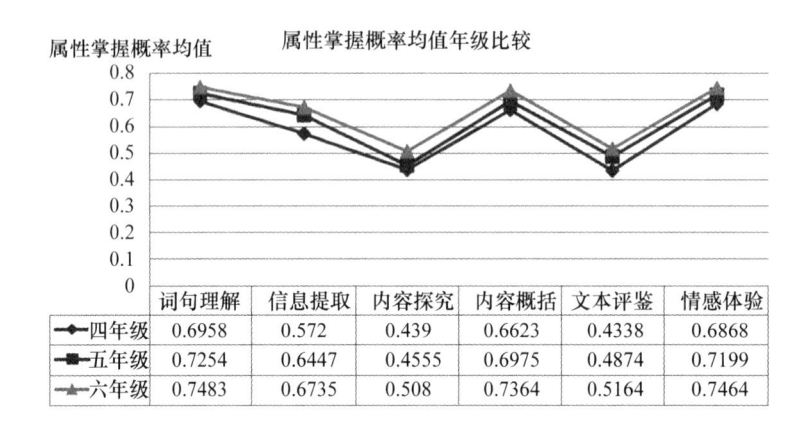

**属性掌握概率均值年级比较**

| | 词句理解 | 信息提取 | 内容探究 | 内容概括 | 文本评鉴 | 情感体验 |
|---|---|---|---|---|---|---|
| 四年级 | 0.6958 | 0.572 | 0.439 | 0.6623 | 0.4338 | 0.6868 |
| 五年级 | 0.7254 | 0.6447 | 0.4555 | 0.6975 | 0.4874 | 0.7199 |
| 六年级 | 0.7483 | 0.6735 | 0.508 | 0.7364 | 0.5164 | 0.7464 |

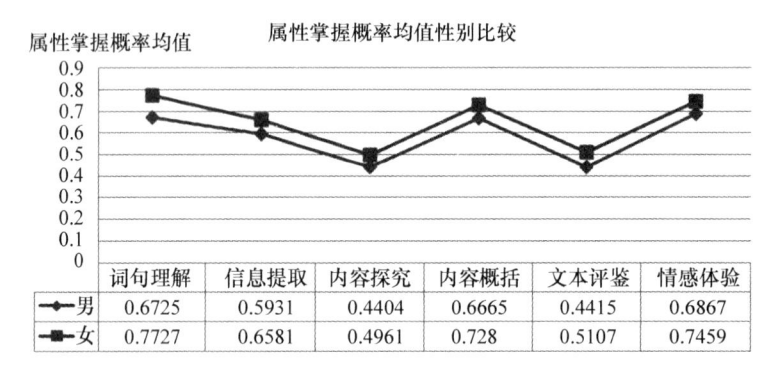

**属性掌握概率均值性别比较**

| | 词句理解 | 信息提取 | 内容探究 | 内容概括 | 文本评鉴 | 情感体验 |
|---|---|---|---|---|---|---|
| 男 | 0.6725 | 0.5931 | 0.4404 | 0.6665 | 0.4415 | 0.6867 |
| 女 | 0.7727 | 0.6581 | 0.4961 | 0.728 | 0.5107 | 0.7459 |

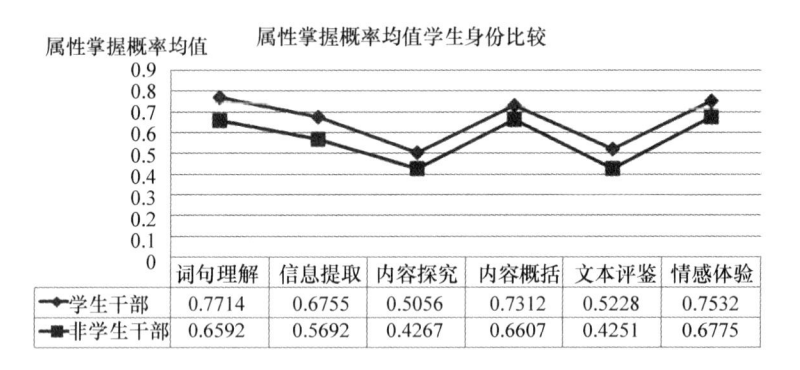

**属性掌握概率均值学生身份比较**

| | 词句理解 | 信息提取 | 内容探究 | 内容概括 | 文本评鉴 | 情感体验 |
|---|---|---|---|---|---|---|
| 学生干部 | 0.7714 | 0.6755 | 0.5056 | 0.7312 | 0.5228 | 0.7532 |
| 非学生干部 | 0.6592 | 0.5692 | 0.4267 | 0.6607 | 0.4251 | 0.6775 |

属性掌握概率均值学生成绩水平比较

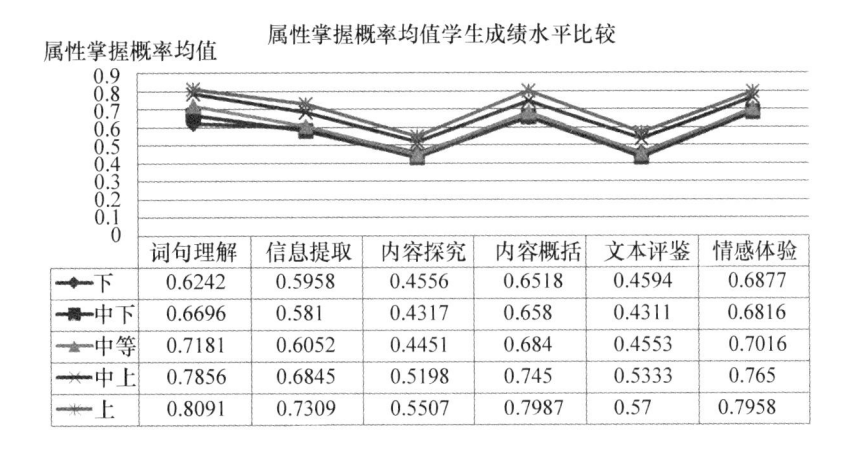

| | 词句理解 | 信息提取 | 内容探究 | 内容概括 | 文本评鉴 | 情感体验 |
|---|---|---|---|---|---|---|
| 下 | 0.6242 | 0.5958 | 0.4556 | 0.6518 | 0.4594 | 0.6877 |
| 中下 | 0.6696 | 0.581 | 0.4317 | 0.658 | 0.4311 | 0.6816 |
| 中等 | 0.7181 | 0.6052 | 0.4451 | 0.684 | 0.4553 | 0.7016 |
| 中上 | 0.7856 | 0.6845 | 0.5198 | 0.745 | 0.5333 | 0.765 |
| 上 | 0.8091 | 0.7309 | 0.5507 | 0.7987 | 0.57 | 0.7958 |

图 4-17 不同群体在 6 个属性掌握概率上的差异情况

以上分析结果表明，从学校所属地域、学校所在地和学校性质这种大环境因素，到家庭的经济背景、文化背景、家庭成员数量、亲子关系到最后学生自身的身份特征如出生地、是否干部、性别、所读年级、成绩水平等都是影响属性掌握概率的变量。可见，属性掌握水平状况是外因和内因综合作用的结果，大到地域、地区等因素，中到家庭经济文化背景等因素，再到自身身份特征和综合能力因素，都对属性掌握概率产生或大或小的影响。

（三）被试属性掌握状态的分类结果

1. 基于掌握/未掌握的分类结果

与常见的 DINA 模型不同的是，FM 对被试属性掌握状态的诊断不是直接输出掌握/未掌握的二分变量，而是对每个被试在每个技能上的掌握程度提供属性掌握概率，这种对被试属性掌握状态的判定比二分法更优秀，特别是针对阅读能力这种具有连续性特征的属性。根据 FM 给出的每位被试在每个属性上的属性掌握概率，研究者可以依据不同的分类标准对被试进行分类。通常以属性掌握概率为 .5 作为切分点对被试的技能掌握状态进行分类，PPM≥.5 判定为被试掌握了该属性，PPM <.5 则判定为被试未掌握该属性[①]。以这种分类标准对所有被试的属性掌握概率进行二分类转化后，6个属性的通过率即掌握者占总人数的比率依次为：.750、.653、.435、.772、.450、.727，相对应的属性掌握概率均值为：.7240、.6302、.4707、.7005、.4799、.7187，二者体现的属性难易程度基本一致。但分类后的A4和A6这两个属性的通过率明显降低，其他属性的通过率反而略微提高。这说明用.5作为属性掌握与否的分类标准与原先属性掌握概率的结果是基本一致，但对于难易程度不同的属性，以.5为切分点的分类方法会人为降低较难属性的通过率，提高较易属性的通过率。尽管如此，我们沿用以往研究的常规做法，根据被试在每个属性上的属性掌握概率进行了二分类划分，然后用多变量排序法进行属性掌握状态的统计，得到的结果见表4-14。

表4-14　　FM模型估计的二分类被试属性掌握模式、人数及相应比率

| 掌握模式 | 人数 | 百分比（%） | 掌握模式 | 人数 | 百分比（%） |
| --- | --- | --- | --- | --- | --- |
| 111111 | 604 | .2510 | 110010 | 15 | .0062 |
| 100101 | 193 | .0802 | 010110 | 14 | .0058 |
| 110101 | 188 | .0781 | 110001 | 12 | .0050 |
| 110111 | 159 | .0661 | 010011 | 12 | .0050 |
| 000000 | 118 | .0490 | 011101 | 12 | .0050 |
| 101101 | 105 | .0436 | 011110 | 12 | .0050 |
| 100000 | 91 | .0378 | 100111 | 9 | .0037 |
| 111101 | 55 | .0229 | 011010 | 9 | .0037 |
| 000100 | 54 | .0224 | 011100 | 8 | .0033 |

---

[①] 康春花：《小学数学应用题问题解决的认知诊断研究》，博士学位论文，北京师范大学，2011年。

续表

| 掌握模式 | 人数 | 百分比（%） | 掌握模式 | 人数 | 百分比（%） |
|---|---|---|---|---|---|
| 100001 | 53 | .0220 | 011001 | 7 | .0029 |
| 010101 | 53 | .0220 | 011011 | 7 | .0029 |
| 100100 | 52 | .0216 | 001100 | 7 | .0029 |
| 010111 | 49 | .0204 | 110011 | 6 | .0025 |
| 010100 | 48 | .0200 | 101000 | 6 | .0025 |
| 011111 | 48 | .0200 | 100110 | 6 | .0025 |
| 010000 | 42 | .0175 | 010010 | 6 | .0025 |
| 110100 | 39 | .0162 | 101100 | 5 | .0021 |
| 110110 | 39 | .0162 | 011000 | 5 | .0021 |
| 101111 | 38 | .0158 | 001101 | 4 | .0017 |
| 110000 | 35 | .0145 | 000111 | 3 | .0012 |
| 111001 | 28 | .0116 | 111000 | 2 | .0008 |
| 000101 | 28 | .0116 | 101011 | 2 | .0008 |
| 111110 | 23 | .0096 | 101010 | 2 | .0008 |
| 101001 | 21 | .0087 | 001001 | 2 | .0008 |
| 010001 | 18 | .0075 | 111010 | 1 | .0004 |
| 111011 | 16 | .0067 | 001011 | 1 | .0004 |
| 000001 | 16 | .0067 | 000110 | 1 | .0004 |
| 001000 | 16 | .0067 | 001111 | 1 | .0004 |

表4-14表明，以.5为掌握标准划分被试后，2406名被试共被划归为56种属性掌握模式。其中，属性掌握模式（111111）共有604人，占比25.1%，即有四分之一的人掌握了所有的属性；属性掌握模式（000000）共有118人，占比4.9%，即约有5%的人没有掌握所有的技能属性；属性掌握模式（100000）有91人，占比3.78%，即有约4%的人只掌握了词句理解这一属性。模式（100101）、（110101）（110111）、（101101）、（111101）分别有193人、188人、159人、105人、55人，占比分别是8.02%、7.81%、

6.51%、4.36%、2.29%，合计700人，占比29.09%，这5类模式的特点是都掌握了属性1、属性5和属性7，即有29.09%的学生掌握了词句理解、内容概括和情感体验的属性组合，再加上模式（111111）的604人，合计有1304人，54.2%的学生掌握了这一属性组合，这与实践中语文教学重点训练了学生的这3种阅读技能的教法高度一致。

为了探究掌握/未掌握的知识状态分类法的准确性，研究把FM的转换结果与DINA模型直接估计的分类结果进行比较，结果见表4-15和4-16。

表4-15 DINA模型估计的被试属性掌握模式、人数及相应比率

| 掌握模式 | 人数 | 百分比（%） | 掌握模式 | 人数 | 百分比（%） |
| --- | --- | --- | --- | --- | --- |
| 111111 | 861 | .3579 | 101101 | 52 | .0216 |
| 000000 | 400 | .1663 | 111100 | 45 | .0187 |
| 111110 | 287 | .1193 | 100101 | 42 | .0175 |
| 101110 | 115 | .0478 | 111010 | 35 | .0145 |
| 100010 | 100 | .0416 | 110111 | 27 | .0112 |
| 101100 | 81 | .0337 | 100000 | 27 | .0112 |
| 101111 | 80 | .0333 | 111000 | 14 | .0058 |
| 110101 | 75 | .0312 | 111101 | 13 | .0054 |
| 110010 | 72 | .0299 | 111001 | 9 | .0037 |
| 110110 | 64 | .0266 | 111011 | 7 | .0029 |

表4-15是采用DINA模型估计的被试属性掌握状态，根据DINA模型的参数设定，DINA模型不能给出被试的属性掌握概率，但会直接输出被试的属性掌握模式。DINA模型把被试的属性掌握模式划分为20种，其中属性全部掌握占比35.79%，全部没有掌握占比

16.63%，这两类被试占总人数的52.41%。可见，DINA模型对被试属性掌握状态的划分相对于FM模型要粗糙，这源于DINA模型的参数设定，这个模型更适合刻画完全二分类的技能。下面是两个模型估计结果的比较。

表4-16　　FM模型与DINA模型属性二分类情况比较

| | | DINA | | | | |
|---|---|---|---|---|---|---|
| | | 未掌握 | 掌握 | 属性 | 相关系数 | 卡方值 |
| FM | | | | A1 | .507*** | 832.397*** |
| | 未掌握 | 328 | 273 | | | |
| | 掌握 | 72 | 1733 | | | |
| | | | | A3 | .381*** | 408.246*** |
| | 未掌握 | 539 | 295 | | | |
| | 掌握 | 358 | 1214 | | | |
| | | | | A4 | .278*** | 201.981*** |
| | 未掌握 | 619 | 740 | | | |
| | 掌握 | 188 | 859 | | | |
| | | | | A5 | .350*** | 335.296*** |
| | 未掌握 | 320 | 229 | | | |
| | 掌握 | 344 | 1513 | | | |
| | | | | A6 | .337*** | 308.764*** |
| | 未掌握 | 616 | 707 | | | |
| | 掌握 | 142 | 941 | | | |
| | | | | A7 | .301*** | 239.412*** |
| | 未掌握 | 507 | 149 | | | |
| | 掌握 | 733 | 1017 | | | |

表4-16显示，两个模型对6个属性的分类结果的相关系数均在

.01 的显著性水平上显著,所有卡方值均显著,这说明两种分类结果具有相关性。但从相关系数值并不是很大可以看出,两个模型的分类结果并不是完全一致。比较两个模型估计出的每个被试的属性掌握模式可以发现结果的差异,如 28 号被试 FM 估计的结果是(110100),DINA 估计的结果是(111111);57 号被试,FM 估计的结果是(111011),DINA 估计的结果是(000000)。当然,这是比较极端的案例,大部分被试的估计结果一致性较高。出现这一现象的原因是,DINA 模型直接输出被试的属性掌握模式,掌握模式的判定完全依据 Q 矩阵的属性关系,如属性 1 是所有属性的先决属性,如果属性 1 没有掌握,其他属性都会被判定为没有掌握,如表 4-15 中,DINA 估计的所有属性模式除了(000000)外,其他掌握模式的属性 1 都是掌握的。但是 FM 模型计算的是每个被试的属性掌握概率,假定属性 1 是其他属性的先决条件,不管属性 1 的属性掌握概率多低,后面的属性都不会被判定为没有掌握,模型依然会估计出其他属性的掌握概率。FM 对被试属性掌握状态的划分,是研究者根据通用的切分点后续划分的,选用的切分点不一样,分类的结果也不一样。为了比较属性掌握概率、切分点分类法以及几种切分法的优劣,我们计算了测验总分与属性掌握概率、五分法、三分法、二分法和 DINA 模型估计结果的相关系数,结果见表 4-17。二分法以 .5 为切分点,三分法以 .4 和 .6 为切分点,五分法以 .2 为间距。

表 4-17　　测验总分与属性掌握概率、FM 三种分类方法、DINA 的关系比较

|  | 总分 | PPM | FM5 | FM3 | FM2 | DINA |
|---|---|---|---|---|---|---|
| 总分 | 1 |  |  |  |  |  |
| PPM | .934*** | 1 |  |  |  |  |
| FM5 | .920*** | .994*** | 1 |  |  |  |
| FM3 | .892*** | .972*** | .980*** | 1 |  |  |

续表

|  | 总分 | PPM | FM5 | FM3 | FM2 | DINA |
|---|---|---|---|---|---|---|
| FM2 | .844*** | .934*** | .929*** | .950*** | 1 |  |
| DINA | .849*** | .796*** | .787*** | .771*** | .730*** | 1 |

注：FM2、FM3、FM5 分别指对 PPM 估计结果进行二级分类、三级分类和五级分类。下表同。

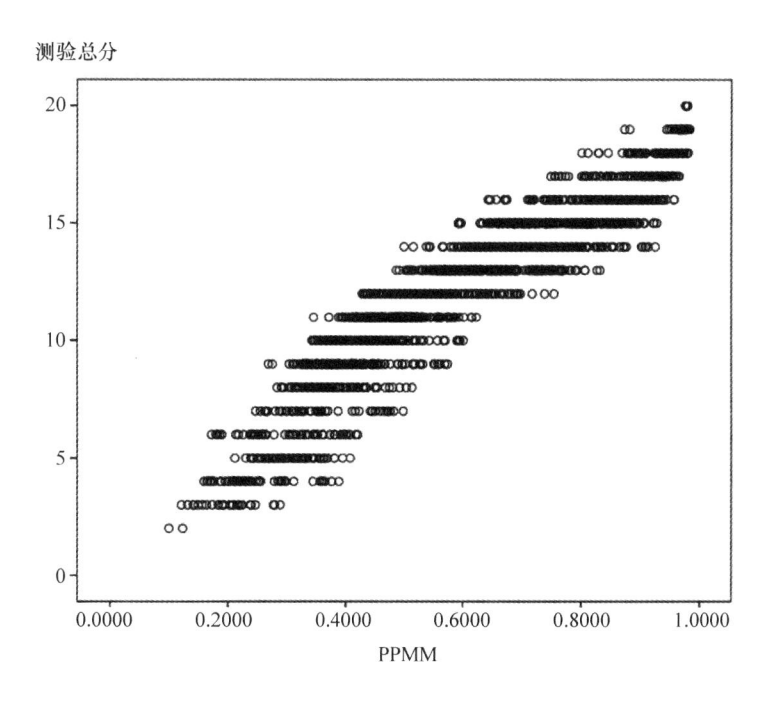

上表和随后的相关散点图共同表明，测验总分与属性掌握概率的关系最为密切，其次是五等分类结果，随后是三等分类结果，FM 的二分类结果与 DINA 模型都是二分类，总分与两个二分类结果的相关系数相当。总之，属性掌握概率信息最丰富，从分类报告来看，五分法胜于三分法，三分法胜于二分法，二分法掩盖了较多原始信息。可见，分类级别越少，分类越粗糙，分类结果失去的信息就越多。结合阅读技能作为连续变量的特点以及五级分类方法结果的相对可靠性，采用五级分类法报告被试

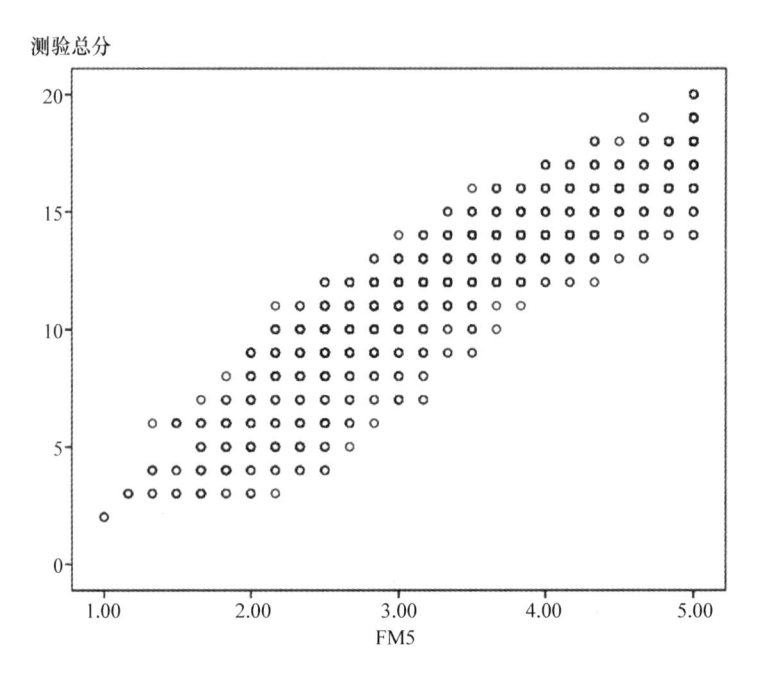

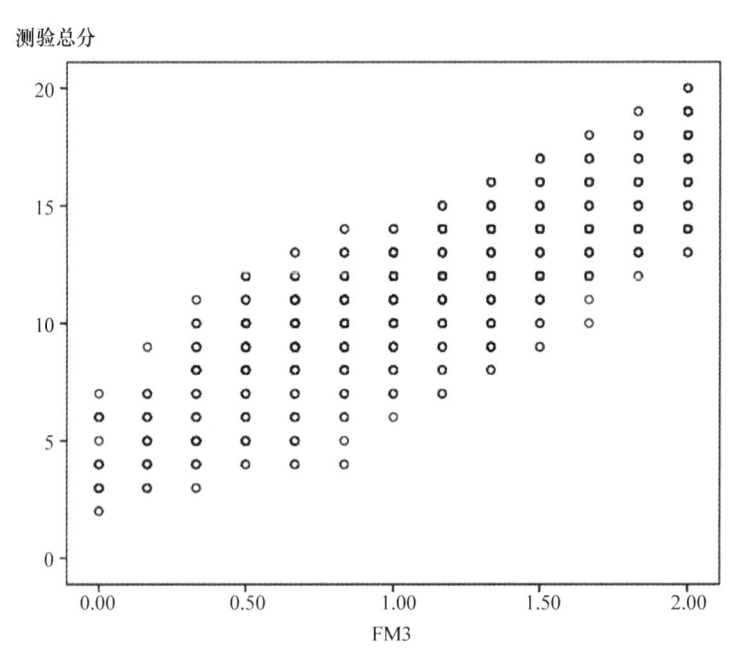

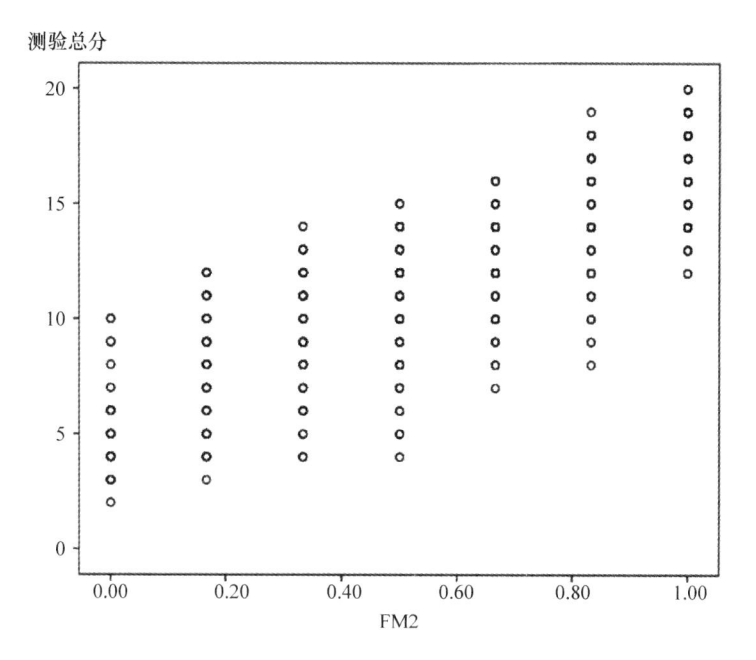

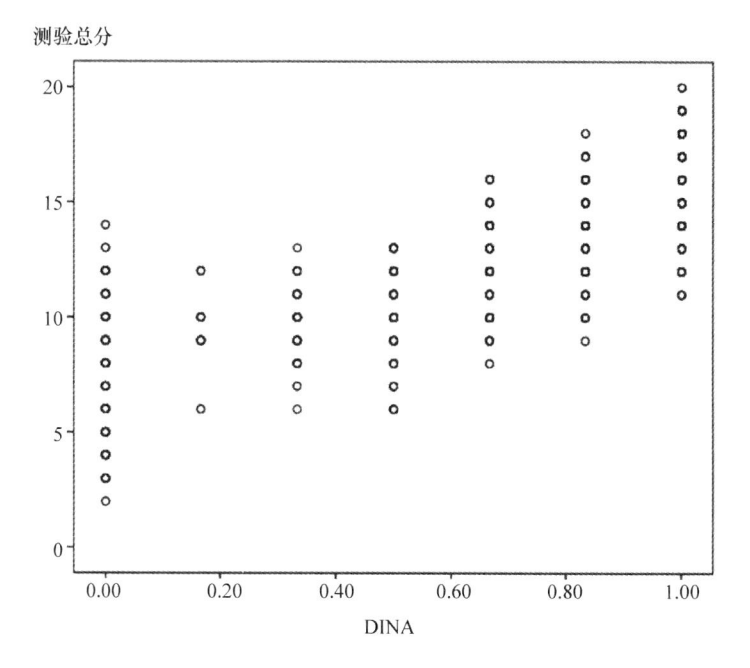

图 4-18 测验总分与属性掌握概率、FM 三种分类方法、DINA 的关系比较

阅读技能掌握情况是最优的选择。因此，我们决定采用五等分类法报告学生的阅读技能掌握状态，前述二分法的分类结果仅作为参考。

2. 基于属性掌握程度的分类

表4-14中有这种属性掌握模式（010000）、（001100），即不需要掌握属性1也能掌握其他属性，这些属性掌握模式表面上看与$Q_1$矩阵设定的属性1是所有其他属性的先决属性是矛盾的，其实不然，因为属性掌握模式的划分过程中对属性掌握概率低于.5的被试直接划定为未掌握，而实质上不能绝对地把属性掌握概率低于.5的被试划归为没有掌握，他们只是掌握得不太好。这正是阅读技能与理科类能力如数学技能的不同之处，对于数学技能如某道加法题，可以用会做不会做来说明其掌握情况，但对于阅读技能如词句理解能力，人们很难把被试分成两类即会理解和不会理解，用理解得好、中、差等程度来说明似乎更合理。当然，为教师、学生、家长和教育管理者直接提供FM估计的属性掌握概率是最接近真实情况的报告方式，但是属性掌握概率对于大部分人来说不如分数那么让人熟知。

综上，用二分法损失了较多原始信息，也不太符合有连续特征的阅读能力，直接报告属性掌握概率虽真实但不符合人们的习惯。改用掌握程度的报告方式既没有损失太多原始信息又与当今中国现实中给学生成绩等级报告方式相吻合。前已述及，统计分析表明五等分类法比二级分法要更准确，例如定性地认为学生完全没有掌握基本的词句理解能力似乎有违客观现实，但从程度上去认定其掌握得好差则显得更符合真实情况。因此，根据属性掌握概率的大小把被试的阅读技能分为掌握程度不同的等级更贴近学生的真实水平、更符合阅读技能的特点、更具有统计合理性。但以什么标准作为合理的切分点，学界目前还没有统一的意见，陈莹和塔苏卡认为可以按照掌握、部分掌握和未掌握这三种程度来报告属性掌握成绩，对应各程度的切分点分别是（.85, 1]、（.51, .85]、（.50, 0]①。而格雷尔

---

① Chen, Y. H. & Tatsuoka, K. K., "an alternative examination of Chinese Taipei mathematics achievement: application of the rule-space method to TImss 1999 data", *IERI Monograph Series*, No. 23, 2008.

等人给出的三个切分点是：未掌握：(.71，1]、部分掌握：(.36，.70]、掌握：(.35，0]①。根据我国目前对学生成绩进行等级评定的划分方法，我们把学生的属性掌握概率划分为五个程度的等级，切分点及对应的程度掌握等级见表4-18。

表4-18　　　　　　　　被试属性掌握程度切分点

| 切分点 | PPM>.8 | .6<PPM≤.8 | .4<PPM≤.6 | .2<PPM≤.4 | PPM≤.2 |
|---|---|---|---|---|---|
| 掌握等级 | A | B | C | D | E |
| 知识水平 | 优 | 良 | 中 | 较差 | 差 |

3. 属性掌握程度五级分类结果的描述统计分析

根据表4-18的划分标准，把每个被试每个属性的掌握概率分成五个程度等级，然后计算每个属性每个等级的人数和百分比，具体结果见表4-19和图4-19。从表和图中可以得到以下结论：①属性A5

表4-19　　　　　属性掌握程度五级分类结果的描述统计

| 属性 | A | | B | | C | | D | | E | | M |
|---|---|---|---|---|---|---|---|---|---|---|---|
| | N | % | N | % | N | % | N | % | N | % | |
| A1 | 1588 | 66.0 | 167 | 6.9 | 95 | 3.9 | 91 | 3.8 | 465 | 19.3 | 3.97 |
| A3 | 906 | 37.7 | 441 | 18.3 | 469 | 19.5 | 376 | 15.6 | 214 | 8.9 | 3.60 |
| A4 | 396 | 16.5 | 428 | 17.8 | 417 | 17.3 | 752 | 31.3 | 413 | 17.2 | 2.85 |
| A5 | 1072 | 44.6 | 345 | 14.3 | 743 | 30.9 | 208 | 8.6 | 38 | 1.6 | 3.92 |
| A6 | 411 | 17.1 | 456 | 19.0 | 468 | 19.5 | 624 | 25.9 | 447 | 18.6 | 2.90 |
| A7 | 1051 | 43.7 | 460 | 19.1 | 624 | 25.9 | 242 | 10.1 | 29 | 1.2 | 3.94 |
| 合计 | 5424 | .376 | 2297 | .159 | 2816 | .195 | 2293 | .159 | 1606 | .111 | 3.53 |

---

① Gierl, M., Wang, C. & Zhou, J., "Using the attribute hierarchy method to make diagnostic inferences about examinees' cognitive skills in algebra on the SAT", *Journal of Technology, Learning, and Assessment*, Vol. 6, No. 6, 2008, pp. 1-53.

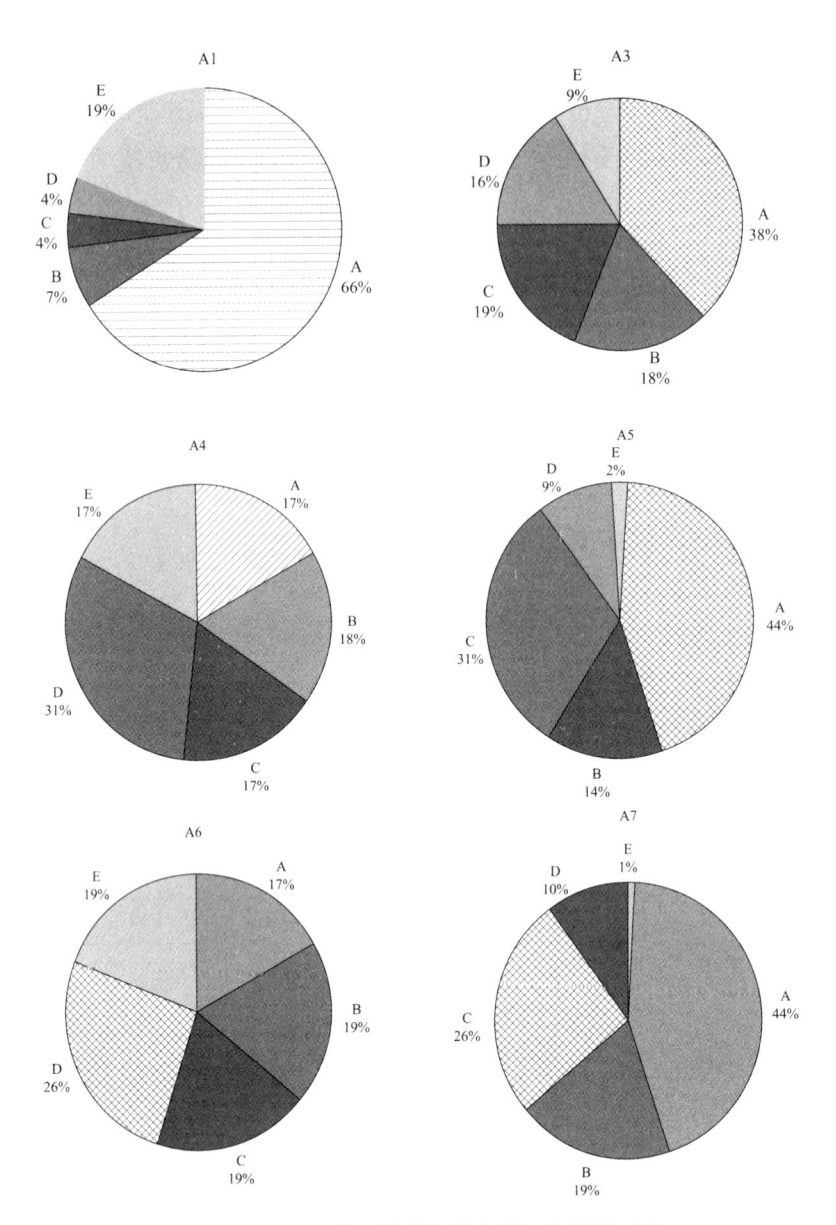

图 4-19　被试每个属性掌握等级的五级划分对比

和 A7 都是 A、B、C 级占 89% 的比例，说明大部分学生的内容概括和情感体验能力处于中等以上水平，且 A 级和 C 级学生相对较多。

②A1 属性的 A 级占比最高,达 66%,但也有 19% 的学生处于 E 级,中间等级占比较少,说明总体而言,学生的词句理解能力水平在所有属性中较为突出,但出现了两极分化的现象。③属性 A4 和 A6 有相似的特点,都是各等级掌握人数差异较小,占比相对较多的是 D 级,其余各等级人数相当,说明学生对内容探究和文本评鉴能力的掌握都处于较差水平。④A3 属性的特点是 A 级占 38%,B、C、D 级各占 18%、19%、16%,中等左右的人数相当,E 级占比 9%,说明学生的信息提取能力处于中等水平。⑤表中最后一行和图 4-20 表明,把学生的阅读理解能力作为一个连续体来看,优秀级别占 38%,良好级别占 16%、中等级别占 19%,较差级别占 16%,很差级别占 11%。⑥表中最后 1 列是 6 个属性的平均等级和综合等级,平均等级较高的是 A1、A5 和 A7,其次是 A3,最后是 A4 和 A6,这与之前属性掌握概率的排序是一致的,所有属性综合等级 3.53,即学生的阅读能力综合水平处于 B 级和 C 级之间。

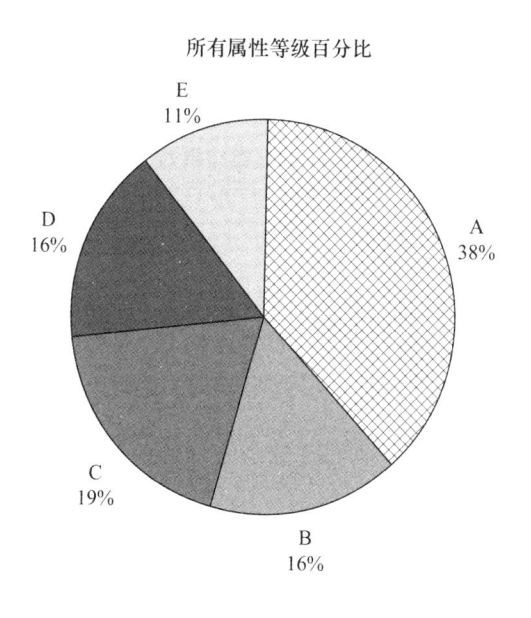

所有属性等级百分比

E 11%
D 16%
A 38%
C 19%
B 16%

图 4-20 被试所有属性掌握等级五级划分对比

综上，学生的阅读能力综合水平处于 B 级和 C 级之间，其中，词句理解能力处于优秀水平，内容概括和情感体验能力处于中等偏上水平，信息提取能力处于中等水平，内容探究和文本评鉴能力处于中等偏下水平。

前面从属性出发（对表做横向分析）对每个属性的等级占比情况进行的分析有助于了解学生的属性掌握程度，为了更全面地了解学生的属性掌握水平，可以从纵向进行进一步分析，也即考察每个等级中，各个属性所占的比例。表 4 - 20 所列即是从纵向分析的结果，表中列出的是每个等级之下属性占比从高到低的排序情况，每个等级下的属性序是不一样的。从表 4 - 20 和图 4 - 21 中可以得到以下结果：①处于优秀水平的主要属性有词句理解、内容概括、情感体验和信息提取。②处于良好水平的主要属性有情感体验、文本评鉴、信息提取、内容探究和内容概括。③处于中等水平的主要属性有内容概括、情感体验、信息提取、文本评鉴和内容探究。④处于中下水平的主要属性有内容探究、文本评鉴、信息提取、情感体验。⑤处于最差水平的属性主要有词句理解、文本评鉴、内容探究和信息提取。

表 4 - 20　　　　　　**属性掌握程度五级分类结果的描述统计**

| A | | B | | C | | D | | E | |
|---|---|---|---|---|---|---|---|---|---|
| 属性 | % | 属性 | % | 属性 | % | 属性 | % | 属性 | % |
| A1 | .29 | A7 | .20 | A5 | .26 | A4 | .33 | A1 | .29 |
| A5 | .20 | A6 | .20 | A7 | .22 | A6 | .27 | A6 | .28 |
| A7 | .19 | A3 | .19 | A3 | .17 | A3 | .16 | A4 | .26 |
| A3 | .17 | A4 | .19 | A6 | .17 | A7 | .11 | A3 | .13 |
| A6 | .08 | A5 | .15 | A4 | .15 | A5 | .09 | A5 | .02 |
| A4 | .07 | A1 | .07 | A1 | .03 | A1 | .04 | A7 | .02 |
|  | | | 1.00 | | 1.00 | | 1.00 | | 1.00 | | 1.00 |

第四章 小学生阅读能力认知诊断结果分析

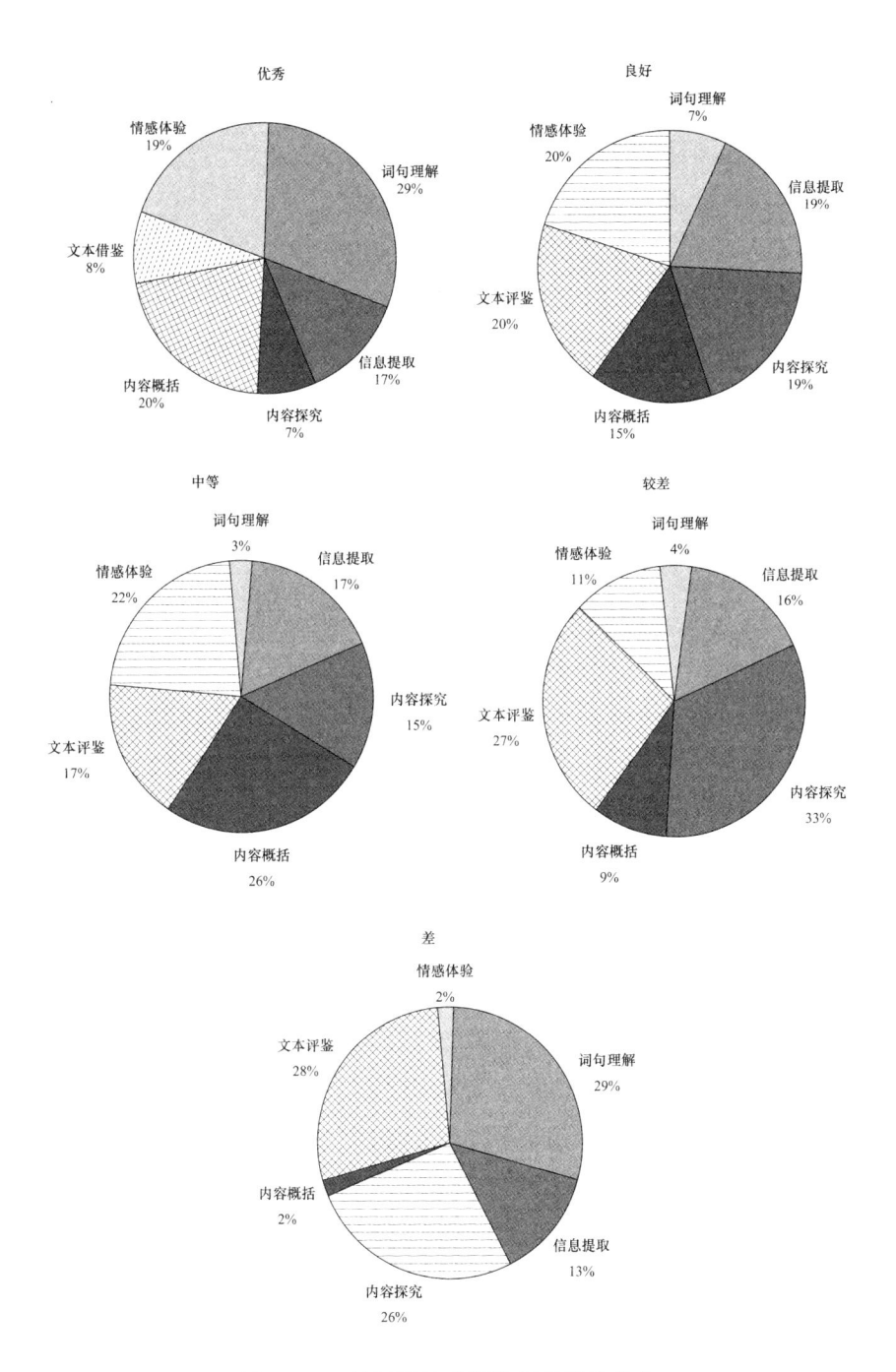

优秀
- 情感体验 19%
- 词句理解 29%
- 文本借鉴 8%
- 内容概括 20%
- 内容探究 7%
- 信息提取 17%

良好
- 情感体验 20%
- 词句理解 7%
- 信息提取 19%
- 文本评鉴 20%
- 内容概括 15%
- 内容探究 19%

中等
- 词句理解 3%
- 情感体验 22%
- 信息提取 17%
- 文本评鉴 17%
- 内容探究 15%
- 内容概括 26%

较差
- 词句理解 4%
- 情感体验 11%
- 信息提取 16%
- 文本评鉴 27%
- 内容概括 9%
- 内容探究 33%

差
- 情感体验 2%
- 文本评鉴 28%
- 词句理解 29%
- 内容概括 2%
- 信息提取 13%
- 内容探究 26%

图4-21 被试属性掌握等级的属性分布

上述分析结果表明，对属性掌握概率进行五等划分之后，有助于了解被试属性掌握程度的水平分布，可以为学生、教师和教育管理工作者提供有针对性的补救措施提供参考。

**4. 属性掌握程度五级分类知识状态统计**

对每位被试的属性掌握概率进行五级分类后，共得到757种属性掌握模式，这个数量远远大于DINA模型的20种和FM用二分法得到的56种，属性掌握模式的种类越多，对被试属性掌握情况了解得就越细致，对实践的指导价值就越大。由于五级分类的知识状态数太多，难以一一呈现，下表仅呈现人数较多的模式。其他模式的人数进行统计发现，1人模式（指每个属性掌握模式有多少个被试，后面类推）有345个，2人模式有200个，3人模式有82个，4人模式有47，5人模式有34个，6人模式有18个，7人模式有10个，8人模式有6个，9人模式有7个，10人模式有8个，11人模式有2个，12人模式有7个，13人模式有3个，14人以上的模式见表4-21。如表所列，14人模式有4个，15人模式有3个……统计每个属性掌握模式对应的人数其意义何在？答案是2406位学生被分成757种属性掌握模式，每种属性掌握模式对应的人数均较少甚至有345人每人的掌握模式都不同，这说明FM五等分类结果对学生的属性掌握水平进行了具个性化的诊断，这正是认知诊断的真正意义，即对学生进行微观的阅读技能的测试并给学生具有个人化意义的诊断结果而不是用笼统的总分或者是多人共用一种属性掌握模式，这种结果对学生、家长和所有教育工作者都具有重大意义。

表4-21　属性掌握程度五级分类结果模式、人数和比率

| 掌握模式 | 平均等级 | 最高分 | 最低分 | 平均分 | 人数 | 百分比（%） |
| --- | --- | --- | --- | --- | --- | --- |
| AAAAAA | 5.00 | 20 | 14 | 17.72 | 213 | .0885 |
| AABAAA | 4.83 | 18 | 14 | 16.21 | 53 | .0220 |
| AABABA | 4.67 | 18 | 14 | 15.70 | 44 | .0183 |
| AAAABA | 4.83 | 18 | 15 | 16.91 | 35 | .0145 |

续表

| 掌握模式 | 平均等级 | 最高分 | 最低分 | 平均分 | 人数 | 百分比（%） |
|---|---|---|---|---|---|---|
| AADABA | 4.33 | 18 | 13 | 15.56 | 34 | .0141 |
| AAAAAB | 4.83 | 18 | 14 | 16.36 | 28 | .0116 |
| AADAAA | 4.50 | 18 | 15 | 16.05 | 22 | .0091 |
| AACABD | 4.00 | 17 | 14 | 15.48 | 21 | .0087 |
| AACAAA | 4.67 | 19 | 14 | 17.11 | 19 | .0079 |
| AAEABA | 4.17 | 16 | 13 | 14.76 | 17 | .0071 |
| ACEAEA | 3.33 | 14 | 13 | 13.13 | 16 | .0067 |
| ABAAAA | 4.83 | 17 | 14 | 15.73 | 15 | .0062 |
| ACBACA | 4.17 | 15 | 13 | 14.00 | 15 | .0062 |
| ECDCDD | 2.17 | 8 | 4 | 5.47 | 15 | .0062 |
| ABAABA | 4.67 | 16 | 14 | 15.43 | 14 | .0058 |
| AABACB | 4.33 | 16 | 14 | 15.21 | 14 | .0058 |
| ADBADA | 3.83 | 14 | 13 | 13.64 | 14 | .0058 |
| ECDCDC | 2.33 | 8 | 6 | 7.50 | 14 | .0058 |

5. 属性掌握程度五分法结果与二分法结果对比

如上所述，FM 二分类法把被试分成了 56 种属性掌握模式，FM 五分类法把被试分成了 757 种属性掌握模式，显然，五等分类方法对被试的分类更详细更精准，下面以二分法中的（000000）和（111111）两种知识状态为例进行对比分析。附录 7 中详细列出了在二分法中知识状态为（000000）的 118 位被试在五分法中有 67 种属性掌握模式，表 4-22 择选其中的 10 位被试作为样例呈现。如果以二分方式报告诊断结果，这 10 位被试的结果是一样的，即均为没有掌握任何属性。如果以五分法进行诊断报告，他们则很不相同，如表中第 1 位被试和最后 1 位被试，他们的属性掌握状态分别是（CCCCDD）和（EEEEEE），对应的平均等级分别 2.67 和 1.00，很显然，在二分类中被认为没有掌握任何属性的被试在五分类中却相差较大，一位属性掌握程度综合水平接近中等，另一位则所有属性都处于最差水平。

表4-22 二分法知识状态为（000000）的被试技能掌握程度的五等级划分结果

| 二分 | 五分 | 平均等级 | 最高分 | 最低分 | 总分平均分 | 人数 | 百分比（%） |
|---|---|---|---|---|---|---|---|
| 000000 | CCCCDD | 2.67 | 10 | 10 | 10.00 | 1 | .0093 |
| 000000 | DCDCEC | 2.33 | 9 | 9 | 9.00 | 2 | .0185 |
| 000000 | DCDCDC | 2.50 | 8 | 8 | 8.00 | 1 | .0093 |
| 000000 | DDEDDD | 1.83 | 7 | 7 | 7.00 | 1 | .0093 |
| 000000 | EDDDDC | 2.00 | 6 | 6 | 6.00 | 2 | .0185 |
| 000000 | ECDCDD | 2.17 | 5 | 5 | 5.00 | 5 | .0463 |
| 000000 | EEEDED | 1.33 | 4 | 4 | 4.00 | 6 | .0556 |
| 000000 | EDDDDE | 1.67 | 3 | 3 | 3.00 | 4 | .0370 |
| 000000 | ECCDDD | 2.17 | 3 | 3 | 3.00 | 1 | .0093 |
| 000000 | EEEEEE | 1.00 | 2 | 2 | 2.00 | 2 | .0185 |

附录8详细列出了在二分法中知识状态为（111111）的604位被试在五分法中又被细分为60种属性掌握模式，表4-23择选了其中的10位被试作为样例呈现。如果以二分方式报告诊断结果，这10位被试的诊断结果也是一样的，均掌握所有属性。如果以五分法进行诊断，他们得到的结果也相差较大。同样以表中第1位被试和最后1位被试为例，他们的属性掌握状态分别是（AAAAAA）和（BBCCCB），对应的平均等级分别为5.00和3.50，很显然，在二分类中被认为掌握了所有属性的被试在五分类中也相差很大，一位被试的属性掌握程度综合水平是最高等级，另一位被试的综合水平则是中等偏上。

表4-23　二分法知识状态为（111111）的604名被试技能掌握
程度的五等级划分

| 二分 | 五分 | 平均等级 | 最高分 | 最低分 | 总分平均分 | 人数 | 百分比（%） |
|---|---|---|---|---|---|---|---|
| 111111 | AAAAAA | 5.00 | 20 | 14 | 17.72 | 213 | .3526 |
| 111111 | AAAABA | 4.83 | 18 | 15 | 16.91 | 35 | .0579 |
| 111111 | AABAAA | 4.83 | 18 | 14 | 16.21 | 53 | .0877 |
| 111111 | AABABA | 4.67 | 18 | 14 | 15.70 | 44 | .0728 |
| 111111 | AACABA | 4.50 | 16 | 14 | 15.00 | 8 | .0132 |
| 111111 | ACBACA | 4.17 | 15 | 13 | 14.00 | 11 | .0182 |
| 111111 | ACBBBA | 4.17 | 13 | 13 | 13.00 | 3 | .0050 |
| 111111 | ABBBBA | 4.33 | 13 | 13 | 13.00 | 2 | .0033 |
| 111111 | BCABAA | 4.33 | 12 | 12 | 12.00 | 1 | .0017 |
| 111111 | BBCCCB | 3.50 | 12 | 12 | 12.00 | 1 | .0017 |

为了进一步看清楚两种分类方法的对比关系，表4-24呈现了两种分类方法划分后10位被试的阅读总分与二分知识状态和五分知识状态。属性全部掌握的被试阅读总分在12—20分之间，属性全部没有掌握的被试阅读总分在2—10分之间（选择被试时有意识地分别选择了两种属性掌握模式中的最高分和最低分）。下表的信息点至少两个：①当二分知识状态相同时，被试的总分和五分类属性掌握模式可能不一样，如被试73、1246和1148号，阅读总分分别是20、17和13分，属性掌握模式分别是（AAAAAA）、（AAABBB）、（ACBACA），被试1966、837和1630号，阅读总分分别是10、8、2分，属性掌握模式分别是（CCCCDD）、（DCDCDC）和（EEEEEE）。可以说，在二分知识状态相同的情况下，阅读总分差距较大，属性掌握模式差距也较大。所以，如果仅报告二分知识掌握状态是不太准确的。②当二分属性掌握模式和测验总分都相同时，五分法下的属性掌握模

式还是不同。如被试 409 和 828，阅读分数都是 12 分，二分知识状态都是（111111），但他们的五分知识状态是分别是（BBCCCB）和（BCCCCA），属性 3 和属性 7 的掌握等级不一样。再如被试 569 和 1614，他们的阅读分数都是 4 分，二分知识状态都是（000000），他们的五分等级分别是（ECEEEE）和（EDDDDD），二者除了属性 1 的掌握等级一样，其他属性的掌握等级都不一样。可见，当总分和二分知识状态都相同时，五分法能给出更详细的诊断信息，帮助被试指出强弱不同的技能水平，这样的诊断结果报告具有更大的实践指导价值。

表 4-24　　　　属性掌握状态二分法与五分法结果比较

| 被试编号 | 阅读总分 | 二分法 | 五分法 |
| --- | --- | --- | --- |
| 73 | 20 | 111111 | AAAAAA |
| 1246 | 17 | 111111 | AAABBB |
| 1148 | 13 | 111111 | ACBACA |
| 409 | 12 | 111111 | BBCCCB |
| 828 | 12 | 111111 | BCCCCA |
| 1966 | 10 | 000000 | CCCCDD |
| 837 | 8 | 000000 | DCDCDC |
| 569 | 4 | 000000 | ECEEEE |
| 1614 | 4 | 000000 | EDDDDD |
| 1630 | 2 | 000000 | EEEEEE |

总之，上述分析结果说明，五等分类的属性等级掌握模式报告方式能提供更丰富更详细的属性掌握程度的信息，五分法与其他分类法相比具有如下优点：①与测验总分和属性掌握概率的相关最高，保留了更多原始信息。②符合阅读技能连续体的特征。③与现行小学生学

业评价的等级评定法对应，与社会认知不会产生冲突。因此，五分报告法符合了理论和现实的双重标准，是适合阅读能力的一种较好的认知诊断报告方式。

6. 属性掌握程度分类结果对总分的预测

塔苏卡认为属性掌握概率对测验分数的预测和解释程度可以用来验证认知属性的充分性[①]。博斯布姆和梅伦伯格认为如果属性的变异能被链接到测验反应过程中测量结果的变异上，那么 CDA 就是有效的[②]。因此，测验效度包括了理论属性是否对测验分数有因果效应的过程评估。事实上，属性可以看成是影响被试作答反应的潜在技能，属性掌握概率即是潜在技能的得分，若潜在技能得分能够较好地解释测验总分的变异，则说明潜在技能是测验总分的预测源。为了验证属性掌握概率对测验总分的贡献，塔苏卡与她的同事们曾采用多种方法如因素分析、路径分析、聚类分析、阶层线性模型分析进行过验证[③][④]。为了验证属性掌握概率和属性掌握程度分类结果对测验总分的解释程度，分别以属性掌握概率，FM 的五分法、三分法和二分法的结果和 DINA 模型的估计结果作为自变量，以测验总分作为因变量进行回归分析，通过比较多元决定系数 $R^2$ 和回归系数值来判断模型的优劣，表 4-25 是五个模型的相应值及其有效性检验。

表 4-25 第 3 列模型显著性检验的 F 值表明，五个模型的方差分析模型检验法显示模型都是显著的，5 个自变量对测验总分的解释程

---

[①] Tatsuoka, K. K., Corter, J. E. & Tatsuoka, C., "Patterns of diagnosed mathematical content and process skills in TIMSS-R across a sample of 20 countries", *American Educational Research Journal*, Vol. 41, No. 4, 2004, pp. 901.

[②] Borsboom, D., Mellenbergh, G. J. & Van Heerden, J., "The concept of validity", *Psychological Review*, No. 11, 2004, pp. 1061–1071.

[③] Chen, Y. H. & Tatsuoka, K. K., "an alternative examination of Chinese Taipei mathematics achievement: application of the rule-space method to TImss 1999 data", *IERI Monograph Series*, No. 23, 2008.

[④] Dogan, E. & Tatsuoka, K., "An international comparison using a diagnostic testing model: Turkish students' profile of mathematical skills on TIMSS-R", *Educational Studies in Mathematics*, Vol. 68, No. 3, 2008, pp. 263–272.

度从高到低依次是属性掌握概率、五分法、三分法、DINA 和 FM 二分法，解释量分别是 87.2%、84.6%、79.6%、72.2% 和 71.2%。表第 5 列回归系数显著性检验 t 值显示，所有系数都是显著的，但此处系数值的绝对大小不能用以说明自变量与因变量的依赖关系大小，因为这 5 个模型是分开做的，不是把 5 个自变量放在同一个模型中。分析结果又一次说明，FM 的估计结果对总分的预测是高效的，五分法报告方式对阅读技能而言是一个很好的报告方法。

表 4-25　　　　模型解释量、回归系数及其有效性检验

| 自变量 | $R^2$ | F | 回归系数 | t |
| --- | --- | --- | --- | --- |
| 属性掌握概率 | .872 | 16389.898*** | 16.108 | 128.023*** |
| FM 五分结果 | .846 | 13200.187*** | 3.468 | 114.892*** |
| FM 三分结果 | .796 | 9368.862*** | 5.741 | 96.793*** |
| FM 二分结果 | .712 | 5939.081*** | 10.090 | 77.065*** |
| DINA 估计结果 | .722 | 6229.186*** | 8.597 | 78.925*** |

第二章曾用分层回归法验证过属性的充分性，当时的自变量和因变量分别是矩阵属性分布和项目失分率。进而，在模型已估计出被试的属性掌握概率后，以属性掌握概率为自变量，以测验总分为因变量进行分层回归能更进一步验证属性的充分性，解释属性掌握概率对总分的预测有效性。当然，为了验证五等分类结果对总分预测的有效性，我们建立了两个分层回归模型，以脚标 1 和 2 分别进行标识，脚标 1 表示以属性掌握概率为自变量，脚标 2 表示以五级属性掌握等级为自变量。以这两个变量为自变量，分别建立两个分层模型，模型 C 指以属性 1 为解释变量，模型 A 指以所有属性为解释变量。结果如下表，表 4-26 是回归模型的模型检验结果及分层效应的检验结果，表 4-27 是最终回归模型的系数值及其显著性检验。

表4-26　测验总分对属性掌握概率及等级分类的分层回归模型
解释量及有效性检验

| 模型 | $R^2$ | $\eta^2$ | $F$ | $\triangle R^2$ | $\triangle F$ |
| --- | --- | --- | --- | --- | --- |
| 回归模型 C1 | .668 | .568 | 4847.031*** | | |
| 回归模型 A1 | .937 | .931 | 5958.407*** | .269*** | 2049.806*** |
| 回归模型 C2 | .607 | .529 | 3719.510*** | | |
| 回归模型 A2 | .913 | .911 | 4214.396*** | .306*** | 1693.974*** |

表4-27　测验总分对属性掌握概率及等级分类的
非标准化回归系数

| 属性 | $B_1$ | $T_1$ | $B_2$ | $T_2$ |
| --- | --- | --- | --- | --- |
| 词句理解 | 5.201 | 79.845*** | 1.160 | 66.602*** |
| 信息提取 | 3.746 | 38.001*** | .726 | 32.545*** |
| 内容探究 | 1.189 | 11.168*** | .262 | 11.561*** |
| 内容概括 | 2.260 | 17.991*** | .485 | 16.578*** |
| 文本评鉴 | 1.104 | 8.665*** | .320 | 11.573*** |
| 情感体验 | 1.836 | 15.015*** | .490 | 16.559*** |

表4-26表明，属性1可以解释测验总分66.8%的变异，等级转换后解释率略有下降，也达到了60.7%，表4-27中属性1的回归系数值在两个模型中都是最大的，这说明属性1的掌握对其他属性的掌握影响较大。所有属性掌握概率对测验总分的变异解释率达93.7%，等级转换后达到了91.3%，这说明6个属性的掌握概率或掌握程度都能很好地解释测验总分的变异。表4-27中所有属性的系数都非常显著说明所有属性都是学生阅读总分的有效预测源，进一步说明课题组所界定的属性是影响学生阅读成绩的主要预测源。

# 第五章 认知诊断信息的反馈及其有效性检验

## 第一节 研究设计

### 一 研究目的

与传统测验只给出笼统的卷面分不同的是，认知诊断的着眼点在于探测学生阅读理解过程中所用到的微观层面的阅读技能，准确捕捉每位学生阅读能力的优势和弱势，为改进后续的学习行为提供更为精准的指导和补救。当然，开展认知诊断评估工作不仅能提供给学生微观的技能掌握水平的报告，也能提供传统测验所能提供的宏观层面的报告。本章以认知诊断分析结果为基础，立足为学生、教师和教育管理工作者提供有价值的诊断报告，以期为提升学生的阅读能力提供实质性的帮助，并以样本班级、教育管理者、教师和学生为代表进行诊断反馈的有效性检验。具体而言，拟解决以下两个问题：

（1）如何为学校、班级和学生制作有价值的诊断信息反馈报告？
（2）诊断信息的反馈能否提高学生的阅读能力？

### 二 研究假设

针对以上研究问题，本章的研究假设是：

（1）基于诊断结果能为学校、教师和学生提供有价值的诊断反馈信息报告。
（2）认知诊断所提供的反馈报告有助于提高学生的阅读能力。

## 三 研究方法

### （一）被试

被试与第三章和第四章正式施测被试相同，数据同时收集。诊断信息反馈的被试则是从所调查的 50 个班级中谨慎挑选出的两个非常相似的班级。这两个班可以称之为平行班，有着诸多的共同点，他们来自同一所学校由同一位教师执教，班级人数、性别分布和生源分布，成绩水平等特点几乎一样。两个班在研究中的班级编号分别是 ECO0101 和 ECO0102，是某学校的五（1）班和五（2）班。五（1）班共有学生 49 人，其中，男生 24 人，女生 25 人；来自农村、乡镇和县城的人数分别是 11、8 和 30 人。五（2）班共有学生 50 人，其中男生 22 人，女生 28 人；来自农村、乡镇和县城的人数分别是 14、7 和 29 人。两个班的成绩平均分分别是 12.9 和 13.14 分，经检验两个班的平均分没有显著性差异（$t=.37$，$P>.05$），属性掌握等级都是 BBCBCB。可见，两个班的被试分布相似，前测阅读成绩水平相当，由同一位教师执教，特别适合用以诊断信息反馈的准实验班级。

除此之外，还有部分学校的校长、教师和学生作为访谈对象。

### （二）研究工具

第三章编制的小学生阅读能力认知诊断测验，测验质量在第三章已检验过。

### （三）实验设计

采用准实验法在 ECO01 学校的五（1）班和五（2）班进行诊断信息的反馈有效性检验，采用开放式访谈法收集校长、教师和学生对反馈信息作用的看法和关注情况。教育实践中的实验法跟实验室实验法是有区别的，教育实践中的实验称为准实验，准实验是在自然教学过程中实施，不能严格把控非实验因素的影响，研究者只能尽最大可能控制非实验因素带来的影响。前已述及，所选出的两个班在前测成绩、学生人数、性别分布、生源比例、执教教师等诸多因素方面都相似，这样可以尽量控制非实验因素对实验结果的影响。实验由同一位教师操作，对五（1）班采用传统方式进行信息反馈，称为控制班；对五（2）班采用传统信息结合诊断信息进行反馈，称为准实验班。五（1）班的教学按照惯例进行，五（2）班的教学安排则需根据诊断反馈信息进行有针对性地补救教学和补救训练。实验时间为一个学期，实验结束后用同一份认知诊断测验进行测试，通过对两个班的属性掌握概率和测验分数的比较检验信息反馈的效果。采用同一份认知诊断测验的原因是编制一份平行的认知诊断测验相当困难，认知诊断测验的编制难度大，需耗费大量的时间和精力，在可行性、科学性上都难以实现。鉴于两次施测时间间隔较长，基本可以消除厌烦情绪和练习效应。

**（四）数据处理**

采用SPSS进行数据录入、数据清理和假设检验。

## 第二节 认知诊断信息的反馈

认知诊断的根本目的是促进学生的发展，不是为了诊断而诊断，而是为了促进学生发展而诊断，因此，诊断信息的反馈是诊断评估不可或缺的重要环节。结合第四章分析结果，研究分别为学校、班级和学生个人制作了诊断信息报告卡。

### 一 学校层面的信息反馈

认知诊断强调对被试作答项目过程中微观认知过程的揭示，但认知诊断不仅具有微观评估的功能也具有宏观评价的功能，对每一位被试的属性掌握程度进行报告的同时也可以把某一单位的所有被试集中起来进行宏观层面的报告，如班级或学校层面。我们为学校制作的诊断报告卡包括四部分内容：（一）是学校阅读能力的绝对水平；（二）是学校阅读能力的相对水平；（三）是学校阅读能力的群体特征；（四）是针对该校的结果分析与补救建议。下面，我们以编号ECI06学校为例进行案例呈现。

首先，对学校阅读能力绝对水平的描述包括两部分信息，一是分别给出该校调查的三个班的测验得分最高分、最低分、平均分和标准差，这是传统意义上的分数报告，三个班的平均分分别是四（2）班11.71，五（1）班12.58，六（1）班13.82。二是三个班和整个学校的认知诊断结果，可以看出，四、五、六年级学生的综合评定等级分别是C、B、B，学校阅读能力的综合评定等级为B级。无论是测验得分还是认知诊断结果都表明，学生就读的年级越高，相应的阅读能力水平也越高。从认知诊断结果汇报表和图都可以清晰地看到，每个班阅读能力的相对强项和弱项以及学校阅读能力的强项和弱项，例如四（2）班的内容探究能力和文体评鉴能力以及信息提取能力都需要特别加强。这些信息对学校有针对地帮助学生提高阅读能力有较强的指导作用。

其次，学校阅读能力的相对水平部分列出了所有被调查学校的结果，分两部分介绍，一是传统的阅读测验得分描述，有最高分、最低分、平均分和标准差。从平均分来看，20所学校的阅读平均分从8.89到16.27，差距较大，ECI06学校的平均分为12.75，为中等水平。二是认知诊断结果的统计描述。所调查的20所学校中，阅读能力综合等级水平处于A、B、C、D级的学校数分别是2、9、8、1，占比分别是10%、45%、40%和5%，没有E级学校。其中，ECI06学校为B级水平，也处于中等水平。尽管认知诊断与阅读总分的综合描述等级一致，但认知诊断结果能够同时给出更详细的信息，如ECI06学校在词句理解、信息提取、内容探究、内容概括、文本评鉴和情感体验6个属性上的掌握等级分别是ACCBCB，处于相对弱势的能力属性很明显是信息提取、内容探究和文本评鉴能力。显然，这样的信息相对于仅仅提供一个笼统的分数或等级更有指导价值。

第三，学校内部属性掌握程度的群体特征，由于篇幅限制，这部分内容仅呈现两个群体的特点，以性别和生源地为例，显然，女生在各项阅读技能上都优于男生，来自地级市的学生阅读能力相对较好，其次是农村生源，最应帮助的是县级生源。

报告卡的最后一部分是针对学校阅读能力的简要分析和补救建议。

上述分析表明,为学校提供诊断信息报告卡有助于学校明确自身的绝对水平和相对水平,明确本校和本校每个班级学生阅读能力的优势和弱势,明确本校学生属性掌握程度的群体特征。可以预见的是,类似的诊断结果报告如果推广至全乡镇、全县甚至更大范围的评估,如果进行的是全面评估而不是抽样评估,这样的评估方式以及信息报告方式对提升相应群体的阅读能力会有较大的指导价值。

## 学校诊断报告卡

第一部分:学校阅读能力的绝对水平

表 5-1　　　　　ECI06 小学各班阅读成绩描述统计

|  | 最高分 | 最低分 | 平均分 | 标准差 | 人数 |
|---|---|---|---|---|---|
| 四(2)班 | 15 | 8 | 11.71 | 1.84 | 52 |
| 五(1)班 | 17 | 8 | 12.58 | 2.13 | 60 |
| 六(1)班 | 19 | 9 | 13.82 | 1.78 | 60 |
| 总评 | 19 | 8 | 12.75 | 2.10 | 172 |

表 5-2　　　　　ECI06 小学各班属性掌握等级水平

|  | 词句理解 | 信息提取 | 内容探究 | 内容概括 | 文本评鉴 | 情感体验 | 综合评定 |
|---|---|---|---|---|---|---|---|
| 四(2)班 | B | C | D | B | D | B | C |
| 五(1)班 | B | C | C | B | C | B | B |
| 六(1)班 | A | B | C | B | C | B | B |
| 总评 | A | C | C | B | C | B | B |

## 第五章 认知诊断信息的反馈及其有效性检验

属性掌握概率

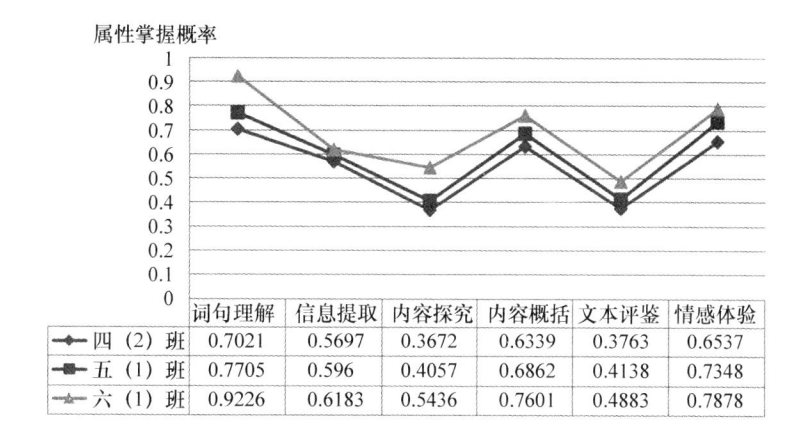

| | 词句理解 | 信息提取 | 内容探究 | 内容概括 | 文本评鉴 | 情感体验 |
|---|---|---|---|---|---|---|
| 四（2）班 | 0.7021 | 0.5697 | 0.3672 | 0.6339 | 0.3763 | 0.6537 |
| 五（1）班 | 0.7705 | 0.596 | 0.4057 | 0.6862 | 0.4138 | 0.7348 |
| 六（1）班 | 0.9226 | 0.6183 | 0.5436 | 0.7601 | 0.4883 | 0.7878 |

图 5-1　ECI06 小学各班属性掌握概率对比

ECI06学校

| 词句理解 | 信息提取 | 内容探究 | 内容概括 | 文本评鉴 | 情感体验 |
|---|---|---|---|---|---|
| 0.8079 | 0.5972 | 0.4464 | 0.6979 | 0.4304 | 0.7329 |

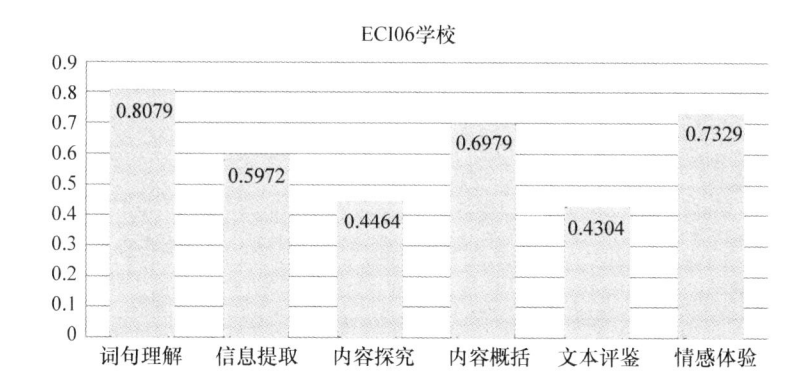

图 5-2　ECI06 小学属性掌握概率

## 第二部分：学校阅读能力的相对水平

表 5-3　　　　　　20 所小学的阅读总分描述

| 学校编号 | 最高分 | 最低分 | 平均分 | 标准差 | 人数 |
|---|---|---|---|---|---|
| ECI01 | 20 | 11 | 16.27 | 1.89 | 86 |
| SCI01 | 19 | 7 | 16.10 | 2.31 | 88 |

续表

| 学校编号 | 最高分 | 最低分 | 平均分 | 标准差 | 人数 |
|---|---|---|---|---|---|
| ECI02 | 20 | 9 | 15.09 | 2.28 | 90 |
| ECI04 | 19 | 8 | 14.32 | 2.51 | 140 |
| ECO01 | 19 | 3 | 13.61 | 3.17 | 210 |
| NCI02 | 19 | 7 | 13.47 | 2.47 | 87 |
| ECO02 | 18 | 3 | 13.06 | 2.65 | 203 |
| NCI01 | 19 | 2 | 12.86 | 4.10 | 132 |
| ECO03 | 20 | 3 | 12.79 | 3.94 | 100 |
| ECI06 | 19 | 8 | 12.75 | 2.10 | 172 |
| ECI05 | 19 | 3 | 11.97 | 4.43 | 140 |
| ECO05 | 19 | 3 | 11.80 | 4.68 | 142 |
| ECI07 | 19 | 3 | 11.74 | 2.79 | 121 |
| ECO06 | 19 | 4 | 11.70 | 3.84 | 93 |
| WCI02 | 17 | 4 | 11.08 | 3.20 | 103 |
| SCO01 | 17 | 3 | 10.87 | 3.31 | 156 |
| ECO07 | 19 | 3 | 10.43 | 3.96 | 115 |
| WCI01 | 16 | 4 | 10.40 | 2.58 | 124 |
| ECO08 | 14 | 3 | 9.67 | 3.21 | 48 |
| ECO09 | 11 | 6 | 8.89 | 1.67 | 56 |

表5-4　　　　20所小学的属性掌握等级水平

| 学校编号 | 词句理解 | 信息提取 | 内容探究 | 内容概括 | 文本评鉴 | 情感体验 | 综合评定 |
|---|---|---|---|---|---|---|---|
| ECI01 | A | A | B | A | B | A | A |
| SCI01 | A | A | B | A | B | A | A |

续表

| 学校编号 | 词句理解 | 信息提取 | 内容探究 | 内容概括 | 文本评鉴 | 情感体验 | 综合评定 |
|---|---|---|---|---|---|---|---|
| ECI02 | A | B | C | A | B | A | B |
| ECI04 | A | B | C | B | C | A | B |
| ECO01 | B | B | C | B | C | B | B |
| NCI02 | A | B | C | B | C | B | B |
| ECO02 | A | B | C | B | C | B | B |
| NCI01 | B | B | C | B | C | B | B |
| ECO03 | B | B | C | B | C | B | B |
| ECI06 | A | C | C | B | C | B | B |
| ECI05 | B | B | C | B | C | B | B |
| ECO05 | B | B | C | B | C | B | C |
| ECI07 | B | C | C | B | D | B | C |
| ECO06 | B | C | C | B | D | B | C |
| WCI02 | C | C | C | B | D | B | C |
| SCO01 | B | C | D | B | D | B | C |
| ECO07 | C | C | D | C | C | B | C |
| WCI01 | C | C | D | C | D | C | C |
| ECO08 | C | C | D | C | D | C | C |
| ECO09 | D | C | D | C | D | C | D |

第三部分：学校阅读能力的群体特征见图 5-3 和 5-4。

第四部分：结果分析与补救建议

①从所调查的班级情况来看，表 5-1 表明，阅读测验平均分随年级上升而提高，这是正常现象。②3 个班级的阅读能力综合水平情况是：五（1）班和六（1）班的阅读能力均处于良好水平，四（2）班处于中等水平。③从诊断结果来看，三个年级的学生目前掌握较好

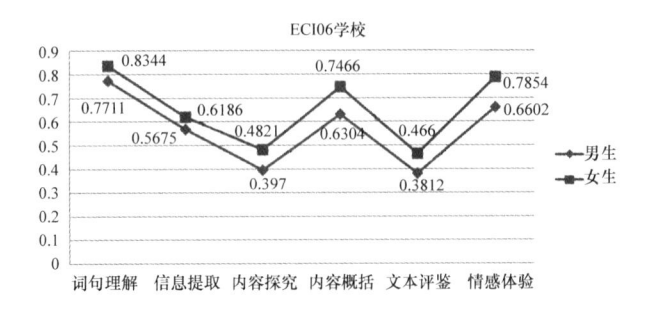

图 5-3  EC106 小学属性掌握概率性别对比

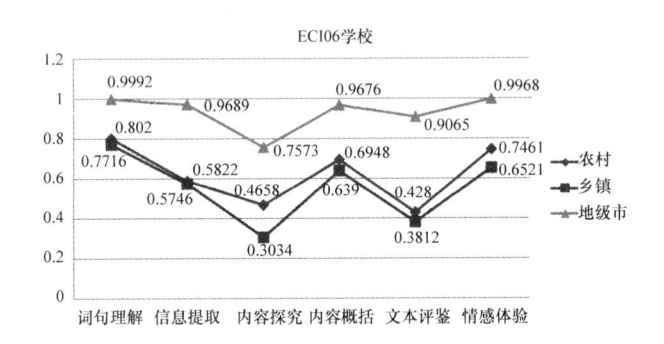

图 5-4  EC106 小学属性掌握概率生源对比

的阅读技能是词句理解、内容概括和情感体验，三个年级学生的这三种能力均处于良好等级，六年级学生的词句理解能力处于优秀水平。④尽管 6 年级学生的平均水平高于四年级和五年级，但表 5-2 和图 5-1 表明 3 个年级学生的信息提取能力差异不大，都处于中等略偏上水平。⑤三个年级的学生都要加强内容探究能力和文本评鉴能力的培养，即加强想象力、逻辑推理能力和创造力的培养。五年级和六年级学生的这两种能力处于中等水平，四年级学生的这两种能力处于中下水平。⑥表 5-3 和 5-4 表明，贵校学生的阅读能力水平在所调查的 20 所学校中处于中等水平。⑦请特别重视男生群体和县级生源学生阅读能力的提升。

## 二 班级层面的信息反馈

如果说学校层面的诊断信息反馈对教育管理工作者有重要的指导意义，那么班级层面的诊断信息反馈则对班主任和科任教师具有重大的指导价值。我们制作的班级诊断报告卡分为四部分，即属性掌握程度整体水平和群体特征；所有班级阅读总分和属性掌握程度统计描述；班级每位学生的阅读总分和属性掌握程度；结果分析和补救建议。首先，班级属性掌握的绝对水平。ECI0701 班的属性掌握综合等级评定为 C 级，属中等水平。词句理解、信息提取、内容探究、内容概括、文本评鉴和情感体验 6 个属性的掌握等级依次是 BCCBDB。男生在所有属性技能掌握上都弱于女生。来自农村的孩子，其词句理解能力和情感体验能力要特别加强。第二，班级属性掌握程度的相对水平。在所调查的 50 个班级中，阅读平均分最高分 16.55，最低分 8.89，ECI0701 班的平均分是 11.51，属于中等略低水平。从属性掌握程度来看，50 个班级中，有 4 个 A 级水平班，23 个 B 级水平班，22 个 C 级水平班，1 个 D 级水平班，占比分别是 8%、46%、44%、2%，ECI0701 班是 C 级班。第三，班级每位学生的属性掌握程度。班级 35 位学生的阅读总分最高分 19 分，最低分 4 分，平均分 11.51 分。35 位学生的属性掌握水平综合评定结果是 4A、7B、18C、6D，四个等级水平所占比率分别是 11.43%、20%、51.43%、17.14%，B 和 C 级水平学生占 71.42%，没有 E 级水平的学生。第四，阅读总分相同或属性综合评定等级相同的学生，其每个属性掌握水平是不一样的。分析每位学生的属性掌握程度，了解每位学生的阅读强项和弱项对于实现真正意义上的因材施教具有重大意义。如阅读总分 11 分和综合评定等级为 C 级的 6 位学生，从传统分数报告来看，他们是阅读能力水平相近的学生，教师无法解剖分数为学生进行有针对性地指导。但是认知诊断报告告诉我们，169 号学生的信息提取能力、219 号学生的内容探究能力和文本评鉴能力、222 号学生的文本评鉴能力、294 号学生的词句理解能力、739 号学生的信息提取能力和文本评鉴能力、753号学生的信息提取能力都处于最差的E级水平。可见，在传统的评价方法里相同类型的学生在认知诊断方法里却是各有千秋，各不相同，每位学生的强项和弱项都不一样。有了这样的诊断信息，教师在帮助每位学生提高阅读技能时就能有的放矢，对症下药，实现真正意义上的因材施教。

### 班级诊断报告例

学校：ECI07　　　　班级：ECI0701

第一部分：班级属性掌握概率整体描述和群体特征

表5-5　　　　　　　ECI0701班属性掌握等级水平

|  | 词句理解 | 信息提取 | 内容探究 | 内容概括 | 文本评鉴 | 情感体验 | 综合评定 |
| --- | --- | --- | --- | --- | --- | --- | --- |
| 全班 | B | C | C | B | D | B | C |
| 男生 | B | C | D | C | D | C | C |
| 女生 | B | C | C | B | C | B | B |
| 农村 | C | C | C | B | C | C | C |
| 乡镇 | B | C | C | B | D | B | C |
| 县城 | B | C | C | C | D | B | C |

ECI0701班属性掌握概率

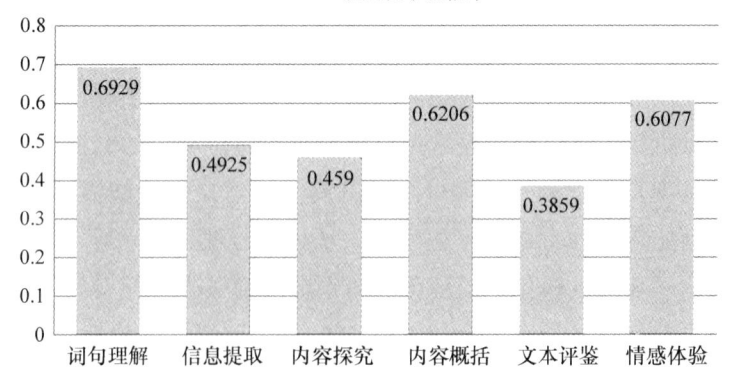

- 词句理解：0.6929
- 信息提取：0.4925
- 内容探究：0.459
- 内容概括：0.6206
- 文本评鉴：0.3859
- 情感体验：0.6077

图5-5　ECI0701班属性掌握概率

## 第五章 认知诊断信息的反馈及其有效性检验

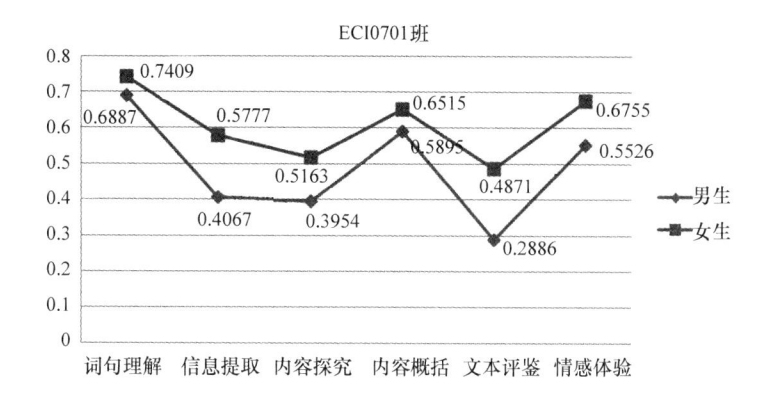

图 5-6　ECI0701 班属性掌握概率性别对比

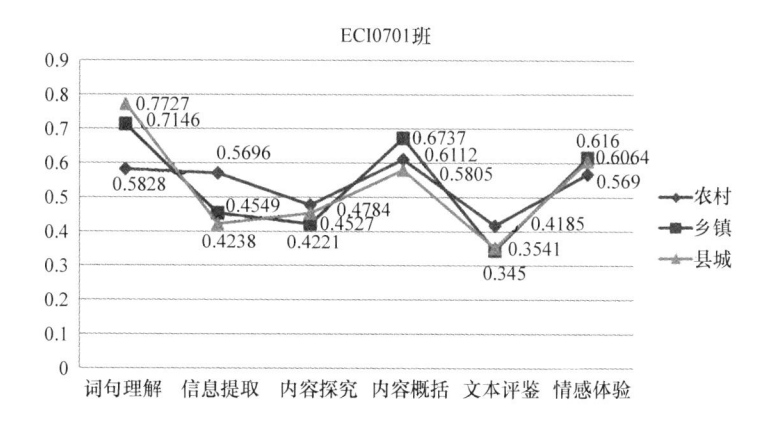

图 5-7　ECI0701 班属性掌握概率生源对比

## 第二部分：所有班级阅读总分和属性掌握程度描述统计

表 5-6　　　　　　50 个班级的阅读总分描述统计

| 班级编号 | 最高分 | 最低分 | 平均分 | 标准差 | 人数 |
|---|---|---|---|---|---|
| ECI0102 | 20 | 12 | 16.55 | 1.78 | 42 |
| SCI0101 | 19 | 7 | 16.29 | 2.24 | 45 |
| ECI0101 | 20 | 11 | 16.00 | 1.96 | 44 |

续表

| 班级编号 | 最高分 | 最低分 | 平均分 | 标准差 | 人数 |
| --- | --- | --- | --- | --- | --- |
| SCI0102 | 19 | 8 | 15.91 | 2.39 | 43 |
| ECI0201 | 20 | 9 | 15.16 | 2.48 | 49 |
| ECI0202 | 19 | 11 | 15.00 | 2.05 | 41 |
| ECI0401 | 19 | 9 | 14.48 | 2.65 | 44 |
| NCI0103 | 19 | 9 | 14.44 | 2.06 | 43 |
| ECI0402 | 19 | 8 | 14.41 | 2.60 | 46 |
| ECO0104 | 19 | 7 | 14.40 | 2.94 | 58 |
| ECO0204 | 18 | 5 | 14.29 | 2.81 | 51 |
| ECI0503 | 19 | 3 | 14.19 | 3.93 | 54 |
| ECI0403 | 18 | 9 | 14.10 | 2.33 | 50 |
| ECO0503 | 19 | 5 | 13.88 | 3.26 | 50 |
| ECO0103 | 19 | 6 | 13.87 | 3.08 | 53 |
| NCI0202 | 19 | 7 | 13.82 | 2.78 | 44 |
| ECI0603 | 19 | 9 | 13.82 | 1.78 | 60 |
| ECO0302 | 20 | 6 | 13.78 | 4.06 | 51 |
| ECO0101 | 19 | 3 | 13.14 | 3.24 | 49 |
| ECO0102 | 19 | 5 | 13.12 | 3.25 | 57 |
| NCI0201 | 17 | 7 | 13.12 | 2.08 | 43 |
| ECO0203 | 17 | 4 | 12.94 | 2.95 | 47 |
| ECO0102 | 19 | 5 | 12.90 | 3.29 | 50 |
| NCI0102 | 19 | 4 | 12.80 | 4.07 | 41 |
| ECI0602 | 17 | 8 | 12.58 | 2.13 | 60 |
| ECO0202 | 17 | 5 | 12.56 | 2.34 | 50 |
| ECO0201 | 17 | 3 | 12.49 | 2.14 | 55 |
| ECI0703 | 18 | 6 | 12.37 | 2.58 | 41 |
| ECO0602 | 19 | 4 | 11.94 | 3.83 | 53 |
| SCO0103 | 16 | 3 | 11.79 | 2.59 | 53 |
| ECO0301 | 18 | 3 | 11.76 | 3.56 | 49 |

第五章 认知诊断信息的反馈及其有效性检验

续表

| 班级编号 | 最高分 | 最低分 | 平均分 | 标准差 | 人数 |
|---|---|---|---|---|---|
| ECI0601 | 15 | 8 | 11.71 | 1.84 | 52 |
| ECO0502 | 19 | 3 | 11.60 | 5.03 | 50 |
| ECI0701 | 19 | 4 | 11.51 | 3.16 | 35 |
| NCI0101 | 19 | 2 | 11.48 | 4.96 | 48 |
| ECI0502 | 19 | 3 | 11.46 | 4.70 | 41 |
| ECO0601 | 18 | 4 | 11.38 | 3.87 | 40 |
| ECI0702 | 16 | 3 | 11.36 | 2.64 | 45 |
| WCI0202 | 17 | 4 | 11.12 | 3.56 | 57 |
| WCI0201 | 17 | 6 | 11.02 | 2.71 | 46 |
| WCI0103 | 14 | 6 | 10.85 | 1.94 | 40 |
| SCO0102 | 17 | 4 | 10.76 | 3.88 | 50 |
| WCI0101 | 16 | 6 | 10.55 | 2.61 | 42 |
| ECO0702 | 15 | 3 | 10.47 | 2.79 | 58 |
| ECO0701 | 19 | 3 | 10.40 | 4.91 | 57 |
| SCO0101 | 16 | 3 | 10.04 | 3.20 | 53 |
| WCI0102 | 16 | 4 | 9.83 | 3.00 | 42 |
| ECI0501 | 17 | 4 | 9.78 | 3.47 | 45 |
| ECO0801 | 14 | 3 | 9.67 | 3.21 | 48 |
| ECO0501 | 18 | 3 | 9.57 | 4.69 | 42 |
| ECO0901 | 11 | 6 | 8.89 | 1.67 | 56 |

表 5-7　　　　　　　　50 个班级的属性掌握程度

| 学校编号 | 词句理解 | 信息提取 | 内容探究 | 内容概括 | 文本评鉴 | 情感体验 | 综合评定 |
|---|---|---|---|---|---|---|---|
| ECI0102 | A | A | B | A | B | A | A |
| SCI0101 | A | A | B | A | B | A | A |
| ECI0101 | A | A | C | A | B | A | A |
| SCI0102 | A | A | B | A | B | A | A |

续表

| 学校编号 | 词句理解 | 信息提取 | 内容探究 | 内容概括 | 文本评鉴 | 情感体验 | 综合评定 |
| --- | --- | --- | --- | --- | --- | --- | --- |
| ECI0201 | A | A | B | A | B | A | B |
| ECI0202 | A | B | C | A | C | A | B |
| ECI0401 | A | B | C | B | C | B | B |
| NCI0103 | A | B | C | B | C | A | B |
| ECI0402 | A | B | C | A | C | A | B |
| ECO0104 | A | B | C | A | C | A | B |
| ECO0204 | A | B | C | A | C | A | B |
| ECI0503 | A | B | C | B | B | A | B |
| ECI0403 | A | B | C | B | B | B | B |
| ECO0503 | A | B | C | B | C | B | B |
| ECO0103 | A | B | C | B | C | B | B |
| NCI0202 | A | B | C | B | C | B | B |
| ECI0603 | A | B | C | B | C | B | B |
| ECO0302 | B | B | C | B | C | B | B |
| ECO0101 | B | B | C | B | C | B | B |
| NCI0201 | A | B | C | B | C | A | B |
| ECO0203 | A | B | C | B | C | B | B |
| ECO0102 | B | B | C | B | C | B | B |
| NCI0102 | B | B | C | B | C | B | B |
| ECI0602 | B | C | C | B | C | B | B |
| ECO0202 | B | B | C | B | C | B | B |
| ECO0201 | A | C | C | B | C | B | B |
| ECI0703 | B | C | C | B | C | B | B |
| ECO0602 | B | C | C | B | C | B | C |
| SCO0103 | B | C | D | B | D | B | C |
| ECO0301 | B | C | C | B | C | B | C |
| ECI0601 | B | C | D | B | D | B | C |
| ECO0502 | B | C | C | B | C | B | C |
| ECI0701 | B | C | C | B | D | B | C |

续表

| 学校编号 | 词句理解 | 信息提取 | 内容探究 | 内容概括 | 文本评鉴 | 情感体验 | 综合评定 |
|---|---|---|---|---|---|---|---|
| NCI0101 | C | B | C | B | C | B | C |
| ECI0502 | B | B | C | B | C | B | C |
| ECO0601 | B | C | C | B | C | B | C |
| ECI0702 | B | C | D | B | D | B | C |
| WCI0202 | C | C | C | B | D | B | C |
| WCI0201 | C | C | C | C | D | B | C |
| WCI0103 | B | C | D | C | D | C | C |
| SCO0102 | C | C | C | B | C | B | C |
| WCI0101 | C | C | D | C | D | B | C |
| ECO0702 | C | C | D | C | D | C | C |
| ECO0701 | C | C | C | B | C | B | C |
| SCO0101 | C | C | C | C | D | C | C |
| WCI0102 | C | C | D | C | D | C | C |
| ECI0501 | D | C | D | C | C | C | C |
| ECO0801 | C | C | D | C | D | C | C |
| ECO0501 | C | C | C | C | D | C | C |
| ECO0901 | D | C | D | C | D | C | D |

## 第三部分：班级每位成员测验总分和属性掌握程度

表 5-8　ECI0701 班 35 名学生的属性掌握程度

| 编号 | 总分 | 词句理解 | 信息提取 | 内容探究 | 内容概括 | 文本评鉴 | 情感体验 | 综合评定 |
|---|---|---|---|---|---|---|---|---|
| 7 | 19 | A | A | A | A | A | A | A |
| 17 | 17 | A | A | C | A | B | B | B |

续表

| 编号 | 总分 | 词句理解 | 信息提取 | 内容探究 | 内容概括 | 文本评鉴 | 情感体验 | 综合评定 |
|---|---|---|---|---|---|---|---|---|
| 26 | 17 | A | A | A | A | B | A | A |
| 23 | 16 | A | A | B | A | B | B | A |
| 27 | 16 | A | A | B | A | A | B | A |
| 28 | 15 | A | A | D | A | E | C | B |
| 34 | 15 | A | B | D | A | D | B | B |
| 130 | 15 | A | A | A | B | A | B | B |
| 57 | 14 | A | B | B | C | C | B | B |
| 61 | 13 | C | A | B | A | B | A | B |
| 63 | 13 | A | D | B | A | D | A | B |
| 164 | 12 | A | E | D | B | D | B | C |
| 169 | 11 | A | E | C | C | D | B | C |
| 219 | 11 | B | C | E | B | E | B | C |
| 222 | 11 | A | D | C | C | E | C | C |
| 294 | 11 | E | A | D | C | B | C | C |
| 739 | 11 | A | E | C | C | E | C | C |
| 753 | 11 | A | E | D | D | D | C | C |
| 220 | 10 | B | C | D | D | D | C | C |
| 303 | 10 | A | E | D | C | E | C | C |
| 320 | 10 | B | E | C | C | D | C | C |
| 321 | 10 | C | C | B | C | C | C | C |

续表

| 编号 | 总分 | 词句理解 | 信息提取 | 内容探究 | 内容概括 | 文本评鉴 | 情感体验 | 综合评定 |
|---|---|---|---|---|---|---|---|---|
| 325 | 10 | E | B | D | B | C | C | C |
| 326 | 10 | E | A | B | B | B | B | C |
| 333 | 10 | A | E | D | C | E | B | C |
| 334 | 10 | A | E | E | C | E | C | D |
| 335 | 10 | B | E | C | C | D | C | C |
| 309 | 9 | B | E | E | C | E | C | D |
| 329 | 9 | E | C | C | C | D | C | C |
| 331 | 9 | C | D | E | C | E | D | C |
| 336 | 9 | B | E | C | C | D | B | C |
| 347 | 9 | B | E | E | C | E | C | D |
| 446 | 8 | E | C | D | D | D | C | D |
| 340 | 8 | E | B | B | C | C | C | C |
| 353 | 4 | E | C | E | C | E | D | D |

第四部分：结果分析与补救建议

①认知诊断结果表明，班级阅读能力综合评定等级为 C 级，即中等水平。②男生在内容探究、文体评鉴和情感体验能力上较女生偏弱，请特别关注男生这三种能力的提升。③农村生源学生的词句理解能力和情感体验能力相对较弱；乡镇和县城生源的文本评鉴能力相对偏弱。④班级阅读平均分在所调查的 50 个班级中排第 33 名，平均分 11.51 分，属于中等水平。④从属性掌握程度来看，学生的词句理解、内容概括、情感体验能力掌握较好，均处于良好水平；信息提取和内容探究能力处于中等水平；文本评鉴能力处于较差水平。⑤请根据表 5-8 中每位学生的阅读属性掌握程度有针对性地给予不同的补救措施。如 17 号学生和 26 号学生（原始数据里有真实姓名对应）虽然阅读测验分数都是 17 分，但 17 号学生的内容探究能力比 26 号学

生更弱。而23号和27号学生的阅读测验分数都是16分,综合评定等级都是A级,但23号学生的文本评鉴能力比27号更弱。

### 三 学生层面的信息反馈

认知诊断最根本的目的是促进每位学生的发展和进步,而不是给学生一个定性的等级评价。认知诊断评估是过程性评估,不是结果性评估。评估本身不是目的,促进发展才是最终目的。因此,为每位学生制作诊断信息反馈报告卡是认知诊断最直接的目的。我们为学生制作的诊断信息报告卡包括三部分信息,即答案核对、属性掌握程度和补救建议。首先给学生提供的是学生本人的作答情况和测验的正确答案,目的是帮助学生回忆自己的答案并对照正确答案初步分析错题原因。第二,属性掌握程度和属性掌握概率图,在属性掌握程度表中,同时给出班级属性掌握程度供学生对比,以获得自身阅读技能的相对评价。从属性掌握概率图可以直观形象地看出自身阅读技能的强项和弱项,以便有针对性地开展补救性学习。第三,针对每位学生的阅读总分和属性掌握程度给每位学生提供个性化建议。我们为两位得分和属性掌握程度综合评定等级都相同的学生分别制作了诊断信息反馈报告卡。从两份报告卡可以看出,两位学生的阅读得分都是13分,综合等级评定结果都是B级,但具体的属性掌握程度很不相同。这两位学生是ECI0701班中的61号和63号学生,他们的属性掌握等级分别是CABABA和ADBADA,61号学生的6个属性掌握程度较为均匀,而63号学生的属性掌握程度两极分化。从图5-8和5-9可以明显看出,61号学生每项技能都高于一般学生,她与众不同的地方在于词句理解能力对她而言是弱项;而63号学生的信息提取能力和文本评鉴能力比一般学生要差,而词句理解能力、内容概括能力和情感体验能力特别突出。这样极具个性的信息报告卡对接收信息的学生而言是大有裨益的,这正是认知诊断与传统测验仅报告笼统分数的不同之处。

# 学生个人诊断报告例1

学校：ECI07　　班级：ECI0701　　姓名：XXX　　测验分数：13分

第一部分：答案回顾

表5-9　　　　　　　　您的答案和正确答案

| 题号 | 1 | 2 | 3 | 4 | 5 | 6 | 7 | 8 | 9 | 10 |
|---|---|---|---|---|---|---|---|---|---|---|
| 你的答案 | √ | × | × | √ | √ | √ | √ | √ | √ | √ |
| 正确答案 | B | B | D | A | D | B | A | A | C | B |
| 题号 | 11 | 12 | 13 | 14 | 15 | 16 | 17 | 18 | 19 | 20 |
| 你的答案 | √ | × | √ | √ | × | × | × | × | √ | √ |
| 正确答案 | D | A | B | C | D | C | C | D | C | B |

第二部分：阅读能力等级水平

表5-10　　　　　　您的阅读能力等级水平

| | 得分 | 词句理解 | 信息提取 | 内容探究 | 内容概括 | 文本评鉴 | 情感体验 | 综合评定 |
|---|---|---|---|---|---|---|---|---|
| 个人 | 13 | C | A | B | A | B | A | B |
| 班级 | 11.75 | B | C | C | B | D | B | C |

第三部分：结果分析与补救建议

xx同学，你好！首先要祝贺你取得了较好的成绩！你在本次阅读能力测验中的得分是13分，获得的综合评定等级是B级，处于良好水平。你所在的班级阅读平均分是11.51分，班级阅读能力综合评定等级是C级。从具体能力来看，各项阅读技能掌握水平较为均衡，相对突出的是情感体验能力,在今后的语文学习中和阅读能力训练中,请加强词汇的积累,多多训练自己的想象力、推理能力和评价能力。

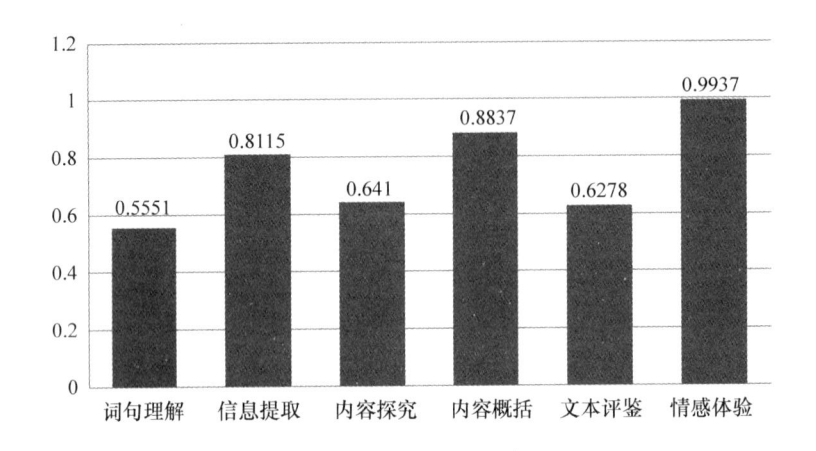

图 5-8 属性掌握概率水平

## 学生个人诊断报告例 2

学校:ECI07 班级:ECI0701 姓名:XXX 测验总分:13 分

第一部分:答案回顾

表 5-11　　　　　您的答案及正确答案

| 题号 | 1 | 2 | 3 | 4 | 5 | 6 | 7 | 8 | 9 | 10 |
|---|---|---|---|---|---|---|---|---|---|---|
| 你的答案 | x | √ | √ | √ | √ | √ | √ | √ | √ | √ |
| 正确答案 | B | B | D | A | D | B | A | A | C | B |
| 题号 | 11 | 12 | 13 | 14 | 15 | 16 | 17 | 18 | 19 | 20 |
| 你的答案 | x | x | x | √ | √ | x | x | x | √ | √ |
| 正确答案 | D | A | B | C | D | C | C | D | C | B |

## 第二部分：阅读能力等级水平

表 5-12　　　　您的阅读能力等级水平

|  | 总分 | 词句理解 | 信息提取 | 内容探究 | 内容概括 | 文本评鉴 | 情感体验 | 综合评定 |
|---|---|---|---|---|---|---|---|---|
| 个人 | 13 | A | D | B | A | D | A | B |
| 班级 | 11.75 | B | C | C | B | D | B | C |

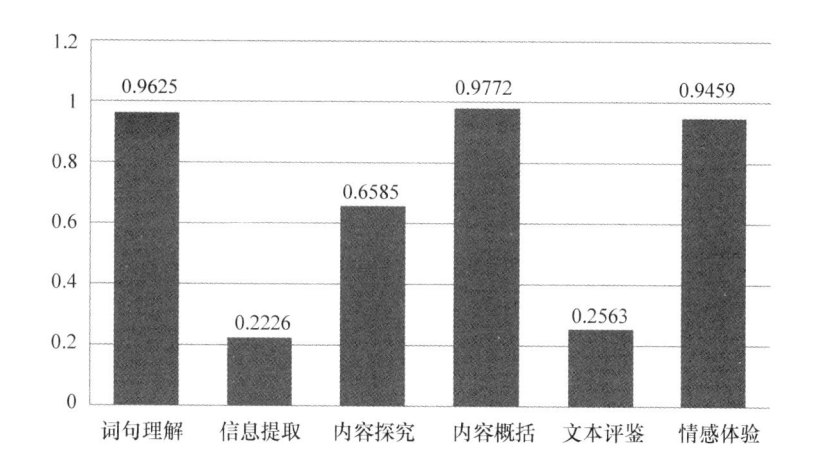

图 5-9　属性掌握概率水平

## 第三部分：结果分析与补救建议

xx 同学，你好！首先要祝贺你取得了较好的成绩！你在本次阅读能力测验中的得分是 13 分，获得的综合评定等级是 B 级，处于良好水平。你所在的班级平均分是 11.51 分，班级阅读能力综合评定等级是 C 级。从具体能力来看，你的各项阅读技能掌握水平出现了两极分化的现象，即词句理解、内容概括和情感体验能力特别突出，内容探究能力中等水平，但是信息提取能力和文本评鉴能力却处于较差水平，建议你在今后的语文学习中和阅读能力练习中注意加强这两种能力的训练。

上面所呈现的分别是为学校、班级和学生制作的相对简单的诊断信息报告卡，对学生和教师而言，诊断信息报告卡也许已经能够帮助其了解阅读能力的优势和弱势，但对于一所学校、一个乡镇甚至更大范围的区域，除了诊断信息报告卡的制作，最理想的信息反馈方式是撰写更全面的认知诊断报告，报告应全面地呈现诊断结果、进行诊断结果的原因分析并提出针对性的补救措施。布莱克和威廉强调诊断反馈信息需要适当的描述和解释，以帮助学习者提高他们的学习和教师改进他们的教学[1]。然而，林顿指出这是一个急需得到解决但又是研究者们没有投入较多关注的问题[2]。

## 第三节　诊断信息反馈的有效性检验

### 一　控制班与实验班阅读能力的变化

作为一种有"控制"的教育活动，教育实验是教育工作过程也是教育研究的过程。教育实验与自然科学实验不同之处在于，其实验对象不是无意识的东西，而是有意识的正在成长中的学生，实验过程是开放式的而不是封闭式的，因此，教育实验具有开放性、教育性和社会性，因此，教育实验不可能像自然科学实验那样控制严密，教育实验大多是准实验。准实验的特点是不能随机安排实验对象，不能完全控制无关变量，只能尽量进行条件控制，实验对象在正常的自然状态下接受实验。所以，为了保证实验的效果，我们在50个班级中挑选出了两个几乎是平行班的班级开展准实验研究，他们是 ECO0101 和 ECO0102 班，在本章研究被试部分已介绍过两个班级在班级人数、性别比率、生源比率、初始成绩、属性掌握等级水平等方面都是一样

---

[1] Black, P. J. & Wiliam, "DAssessment and classroom learning", *Assessment in Education*, No. 5, 1998, pp. 7–74.

[2] Leighton, J. P. & Gierl M. J., *Cognitive Diagnostic Assessment for Education: Theory and Applications*, Cambridge University Press, The Edinburgh Building, Cambridge CB2 8RU, UK, 2007.

的,两个班的具体情况见下表。

表5-13　　　　实验班与控制班前测成绩比较

| 班级 | 分数区间 | 属性掌握等级 | 人数 | 平均分 | 标准差 | t | p |
|---|---|---|---|---|---|---|---|
| ECO0102 | [5, 19] | BBCBCB | 50 | 12.90 | 3.29 | .37 | .712 |
| ECO0101 | [3, 19] | BBCBCB | 49 | 13.14 | 3.24 | | |

实验后两个班的成绩变化和属性掌握变化情况见后续分析。

### （一）控制班阅读能力的变化

控制班是指没有安排实验的班级,这个班的学生接收到的反馈信息只有测验总分没有诊断信息,教学安排跟往常一样。为了了解控制班的成绩和属性掌握变化情况,分别对6个属性的掌握概率和测验总分进行了前测后测的比较,采用的方法为配对样本t检验,结果见下表。

表5-14　　　控制班属性掌握概率及测验总分变化情况

| 成对因子 | 成对差分（n=49） | | t | p |
|---|---|---|---|---|
| | 均值 | 标准差 | | |
| $PPM1_{后测} - PPM1_{前测}$ | .0266 | .0840 | 2.2150 | .0320 |
| $PPM3_{后测} - PPM3_{前测}$ | .0066 | .0248 | 1.8500 | .0710 |
| $PPM4_{后测} - PPM4_{前测}$ | .0049 | .0213 | 1.6030 | .1150 |
| $PPM5_{后测} - PPM5_{前测}$ | .0013 | .0165 | .5510 | .5840 |
| $PPM6_{后测} - PPM6_{前测}$ | .0225 | .0375 | 4.2060 | .0000 |
| $PPM7_{后测} - PPM7_{前测}$ | .0060 | .0268 | 1.5760 | .1220 |
| 总分$_{后测}$ - 总分$_{前测}$ | .2650 | 1.7650 | 1.0520 | .2980 |

表5-14表明,属性3、属性4、属性5、属性7的掌握概率没有

显著变化，属性1即词句理解能力有显著提升（$t=2.215$，$P<.05$），属性6即文本评鉴能力也有显著提升（$t=4.206$，$P<.001$）。测验总分没有显著变化（（$t=1.0520$，$P>.05$）。为了进一步明确学生的属性掌握变化情况，我们把学生分成高、中、低三个组（高分组和低分组学生分别占总人数的27%，中等组学生占总人数的46%），分别考察三组学生的属性掌握概率的变化情况，结果见下图。

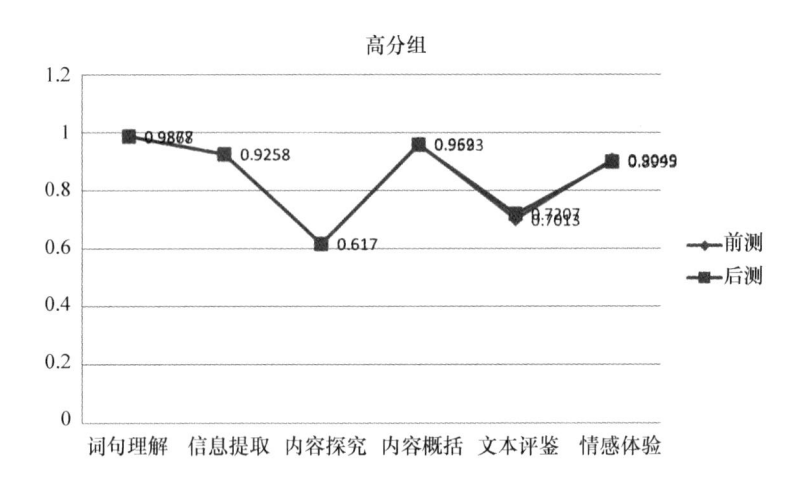

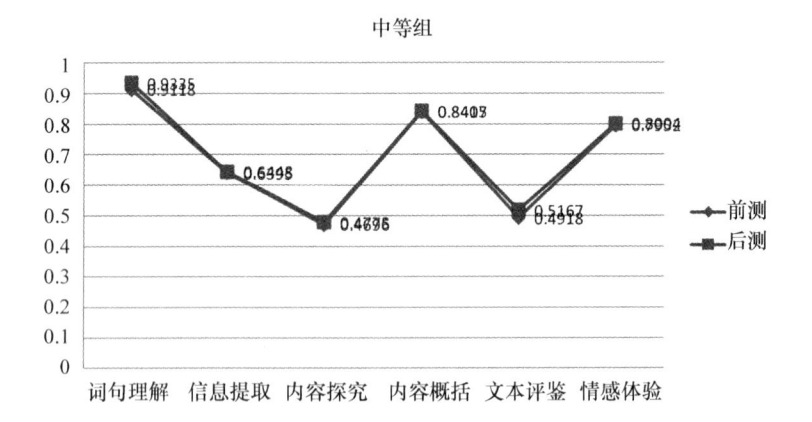

高分组

前测值：词句理解 0.9808，信息提取 0.9258，内容探究 0.617，内容概括 0.9693，文本评鉴 0.7023，情感体验 0.8999

（前测、后测）

中等组

前测值：词句理解 0.9335，信息提取 0.6498，内容探究 0.4735，内容概括 0.8403，文本评鉴 0.5167，情感体验 0.8094

（前测、后测）

低分组

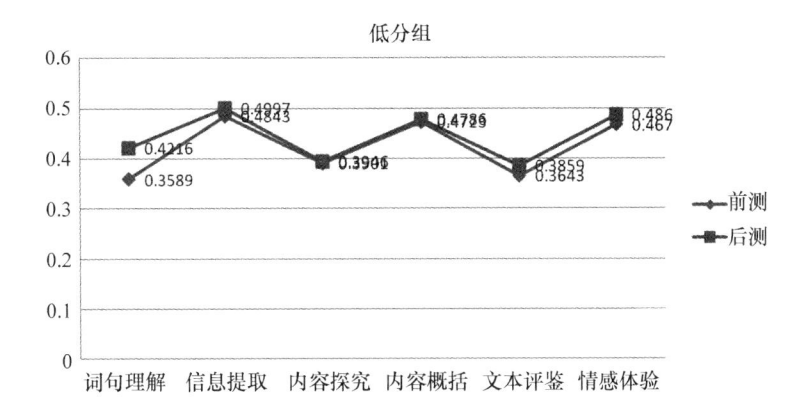

0.6
0.5  0.4927  0.4843  0.4739  0.4786  0.486 0.487
0.4  0.4216  0.3589  0.3904 0.3961  0.3859 0.3843
0.3
0.2
0.1
0

词句理解 信息提取 内容探究 内容概括 文本评鉴 情感体验

——前测
——后测

图 5-10 控制班高分组、中等组和低分组学生属性掌握概率变化

上图表明，控制班属性掌握概率的变化主要体现在低分组学生中，高分组和中等组学生的属性掌握概率没有发生实质性变化。

（二）实验班阅读能力的变化

实验班是指安排了实验的班级，这个班的学生既接收到了传统测验分数的反馈也接收到了诊断信息的反馈，即教师收到了班级诊断信息卡和每位学生的诊断信息卡，每位学生收到了个人诊断信息卡，教师和学生都要求根据诊断结果在后续的教学和学习中做出相应的调整。为了了解实验班的成绩和属性掌握概率的变化情况，分别对6个属性的掌握概率和测验总分进行了前测后测的比较，采用的方法是配对样本 t 检验，结果见下表。

表 5-15　实验班属性掌握概率及测验总分变化情况

| 成对因子 | 成对差分（n=50） | | t | p |
|---|---|---|---|---|
| | 均值 | 标准差 | | |
| $PPM1_{后测} - PPM1_{前测}$ | .1662 | .2996 | 3.9230 | .0000 |
| $PPM3_{后测} - PPM3_{前测}$ | .0661 | .1018 | 4.5900 | .0000 |
| $PPM4_{后测} - PPM4_{前测}$ | .1270 | .1365 | 6.5790 | .0000 |

续表

| 成对因子 | 成对差分（n=50） | | t | p |
|---|---|---|---|---|
| | 均值 | 标准差 | | |
| PPM5后测 - - PPM5前测 | .0214 | .0414 | 3.6590 | .0010 |
| PPM6后测 - - PPM6前测 | .1386 | .1395 | 7.0250 | .0000 |
| PPM7后测 - - PPM7前测 | .0599 | .1099 | 3.8560 | .0000 |
| 总分后测 - - 总分前测 | 2.5200 | 1.7520 | 10.1680 | .0000 |

表5-15表明，实验班学生6个属性的掌握概率和测验总分都有显著提升。从均值差可以看出，属性1、属性4和属性6即词句理解能力、内容探究能力和文本评鉴能力的提升较大，原因是属性1相对容易提高，属性4和属性6的前测成绩不如其他属性，提高也相对较快。同样，为了进一步明确学生的属性掌握变化情况，把实验班的学生分成高、中、低三组，人数比率分布跟控制班一样，分别考察三组学生的属性掌握概率的变化情况，结果见图5-11。

图5-11表明，跟控制班的变化主要体现在低分组不一样的是，实验班三组学生的属性掌握概率都有较大波动。高分组学生的内容探究、文本评鉴和情感体验能力显著提升。中等组学生的信息提取、内容探究和文本评鉴能力显著提升。低分组学生除了内容概括能力没有显著变化外，其余能力都有显著提升，特别是词句理解能力提升最大，细究原因发现在初测中，有3位学生属性1的掌握概率特别低，而在后测中都提高到了.4左右。图5-12和5-13是控制班和实验班实验前后的属性掌握概率对比图，很明显，控制班的属性掌握概率变化不大，实验班的属性掌握概率变化较大，这说明认知诊断的结果反馈对提升学生的阅读能力是有帮助的。

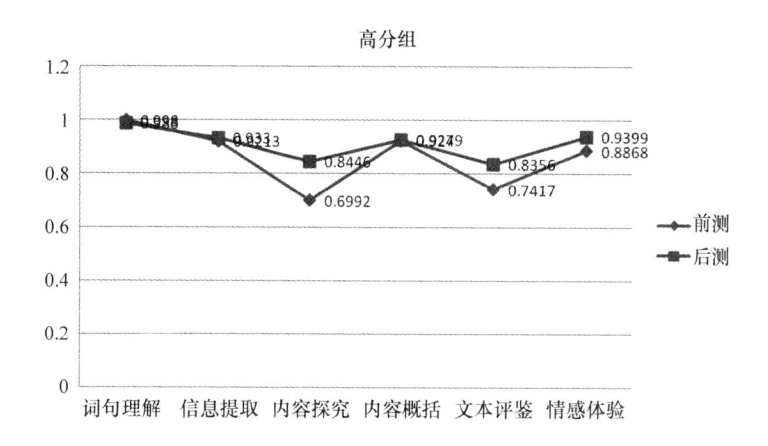

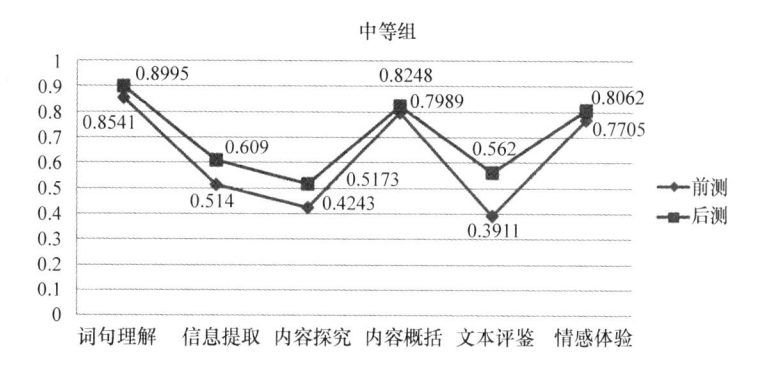

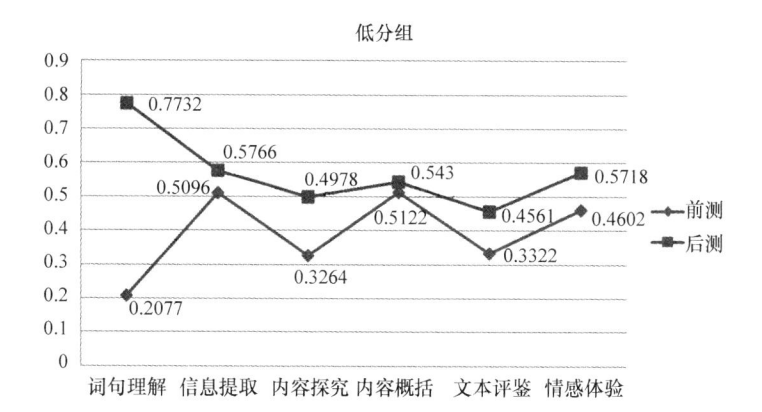

图 5-11　实验班高分组、中等组和低分组学生属性掌握概率变化

### 控制班实验前后比较

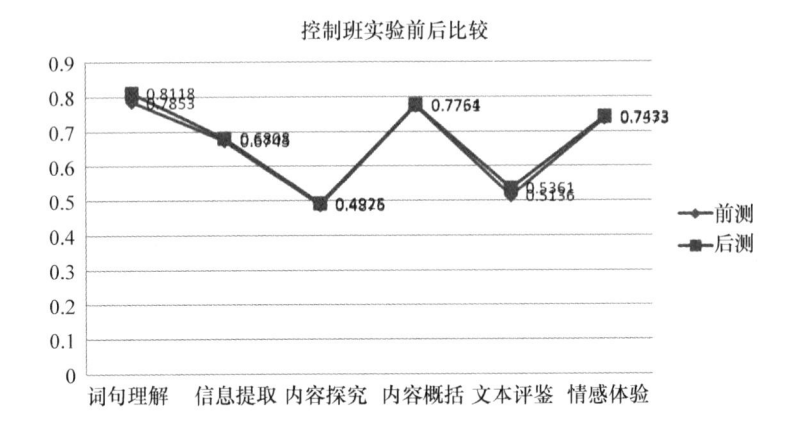

图 5-12 控制班属性掌握概率实验前后对比图

### 实验班实验前后比较

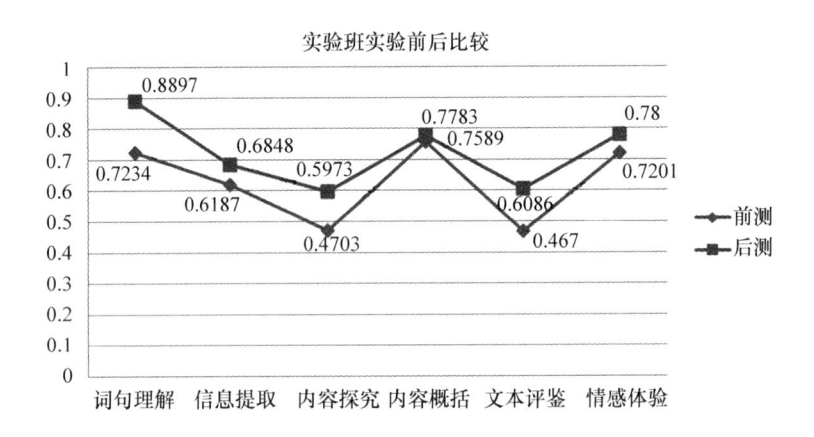

图 5-13 实验班属性掌握概率实验前后对比

## 二 校长、教师和学生对反馈信息的评价

为了了解校长、教师和学生对反馈信息的评价，对4位校长、6位教师进行了开放式访谈，对实验班的部分学生进行了半开放式访谈。与结构性访谈相比，开放式或半开放式访谈中访谈者事先只需一个粗线条的问题大纲或几个要点，所提问题在访谈中边谈边形成，其特点是弹性大，能充分发挥访谈者与被访谈者的积极性，由此，访谈者能获得综合性多层次的全面材料，缺点是费时费力，对访谈结果难

## 第五章 认知诊断信息的反馈及其有效性检验

以做量化分析,对访谈者的素质要求也更高。鉴于此,对校长和教师的访谈由课题主持人完成,对学生的访谈由课题组其他成员和研究生完成。

### (一) 校长对反馈信息的评价

4位校长分别选自村镇学校、县城学校、地市学校和省城学校,4位校长对我们的诊断反馈信息报告卡的看法是:

> 校长1(女,村小校长):我几乎从来没有接触过研究,对研究很陌生,所以也没听说过认知诊断,听到这词感觉很高大上。但是你们的这个诊断报告卡做得很好,让我这个纯粹的外行人也能看懂。拿到诊断信息报告卡,我的感受是,很漂亮,很直观,很醒目,通俗易懂。学校、班级和学生三个层面的报告卡都很实用,对我们有针对性地提高学生的阅读能力很有帮助。

> 校长2(男,县城学校校长):我第一次接触到这样的反馈结果,感觉很新鲜也很意外,没想过有这么好的技术可以把学生的阅读能力分得那么细致并进行测评,比之前笼统的分数报告更有针对性,希望今后能推广这种评估方式,希望每门科目都能用这种方式进行评估。

> 校长3(男,地市学校校长):收到认知诊断报告卡,第一感觉是看不懂,比如属性掌握概率是什么?但结合其他信息如图形和等级中的ABCD,多看几次就看懂了,后来深切感受到这种评估方式优势明显,我希望我们的老师们能掌握这样的技术,能更快地把理论研究运用到实际工作中来。

> 校长4:(男,省会城市学校校长):感谢课题组能选中我们的学校参与这样一次研究,过去也曾跟一些研究项目合作过,但感觉这次的研究项目与我们的日常教学工作关系密切,直觉告诉我,如果能推广这种评估技术,将改善整个教育教学的设计。我本人对认知诊断技术很感兴趣,我们学校参与研究的老师们也觉得诊断技术带给他们的信息很实用,针对性强。但从我所知道的

课题组所做的工作来看，掌握认知诊断技术有相当大的难度，要懂学科知识、心理学、教育学知识、统计测量知识和认知诊断知识，希望有简单易行的软件能直接算出结果，或者研究者们能与我们多多合作开展行动研究，期待你们今后能跟我们继续合作开展其他科目的认知诊断研究。

### （二）教师对反馈信息的评价

从校长对反馈信息的看法可知，课题组制作的诊断反馈信息报告卡受到了校长们的认可，处于教学一线的教师们如何看待我们反馈的信息呢？我们选择了6位教师进行访谈，四年级、五年级和六年级教师各2名。

教师1（女，四年级语文教师）：我是刚入职两年的农村新教师，大学里学汉语言文学专业，从来没有听说过认知诊断这个词，收到快递过来的诊断报告卡，那真叫惊喜和意外，没想到考试完了除了有卷面分以外还有这么详细的报告。对我而言，我特别喜欢对班上每个学生都进行分析的那张表，那简直是啥，那就是法宝，有了这张表，我就可以抓住每个学生的弱项进行帮助了，不像以前的考试，考完了，分数一样，嗯，就是一样的呗，也没啥特别的安排。所以，这个报告卡真挺好的，以后还来做这种研究不？（笑）

教师2（女，五年级语文教师）：老师，很开心能接受您的访谈，我是您所在的大学毕业的研究生，读的学科是语文教学法专硕。在读研的时候，曾听说过这个认知诊断技术，同级的一位学生物专业的同学做毕业论文时的选题就是认知诊断。我当时也很想选这类选题，看了一些文献后放弃了，感觉很难，特别是对文科科目进行认知诊断就更难了，我怕等到毕业时论文都没做出来（笑）。没想到毕业后还能跟着您一起做这个一直想了解的研究，虽然我不懂里面的技术，但是我能参与到其中已经很开心，从中学到了很多,也对认知诊断了解到了更多,感觉这种评估技术的确很棒,希望您以后做认知诊断研究还来找我,谢谢老师!

教师3(男,六年级语文教师):从教10余年来,带了很多届毕业班,第一次接触认知诊断这种评估技术,能参与到您的研究,感觉很幸运,学到了很多,收获了不少,很感谢您的信任。在讨论认知模型的时候,尽管我们一线的教师和你们在观点上不太一致,但还是觉得做研究也很有乐趣,特别要向你们学习对待研究认真、严谨的态度。说到认知诊断技术,我个人感觉这是一种非常好的评估方式,反馈过来的诊断信息卡对我这个带毕业班的老师来说超级实用,特别是对中等水平的学生,可以快速提高他们的阅读能力。对于低水平的学生,阅读能力的提高不是一蹴而就而是需要一个漫长的过程,但是如果能定期对他们的阅读能力进行认知诊断,我相信提高的时长会变得更短,学生阅读微技能的解剖的确很有针对性,期待你们能再来。

教师4(女,四年级语文教师):老师,你好!我是教四年级的李教师,曾帮你发放过测验和问卷,以为没有后续了,没想到还收到了诊断报告卡。这个卡还真管用,我们班人比较多,没有那么多精力关注到每一位学生,我挑了20位学生特别关注了下,针对他们的弱项有意识地进行训练,也许是关注本身起了作用,也许是你们的诊断结果的作用,反正这20位学生更喜欢语文了,与我的关系也更亲近了,阅读成绩有一定程度提高,我也不是太清楚是哪一项能力提高了,就是语文成绩在提高。老师,你能教教我不,让我自己也会编认知诊断测验,分析测验分数就好。

教师5(女,五年级语文教师,实验班教师):我是跟你们一起合作做实验的老师,感受颇深。首先,感谢课题组的信任把我选为做实验的老师,同时因为不懂做研究也感受到了巨大的压力,但做过来了,却觉得收获颇多,一切付出都是值得的。第二,我谈谈我的做法。我教了两个班的语文,这两个班的人数和成绩水平都差不多，我收到的是五（2）班的诊断信息报告卡和班级每位学生的诊断信息报告卡。针对他们的现状，我采用的方法是分组教学法，即根据诊断反馈的信息，把全班学生分成不同的组别，每组学生给予不同的指导和课后练习。如班上50位学生，词句理解能力处于E级的学生有11位学生，这11位学生的课后练习以词汇积累等基础练习为主。再如文本评鉴能力处于E级的有6位学生，我专门找一些对应的阅读练习给他们做。同时，在整个课堂教学中，我一直在根据全班学生的阅读弱势技能即内容探究和文本评鉴能力在有意识地进行培养。如课堂提问时会特别关注那些有弱势技能的学生。第三，谈谈我的感受。第一个感受是累，就分组布置练习这一项工作就花费了我大量的时间，因为我要根据学生不同的弱项去找对应的练习，这增加了我很多的工作量。第二个感受是开心，因为在这个过程中，我收获了很多，进步了很多，也懂得了一点点认知诊断的知识和做教育实验的要求。第三个感受是认知诊断技术很实用。对于一线教师和学生来说，诊断结果很实用，但诊断技术太难学。第四个感受是期待。如果问我还想不想继续参与类似的研究，我的愿望是想，因为累并快乐着。

教师6（男，六年级语文教师）：我是一位教龄有20余年的小学语文教师，深知小学生阅读能力的培养对孩子的一生都有奠基作用。所以，我平时也经常思考和琢磨如何提高小学生的阅读能力，但是说实话一直苦于没有新的理念和技术进入我的视野，因此，尽管我做过很多的努力和尝试，但无论如何改变都是在旧跑道上前行。这次不同，你们所做的研究帮我打开了另一扇窗，找到了提高孩子阅读能力的新钥匙，感觉这个技术特别有用，但是就是这把钥匙太新了，不会用，要是有智能锁就好，所以希望今后能多多合作，一起研究研究阅读能力的提升问题，也教教我们一线教师怎么编认知诊断测验，技术活就算了，我只做我能做的事，期待再次合作！

第五章　认知诊断信息的反馈及其有效性检验

总而言之，教师们对认知诊断技术比较感兴趣，都认为诊断信息反馈卡很实用，能帮助他们实现真正意义上的因材施教，但与此同时，可以说说起来容易，做起来难，根据诊断信息的结果进行补救教学也会增加教师的工作量，让教师觉得很辛苦。可以设想一下，如果大范围地采用这种评估方式，也许教师们就习惯了类似于分组教学和分组布置练习的做法。可以说，在国内，认知诊断技术目前还是处于早期阶段，诊断结果对实践教学的指导作用是无庸置疑的，研究者们要思考的问题是如何更快地促进认知诊断理论本身的技术进步和加快理论和实践之间的衔接。

（三）学生对反馈信息的评价

完全采用开放式访谈对小学生不太适用，因此，对学生采用的是半结构访谈，主要围绕四个问题与学生进行交流：1. 反馈的诊断信息与学生真实阅读能力的吻合程度。2. 诊断反馈信息报告卡的作用。3. 诊断反馈信息卡里哪一项对自己帮助最大。4. 是否会根据诊断反馈信息在学习中进行调整。

关于"诊断信息与学生真实阅读能力的吻合程度"，五（2）班50位学生对这个问题的回答是，24位学生认为很符合，22位学生认为符合，2位学生认为吻合程度一般，1位学生认为不符合，有1位学生认为很不符合。总体而言，绝大部分学生认为诊断结果与他们真实的阅读能力是吻合的，诊断结果能反映他们真实的阅读水平。对于这个问题，事实上在第四章的诊断效度检验部分已做了内部效度和外部效度验证，外部效度检验的效标分别是学生的测验总分、平时语文成绩和平时的综合学习成绩水平，结果是诊断结果与这些效标都高度相关，这是定量角度的检验。而这部分设计是想再次从学生的感受中得到定性的证实。针对4位认为吻合程度一般或不符合的学生，我们进行了仔细分析和追问，发现有两位学生在做前测时发挥失常，测验成绩没有平时正常的成绩好，有两位学生的语文成绩较差，对自己的判断不准确。

关于"诊断反馈信息卡的作用"，五（2）班50位学生对这个问题的回答是，24位学生认为很有用，21位学生认为有用，3位学生认为一般，2位学生认为作用不大。对回答很有用和有用的学生进行分析发现，他们的阅读成绩都有所提高，对5位认为作用一般和作用不大的学生进行分析发现他们的阅读成绩没有提高或仅仅提高了1分，进一步与语文教师沟通交流得到的反馈是，这几个孩子本身对学习不太认真。

关于"诊断信息报告卡中的哪一部分信息最实用"，学生的回答情况是，41位学生选择了第二部分，9位学生选择了第三部分，有些学生想同时选择第二部分和第三部分，访谈者提醒后做出了单一的选择，没有学生选择第一部分。说明图表报告的方式特别适合小学生，语言报告方式的效果相对较差。

关于"能否根据诊断反馈信息调整自己的学习行为"，50位学生中有12位回答可以做到，有25位学生回答基本能够做到，有15位学生回答做不到。事实上，就小学生而言很难根据诊断信息结果持续地调整自己的学习行为，之所以有35位学生回答能做到和基本能做到，那是因为这是实验班的学生，有教师的指导，认真学习的学生会跟着老师的要求来学习，而对于平时学习本身就不是特别认真的学生来说是很难做到这一点的。在访谈中，当追问学生为什么会觉得诊断卡没啥作用或为什么不根据反馈结果调整学习行为时，学生的回答有"看了反馈卡，转身就忘了，更不用说指导今后的学习了，所以也就觉得这卡没啥作用。""我不知道，没想那么多。""我不喜欢语文。""忘了。"等等，可见，针对小学生而言，特别需要教师的指导和帮助才能实现利用诊断结果帮助学生改进学习的目的。或者从更广泛的意义上来说，要想诊断反馈结果真正起到指导实践教学的作用，需要研究者们专门开辟新的研究领域，为认知诊断评估技术搭建从理论到实践的桥梁。

# 第六章 小学生阅读能力影响因素及提升策略

## 第一节 研究设计

### 一 研究目的

第四章中关于"属性掌握概率的群体特征"和第五章中关于"诊断信息报告卡的制作"研究结果表明,不同地域、不同学校、不同班级、不同家庭、不同性别,不同身份、不同年级的学生,其阅读技能的掌握程度是不同的。而造成这种现象的原因一定是复杂的多面的,本章旨在从不同的角度、不同的层面,用不同的方法努力揭示现象背后的原因,在此基础上为提高学生的阅读能力做点微小的贡献。具体而言,希望解决以下两个问题:

(1) 影响小学生阅读技能掌握水平差距的原因是什么?
(2) 如何提高小学生的阅读能力?

### 二 研究假设

针对以上研究问题,研究假设是:

(1) 小学生阅读能力掌握程度差异是学校、家庭和学生综合作用的结果。
(2) 基于认知诊断研究技术可以为提高小学生阅读能力提供有效的建议。

## 三 研究方法

### （一）被试

本章配套问卷（附录6）施测被试与第三章、第四章和第五章正式施测被试相同，数据同时收集。

### （二）研究工具

本章将要用到两份数据收集工具，一是第三章编制的认知诊断测验，二是认知诊断测验的配套问卷。认知诊断测验的质量在第三章已检验过。配套问卷由两部分构成，一是学生的背景信息，包括学生的家庭背景信息和学生的个人信息，家庭信息包括家庭所在地、亲子关系、学生是否为独生子女、家庭社会资本、经济资本和文化资本等，个人信息包括性别、是否担任学生干部、综合成绩水平、平时语文成绩、所读年级等。第二部分有11个分量表，这11个分量表是可能影响学生阅读能力的影响因素，主要包括家庭提供的条件、学生本人的阅读策略和学校教师的做法等。这11个分量表的名称和克龙Cronbach $\alpha$ 系数依次如下：学习条件：.764，家庭条件：.486，读物拥有：.825，阅读广度：.675，阅读兴趣：.730，自评阅读能力：.795，阅读策略：.825，教学态度：.884，课堂纪律：.834，教学方法：.884，师生关系：.892。除家庭条件的内部一致性系数较低外，其余量表的信度系数在.675至.902之间，说明由这些分量表收集的数据是可信的。

### （三）数据处理

采用SPSS进行数据录入、数据清理并进行相关分析、多元回归分析和中介效应检验，采用HLM进行多层线模型分析。

## 第二节 小学生阅读属性掌握概率差异的原因分析

### 一 属性掌握概率与学校、家庭和个人因素的相关分析

建立属性掌握概率对学校、家庭和个人变量的多元线性回归方程

之前，首先要求取所有自变量与因变量之间的相关系数，变量的特点不同应采用不同的相关分析方法，固与性别、学校性质等称名变量用质量相关法，与父母受教育程度、综合能力等等级变量用等级相关法，与教学态度、教学方法、学习条件、阅读兴趣、阅读面等比率变量用皮尔逊积差相关法，结果见表6-1。

表6-1 属性掌握概率与学校、家庭和个人因素间的相关系数（$r$，$n=2406$）

|  | 自变量 | 属性掌握概率 |
| --- | --- | --- |
| 学校因素 | 学校所属区域 | .112** |
|  | 学校所在地 | .357** |
|  | 学校性质 | .321** |
|  | 图书馆 | .076** |
|  | 年级 | .332** |
|  | 教师教学态度 | .111** |
|  | 教师教学方法 | .101** |
|  | 课堂纪律 | .192** |
|  | 师生关系 | .156** |
| 家庭因素 | 所在地 | .173** |
|  | 亲子关系 | .051** |
|  | 学习条件 | .199** |
|  | 家庭藏书量 | .112** |
|  | 父亲职业（社会资本） | .041* |
|  | 母亲职业（社会资本） | .062** |
|  | 家庭条件（经济资本） | .105** |
|  | 父母受教育程度（文化资本） | .131** |

续表

|  | 自变量 | 属性掌握概率 |
|---|---|---|
| 个人因素 | 综合能力 | .194＊＊ |
|  | 是否独生子女 | .070＊＊ |
|  | 性别 | .163＊＊ |
|  | 是否担任学生干部 | .212＊＊ |
|  | 阅读面 | .092＊＊ |
|  | 阅读兴趣 | .196＊＊ |
|  | 阅读策略 | .185＊＊ |

相关分析表明，学校变量、家庭变量和个人因素变量与属性掌握概率均呈显著正相关，相关系数取值范围在.041至.357之间，说明学校、家庭和个人对学生的属性掌握概率都有一定的影响。

## 二 属性掌握概率对学校、家庭和个人因素的多元回归分析

简单的两两相关分析难以体现众多变量同时对因变量的综合影响，当众多自变量综合在一起共同影响属性掌握概率时，自变量对因变量的影响力会彼此消减，因此，有必要建立所有显著相关的自变量与因变量之间的回归模型。回归方程的建立需要对自变量进行处理，以消除题目答案设置不统一以及不同变量类型的影响。处理方法是把所有度量变量转换为标准分数以统一量纲，把称名变量和等级变量转化成虚拟变量[①]，全部以水平最低或数字较小的那一类作为参照组。如父母受教育程度共有四类，小学、中专、大专和本科以上，虚拟变量设置方法是以小学为比较基准类，设置3个虚拟变量，分别是中专&小学、大专&小学和本科&小学。建立回归模型时采用向后回归法，即先让所有变量进入模型，然后逐步删除不显著的自变量重新建

---

① 吴明隆：《问卷统计分析实务》，重庆大学出版社2010年版。

立新的方程,如此循环直至最后的模型中所有自变量均显著则停止。与向前回归法更易识别显著的单个变量相比,向后回归法更易找出联合力量更强的自变量组合,所以选用的是向后回归法。建立的最终回归模型经方差分析检验说明模型是有效的,F 值为 36.883（p < .000）,表 6-2 第 4 列的自变量显著性检验表明所有自变量均显著,所有自变量与因变量的复相关系数为 .5532,这些自变量对因变量变异的解释率为 30.6%,模型净效应值 $\eta^2$ 为 .30。

表 6-2　属性掌握概率对各影响因素的标准化回归系数

|  | 自变量 | B | t |
|---|---|---|---|
| 学校因素 | 华北 & 西南 | .064 | 2.149 * |
|  | 华南 & 西南 | .073 | 2.579 * |
|  | 华东 & 西南 | .128 | 3.974 * * |
|  | 县城 & 村镇 | .183 | 6.165 * * |
|  | 地市 & 村镇 | .069 | 2.727 * * |
|  | 省城 & 村镇 | .335 | 11.383 * * |
|  | 有图书馆 | .106 | 3.927 * * |
|  | Z 课堂纪律 | .090 | 4.528 * * |
|  | 五年级 & 四年级 | .105 | 4.103 * * |
|  | 六年级 & 四年级 | .255 | 9.585 * * |
| 家庭因素 | 县城 & 农村 | .058 | 2.448 * |
|  | 地市 & 农村 | .082 | 3.400 * * |
|  | 省城 & 农村 | .086 | 2.968 * * |
|  | 大专 & 小学 | .060 | 2.967 * * |
|  | Z 学习条件 | .094 | 3.712 * * |
|  | Z 图书拥有 | .113 | 4.782 * * |

续表

|  | 自变量 | B | t |
|---|---|---|---|
| 个人因素 | 上 & 下 | .103 | 5.082** |
|  | 中上 & 下 | .092 | 4.572** |
|  | 女 & 男 | .059 | 3.023** |
|  | 学干 & 非学干 | .067 | 3.195** |
|  | Z阅读兴趣 | .097 | 4.467** |
|  | 独生 & 非独生 | .054 | 2.390* |
|  | Z阅读策略 | .058 | 2.693** |

上表表明，学校、家庭和个人因素共同影响了学生的属性掌握概率，学校所处地域、学校所在地、是否有图书馆、班级纪律、年级；家庭所在地、父母的受教育程度、为孩子创造的学习条件、家庭藏书量；学生本人的学习能力、性别、年龄、是否学干、是否独生子女、阅读兴趣和阅读策略等变量都是学生属性掌握概率的预测源。当所有影响源共同影响学生的属性掌握概率时，对学生的属性掌握概率的影响相对较大的是学校因素的学校所在地、家庭因素的家庭文化氛围和学习条件、学生个人因素的年龄、学习能力和对阅读的兴趣。

### 三 学生在学校、家庭与属性掌握概率关系中的中介效应检验

学校、家庭和个人因素与属性掌握概率的相关分析表明几乎所有的自变量与因变量的关系都是显著的，但是当所有自变量共同去影响属性掌握概率时，有些自变量的影响力就会减小甚至不显著，如学校因素中，教师的教学方法和教学态度等。按常理，学生的属性掌握概率不可能不受这些因素的影响，之所以变得不显著，那是源于这些自变量的影响力被其他影响力更强大的变量如学生的个人因素掩盖了。为此，研究假设学校因素和家庭因素对学生阅读属性掌握概率的影响都要以学生为中介变量来实现。我们以配套问卷的度量变量作为学

校、家庭和个人因素的测量。即学校因素由教师教学态度、教学方法、课堂纪律和师生关系来度量，家庭因素由学习条件、家庭条件和家庭藏书量来度量，学生个人因素由学生的阅读兴趣、阅读面和学习策略来度量，三个因素变量全部标准化处理。中介效应的检验步骤是，以个人是社会因素与属性掌握概率间的中介变量为例进行介绍，首先，建立属性掌握概率对社会因素的回归方程以检验社会因素影响属性掌握概率的显著性；其次，建立个人因素对社会因素的回归方程以检验社会因素影响个人因素的显著性；第三步，建立属性掌握概率对社会因素和个人因素的回归方程以检验社会因素影响属性掌握概率是否因个人因素的加入而导致影响力的减弱。同理，可以检验个人因素在家庭因素影响属性掌握概率中的中介效应。检验结果见表6-3。

表6-3　学生在社会、家庭与属性掌握概率中的中介效应检验

| 变量 | 属性掌握概率 | 个人因素 | 属性掌握概率 |
|---|---|---|---|
| 检验步骤 | 因变量对自变量的回归 | 中介变量对自变量的回归 | 因变量对自变量和中介变量的回归 |
| 学校因素 | .202*** | .345*** | .145*** |
| 个人因素 | —— | | .167***（部分中介） |
| F | 100.892*** | 317.683*** | 82.631*** |
| 调整R方 | .041 | .119 | .066 |
| 家庭因素 | .175*** | .462*** | .096*** |
| 个人因素 | —— | | .168***（部分中介） |
| F | 75.964*** | 645.826*** | 65.957*** |
| 调整R方 | .031 | .214 | .053 |

上表第2列表明，学校因素和家庭因素对属性掌握概率的影响是显著的，回归系数分别是.202和.175。第3列表明，学校和家庭对学生个人的影响也是显著的，回归系数分别.345和.462。第4列表

明，学校因素对属性掌握概率的影响力由于个人因素的加入而变小了，回归系数由.202降为.145，但回归系数依然是显著的，这种情况称个人因素在社会与属性掌握概率中起部分中介作用，如果学校因素变得不显著，则称个人因素为完全中介变量。同理，家庭因素的影响力也因为个人因素的加入而变小了，回归系数由.175降为.096，因此，个人因素也是家庭影响属性掌握概率的中介变量。简言之，学生是影响阅读能力掌握程度的关键变量，学校和家庭对阅读能力的影响既有直接的影响也存在以学生本人为中介的间接影响。

### 四 属性掌握概率的多层线性模型分析

本章第二部分的多元线性回归方法的运用要求数据满足如下基本假设：线性、正态、独立。最后一条假设在嵌套型取样中往往难以满足，因为同组内的个体比不同组间的个体之间更接近或相似，即组间是独立的但组内是高相关的，例如来自同一个班级的学生的相关性要高于不同班级学生之间的相关性。同时，某些组也可能比其他组的同质性要更高，即组间也可能同质，如某两个重点班高度相似。我们的数据特点是学生镶嵌于班级，班级又镶嵌于学校，针对具有镶嵌关系的数据最适合采用的分析方法是多层线性模型。采用适用于一层数据的多元回归分析法所获得的结果有可能犯统计假设检验中的一类错误，即可能出现假显著性的结论。为了探讨个人因素、班级因素和学校因素对阅读能力属性掌握概率的影响，采用多层线性模型中的三层线性模型分析方法，先后建立了3个模型进行统计分析。模型中的因变量是阅读能力的属性掌握概率均值，自变量中的称名变量和等级变理都进行了虚拟变量的转化，度量变量都进行了标准分转换。模型估计结果见表6-4。

模型1：无条件模型。

无条件模型的特点是第一层、第二层、第三层均没有自变量，建立无条件模型的目的是检验不同班级和不同学校之间的变异是否显著。如果$r_{0j}$和$\mu_{00j}$显著则分别说明班级之间和学校之间的差异是显著的，有必要进行多层线性模型分析。建立无条件模型是多层线性模型分析的基础，巴斯科丝科（1981）指出，显著性检验以观察值独立性为前提，组间差异的存在将造成参数估计标准误被低估，一个很小的组内相关也能造成型I误差的实质扩大，所以第一步建立的是无条件模型。无条件模型表达式如下：

水平1：属性掌握概率 $= \pi_{0j} + \varepsilon_{ij}$

水平2：$\pi_{0j} = \beta_{00j} + r_{0j}$

水平3：$\beta_{00j} = \gamma_{000} + \mu_{00j}$

模型2：随机效应协变量分析模型。

随机效应协变量分析模型是在第1水平中加入解释变量，称为协变量，第2和第3水平中，以第1水平和第2水平的截距为因变量的方程设定为随机，因为$\pi_{0j}$和$\mu_{00j}$的本质是所有第2层变量和第3层变量的组均值，本例是所有班级和所有学校属性掌握概率的均值，$r_{0j}$指的是班级之间的变异，$\mu_{00j}$指的是学校之间的变异，这两个变异如果显著，说明班级和学校对属性掌握概率的影响是存在的。第1水平和第2水平所有的斜率都固定是指假定引入第1水平的所有自变量对属性掌握概率的影响不存在班级差异和校际差异。建立随机效应协变量分析模型的目的是检验第1水平的自变量影响力的大小，如果在第1水平中加入大量解释变量后，第2水平和第3水平之间的变异依然显著，说明有必要在第2水平和第3水平中加入解释变量。随机效应协变量分析模型表达式如下：

水平1：属性掌握概率 $= \pi_{0j} + \beta_{1j}$（中下&下）$+ \beta_{2j}$（中等&下）$+ \beta_{3j}$（中上&下）$+ \beta_{4j}$（上&下）$+ \beta_{5j}$（女&男）$+ \beta_{6j}$（学干&非学干）$+ \beta_{7j}$（Z阅读面）$+ \beta_{8j}$（Z阅读兴趣）$+ \beta_{9j}$（Z阅读策略）$+ \beta_{10j}$（独生&非独生）$+ \beta_{11j}$（Z学习条件）$+ \beta_{12j}$（Z图书拥有）$+ \varepsilon_{ij}$

水平2：$\pi_{0j} = \beta_{00j} + r_{0j}$，

$\pi_{qj} = \beta_{q0}$，q = 1，…12.

水平3：$\beta_{00j} = \gamma_{000} + \mu_{00j}$

$\beta_{q0j} = \gamma_{q00}$，q = 1，…12.

模型3：随机截距模型。

表6-4中的随机效应分析部分中模型2的结果表明，在加入层1解释变量后，班级之间和学校之间的变异依然是显著的，其值分别是.06249和.18743，说明组间均值还是存在差异的，这是随机效应模型的作用，但这个模型不能检验组间平均数为什么会不同，要想进一步知道班级层面和学校层面的均值即截距为什么会不同，则可以在第2水平和第3水平中都加入解释变量，同上，以第1水平和第2水平的截距为因变量的方程设定为随机，以第1水平和第2水平的所有斜率为因变量的方程的变异都固定，这样的模型叫随机截距模型。随机截距模型的其表达式如下：

水平1：属性掌握概率 = $\beta_{0j}$ + $\beta_{1j}$（中下 & 下） + $\beta_{2j}$（中等 & 下） + $\beta_{3j}$（中上 & 下） + $\beta_{4j}$（上 & 下） + $\beta_{5j}$（女 & 男） + $\beta_{6j}$（学干 & 非学干） + $\beta_{7j}$（Z阅读面） + $\beta_{8j}$（Z阅读兴趣） + $\beta_{9j}$（Z阅读策略） + $\beta_{10j}$（独生 & 非独生） + $\beta_{11j}$（Z学习条件） + $\beta_{12j}$（Z图书拥有） + $\varepsilon_{ij}$

水平2：$\pi_{0j}$ = $\beta_{00j}$ + $\beta_{01j}$（Z语文成绩） + $\beta_{02j}$（Z教师态度） + $\beta_{03j}$（Z教学方法） + $\beta_{04j}$（Z课堂纪律） + $\beta_{05j}$（Z师生关系） + $r_{0j}$，

$\pi_{qj} = \beta_{q0}$，q = 1，…12.

水平3：$\beta_{00j}$ = $\gamma_{000}$ + $\gamma_{001j}$（华北 & 西南） + $\gamma_{002j}$（华南 & 西南） + $\gamma_{003j}$（华东 & 西南） + $\gamma_{004j}$（县城 & 村镇） + $\gamma_{005j}$（地市 & 村镇） + $\gamma_{006j}$（省城 & 村镇） + $\gamma_{007j}$（有图书馆 & 没有图书馆） + $\gamma_{008j}$（五年级 & 四年级） + $\gamma_{009j}$（六年级 & 四年级） + $\mu_{00j}$

$\beta_{0qj} = \gamma_{0q0}$，q = 1，…5；$\beta_{q0j} = \gamma_{q00}$，q = 1，…12.

表6-4  属性掌握概率的多层线性模型分析结果

| | | | 无条件模型 | 随机效应模型 | 随机截距模型 |
|---|---|---|---|---|---|
| 固定效应 | | | | | |
| 截距，$\pi_{0j}$ | 截距，$\beta_{00j}$ | 截距，$\gamma_{000}$ | .6161＊＊＊<br>（.0246） | .5890＊＊＊<br>（.0267） | .3580＊＊＊<br>（.0351） |

续表

|  |  |  | 无条件模型 | 随机效应模型 | 随机截距模型 |
|---|---|---|---|---|---|
|  |  | 华北&西南 |  |  | .4436*<br>(.1524) |
|  |  | 华南&西南 |  |  | .4508*<br>(.1554) |
|  |  | 华东&西南 |  |  | .3040*<br>(.1018) |
|  |  | 县城&村镇 |  |  | .1604<br>(.1129) |
|  |  | 地市&村镇 |  |  | .0682<br>(.1103) |
|  |  | 省城&村镇 |  |  | .3052<br>(.1542) |
|  |  | 图书馆有&无 |  |  | .5258**<br>(.1485) |
|  |  | 五年级&四年级 |  |  | .4151*<br>(.1646) |
|  |  | 六年级&四年级 |  |  | .4533*<br>(.2030) |
|  | 语文成绩 |  |  |  | .2844*<br>(.1146) |
|  | 教师态度 |  |  |  | .3676<br>(.2270) |
|  | 教学方法 |  |  |  | .6286*<br>(.2594) |
|  | 课堂纪律 |  |  |  | .7003***<br>(.1532) |
|  | 师生关系 |  |  |  | .0014<br>(.2001) |

续表

| | | | 无条件模型 | 随机效应模型 | 随机截距模型 |
|---|---|---|---|---|---|
| 中下&下 | | | | .1407<br>(.0785) | .1473<br>(.0784) |
| 中等&下 | | | | .0711<br>(.0735) | .0850<br>(.0733) |
| 中上&下 | | | | .1283<br>(.0774) | .1164<br>(.0774) |
| 上&下 | | | | .2373*<br>(.0959) | .2207*<br>(.0958) |
| 女&男 | | | | .1403***<br>(.0380) | .1393***<br>(.0379) |
| 学干&非 | | | | .1577***<br>(.0412) | .1549***<br>(.0411) |
| 阅读面 | | | | .0237<br>(.0228) | .0240<br>(.0227) |
| 阅读兴趣 | | | | .0928***<br>(.0212) | .0902***<br>(.0211) |
| 阅读策略 | | | | .0656**<br>(.0217) | .0603**<br>(.0216) |
| 独生&非 | | | | .0970*<br>(.0463) | .1058*<br>(.0462) |
| 学习条件 | | | | .0862**<br>(.0244) | .0848**<br>(.0243) |
| 图书拥有 | | | | -.1076***<br>(.0249) | -.1129***<br>(.0249) |
| 随机效应 | | | | | | |
| | | 班级内 | .74608*** | .69386*** | .69401*** |
| | | 班级之间 | .07711*** | .06249*** | .01997*** |

续表

|  |  | 无条件模型 | 随机效应模型 | 随机截距模型 |
|---|---|---|---|---|
|  | 学校之间 | .23080*** | .18743*** | .000004 |
| 估计信度层1 |  | .810 | .788 | .543 |
| 估计信度层2 |  | .844 | .841 | .003 |
| -2LL |  | 5430.2120 | 5272.9002 | 5197.1825 |
| N | 2406 |  |  |  |

注：显著水平***表示P≤.001；**表示P≤.01；*表示P≤.05；表中括号内数据为标准误。

无条件模型又叫方差成分分析，建立无条件模型的目的是要确定Y的总体变异中有多大比例是由第二层和第三层因素即班级因素和学校因素造成的，确定的方法是计算每层方差成分占总方差的比率。表6-4中第四列随机效应部分，第一层班级内方差成分估计值是.74608，第二层班级之间的方差成分是.07711，第三层学校之间的方差分成是.23080，班级内、班级间和学校间在总方差中所占的比率分别是70.79%、7.31%和21.9%。温福星引自科恩的建议，当ρ大于等于.059时，组间变异就不可忽视，应考虑采用多层线性模型进行分析。而当ρ大于等于.138时，说明这是一个高强度的组间差异[1]。可见，班级间的变异是不容忽视的，学校间的变异是高强度的组间变异，属性掌握概率的差异约30%是由班级特征和学校特征所带来的。

随机效应协变量分析模型的结果可以从三个方面进行分析，即截距、固定效应部分的系数显著性和随机效应分析。第一，截距项的估计值是.5890，其内涵是当加入水平1中的所有自变量都取值为0时，50个班级的属性掌握概率的平均值为.5890。第二，固定效应部分中水平1中加入的解释变量的显著性检验。表中第5列可以看出，12个

---

[1] 温福星：《阶层线性模型的原理与应用》，中国轻工业出版社2009年版。

解释变量，有 8 个显著，4 个不显著。显著的是成绩水平中的上 & 下、女生 & 男生、学干 & 非学干、独生子女 & 非独生子女、阅读兴趣、阅读策略、学习条件和图书拥有。不显著的是成绩水平中的中下 & 下、中等 & 下、中上 & 下和阅读面。这个结果与一层的多元回归分析大致相同，不是的是多元回归分析中的中上 & 下是显著的，多层回归分析中是不显著的，这就是犯 I 类错误的体现。第三，随机效应部分，班级内、班级间和学校间的方差成分分别是 .69386、.06249 和 .18743，三种方差成分所占比率分别是 75.31%、6.62% 和 19.86%。水平 1 的方差成分比由 70.79% 上升到 75.31%，增加的 4.52% 由所加入的显著的自变量解释。班级间变异和学校间变异并没有因为水平 1 中自变量的加入而变得不再显著，尽管方差成分比有所降低但依然属于不容忽视的和强大的组间相关。正因此，所以要在第 2 水平和第 3 水平上分别加上解释变量来解释班级间和学校间变异产生的原因，这就是第三个模型即随机截距模型。

随机截距模型分别在第 2 水平加入了 5 个班级层面的解释变量，在第 3 水平加入了 9 个解释变量。这个模型的分析也分为三个方面。第一，截距项的估计值是 .3580，其内涵是当所有水平的自变量取值都为 0 时，20 个学校的属性掌握概率的平均值为 .3580。这个均值比随机效应分析模型的班级均值小了 .231，说明新加入水平 2 和水平 3 的自变量对属性掌握概率影响较大。第二，固定效应部分中的自变量显著性检验。这些自变量分成 3 层，水平 1 中显著的有女 & 男、学干 & 非学干、阅读面、阅读兴趣、阅读策略、独生 & 非独生、学习条件和图书拥有，成绩水平的四个变量全部不显著。水平 2 即班级因素中加入的 5 个变量中，显著的有语文成绩、教学方法、课堂纪律，不显著的是教师的教学态度和师生关系。水平 3 即学校因素中加入的 9 个变量中，显著的有华北 & 西南、华南 & 西南、华东 & 西南、有图书馆 & 没有图书馆、五年级 & 四年级、六年级 & 四年级，学校所在地共 3 个变量均不显著。也就是说在学校因素中，学校所属区域、学校是否有图书馆和年级解释了大部分变量。第三，随机效应部分，班级内、班级间和学校间的方差成分分别是.69401、.01997和.00004，三种方差成分所占比率分别是97.20%、2.80%和0.00%。水平1的方差成分比由模型2的75.31%上升到97.20%，说明班级层面的自变量和学校层面的自变量对属性掌握概率的解释没有起到主导作用。班级层面的方差成分值.01997依然显著说明研究所引入的解释变量不足以解释班级变异，还有被忽略了的班级因素。学校层面的方差成分不再显著说明所加入的学校因素已解释了学校变异的大部分变异。

总之，上述分析表明，学生属性掌握概率受到了个人因素、班级因素和学校因素的共同影响，其中个人因素约占70%，处于主导地位；班级因素和学校因素占30%左右，也是不容忽视的重要因素。学生本人对阅读的兴趣、阅读面、阅读策略、学习条件和图书拥有量都是影响阅读能力的重要因素，当然性别、学干身份和独生子女身份也会产生一定的影响。班级的平均语文成绩、教师的教学方法和课堂纪律；学校所处区域、学校是否有图书馆和年级等因素都会影响学生的阅读能力。

## 第三节 小学生阅读能力的提升策略

阅读不仅是现代人生存和发展的重要技能，更是获得知识、提升素养的关键能力之一。阅读能力的提升无论对于个人还是对于一个国家和民族而言都具有重大意义。朱永新说：一个人的精神发育史就是他的阅读史。伟大的教育家苏霍姆林斯基则认为，补课、增加作业量并不能让学生变聪明，只有阅读、阅读、再阅读才能让人拥有智慧。而对于一个国家和民族而言，阅读是促进儿童素质发展的重要途径，通过阅读可以传承民族优秀文化，提高国家综合竞争力。儿童时期特别是小学高年级学生阶段，不仅是阅读能力的快速发展阶段，而且阅读能力的提高对儿童语言、认知、社会性的发展都会产生重要影响。因此，世界各国都非常重视提高学生乃至全民族的阅读能力。联合国教科文组织于1995年开始向世界发出了"走向阅读社会"的呼吁，并将每年4月23日定为"世界读书日"。可见,提升学生的阅读能力是全球性趋势。

研究表明,目前,我国小学高年级学生的阅读能力存在如下问题:阅读基本技能缺乏训练;认读能力培养过于关注知识记忆性;阅读理解能力培养缺乏有效方法;阅读探索能力培养缺少学生主体性开发[①]。其中,阅读能力培养缺乏有效方法特别引起我们的注意,究竟怎样才能提升学生的阅读能力?针对小学生特别是小学高年级学生能否找到专门的有针对性的策略?我们尝试基于认知诊断理论研究的视角从宏观、中观和微观三个层面提出关于提升小学生阅读能力的对策和建议。宏观层面是指国家和政府层面的重视;中观层面是指学校的努力和家庭的配合;微观层面是指学生个人的努力。除了宏观层面的方向把握和指导,学校、家庭和学生个人阅读能力策略的提出主要基于两个视角,一是认知诊断研究提供的反馈信息。二是阅读能力的影响因素。我们所提出的策略在宏观层面上依然根据传统的宏观能力值而设计,在具体操作方法上则根据认知诊断结果进行对应的设计。

## 一 国家——小学生阅读能力提升的舵手

### (一)重视教育资源均衡配置

第四章属性掌握概率群体差异的多元方差分析结果和第六章第一节属性掌握概率的影响因素分析结果均表明,学生阅读能力属性掌握概率存在地域差异、学校所在地差异、学校性质差异和学生出生地差异。相对而言,西南地区的学生、村镇学校的学生、非城区学校的学生、来自农村的学生,其阅读能力水平偏弱。我们对学校所属地域、学校所在地、学校性质、学生生源地分别进行单因素方差分析,结果发现:华东、华南、华北、西南四地区学生的 PPMM(属性掌握概率均值,下同)分别是 .6289、.6335、.6568、.5099(F = 25.068,

---

[①] 张军红:《小学高年级学生语文阅读能力的现状、问题及对策》,硕士学位论文,河北师范大学,2021年。

$P < .001$，$\eta^2 = .03$），村镇小学、县城小学、地市小学和省城小学学生的 PPMM 分别是 .5028、.6349、.5984、.7470（$F = 154.213$，$P < .001$，$\eta^2 = .161$），城区学校和非城区学校学生的 PPMM 分别是 .6592 和 .5028（$F = 275.791$，$P < .001$，$\eta^2 = .103$），来自农村、乡镇、县城、地级市、省会城市或直辖市学生的 PPMM 分别是 .5957、.5662、.6060、.6789、.6771（$F = 23.594$，$P < .001$，$\eta^2 = .04$）。很明显，我们再次看到了与前述相同的结果，西南地区学生、村镇小学学生、非城区小学学生和出生于农村乡镇的学生，其属性掌握概率显著更低，上述四个因素的效果量中，学校所在地是大效果量，学校所属地域和学生出生地是小效果量，学校是否在城区是中等效果量。这个结果与杨素清的研究结果类似，她的研究结果表明乡镇小学低年级寄宿生的阅读状况十分不理想[1]。出现这种状况的原因之一是偏远西南地区和村镇学校所获得的教育资源如学校硬件设施、师资力量等都相对匮乏。从我们的调查数据中可知，非城区小学中只有 18.4% 的小学有图书馆，这里把乡镇也归属于非城区学校了，如果只计算村小是否有图书馆，这个比例还要下降，而城区小学中 86.8% 的小学有图书馆。可见，城乡教育资源的拥有状况是有差异的。那是否有图书馆会影响学生的阅读属性掌握情况呢？答案是会。有图书馆和没有图书馆学生的 PPMM 分别是 .6311 和 .5960（$F = 14.033$，$P < .001$，$\eta^2 = .006$），虽然是小效果量，但影响是显著存在的。因此，教育资源均衡配置问题应引起高度重视。

### （二）重视认知诊断评估方法

2011 版《课标》对语文课程评价应发挥的功能提出的要求是：语文课程评价具有检查、诊断、反馈、激励、甄别和选拔等多种功能，其目的不仅是为了考察学生实现课程目标的程度，更是为了检验和改进学生的语文学习和教师的教学，改善课程设计，完善教学过

---

[1] 杨素清：《乡镇小学低年级寄宿学生的阅读能力培养》，硕士学位论文，内蒙古师范大学，2017 年。

程，从而有效地促进学生的发展。应发挥语文课程评价的多种功能，尤其应注意发挥其诊断、反馈和激励功能[①]。可以说，《课标》提出的"评价是为了有效地促进学生发展"和"应发挥语文课程评价的多种功能，尤其应注意发挥其诊断、反馈和激励功能"与认知诊断的根本目的"为了学生发展"和认知诊断的诊断、反馈功能不谋而合。因此重视认知诊断评估方法是新时代语文评价的必然要求。

课题研究结果表明，用认知诊断评估技术评估阅读能力可以有效地提升学生的阅读能力。认知诊断评估对阅读能力的评估具有以下优势：第一，诊断提供的结果兼顾传统测评方式的结果。在对阅读能力进行认知诊断时，并不只提供微观的技能掌握状况，而是能兼顾所有传统测评方式能给的结果。也就是说认知诊断不是对传统测评方式的否定，而是包容和兼顾，是在传统测评方式上的补充和增加。如第五章对学校、班级和学生的反馈报告中，除了报告微观的诊断结果，同时也报告宏观层面的笼统分数，所有传统测验能提供的诊断结果中都依然有保留。第二，可以为每位学生提供详细的关于阅读子技能的掌握情况。即使阅读总分相同的学生，其真实的子技能掌握水平也是不一样的（参见第四章属性掌握五等分类结果和第五章学生个人诊断报告卡），这种诊断结果，无论教师还是家长和管理者都可以根据这种细致的诊断结果调整日后的教学行为和工作安排，从而实现真正意义上的因材施教。第三，上述细致的诊断结果，可以扩大报告单位，如班级的属性掌握水平、学校的属性掌握水平（参见第五章学校层面和班级层面的阅读能力属性掌握情况报告卡），进而可以扩大到某一地区、某省、某地域等大范围的属性掌握状况报告，这种报告不同于传统的阅读总分和平均分，而是更细致地关于阅读能力子技能的掌握状况，这种结果对于教育管理工作者制定有针对性的教育举措有较大的参考价值。第四，可以获得不同群体在每个阅读子技能上的差异状况

---

[①] 中华人民共和国教育部：《义务教育语文课程标准》（2011），北京师范大学出版社2012年版。

(参见第五章属性掌握概率的群体特征）而不仅仅是阅读总分的差异状况，这种更加详细的结果对学校和任课教师具有重要价值。

## 二 学校——小学生阅读能力提升的主力

第四章属性掌握概率群体差异的多元方差分析和第六章第一节属性掌握概率的影响因素分析均表明，学校是影响学生阅读能力的重要因素，其中除了前面提到的学校所属区域、学校所在地等学校本身难以改变的因素外，学校如下变量应该引起重视，即学校教师的教学态度、教学方法、班级课堂纪律和师生关系。除此之外，个人因素中的所有变量都是学校帮助学生提升阅读能力的抓手，因为个人是学校影响学生阅读能力的部分中介变量。除了影响因素的视角外，学校和教师还可以从认知诊断报告卡中找到努力的方向。因此，就学校而言，建议从以下几方面提升小学生的阅读能力。

### （一）明确阅读弱项，关注弱势群体

第五章认知诊断分析结果表明，在所考核的6个属性中，词句理解、信息提取能力相对简单；内容概括和情感体验能力训练较多，所以这四个属性的掌握情况相对较好。所有学生的内容探究能力和文本评鉴能力都较弱，这两种能力恰恰是与学生的自主阅读相关的能力。这就要求教师要有意识地培养学生的自主阅读能力。《课标》明确指出：阅读是学生的个性化行为……不应完全以教师的分析来代替学生的阅读实践。学生是学习和发展的主体，语文课程必须根据学生身心发展和语文学习的特点……充分激发学生的主动意识和进取精神，倡导自主、合作、探究的学习方式[1]。关于如何培养学生的自主阅读能力，如何针对学生的阅读弱项进行有针对性地改进教学，将在第（七）点改进教师的教学方法部分详细阐述。第五章属性掌握概率的群体特征和第六章属性掌握影响因素分析还表明，男生、非学生干

---

[1] 中华人民共和国教育部：《义务教育语文课程标准》（2011），北京师范大学出版社2012年版。

部、农村生源学生、学习能力较差的学生、对阅读兴趣不高的学生、阅读策略掌握不好的学生，他们的阅读成绩相对较差，如何帮助这些学生提升阅读能力，后续的对策建议也会涉及相应内容。

除了通过诊断技术获得的诊断结果，配套问卷中的阅读能力自评部分（附录6的F部分）设计了与诊断属性操作性定义对应的6道题，学生对6种阅读技能的自评结果是34.3%的比率选择只能理解到词句的一点点意思，38.2%的比率选择不太能够找到关键信息，50.5%的比率选择不能推断文章没有明示的信息，36.2%的比率选择不能概括文章的中心思想，42.2%的比率选择对文章没有自己的看法，36%的比率选择不能体会文章优美词句和情感。由此可以看出，学生自我评价较低的能力是内容探究能力和文本评鉴能力，掌握较好的是词句理解、内容概括和情感体验，其次是信息提取。这个结果与研究者的诊断结果高度一致，再次验证了认知诊断结果的效度。因此，教师完全可以根据认知诊断结果采取相应的补救措施。

（二）善用心理理论，培养阅读兴趣

兴趣是最好的教师，兴趣是学生良好学习态度和学习行为的根源，如果学生对阅读感兴趣，那么掌握阅读策略、扩大阅读面等都是水到渠成的事。在我们看来，让学生对阅读产生兴趣是提升学生阅读能力的根本。《课标》提出"学生是语文学习的主人。语文教学应激发学生的学习兴趣，注重培养学生自主学习的意识和习惯，为学生创设良好的自主学习情境[①]。"因此，学校和教师要想尽一切办法激发学生的阅读兴趣。我们首先来看看我们的调查中学生的阅读兴趣状况。在我们设计的配套问卷中（附录6的E部分），有11道测试学生阅读兴趣的题目，题项赋分0到4，学生的阅读兴趣平均分为2.3506，标准差.5974，可见学生的阅读兴趣中等偏高。从11道题中选择有代表性的几道题来反映学生的阅读兴趣状况，59.3%的学生

---

[①] 中华人民共和国教育部：《义务教育语文课程标准》(2011)，北京师范大学出版社2012年版。

只有在必要时才会去阅读，63.7%的学生觉得读完一本书是件很困难的事，73.3%的学生认为阅读是浪费时间的事，50.7%的学生表示阅读就是为了找到需要的信息，只有45.3%的学生说阅读是自己的爱好。可见，学生对阅读的兴趣很低，培养学生的阅读兴趣很有必要。那么该如何培养学生的阅读兴趣？

首先，从阅读兴趣的群体特征来看：四年级学生的阅读兴趣显著低于五年级学生和六年级学生（F＝7.313，P＜.01，）；村镇学校学生的阅读兴趣显著低于县、市省会城市学生的阅读兴趣（F＝17.782，P＜.001，）；非城区学校的学生阅读兴趣显著低于城区学校的学生（F＝50.797，P＜.001，）；男生对阅读的兴趣显著低于女生（F＝85.269，P＜.001，）；班干部对阅读的兴趣显著高于普通学生（F＝68.258，P＜.001，）；学习能力越差的学生对阅读越不感兴趣（F＝28.671，P＜.001，）。由此，学校在培养学生的阅读兴趣时要有针对性，要对阅读兴趣不高的群体给予特别的关注。

第二，针对所有学生，可以把心理学理论和认知诊断结果结合起来培养学生的阅读兴趣。如学习动机原理、期望效应理论、自我效能感理论、归因理论、需要层次理论等。

1. 利用学习动机与学习效果互动关系培养阅读兴趣

学习动机与学习效果是相互影响相互制约的关系。一方面，学习动机影响学习效果。学习动机直接制约学习积极性，学习动机强，学习积极性就高，学习效果就好；缺乏学习动机的学生，学习积极性低，学习效果就差。另一方面，学习效果反作用于学习动机。学习效果好，学习动机就会得到强化；反之，不良的学习效果，降低学习积极性，削弱原有的学习动机，学习效果就更差，形成学习上的恶性循环。要想使恶性循环转变成良性循环，教师要做到：努力改变阅读能力上处于弱势的学生的成败体验，使学生获得学习上的成就感。改善弱势学生的知识技能掌握情况，教师可根据每位学生的认知诊断结果有针对性地弥补每位学生的基础知识和基本技能，啥弱补啥，让每位学生体验到成功感。布置的作业难度恰当，需要学生经过努力恰好可以完成；作业布置由易到难，让学生不断获得成就感，如果学生感受到失败，应立即更换作业，先完成基础题再让学生在曾失败的作业上获得成就感。

2. 利用期望效应培养学生的阅读兴趣

期望效应又称为罗森塔尔效应或皮格马利翁效应，是指当人们对他人抱有期望时会产生自我应验的预言效应。期望效应蕴含的原理是，对一个人传递积极的期望，就会促使他进步更快、发展更好；如果向一个人传递消极的期望，则会使人自暴自弃、放弃努力。该效应在学校教育中的效果很明显，受教师关注或喜爱的学生，一段时间内其学习态度、学习行为都会发生巨大改变，学习成绩会相应提高；而受到教师漠视甚至歧视的学生有可能从此一蹶不振。如果说在传统阅读能力测评体系下，教师想用期望效应原理而苦于不知道该用在谁身上，那么结合认知诊断结果，原理的运用会更有针对性。根据认知诊断结果，当教师面对阅读能力有弱项或各项阅读技能都较弱的学生时，可借助期望效应原理进行处理。面对弱势个人或弱势群体（见第五章群体属性掌握概率差异和班级每位学生的阅读能力认知诊断结果），如对男生和来自农村的学生等阅读能力相对较弱的群体时，教师在语言上要讲究讲话的艺术，对这些群体多用鼓励言语，让学生感受到来自教师真诚的、发自内心的期望，并让学生真实感受到自己在阅读能力上是有潜力的。在使用期望效应时有几点建议：首先对阅读弱势学生给予特定行为和成绩的期望，期望越具体越好。如行为方面每天坚持阅读30分钟并有读书笔记，成绩方面如期中考试阅读成绩达到15分等。其次，在课堂或课后随时随地以关注需要关注的学生。第三，努力改变所关注学生的自我概念、成就动机和抱负水平。第四，期望一定要真诚、发自内心；要合情合理，不能让学生把期望变成负担。五，期望要可行并具有一定的挑战性；最后期望要持久，短期的期望难以产生预想中的效果。

3. 提高学生的阅读自我效能感

班杜拉的自我效能感概念是指个人对自己能否成功地进行某种成

就行为的主观判断。包含结果期待和效能期待。结果期待是指个体对自己行为导致什么结果的推测。效能期待是指个体对自己实施某种行为能力的主观判断。一般而言,个体在实施某行为前,如果对行为结果和实施行为的能力都有较高的推测,那么个体就更愿意去实施这一行为。自我效能感会影响到个体行为的情绪、努力程度、坚持性和最后的行为结果。一般而言,阅读有弱项或阅读技能整体水平不高的学生,他们的阅读自我效能感一般较低,或者不管阅读能力水平高或低,只要是阅读自我效能感较低的学生,教师要帮助这些学生提高阅读自我效能感水平。一般来说,成功的学习经验会提高学生的自我效能感,失败的学习经验则会降低学生的自我效能感。所以,建议教师从以下几个方面帮助学生提高自我效能感:第一,让阅读弱势学生经常体验到成就感,这种直接的成就经验会极大地提升学生的自我效能感,就小学生而言,这种成就经验很大程度上来自于教师的鼓励和认可。第二,在学生当中找到通过努力而提升了阅读成绩的典型案例,让这种典型案例给自我效能感低的学生传递替代经验。第三,还可采用言语劝说和情绪唤醒法帮助学生提升自我效能感。

4. 利用归因理论培养学生的阅读兴趣

当人把行动归因于环境时,会偏向于丧失责任;归因于个人时,会偏向于承担责任。美国心理学家维纳从三个维度把归因的六个因素进行了三个维度的划分,即内外性、稳定性与不稳定性、可控性与不可控性。六个因素是能力、努力、任务难度、运气、身心状态和外界环境。学习结果的归因会影响学习动机,学习动机影响日后的学习行为。良好的归因有助于激发学生的学习动机,不良的归因不利于学习动机的激发,如果学生总把失败归因于自己的能力差,有可能产生习得性无助现象,即认为自己无论如何努力,也不可能取得成功,这样就会采取逃避努力,放弃学习的无助行为,学习就会一蹶不振。针对不会归因或归因不利于今后学习的学生,教师要指导学生学会正确归因,一方面引导学生找出成功或失败的真正原因;另一方面,应结合认知诊断结果,根据每个学生的强项和弱项,从有利于今后学习的角度进行归因，哪怕归因不真实。如面对智力相对较低而影响阅读成绩的学生，如果学生本人把失败的原因归结于智力，教师应帮助其转变观念，把失败原因归结为努力，这样有利于阅读能力的提升，尽管阅读成绩达不到他人的高度但可以比过去的自己更强。因此，一般而言，无论对于阅读能力强或弱的学生，归因于主观努力均是有利的，这样优等生不会过分自傲而继续努力，弱势生不会因为过于自卑而放弃努力。

5. 利用需要层次理论培养学生的阅读兴趣

美国心理学家马斯洛提出的需要层次理论把人的需要由低到高分为七种：生理需要、安全需要、归属与爱的需要、尊重需要、认识与理解需要、审美需要、自我实现需要，较低级需要至少需部分满足后才能出现对高级需要的追求。他将前四种需要定义为缺失性需要，后三种需要定义为成长性需要。缺失性需要的特点是需要一旦得到满足，由此产生的动机就会消失；而成长性需要的特点是需要永远得不到满足，由此产生的动机一直影响着学习行为，而其中的自我实现是一种重要的学习动机，但马斯洛指出只有极少数人才能成为真正的自我实现者。因而，作为教师应尽力满足学生的低级需要，让学生逐渐产生高级需要，如产生认识与理解需要，这将有利于产生持久的内部的学习动机，从而持续影响学生的学习兴趣。

### （三）结合课标要求，教授阅读策略

阅读策略是指读者在阅读活动中用以提高阅读效果的程序、规则、方式、方法和技巧，策略存在的价值在于使得阅读效果更好。在这里，我们认为阅读策略不等于阅读方法也不等于阅读方式，而是包含阅读方法和阅读方式。接下来，我们就从阅读方法和阅读方式两个方面来谈谈教师对学生的帮助。首先，配套问卷中（附录6G部分）设计了6道关于阅读方法的题目，这6道题参考于PISA阅读项目的配套问卷，我们统计了学生对6种阅读方法的掌握情况，23.2%的学生不太能专注于文章中难以理解的部分，23.8%的学生不能做到把文章迅速地读两遍，17.6%的学生从来不与他人讨论读过的文章，

18.2%的学生在阅读文章时不对重要部分画线，19.8%的学生不善于用自己的话概括所读文章，38.9%的学生不向别人大声朗读文章，22.3%的学生对读过的文章不提出自己的看法。上述6道题与我们所考察的词句理解、内容概括、文本评鉴、信息提取、内容探究等属性有关，鉴于此，建议教师从上述阅读方法着手对学生展开相应的阅读技能训练。第二，《课标》规定小学毕业时需掌握的阅读方式有朗读、默读、精读、略读和浏览。而《课标》对这几种阅读方式的评价要求是不一样的。朗读：能用普通话正确、流利、有感情地朗读课文。默读：从默读的方法、速度、效果和习惯等方面进行综合考察。精读：要考察学生在词句理解、文意把握、要点概括、内容探究、作品感受等方面的表现，重视评价学生对读物的综合理解能力。要注意评价学生的情感体验和创造性的理解。略读：重在考察学生能否把握阅读材料的大意。浏览：重在考察学生能否从阅读材料中捕捉有用信息。① 显然，《课标》对精读的考核要求几乎与课题所考核的属性完全一致，而略读考核的是内容概括能力，浏览考核的是信息提取能力，默读考核的要求体现在我们的配套问卷里。所以，如果教师能吃透《课标》对阅读考核的要求，从考核要求出发指导自己的教学，则一定程度上能提升学生的阅读能力。

### （四）结合诊断结果，扩大阅读广度

阅读广度又称为阅读面，学生的阅读面越宽，知识面就越宽，其视野就越开阔，对写作能力、人格塑造、智力提升等诸方面都有助益。一般来说，适合小学生的阅读书目类型可以分为八大类，即写人、记事、咏物、绘景、忆理、寓言、说明文和散文，也可以分为五类：文学类、古典类、童话类、诗歌类和科普类。课题配套问卷中把小学生阅读书目分为五类（附录6D部分），调查结果表明：19.7%的学生从不看文学作品、19%的学生从不阅读古典类作品、18.4%的

---

① 中华人民共和国教育部：《义务教育语文课程标准》（2011），北京师范大学出版社2012年版。

学生从不看童话作品、20.7%的学生从不看诗歌作品、17.1%的学生从不看科普类作品。而每周数次阅读上述作品的比率分别是6.5%、5.4%、8.3%、4.6%、8.9%。当然，课题所调查的是学生主动阅读教材以外的上述作品类别。可见，学生的阅读面还是不够宽，相对而言，学生阅读较多的是科普类、童话类和文学类作品，古典类和诗歌类的作品更少学生去涉猎。可见，帮助学生扩大阅读面迫在眉睫。

如何帮助学生扩大阅读面呢？我们认为帮助小学生扩大阅读面的最适用方法是书目推荐和相应的配套的活动。关键是针对小学生，如何进行书目推荐才是有效的推荐呢？目前，较常见的做法是根据《课标》推荐书目全班统一推荐。这一做法简便易行，但效果不一定好，因为学生的阅读基础各不相同。我们认为可以根据认知诊断结果进行有针性的推荐。如情感体验能力较弱的学生，适合推荐冰心的《寄小读者》和冰心的其他儿童文学获奖丛书如《蓝花》《钟声》《象母怨》《青岛飞过》等散文类和《唐诗三百首》、《李煜诗词全集》等诗歌类作品，还可以推荐人物传记类作品《名人传》、《名人成才故事》（中国卷）、《名人成才故事》（外国卷），让学生多多体验人间美好真情、古代诗歌的美好情怀和成功人物的成就感。针对内容探究能力较弱的学生，可以推荐童话类和探险类作品以丰富学生的想象力，如郑渊洁的《皮皮鲁传》、《鲁西西传》，张之路的《李大米和他的影子》，其中的"小布老虎丛书，我的妈妈是精灵、肚皮上的塞子"从名字上就特别能吸引小学生的注意力，还有特别有幻想色彩的《魔塔》以及周锐的《中国兔子德国草》，其中的《无敌不漏气》和《有个秘密告诉你》都是超级魔幻的内容。国外也有许多适合开发学生想象力的作品，如英国的《鲁滨孙漂流记》和《水孩子》、德国的《吹牛大王历险记》、奥地利的《小思想家在行动》、芬兰的《魔法师的帽子》、法国最经典的科幻小说《海底两万里》、意大利的《木偶奇遇记》、美国的《秘密花园》、俄国的《卓娅和舒拉的故事》、日本的《风的旱冰鞋》、瑞典的《长袜子皮皮》等。让学生阅读国内外的书目可以大大开阔学生的视野，也利于激发学生的阅读兴趣。除了根据认知诊断结果进行书目推荐以外，也可以根据学生的喜好或根据教学要求进行推荐，如文学类的《三国演义》《红楼梦》《西游记》《水浒传》《三十六计》《绿野仙踪》《爱的教育》《格列佛游记》等。古典类的《中华成语故事》《中华上下五千年》《小学生必背古诗70首》等。科普类的《中国少年儿童百科全书》《十万个为什么》（AB卷）、《中国未解之谜》《宇宙太空大百科》《世界之最》《世界未解之谜》《恐龙世界大百科》《动物世界大百科》《兵器世界大百科》等。

在给学生推荐书目后，如何检验学生的阅读效果，那就需要开展一些相应的配套活动，如课前小演讲、定期演讲比赛、课外手抄报比赛、知识竞赛、美文朗诵比赛、报精彩阅读片段心得摘抄评比、课外阅读收获心得读书笔记、制作阅读手抄报等。

### （五）端正教学态度，妥善应用奖惩

教师的教学态度对学生的学习态度有重要影响，配套问卷中设计了10道题（附录6H部分）来反映教师对待学生阅读作业的态度，教师教学态度与学生阅读能力的相关分析表明，教师对待阅读作业的态度与学生的阅读能力有显著关系（$r=.111$，$P<.001$）。挑选其中的几道题进行分析来反映教师的教学态度：9.4%的教师从不讨论学生的阅读作业、26.2%的教师偶尔讨论；9.6%的教师几乎不立即反馈阅读作业，22.6%的教师偶尔能做到立即反馈；7.4%的教师几乎不检查学生作业的专心程度，21.5%的教师偶尔检查；8.9%的教师几乎不表扬学生阅读作业做得如何好；44.8%的教师经常批评学生阅读作业做得不好。可见，教师对学生阅读作业的反馈与否以及如何反馈会影响到学生的阅读成绩。那该如何反馈才能有效地提升学生的阅读能力呢？

行为主义的强化理论主张用强化来解释学生的行为。由于小学生年龄较小，自控能力和自律水平较低，所以来自外部的反馈如奖励或惩罚比较适合帮助小学生形成良好的阅读行为。一般来说，奖励比惩罚更有利于学生的学习，但是不能滥用奖励。在运用奖励和惩罚手段

改变学生的阅读态度和阅读行为时,要注意以下几点:一要及时,这样才能满足学生进一步改进阅读不良行为的愿望,只要学生有改进的行为表现,就应立刻给予及时的奖惩。二要具体,要有针对性和教育性,如针对手抄报做得好进行奖惩,奖惩要针对具体的行为事件。三要持续,一次或较少次数的奖惩难以改变学生的学习行为。四要形式多样。五是奖惩方式要符合小学生的身心发展特点,如不能简单采用传统的 ABCD 等级或语言式鼓励,可以盖上教师特制或购买的印章,如"阅读之星""进步之星"等。六是不能滥用外部奖励,使用过多或使用不当,有可能破坏学生的内部动机。教师要根据具体情况进行奖励,让奖励蕴含着成功要素以此吸引学生注意力。对处于劣势地位的学生,应给予更多的关注和鼓励,寻找机会让其体能到成功。

**(六)利用诊断结果,改进教学方法**

1. 结合认知诊断结果,采用分层教学

教师可根据认知诊断的研究结果,实行分层教学。对不同的学生实行不同的教学策略、布置不同的练习、采用不同的考试试卷,如第五章准实验班教师的做法,首先把认知诊断弱项相同的学生分成不同的小组,针对不同小组学生布置不同的课后练习,甚至采用不同的考试试卷,如针对词句理解较弱的学生则加强词语积累练习,针对情感体验能力较弱的学生则在课堂和课后中都给予情感上的特别关注,多花时间培养这些学生的共情能力。

2. 重点提升学生的内容探究能力和文本评鉴能力

《课标》提出:阅读教学应注重培养学生具有感受、理解、欣赏和评价的能力……逐步培养学生探究性阅读和创造性阅读的能力,提倡多角度的、有创意的阅读,利用阅读期待、阅读反思和批判等环节,拓展思维空间,提高阅读质量[1]。《课标》中提到的感受和理解能力对应于课题研究的情感体验能力和词句理解能力,欣赏和评价能

---

[1] 中华人民共和国教育部:《义务教育语文课程标准》(2011),北京师范大学出版社 2012 年版。

力以及探究性阅读和创造性阅读的能力对应于课题研究的内容探究能力和文本评鉴能力，前两种能力掌握较好，后两种能力掌握相对较差。要提升学生的探究能力和评鉴能力，就要把学生当成学习的主体，我们从配套问卷的教师教学方法（附录6I部分）中挑选了几道题来说明教师采取教学方法的情况：37.9%的教师很少向学生提出挑战性问题（培养探究和评鉴能力），26.9%的教师不太会鼓励学生表达自己对文章的看法（培养文本评鉴能力），26.9%的教师不向学生指出文章如何建构在已知事物上（培养内容探究能力）。可见，要培养学生的内容探究能力和文本评鉴能力，教师在教学过程中，首先，一定要转变身份，从单纯的教学者转变为引导者和促进者，要彻底改变老师讲学生听、老师问学生答、老师写学生抄的传统授课模式，应多用启发式教学引导思考而不是被动式的背和抄。其次，教师与学生是平等的对话者。《课标》指出"阅读教学是学生、教师、教科书编者、文本之间对话的过程。"要给学生更多的探究和发表观点的机会以此来锻炼学生的探究能力和评鉴能力。第三，自主阅读不是放任自流也不是让学生独自学习，而是在教师指导下的自主。

3. 动态监控学生认知水平，善于创设问题情境

问题情境是指具有一定难度，需要学生克服困难而又力所能及的学习情境。而问题是指学习任务与学生水平之间的差距，对学生而言，中等难度的任务就是问题。但是问题因学生水平而异，对水平低的学生是问题的问题对水平高的学生可能不是问题，因此，在创设问题情境时，教师要注意以下几点：一是熟悉所教学科内容，掌握教材结构，了解学科知识体系，准确掌握重点和难点。二是结合认知诊断结果，准确掌握学生的认知水平，使新学习内容与学生已有发展水平构成一个适当的跨度。这就需要借助认知诊断技术，动态监控学生认知水平，创设符合不同学生水平的问题情境。

4. 利用最近发展区理论，走在学生发展的前面

20世纪30年代初，维果茨基将"最近发展区"概念引入儿童心理学研究，并提出"良好的教学应走在发展前面"。维果茨基认为学

生的发展有两种水平，一种是现有水平，指独立活动所能达到的问题解决水平；另一种是学生可能的发展水平，也就是学生通过努力可能达到的水平。两种水平之间的差距就是最近发展区。因此，教师的教学不应只根据学生的现有水平，而应着眼于学生的潜能发展，不应只提供一些他们能独立解决的作业，而应布置一些有一定难度，需要他人的适当帮助下才能解决的任务，促使儿童能在发展区的差距内向前发展。尤其要根据认知诊断的反馈结果，对每位学生或每组阅读弱项类似的学生提出适合相应他们水平的最近发展区。

**（七）关注情意特点，管好课堂纪律**

班级课堂纪律对学生的阅读成绩有显著影响，配套问卷中设计了5道反映课堂纪律的题目（附录6J部分），二者的相关分析表明，课堂纪律与学生的阅读能力有显著关系（$r=.192$，$P<.001$）。课堂纪律题的分析结果表明：学生不听老师的话出现在所有课堂的比率是26.4%、出现在多数课堂的比率是52.6%；有喧哗声和混乱行为出现在所有课堂的比率是20.9%，出现在多数课堂的比率是54.1%；老师等好长时间后学生才会安静的现象出现在所有课堂的比率是32.8%，出现在多数课堂的比率是47.4%；学生不好好学习的现象出现在所有课堂的比率是32.7%，出现在多数课堂的比率是47.3%；开始上课很久学生还不开始用功的现象出现在所有课堂的比率是31.3%，出现在多数课堂的比率是44.8%。上述结果表明，小学生的课堂纪律状况堪忧。当然，这与小学生的年龄特点有密切关系。而出现这种现象的主要原因不是智力因素，而是情志因素，即小学生的情绪掌控能力和意志控制能力有待提高。

小学生的情绪特点是容易激动和不稳定，具有一定的爱憎情感，中高年级学生具有初步的道德感。针对小学生的情绪特点，小学教师可以将小学生的各种活动与学生的积极情绪体验结合起来，让学生多多体验积极情绪。逐步发展小学生的高级情感如道德感、理智感和美感，让学生逐渐学会以高级情感来约束自己破坏班级纪律的行为。培养小学生控制和调节情绪的能力，如合理宣泄、转移、认知调整等。

小学生意志品质的特点是意志较薄弱、易冲动、自制力差；自觉性和持久性也较差；容易受周围环境影响，不加选择地模仿他人；有时还表现出任性、执拗和固执己见等不良倾向。这些特点都会导致小学生的课堂纪律较年长学生要差。所以教师要针对小学生意志品质的特点有针对性进行纪律管束。如帮助小学生形成良好意志品质的概念，良好意志品质有四个标准，即自觉、果断、坚持和自制。在教学过程和其他任何实践活动中随时有意识地培养学生的意志行为，最关键的是要激发小学生的意志努力，促进小学生逐渐学会自我培养，自我约束。只有从情绪和意志这两个非智力因素入手，才是管好班级纪律的保证。

**（八）主动关注学生，改善师生关系**

师生关系是教育过程中最基本、最重要的人际关系，是维系教育活动必不可少的基本关系。良好师生关系的建立不仅有利于充分发挥教师的主导作用，而且能够调动学生学习的积极性和主动性。理想的师生关系是民主平等、尊师爱生、心理相容和教学相长的。师生关系对学生的学习态度和学习行为有着重要的影响，配套问卷中设计了5道反映学生和语文教师关系的题目（附录6K部分），二者相关分析表明，师生关系与学生的阅读能力有显著关系（$r=.156$，$P<.001$）。而师生关系的现状是：50.2%的学生表示和语文教师相处很好；55.1%的学生表示语文教师很关心自己；52.2%的学生表示语文老师能倾听自己说话；58.9%的学生表示自己总能得到语文老师的帮助；77.5%的学生认为语文老师能公平地对待学生。13.2%的学生认为自己和语文教师相处不好；10.2%的学生表示语文老师不关心自己；13.2%的学生表示语文老师不能倾听自己说话；10.2%的学生表示不能得到语文老师的帮助；6.4%的学生觉得语文老师不能公正地对待学生。可见，所调查的学校里，师生关系还算理想但还是有提升的空间。针对小学生而言，处理好师生关系的主导权还是在于教师。因此，教师首先要做的是了解和研究自己的学生，树立正确的学生观，热爱尊重学生，主动与学生多沟通多交流并全面提高自我修养健全自

身人格。特别要关注阅读能力较弱的学生群体，给予他们更多的爱心、耐心和信心。

### 三 家庭——小学生阅读能力提升的摇篮

第五章属性掌握概率的群体特征和本章第一节阅读能力的影响因素分析的研究结果表明，家庭提供的学习条件、家庭藏书量和亲子关系等因素都会影响孩子的阅读能力。这些结果有些是从相关分析中得到的，有些是从多元回归和多层线性模型中得到。从相关分析中得到的显著变量会多于多元回归和多层线性模型的研究结果，原因是相关分析是分别考察影响因素与属性掌握概率的关系，而多元回归分析和多层线性模型分析是综合考察所有变量与属性掌握概率的关系，所以就会存在变量影响力的消减和排挤，因此，简单相关分析能突显的是个别变量的影响力量，多元回归和多层线性模型分析能得到的是变量间的联合影响力量。此处，我们采纳了相关分析的研究结果。除此之外，个人因素中的所有变量都是家庭帮助学生提升阅读能力的抓手，因为个人是家庭影响学生阅读能力的部分中介变量。除了影响因素的视角外，父母还可以从认知诊断报告卡中找到努力的方向。因此，就家庭而言，建议从以下几方面帮助孩子阅读能力的提升。

#### （一）充分利用诊断结果，明确未来努力方向

课题研究的认知诊断结果中，专门为每个学生制作了诊断反馈报告卡，报告卡中有丰富的阅读能力信息，包括孩子的阅读总得分，各题得分和对错情况，孩子阅读能力的综合评定等级，每项阅读子技能的掌握程度即阅读能力的强项和弱项以及孩子阅读测验的结果分析及后续学习的补救建议。由于小学生的认知、情感和意志都正处于快速发展当中，所以特别需要家长的指导和帮助来充分利用认知诊断的结果，根据认知诊断结果调整自身的行为和孩子的学习行为。

#### （二）全力配合学校教师，培养孩子阅读兴趣

阅读兴趣对提升孩子的阅读能力具有根本性作用，所以在关于学校该如何培养孩子的阅读兴趣这一点的阐述中花了大量笔墨，除了学

校有所作为之外，父母是否还能为培养孩子的阅读兴趣做出努力呢？答案是肯定的。首先，父母要做到的是全力配合学校教师的做法，家庭的教育理念要尽力与学校的教育理念达成一致。所以第二，父母要主动了解学校教师的教育理念，理解教师的做法，配合教师的教育。第三，尽可能学习相应理论知识，努力做到理解相应的理论，从而学会合理地把所学理论用于家庭教育。如前面所述的学习动机原理、期望效应理论、最近发展区理论、自我效能感理论、归因理论和需要层次理论均可用于家庭教育中。如学习动机理论中，奥苏伯尔把学习内驱力分为三种，附属内驱力、自我提高内驱力和认知内驱力。附属内驱力是个体为了获得长者如教师和家长的赞许或同伴的认可而表现出来把学习搞好的需要。自我提高内驱力是指个体由自己的学业成就而获得相应地位和威望的需要。认知内驱力是一种要求理解事物、掌握知识、系统地阐述并解决问题的需要。附属内驱力和自我提高内驱力是外部动机，认知内驱力是内部动机。针对小学高年级学生，可以充分利用外部动机尤其是附属内驱力激发孩子的阅读兴趣，如来自家长的及时的精神肯定和物质奖励都可以激发孩子的附属内驱力，在此基础上，逐步激发孩子的认知内驱力，让孩子慢慢爱上阅读。再如父母可以应用期望效应理论对孩子长期持有积极的期待促使孩子产生期望中的预期效应；应用最近发展区理论对孩子提出努把力就能达到的阅读目标；应用归因理论指导孩子对阅读上的成功或失败都归因于主观努力；应用需要层次理论满足孩子的低级需要的基础上促使学生产生更高级的需要；应用自我效能感理论帮助孩子提高阅读效能感，让孩子在阅读方面逐渐产生自信。

（三）更新家庭教育理念，提供必要学习条件

学习条件是指家庭为孩子提供的专门用于学习的房间、书桌、学习环境和辅助学习的工具和工具书等。家庭提供的学习条件是孩子好好学习的必要条件，没有必要的学习条件一定程度上会影响孩子学习的积极性和学习效率。配套问卷中设计了 11 道（附录 6A 部分）反映家庭为孩子创造的学习条件，所有题项答案均设计为有或

没有。二者的相关分析表明,家庭学习条件与学生的阅读能力有显著关系（r = .199, P < .001）。家庭学习条件的分析结果表明：15.1%的学生没有自己的学习房间；14.1%的学生没有专门用于学习的书桌；19.5%的学生没有一个安静的学习环境；70.2%的学生没有属于自己的电脑；54.6%的学生家里没有互联网；59.1%的学生没有用于学习的MP3机或MP4机或Ipad；45.3%的学生家里没有经典文学作品；41.8%的学生表示家里没有诗集；58.2%的学生表示家里没有任何艺术作品如绘画作品；21.2%的学生表示家里没有辅导用书；4%的学生表示家里没有一本字典或词典。从上述结果可以看出,有些学生没有最基本的学习条件,如属于自己的学习房间、书桌、安静的学习空间等,这种情况所占比例在15%左右,这种现象在农村确实存在甚至在乡镇也有些家庭在房屋装修时竟然没有为孩子打造书房或书桌的设计,不得不说是父母不太懂学习条件的重要性,孩子只能在饭桌或凳子上学习的情况是确实存在的。而不具备电脑、互联网和Ipad等高端学习条件的比率则更高。没有文学作品、诗歌和艺术作品的比率约处于40%—60%之间,这种文化气息的营造对大部分家庭的孩子来说是一种奢望。相对来说,大部分孩子能拥有的是学习辅导用书和字典或词典,这两种条件的拥有率分别是78.8%和96%。可以说,这就是大部分农村孩子和普通家庭孩子所拥有的学习条件。可是,这样的学习条件未免有点简陋。为孩子创造必要的学习条件与家庭经济条件不存在必然的关系,却与父母的教育观念有较大的关系,有经济状况很好的家庭却没有为孩子创造良好学习条件的意识,有经济状况不太好的家庭却想方设法为孩子创造良好的学习条件,所以,关于为孩子提供必要的学习条件,很大程度上需要父母在观念上重视为孩子创造必要的甚至良好的学习条件。

**（四）结合积极心理理论,建立亲密亲子关系**

课题研究结果表明,亲子关系疏远家庭的孩子的阅读测验得分显著低于亲子关系亲密家庭的孩子（F = 7.434, P < .001）,亲子关系

疏远家庭的孩子的属性平均掌握概率显著低于亲子关系亲密家庭的孩子（F=3.746，P<.05），亲子关系疏远家庭的孩子对阅读的兴趣显著低于亲子关系亲密家庭的孩子（F=8.040，P<.001），由此，家庭亲子关系的重要意义可见一斑。关于如何建立良好的亲子关系，这是一个非常老旧但却是永远重要的话题。许多人对此提出过自己的看法，如对孩子无条件的爱、肯定和鼓励、接纳孩子的感受、保持沟通、营造和谐的家庭关系等[1]。有人主张从积极心理学的视角去建立亲子关系值得借鉴，通过增强儿童的积极体验，塑造积极的人格，建立积极的亲子关系，如培养孩子的希望情感、着重培养孩子日常生活所需的社会技能、培养孩子的高自尊、建立正常的依恋关系[2]等。

### （五）提供必要课外书籍，协助扩大阅读广度

前已述及，阅读面与阅读成绩是有显著关系的，阅读面的重要性也是显而易见的。那孩子的阅读广度如何呢？在论述学校如何帮助学生扩大阅读面时已呈现过我们的调查结果，即19.7%的学生从不看文学作品、19%的学生从不阅读古典类作品、18.4%的学生从不看童话作品、20.7%的学生从不看诗歌作品、17.1%的学生从不看科普类作品。那么，是孩子不愿意看还是没有相应的书可看呢？我们通过配套问卷收集了学生家庭的图书拥有量（附录6C部分）的情况，调查结果是：30.1%的孩子没有自己喜欢的报刊杂志，19.5%的孩子没有自己喜欢的文学作品，25%的学生没有自己喜欢的科普读物，14.4%的学生没有课外练习册或参考书。拥有上述作品1—5本的比率分别是40.6%、41%、40%和42.2%。在家庭藏书量上，25本以下、25—100本、101—200本、201—500本、500本以上的比率分别是25.1%、36.6%、20.8%、10.3%、7%。可见，孩子没有阅读过相关作品可能在很大程度上跟家里没有相应的书籍有关。而针对小学生而言，他们的年龄尚小，还不具备独立识别或购买适合他们年龄读物

---

[1] 谭文：《建立良好亲子关系的技巧》，《江苏卫生保健》2016年第13期。
[2] 钟真群：《积极心理学：建立亲子关系的新视角》，《今日南国》（理论创新版）2009年第11期。

的能力，这就需要父母有意识地帮助孩子准备好适合他们年龄段的课外读物。父母该如何为孩子准备适合孩子的课外书籍呢？一要加强家校沟通，如果父母不知道购买什么类型书目或者说哪些书给孩子阅读，一定要多向老师请教，而不能不闻不问，让孩子自我成长。第二，多与同龄孩子的父母交流，互通有无、相互启发、相互学习，共同成长。第三，关注孩子的知识储备，有针对性地购买适合对应年龄段的读物。小学高年级学生的阅读认知特点是：识字量逐渐增多、能够独立阅读、具有一定的事理分辨能力，可以自由进出书中世界。建议父母为孩子购买的书目类型有：儿童漫画、寓言故事；儿童文学、科幻小说；推理、探险、冒险故事；历史故事、人物传记、科普读物、名家散文、文学名著等；百科全书、学习辅导书；与励志、与两性、升学、就业等主题相关的读物[①]。

## 四　学生——小学生阅读能力提升的关键

第五章第一节关于阅读能力影响因素研究中，就学校因素、家庭因素和个人因素对学生阅读能力的影响，采用了相关分析、多元回归分析、中介效应和多层线性模型分析方法进行分析。中介效应分析表明，学生是影响阅读技能掌握程度的关键变量，个人因素是家庭和学校影响属性掌握概率的中介变量，即学校和家庭对学生阅读能力的影响既存在直接作用也存在以学生为中介的间接作用。而多层线性模型的分析结果表明，学生属性掌握概率受到了个人因素、班级因素和学校因素的共同影响，其中个人因素约占70%，处于主导地位；班级因素和学校因素占30%，也是不容忽视的重要因素。在学生变量中，学生对阅读的兴趣、阅读面、阅读策略、综合能力、性别、独生子女和班干部等都是影响阅读能力的重要变量。上述个人因素中，性别、独生子女是学生本人难以控制的变量，这两个变量都应该由学校和家庭去帮助努力的要素，而中介效应分析表明，学生是家庭和学校影响

---

① 王文静、罗良：《阅读与儿童发展》，华东师范大学出版社2011年版。

学生的中介变量，所以学生身上所具备的所有特征都可以通过学校和家庭的共同努力去改变。除了影响因素的视角外，还可以从认知诊断报告卡中找到努力的方向。当然，由于小学生年龄的限制，各项能力都还处于发展和完善当中，就小学生而言，更多的接受学校和家庭的教育，自身自主学习能力正处于学习和完善过程中，所以，要想教育行为产生预想的教育效果，就要提高学生全面素质，提高学生的整体学习能力，让学生成为真正的教育主体，最终产生自我教育的效果，所以建议小学生从以下几个方面进行努力以提升自己的阅读能力。

（一）结合认知诊断结果，采取相应补救措施

前已述及，课题组为每位学生制作了诊断信息反馈报告卡，报告卡中含有丰富的诊断信息，学生不仅可以获得传统意义上的分数，还能清楚地知道自身阅读能力的强项和弱项，最重要的是，学生要认真阅读认知诊断结果的分析部分，接受并消化研究者在诊断之后给出的补救建议，以此指导日后的学习方向和学习行为。

（二）了解自身阅读喜好，切实增强阅读兴趣

在配套问卷中有一道题是"阅读是我最喜欢的爱好之一"，13.8%的学生选择非常符合，31.8%的学生选择符合，29%的学生选择不确定，15.8%的学生选择不符合，9.6%的学生选择完全不符合，也就是说有45.6%的学生是喜欢阅读的，29%的学生不确定，25.4%的学生是不喜欢阅读的。针对题目"阅读只是为了找到需要的信息"，18.6%的学生选择非常符合，32.5%的学生选择符合、27.4%的学生不确定、15.7%的学生选择不符合、5.8%的学生选择完全不符合，即51.1%的学生确实为了找需要的信息才去阅读，27.4%的学生不确定，21.5%的学生不是为了找信息才去阅读，说明近一半学生是为了找需要的信息才去阅读。总之，有部分学生对阅读完全没有兴趣或兴趣不高。当学生意识到自己对阅读不感兴趣时，首先要高度重视阅读能力的提升，认识到阅读能力是个人的基本能力，阅读能力会影响到自身的全面发展。其次，了解自身阅读喜好，长期坚持阅读感兴趣的书目，然后逐渐过渡到其他书目。第三，反复阅读

自己感兴趣能看懂的书籍，以精读的标准要求自己，达到读透书本或可以背诵的程度，这样的收获有利于找到阅读的成就感，增强对阅读的兴趣。研究表明，重复阅读特别适合小学生，因为小学生的阅读能力有限，重复阅读是在反复刺激孩子的认知，让孩子的大脑相应区域逐渐兴奋，然后再带动其他区域的兴奋度。第四，课余时间常去图书馆或书店接受熏陶和感染。

### （三）全力加强自我约束，提高自主学习能力

在配套问卷中有一道题是"只有必要时我才阅读"，23.8%的学生选择非常符合，36.2%的学生选择符合，25.4%的学生选择不确定，11.5%的学生选择不符合，3.1%的学生选择完全不符合，也就是说有59.3%的学生只有在必要时才去阅读，阅读是为了完成任务，约四分之一的学生不确定，只有14.6%的学生不是为了完成任务去阅读。这说明学生的阅读行为不是自觉主动的行为，而是被动的完成任务式的学习行为。《课标》倡导"学生是学习和发展的主体……充分激发学生的主动意识和进取精神，倡导自主、合作、探究的学习方式。[①]"所以，学生要变被动学习为主动学习，意识到自己才是学习的主体和主人，但这对于小学生来说是较难做到的。但可以通过良好习惯的养成来强化自主学习，例如制定力所能及的计划，严格执行学习计划，久而久之，逐渐学会自己约束自己，让约束、自律、自我严格要求成为自然的习惯式的行为模式，那自主学习能力自然而然提高了。

### （四）针对弱势补充练习，掌握相应阅读策略

阅读策略是为了提高阅读效率和效果而采用的一种复杂方案。有人从时间角度建议学生从课前预习、课中质疑、课后反思来提升阅读策略；有人从具体操作方法角度建议学生带着渴望解答的问题去读，边读边思考，称为问题阅读法；有人建议用目标阅读法，即按照目

---

① 中华人国共和国教育部：《义务教育语文课程标准》（2011），北京师范大学出版社2012年版。

的、检索、浏览、精读、摘记顺序进行阅读；还有勾画摘录法、关键词法等等。就小学生而言，由于自身年龄和阅历所限，掌握阅读策略有效方式是，根据教师的指导，熟练运用课堂要求的最基本的策略，如摘读、查读、划读、询读等方式。第二，根据课标要求，把不同的阅读方式和不同的书目组合起来，如用精读方法阅读经典好文，用略读和浏览方法阅读小说，用朗读方式阅读古诗文。第三，最重要的是适当配合练习，用练习带动思考，尤其要根据认知诊断结果选择适合自己的练习，当然在选择的时候建议寻求教师和家长的帮助。

（五）广泛涉猎各类读物，扩大阅读知识广度

《课标》对小学生第二学段和第三学段提出的关于阅读积累和阅读量的目标是分别提出的递进式要求，第二学段积累和量的目标是：积累课文中的优美词语、精彩句段，以及在课外阅读和生活中获得的语言材料。背诵优秀诗文50篇（段）。养成读书看报的习惯，收藏并与同学交流图书资料。课外阅读总量不少于40万字。第三学段的积累和量的目标是：诵读优秀诗文，注意通过诗文的声调、节奏等体味作品的内容和情感。背诵优秀诗文60篇（段）。扩展阅读面。课外阅读总量不少于100万字。建议学生一要明确课标要求；二要优先阅读教师推荐和父母推荐的书籍；在此基础上，学有余力的学生可以根据自己的兴趣爱好继续扩大自己的阅读面适当增加阅读量。如果阅读速度较慢阅读有困难的学生，则反过来，从教师和家长所推荐的书目中先选择自己最喜欢能看懂愿意看的书，进而，慢慢提升阅读速度，扩大阅读面，增加阅读量。

# 参考文献

**中文文献**

鲍孟颖:《运用 DINA 模型对 5 年级学生数学应用题问题解决进行认知诊断》,硕士学位论文,华东师范大学,2014 年。

曾祥芹:《阅读学新论》,语文出版社 1998 年版。

昌维:《多分属性 DINA 模型多级评分拓广》,硕士学位论文,浙江师范大学,2017 年。

车芳芳:《融合模型在初中代数认知诊断中的应用》,硕士学位论文,华东师范大学,2010 年。

陈德枝、戴海琦、赵顶位:《规则空间方法与属性层次方法的诊断准确性比较》,《心理科学》2009 年第 2 期。

陈德枝:《基于认知诊断的小学儿童图形推理能力的动态评估研究》,博士学位论文,江西师范大学,2009 年。

陈慧麟、陈劲松:《G-DINA 认知诊断模型在语言测验中的验证》,《心理科学》2013 年第 6 期。

陈良启:《高中语文阅读能力结构》,硕士学位论文,福建师范大学,2002 年。

陈璐欣、王佶旻:《汉语阅读理解测验的认知诊断研究——以中国政府奖学金本科来华留学生预科教育汉语综合统一考试为例》,《中国考试》2016 年第 2 期。

陈秋梅、张敏强:《认知诊断模型发展及其应用方法述评》,《心理科学进展》2010年第3期。

陈艳梅：《初中三年级学生阅读能力评价研究》，硕士学位论文，江西师范大学，2009年。

崔海峰：《小学生语文阅读能力的要素、结构、层次及其培养研究》，硕士学位论文，南京师范大学，2007年。

戴宝云：《小学语文教育学》，浙江教育出版社1992年版。

戴海琦、张青华：《规则空间模型在描述统计学习模式识别中的应用研究》，《心理科学》2004年第4期。

戴海琦、谢美华、丁树良：《我国大陆认知诊断研究的文献计量分析》，《南京师大学报》2013年第6期。

戴海琦、张锋、陈雪枫：《心理与教育测量》，暨南大学出版社2006年版。

丁树良、毛萌萌、汪文义、罗芬：《教育认知诊断测验与认知模型一致性的评估》，《心理学报》2012年第11期。

丁树良、汪文义、杨淑群：《认知诊断测验蓝图的设计》，《心理科学》2011年第2期。

范婷婷、曾用强：《认知诊断测试及其在阅读理解能力上的应用述评》，《中国外语》2016年第2期。

范晓玲、耿博、李添韵、宋少坤、李汪：《4～5年级阅读障碍儿童汉语单字的认知诊断测验》，《教育测量与评价》2019年第10期。

范晓玲、王珺、周路平、卢谢峰：《基于规则空间模型的3～4年级阅读障碍儿童语素意识的认知诊断》，《教育测量与评价》2017年第5期。

范晓玲、王思缘、耿博、伍慧、王梦翔：《4～5年级阅读障碍儿童汉语词汇的认知诊断测验》，《教育测量与评价》2018年第3期。

方富熹：《关于儿童算术的认知诊断》，《心理学动态》1984年第3期。

甘媛源、余嘉元：《认知诊断模型研究新进展》，《湖北大学学报》2010年第1期。

顾明远：《教育大辞典》，上海教育出版社1998年版。

顾永桂：《小学高段学生语文阅读能力的调查研究》，硕士学位论文，苏州大学，2019年。

韩裕娜、张敏强：《AHM分类方法的改良》，《华南师范大学学报》（自然科学版）2012年第4期。

侯杰泰、温忠麟、成子娟：《结构方程模型及其应用》，教育科学出版社2002年版。

黄海峰：《基于融合模型的汉语作为第二语言阅读之认知诊断研究》，硕士学位论文，北京语言大学，2010年。

康春花：《小学数学应用题问题解决的认知诊断研究》，博士学位论文，北京师范大学，2011年。

邝雨漠：《3—4年级学生句子阅读的诊断研究》，硕士学位论文，湖南师范大学，2019年。

李菲菲、刘电芝：《口语报告法及其应用研究述评》，《上海教育科研》2005年第1期。

李亮、周彦：《江苏省小学语文学业质量分析报告》，《江苏教育研究》2012年第6期。

李松柏：《3—4年级阅读障碍认知诊断研究》，硕士学位论文，湖南师范大学，2015年。

李英杰：《小学生阅读能力学业水平评价的研究》，硕士学位论文，首都师范大学，2006年。

李毓秋、张厚粲、李彬、李凤玫：《中小学生阅读理解能力结构的研究》，《中国教育学刊》2003年第3期。

林士良：《阅读与写作词典》，广西人民出版社1988年版。

刘芳：《3—4年级汉语阅读障碍认知诊断测验初编》，硕士学位论文，湖南师范大学，2011年。

刘晶晶：《小学语文阅读能力标准与学生评价的一致性研究》，博士学位论文，华中师范大学，2015年。

刘润清、韩宝成：《语言测试和它的方法》，外语教学与研究出版社

2000年版。

刘铁川:《Mix-DINA模型功能开发及其与DINA、MS-DINA模型的模拟与实证比较》,博士学位论文,江西师范大学,2012年。

刘文:《题组认知诊断方法模拟与初中语文测验的认知诊断研究》,硕士学位论文,北京师范大学,2011年。

刘芯伶、康春花、曾平飞:《认知诊断十年:基于CiteSpace的知识图谱分析》,《考试研究》2020年第1期。

娄阿利:《9—12岁小学生语文阅读能力的发展特点及培养研究》,硕士学位论文,沈阳师范大学,2011年。

陆璟:《PISA学习参与度评价》,《上海教育研究》2009年第12期。

鹿士义、苗芳馨:《分班测验中阅读理解测验的诊断性评价研究》,《国际汉语教学研究》2014年第2期。

罗大同:《实用语文教学词典》,天津教育出版社1989年版。

罗欢、丁树良、汪文义、喻晓锋、曹慧媛:《属性不等权重的多级评分属性层级方法》,《心理学报》2010年第4期。

罗照盛、张厚粲:《中小学生语文阅读理解能力结构及其发展特点研究》,《心理科学》2001年第6期。

毛萌萌:《AHM模型下的新分类方法》,硕士学位论文,江西师范大学,2008年。

明卫红:《阅读能力的要素、结构层次及其培养》,硕士学位论文,南京师范大学,2004年。

莫雷:《中小学生语文阅读能力结构的发展特点》,《心理学报》1992年第4期。

莫雷:《中小学生语文阅读能力结构的研究》,《华南师范大学学报》(社会科学版)1996年第1期。

莫雷等著:《语文阅读水平测量》,中山大学出版社1997年版。

彭聃龄:《语言心理学》,北京师范大学出版社1991年版。

宋丽红、戴海琦、汪文义、丁树良:《R-DINA模型参数估计EM算法准确性检验》,《心理学探新》2012年第5期。

孙帮正、邹季婉：《教育与教育测验》，商务印书馆1983年版。

孙梦杰：《3—4年级学生篇章阅读的认知诊断研究》，硕士学位论文，湖南师范大学，2019年。

谭文：《建立良好亲子关系的技巧》，《江苏卫生保健》2016年第13期。

田伟、辛涛：《基于等级反应模型的规则空间方法》，《心理学报》2012年第2期。

涂冬波、蔡艳、戴海琦、丁树良：《HO-DINA模型的MCMC参数估计及模型性能研究》，《心理科学》2011年第6期。

涂冬波、蔡艳、戴海琦、丁树良：《一种多级评分的认知诊断模型：P-DINA模型的开发》，《心理学报》2010年第10期。

涂冬波、蔡艳、戴海琦：《几种常用非补偿型认知诊断模型的比较与选用：基于属性层级关系的考量》，《心理学报》2013年第2期。

涂冬波、戴海琦、蔡艳、丁树良：《小学儿童数学问题解决认知诊断》，《心理科学》2010年第6期。

涂冬波：《项目自动生成的小学儿童数学问题解决认知诊断CAT编制》，博士学位论文，江西师范大学，2009年。

万晓霞：《近10年SCI人格心理学研究文献计量分析》，《心理科学进展》2009年第6期。

汪文义、方小婷、叶宝娟：《认知诊断属性分类一致性信度区间估计三种方法》，《心理科学》2018年第6期。

汪文义、宋丽红、丁树良：《教育认知诊断测验的信度和效度研究评述》，《考试研究》2014年第5期。

王大洋、胡春红、卢秋婷：《基于GP-DINA模型的学生多级评分的广义认知诊断模型研究》，《现代电子技术》2019年第24期。

王丹：《多维HO-DINA模型的开发及其在几何类比推理测验中的诊断应用》，硕士学位论文，江西师范大学，2015年。

王继坤：《现代阅读学》，济南出版社1991年版。

王家祺、刘红云：《融合模型在小学数学认知诊断评价中的应用》，

《心理学探新》2012年第5期。

王静：《C.TEST阅读理解测验的诊断性评价研究》，硕士学位论文，北京语言大学，2008年。

王思缘：《阅读障碍儿童汉语词汇的认知诊断研究》，硕士学位论文，湖南师范大学，2016年。

王文静、罗良：《阅读与儿童发展》，华东师范大学出版社2011年版。

韦志成：《现代阅读教学论》，广西教育出版社2001年版。

温福星：《阶层线性模型的原理与应用》，中国轻工业出版社2009年版。

文剑冰：《规则空间模型在诊断性计算机化自适应测验中的应用》，博士学位论文，香港中文大学，2003年。

吴明隆：《问卷统计分析实务》，重庆大学出版社2010年版。

伍岳：《新课程下学生阅读能力的培养》，硕士学位论文，江西师范大学，2006年。

武永明：《阅读能力结构初探》，《语文教学通讯》1990年第9期。

夏正江：《试论中小学生语文阅读能力的层级结构及其培养》，《课程·教材·教法》2001年第2期。

谢美华：《初中生现代文阅读理解能力的认知诊断评估研究》，博士学位论文，江西师范大学，2014年。

辛涛、焦丽亚：《测量理论的新进展：规则空间模型》，《华东师范大学学报》（教育科学版）2006年第3期。

辛涛：《回归分析与实验设计》，北京师范大学出版社2010年版。

徐式婧：《C.TEST听力理解测验的诊断性评价研究》，硕士学位论文，北京语言大学，2007年。

闫国利：《阅读发展心理学》，安徽教育出版社2004年版。

闫彦：《应用融合模型对C.TEST阅读理解测试的诊断性评价研究》，硕士学位论文，北京语言大学，2010年。

杨淑群、蔡声镇、丁树良、林海菁、丁秋林：《求解简化Q矩阵的扩张算法》，《兰州大学学报》（自然科学版）2008年第3期。

杨素清：《乡镇小学低年级寄宿学生的阅读能力培养》，硕士学位论文，内蒙古师范大学，2017年。

杨旭：《融合模型在C. TEST听力理解试题中的认知诊断研究》，硕士学位论文，北京语言大学，2010年。

杨宇杰：《基于DINA模型的中学生物学认知诊断研究》，硕士学位论文，华东师范大学，2015年。

余嘉元：《运用规则空间模型识别解题中的认知错误》，《心理学报》1995年第2期。

余娜、辛涛：《规则空间模型的简介与述评》，《中国考试》（研究版）2007年第9期。

喻晓锋、罗照盛、高椿雷、彭亚风、李喻骏：《认知诊断框架下的语言认知测验的实证分析与研究》，《贵州师范大学学报》（自然科学版）2014年第6期。

袁茵：《听觉障碍中小学生汉语阅读能力研究》，博士学位论文，辽宁师范大学，2004年。

张必隐：《阅读心理学》，北京师范大学出版社2005年版。

张宠：《汉语作为第二语言的阅读理解诊断性成绩测试研究》，硕士学位论文，北京语言大学，2009年。

张海云：《认知诊断评估在语言测试领域的应用》，《当代教育实践与教学研究》2019年第15期。

张军红：《小学高年级学生语文阅读能力的现状、问题及对策》，硕士学位论文，河北师范大学，2021年。

张敏强：《教育与心理统计学》，人民教育出版社2020年版。

张启睿、边玉芳、陈平、张积家：《小学低年级学生汉字学习认知诊断研究》，《教育研究》2019年第1期。

张启睿、边玉芳：《语言认知诊断测验：产生、发展与面临的挑战》，《楚雄师范学院学报》2016年第2期。

张青华：《规则空间模型在统计学习模式识别中的应用研究》，硕士学位论文，江西师范大学，2003年。

张文彤、董伟：《SPSS统计分析高级教程》，高等教育出版社2004年版。

张文彤、邝春伟：《SPSS统计与分析基础教程》，高等教育出版社2004年版。

张燕华、郑国民、关惠文：《初中生语文阅读能力表现研究》，《教育学报》2015年第6期。

章熊：《谈谈现代阅读的能力要求》，《中学语文教学》1989年第1期。

赵顶位：《属性层次方法下的三段论推理测验制及个体属性掌握模式的判别》，硕士学位论文，江西师范大学，2007年。

中华人民共和国教育部：《义务教育语文课程标准》（2011），北京师范大学出版社2012年版。

钟真群：《积极心理学：建立亲子关系的新视角》，《今日南国》（理论创新版）2009年第11期。

周喜娣：《3—4年级学生阅读认知诊断研究》，硕士学位论文，湖南师范大学，2019年。

周霞：《HSK［中级］听力理解测验的诊断性评价研究》，硕士学位论文，北京语言大学，2009年。

周小兵、张世涛、干红梅：《汉语阅读教学理论与方法》，北京大学出版社2008年版。

朱绍禹：《语文教育词典》，延边人民出版社1991年版。

朱淑君：《小学高年级语文阅读能力研究》，硕士学位论文，山东师范大学，2017年。

朱智贤：《心理学大词典》，北京师范大学出版社1989年版。

朱作仁：《语文测验原理与实施法》，上海教育出版社1986年版。

祝玉芳、丁树良：《规则空间模型理论基础的改进》，《江西师范大学学报》（自然科学版）2008年第1期。

祝玉芳、丁树良：《基于等级反应模型的属性层级方法》，《心理学报》2009 年第 3 期。

邹花香、周金业:《认知心理学的阅读能力观及其教学含义》,《江西社会科学》2002 年第 11 期。

## 英文文献

Afflerbach, P. & Johnston, P., "Research methodology: On the use of verbal reports in reading research", *Journal of Reading Behavior*, Vol. 16, No. 4, 1984.

Alderson, J. C., *Assessing reading*, Cambridge: Cambridge University Press, 2000.

Alderson, J. C., & Lukmani, Y, "Cognition and reading: Cognitive levels as embodied in test questions", *Reading in a Foreign Language*, Vol. 5, No. 2, 1989.

Anderson, N. J., Bachman, L., Perkins, K. & Cohen, A., "An exploratory study into the construct validity of a reading comprehension test: Triangulation of data sources", *Language Testing*, No. 8, 1991.

Bachman, L. F., Davidson, F. & Milanovic, M., "The use of test method characteristics in the content analysis and design of EFL proficiency tests", *Language Testing*, Vol. 13, No. 2, 1996.

Berkoff, N. A., "Reading skills in extended discourse in English as a Foreign Language", *Journal of Research in Reading*, Vol. 2, No. 2, 1979.

Black, P. J. & Wiliam, "DAssessment and classroom learning", *Assessment in Education*, No. 5, 1998.

Borsboom, D., Mellenbergh, G. J. & Van Heerden, J., "The concept of validity", *Psychological Review*, No. 11, 2004.

Buck, G. &Tatsuoka, K. K., "Application of the rule-space procedure to language testing: Examining attributes of a free response listening test", *Language Testing*, No. 15, 1998.

Buck, G., Tatsuoka, K. &Kostin, I., "The subskills of reading: Rule-space analysis of a multiple-choice test of second language reading comprehension", *Language Learning*, Vol. 47, No. 3, 1997.

Campbell J R, Kelly D L, Mullis I V S, ed., *Framework and specifications for PIRLS assessment* 2001, Boston: PIRLS Internaitons Study Center, Lynch School of Eductation, Boston College, 2001.

Carrel, P. L. ed., "Schema Theory and ESL Reading Pedagogy", *TESOL Quarterly*, Vol. 14, No. 4, 1983.

Carver, R. P., "What do standardized tests of reading comprehension measure in terms of efficiency, accuracy, and rate", *Reading Research Quarterly*, Vol. 27, No. 4, 1992.

Chen, Y. H. & Tatsuoka, K. K., "an alternative examination of Chinese Taipei mathematics achievement: application of the rule-space method to TImss 1999 data", *IERI Monograph Series*, No. 23, 2008.

Cordon, L. A. & Day, J. D., "Strategy use on standardized reading comprehension tests", *Journal of Educational Psychology*, Vol. 88, No. 2, 1996.

Cross, D. R. & Paris, S. G., "Assessment of reading comprehension: Matching test purposes and test properties", *Educational Psychologist*, Vol. 22, No. 3, 1987.

Cui, Y., *The hierarchy consistency index: Development and analysis*, Unpublished doctoral dissertation, University of Alberta, Edmonton, Alberta, Canada, 2007.

Cui, Y. & Leighton, J. P., "The hierarchy consistency index: Evaluating person fit for cognitive diagnostic assessment", *Journal of Educational Measurement*, Vol. 46, No. 4, 2009.

Davis, T. C., Mayeaux, E. J., Fredrickson, D., Bocchini, J. A., Jackson, R. H., & Murphy, P. W., "Reading ability of parents compared with reading level of pediatric patient education materials", *Pediatrics*, Vol. 93, No. 3, 1994.

De La Torre, J. , "An Empirically Based Method of Q - Matrix Validation for the DINA Model: Development and Applications", *Journal of educational measurement*, Vol. 45, No. 4, 2008.

De La Torre, J. , "DINA model and parameter estimation: A didactic", *Journal of Educational and Behavioral Statistics*, Vol. 34, No. 1, 2009.

DiBello, L. V. & Stout, W. , "Guest Editors´ Introduction and Overview: IRT-Based Cognitive Diagnostic Models and Related Methods", *Journal of Educational Measurement*, Vol. 44, No. 4, 2007.

DiBello, L. V. , Stout, W. F. & Roussos, L. A. , "Unified cognitive/psychometric diagnostic assessment likelihood-based classification techniques", *Cognitively diagnostic assessment*, No. 2, 1995.

Dogan, E. & Tatsuoka, K. , "An international comparison using a diagnostic testing model: Turkish students' profile of mathematical skills on TIMSS-R", *Educational Studies in Mathematics*, Vol. 68, No. 3, 2008.

Embretson, S. E. , "A cognitive design system approach to generating valid tests: Application to abstract reasoning", *Psychological Methods*, No. 3, 1998.

Ericsson, K. A. , Simon, H. A. *Protocol analysis: Verbal report as date*, London: MIT Press, 1993.

Ericsson, K. A. , Simon, H. A. *Verbal Reports as Data*, Cambridge, MA: MIT Press, 1984.

Farr, R. , Pritchard, R. & Smitten, B. , "A description of what happens when an examinee takes a multiple-choice reading comprehension test", *Journal of Educational Measurement*, Vol. 27, No. 3, 1990.

Fischer, G. H. , "The linear logistic model as an instrument in educational reseach", *Acta Psychology*, No. 37, 1973.

Fleiss, J. L. , "Measuring nominal scale agreement among many raters", *Psychological bulletin*, Vol. 76, No. 5, 1971.

Freed, B. , "Second language learning in a study abroad context", *In En-*

cyclopedia of language and education. *Springer US*, No. 1, 2008.

Fu, J., A polytomous extension of the fusion model and its Bayesian parameter estimation. University of Wisconsin – – Madison. 2005.

Gelman, A., Carlin, J. B., Stern, H. S. & Rubin, D. R., Bayesian data analysis. London: Chapman & Hall. 1995.

Gentile, J., Kessler, K. & Gentil, k., "Process of solving analogies items", *Journal of Educational Psychology*, No. 6, 1969.

Gibson, E. J. & Levin, H., *The psychology of reading*, The MIT press, 1975.

Gierl, M., Wang, C. & Zhou, J., "Using the attribute hierarchy method to make diagnostic inferences about examinees' cognitive skills in algebra on the SAT", *Journal of Technology, Learning, and Assessment*, Vol. 6, No. 6, 2008.

Goodman, K. S., "Reading: A psycholinguistic guessing game", *Journal of the Reading Specialist*, No. 4, 1967.

Gorin, J. S., Using alternative data sources to inform item difficulty modeling, Paper presented at the 2006 annual meeting of the National Council on Educational Measurement. San Francisco, CA. 2006.

Gough, P. B., Tummer, W. E., "Decoding, Reading, and Reading Disability", *Remedial and Special Education*, No. 7, 1986.

Grabe, W., "Current developments in second language reading research", *TESOL Quarterly*,

Vol. 25, No. 3, 1991.

Graesser, A. C., Singer, M. & Trabasso, T., "Constructing inference during narrative text comprehension", *Psychological Review*, Vol. 101, No. 3, 1994.

Hartz, S. M., Roussos, L. A. & Stout, W., The Fusion Model for cognitive diagnosis: Blending theory with practicality, 2002.

Hartz, S., Roussos, L. & Stout, W., Skills diagnosis: Theory and practice. *User Manual for Arpeggio software*. ETS, 2002.

Hongli Li & Hoi K., "Suen Constructing and Validating a Q-Matrix for Cognitive Diagnostic Analyses of a Reading Test", *Educational Assessment*, Vol. 18, No. 1, 2013.

Huey, E. B., *The Psychology and Pedagogy of Reading*, Cambridge, MA: MIT Press, 1908.

Hunt, A. & Beglar, D., "A Framework for Developing EFL Reading Vocabulary", *Reading in a Foreign language*, Vol. 17, No. 1, 2005.

Jang, E. E., *A validity narrative: Effects of reading skills diagnosis on teaching and learning in the context of NG TOEFL*, Unpublished doctoral dissertation, University of Illinois at Urbana-Champaign, 2005.

Jang, E. E., "Cognitive diagnostic assessment of L2 reading comprehension ability: Validity arguments for Fusion Model application to LanguEdge assessment", *Language Testing*, Vol. 26, No. 1, 2009.

Junker, B. W. & Sijtsma, K., "Cognitive assessment models with few assumptions, and connections with nonparametric item response theory", *Applied Psychological Measurement*,

Vol. 25, No. 3, 2001.

Just, M. A. & Carpenter, P. A., "A capacity theory of comprthension: Individual difference in working memory", *Psychological Review*, No. 9, 1992.

Karelitz, T. M., "How binary skills obscure the transition from non-mastery to mastery", *Measurement: Interdisciplinary Research & Perspective*, No. 6, 2008.

Kasai, M., The rule space model applied to the reading comprehension section of the Test of English as a Foreign Language (TOEFL), Ph. D. University of Illinois at Urbana-Champaign, Champaign, 1997.

Kikumi K. Tatsuoka., "Rule Space: An Approach for Dealing with Misconceptions Based on Item Response Theory", *Journal of Educational*

Measurement, Vol. 20, No. 4, 1983.

Kintsch, W., *Comprehension: A paradigm for cognition*, Cambridge university press, 1998.

Kintsch, W., "The use of knowledge in discourse processing: A construction-intergration model", *Psychological Review*, No. 95, 1988.

Landis, J. R. & Koch, G. G., "The measurement of observer agreement for categorical data", *Biometrics*, No. 33, 1977.

Lee, Y. & Sawaki, Y., "Application of Three Cognitive Diagnosis Models to ESL Reading and Listening Assessments", *Language Assessment Quarterly*, Vol. 6, No. 3, 2009.

Leighton, Gierl & Hunka, "The attribute hierarchy method for cognitive assessment: A varaiation on Tatsuoka's rule space approach", *Journal of Educational Measurment*, Vol. 41, No. 3, 2004.

Leighton, J. P. & Gierl M. J., *Cognitive Diagnostic Assessment for Education: Theory and Applications*, Cambridge University Press. The Edinburgh Building, Cambridge CB2 8RU, UK. 2007.

Leighton, J. P., Cui, Y. & Cor, M. K., " Testing expert-based and student-based cognitive models: An application of the attribute hierarchy method and hierarchy consistency index", *Applied Measurement in Education*, Vol. 22, No. 3, 2009.

Lumley, T., "The notion of subskills in reading comprehension tests: An EAP example", *Language Testing*, Vol. 10, No. 3, 1993.

Mckoon, G. & Ratcliff, R., Memory-based language processing: Psycholinguistic research in the 1990s", *Annual Rview of Psychology*, No. 49, 1998.

Mckoon, G. & Ratcliff, R., The minimalist hypothesis: Direction for research. In C. Weaver, S. Mannes, and C. Fletcher (Eds.). Discourse Comprehension: Essays in Honor of Walter Kintsch, Hillsdale, NJ: Lawrence Erlbaum Associates, Inc, 1995.

Montero, D. H., Monfils, L., Wang, J., Yen, W. M., Julian, M. W. & Moody, M., Investigation of the application of cognitive diagnostic testing to an end-of-course high school examination. In annual meeting of the National Council on Measurement in Education, Chicago, IL. 2003, April.

Nevo, N., "Test-taking strategies on a multiple-choice test of reading comprehension", *Language Learning*, No. 6, 1989.

Nichols Paul D., Chipman Susan F., Brennan Robert L., *Cognitively Diagnostic Assessment*, Lawrence Erlbaum Associates: 1995.

Nichols, P. D., Chipman, S. F. & Brennan, R. L., Eds. *Cognitively diagnostic assessment*, Routledge, 2012.

Palincsar, A. S. & Brown, A. L., "Reciprocal teaching of comprehension fostering and monitoring activities", *cognition and instruction*, 1984.

Perfetti, C. A. & Hogaboam, "T. Relationship between single word decoding and reading comprehension skill", *Journal of Educational Psychology*, Vol. 67, No. 4, 1975.

Pintner R., "Oral and silent reading of fourth grade pupils", *Journal of Educational Psychology*, No. 4, 1913.

Pumfrey, P. D., "Measuring reading abilities: Concepts, sources and applications", *Hodder and Stoughton*, 1977.

Ray Adams & Margaret Wu. *PISA 2009 Technical Rrport*, OECD Publication, 2012.

Rayner, K. The perceptual span and eye movement control during reading. In K. Rayner (Ed.). *Eye Movenents in Reading: Perceptual and Language Process*, New York: Academic Press, 1983.

Rost, D., "Assessing the different components of reading comprehension: Fact or fiction", *Language Testing*, Vol. 10, No. 1, 1993.

Rupp, A. A. & Templin, J., "The effects of Q-matrix misspecification on parameter estimates and classification accuracy in the DINA model", *Educational and Psychological Measurement*, Vol. 68, No. 1, 2008.

Sawaki, Y., Kim, H. & Gentile, C., "Q-Matrix Construction: Defining the Link Between Constructs and Test Items in Large-Scale Reading and Listening Comprehension Assessments", *Language Assessment Quarterly*, Vol. 6, No. 3, 2009.

Scott, H. S. Cognitive Diagnostic Perspectives of a Second Language Reading Test, PH. D. University of Illinois at Urbana-Champaign, Champaign. 1998.

Sinharay, S., "Assessing of unidimensional IRT models using a Bayesian approach", *Journal of Educational Measurement*, Vol. 42, 2005.

Stout, W., "Skills Diagnosis Using IRT - Based Continuous Latent Trait Models", *Journal of Educational Measurement*, Vol. 44, No. 4, 2007.

Tatsuoka K. K. Architecture of knowledge structure and cognitive diagnosis: A statistical pattern recognition and classification approach. In P. D. Nichols, S. F. Chipman, and R. L. Brennan (Eds.), Cognitively Diagnostic Assessment, Hillsdale, NJ: Lawrence Erlbaum Associates, 1995.

Tatsuoka K. K., "Rule space: An approach for dealing with misconceptions based on item response theory", *Journal of Educational Measurement*, No. 20, 1983.

Tatsuoka K. K., Toward integration of item response theory and cognitive error diagnoses, In N. Frederiksen, R. L. Glasser, A. M. Lesgold, and M. G. Shafto (Eds.), Diagnostic monitoring of skills and knowledge acquisition, Hillsdale, NJ: Lawrence Erlbaum Associates, 1990.

Tatsuoka, K. K., Corter, J. E., & Tatsuoka, C., "Patterns of diagnosed mathematical content and process skills in TIMSS-R across a sample of 20 countries", *American Educational Research Journal*, Vol. 41, No. 4, 2004.

Veen, V., Huff, K. & Gierl, M., et al. Developing and Validating Instructionally Relevant Reading Competency Profiles Measured by the Critical Reading Section of the SAT Reading Test. In D. S. McNamara (Ed.), *Reading comprehension strategies: theories, interventions, and technologies*, New York: Lawrence Erlbaum Associates. 2007.

Wang, C. J. & Gierl, M. J., "Investigating the Cognitive Attributes Underlying Student Performance on the SAT Critical Reading Subtest: An Application of the Attribute Hierarchy Method", Paper presented at the 2007 annual meeting of the National Council on Measurement in Education, Chicago, Illinois, 2007.

Wang, C., Gier, M. J. & Leighton, J. P., "Investigating the Cognitive Attributes Underlying Student Performance on a Foreign Language Reading Test: An Application of the Attribute Hierarchy Method", Paper presented at the Paper prepared for the graduate student poster session at the 2006 annual meeting of the National Council on Measurement in Education, San Francisco, California, 2006.

Weir, C. J., Huizhong, Y. & Ya n, J. *An empirical investigation of the componentiality of L2 reading in English for academic purposes*, Cambridge: Cambridge University Press, 2000.

Weir, C. J. & Porter, D., "The multi-divisible or unitary nature of reading: The language tester between Scylla and Charybdis", *Reading in a Foreign Language*, No. 10, 1996.

# 附　　录

## 附录1　小学生阅读能力出声思维测验

同学，你好！

　　我们正在进行一项关于小学生阅读能力的研究，很高兴你成为了我们研究项目的一员，你接下来的表现将对我们的研究产生巨大的帮助，感谢你的支持！今天的测验与平时的测验有点不一样，请在我说开始之后再开始认真默读手中的材料，在做每一个测验题时，请你大声地说出做题过程的想法，例如（主试示范出声思维）。请你怎么想就怎么说，不必有任何顾虑，你提供的资料仅供我们的研究所用，我们将对你的信息进行严格保密，再次感谢你的合作！如果没有什么疑问，我们现在就开始。

　　学校　　　　　班级　　　　　姓名　　　　　性别

### 书

　　①放了学，第一件事就是往书店里跑——那是我的习惯。今天，也不例外。

　　②站在那一排排的书架前，我总觉得自己变得十分渺小。我不住地搓着手，仰望那些令人眼花缭乱的书名——《格林童话选》、《世界旅行记》、《十万个为什么》。哦，那是一片多么广阔的世界啊！忽

然，我欣喜地发现了一套两册的《意大利童话选》，老师向我介绍过，说是一部不可多得的名著，我跑了好几家书店都没买到，我心儿一阵狂跳，连忙对售货员说："阿姨，那本书！"

③当我捧起书时，双手竟兴奋得有点颤抖了，久久不忍放下，这书太吸引我了，但不一会儿我的心一沉，头脑里闪出一个念头，这两册书要七元多，太贵了，买还是不买？我的手不由自主地捏了捏袋中汗津津的钱……买书有价，学得知识是无价的，强烈买书的愿望终于使我从售货员那里买了这本书。

④兴冲冲的，微笑还挂在脸上的我捧着那两本散发着墨香的书，边走边看着，自然又陶醉在那迷人的文学海洋中了。猛然地，天空中一个闷雷，"轰"！接着，酝酿已久的大雨点终于从阴沉沉的天空中，像无数颗小石粒似地砸向地面，敲打着一切。我的新书也被淋着几点。旋即，暴雨倾盆，劈头盖脸地倒下来，击在我头上，溅在书上。

⑤"糟了，我的书！"雨还在无情地下着，我不及细想，马上脱下外衣，迅速把书严严实实包了起来。一阵凉风袭来，我不由自主打了一个哆嗦。

⑥大雨滂沱，风声、雨声、雷声交织在一起，但我只听见皮鞋踏着泥泞小路的"嚓嚓"声和心中发出的节奏强烈的"怦怦"声。我怀抱着我的宝贝书，像母亲抱着新生的婴孩一样……

⑦"怎么淋成这样？"一进门，妈妈就问我。

⑧"啊，买到了！"我牛头不对马嘴地说道。我打开衣包，书一点儿没湿，安然无恙，我松了一口气。嘻，我这才发现自己已成了个落汤鸡，水珠正沿着裤腿往下滴，浑身起了鸡皮疙瘩，心儿还轻跳着"迪斯科"。

⑨我换了一身衣服钻进被窝美美地捧起那心爱的书，低声朗读起来。

⑩哦！书像一叶小舟，载着我向那五光十色的文学大海驶去。

1. "我的习惯"是指（　　）

A. 每天放学后都要去书店买书

B. 每天放学后都要去书店看书

C. "我"每天放学后会去书店

D. "我"放学后第一件事就是跑到书店

2. "今天放学后"，"我"去书店时的天气最可能是（　　）

A. 晴天　　B. 小雨　　C. 阴天　　D. 暴雨

3. 对"雨还在无情地下着"这句话理解最恰当的一项是（　　）

A. 雨是没有感情的，一直在下

B. 雨对我没有感情，一直在下

C. 雨一直在下，它不顾及我的感受

D. 雨一直在下，我感觉它很无情

4. 第六段中的"宝贝书"是指（　　）

A.《格林童话选》　　　B.《世界旅行记》

C.《意大利童话选》　　D.《十万个为什么》

5. 文章中写到"我"的"心儿还轻跳着'迪斯科'"是指（　　）

A. "我"的内心像跳迪斯科一样轻松

B. "我"的内心像跳迪斯科一样冲动

C. "我"的内心像迪斯科的节奏一样紧张

D. "我"的内心像迪斯科的节奏一样欢快

6. 下面说法与文章原意不符合的一项是（　　）

A. "我"经常到书店找自己喜欢的书

B. "我"的零花钱总是用来买书

C. "我"买书的困难是书太贵

D. "我"看到很喜欢的书就可能买下它

7. 本文以"书"做题目时，对它的作用解释最恰当的一项是（　　）

A. 概括文章讲述的主要内容　　B. 点明文章表达的主要思想

C. 指出故事发展的线索　　　　D. 暗示故事发展的结局

8. 从文章叙述中可以看出作者对"我"因保护书而淋湿全身这件事的态度最可能是（　　）

A. 同情而且支持　　　B. 赞赏而且鼓励

C. 同情但不支持　　　D. 赞赏但不鼓励

9. 文章中写到了回家途中遇雨的情节时它的作用评价最合理的一项是（　　）

A. 有作用，因为这是当时的环境

B. 有作用，因为当时的确是在下雨，这是记实的手法

C. 作用较大，下雨为"我"提供了表现我喜欢书籍的机会

D. 作用较大，通过下雨时"我"爱护书的行为和买书共同表现"我"对书的喜好

10. 文章叙述到第九段意思已经比较完整，但后面还有第十自然段，这是否有必要？对此人们提出以下几点意见，你认为最恰当的一种是（　　）

A. 没有必要，因为最后一段不是写我对书的喜爱，与上文联系并不紧密。

B. 十分必要，因为最后一段强调了书对于我的意义，解释了我前面的行为。

C. 十分必要，因为最后一段解释了我为什么每天放学后去书店的原因，并照应了第一自然段。

D. 十分必要，因为最后一段写了书给我的快乐，也是我喜欢书的原因，从而点明了文章主题。

11. 对这篇文章大意概括最不恰当的是（　　）

A. 我放学后买到向往已久的书，冒雨回家，尽力保护书不被雨水淋湿。

B. 我买到一套喜欢的书，冒雨回家，尽力保护书不被雨水淋湿。

C. 我放学后冒雨回家，尽力保护书，结果被雨水淋成了落汤鸡。

D. 我买到一套喜欢的书，冒雨回家，为保护书，我被雨水淋成了落汤鸡。

12. 文章中主要事件及其发生的经过排列最合理的一项是（　　）

A. 去书店—发现新书—买到新书—归途遇雨—冒雨护书回家—享受阅读

B. 去书店—发现新书—决心买书—归途遇雨—冒雨护书回家—享受阅读

C. 去书店—发现新书—买到新书—冒雨回家—书籍保护完好—享受阅读

D. 去书店—发现新书—决心买书—冒雨回家—书籍保护完好—享受阅读

# 附录2　小学生阅读能力认知属性层级关系的认定

尊敬的老师：

您好！我们是"小学生阅读能力的认知诊断与提升策略研究"课题组的成员，我们正在进行一项评估小学生阅读能力的研究，我们把小学生阅读能力分成了7种子技能（请见表1），同时对这7种技能的关系做出了两种假设（见图1和图2）。两个模型的共同点是都认为词句理解能力是阅读能力的基础技能，不同在于，内容探究能力、内容概括能力、文本评鉴能力和情感体验能力是否要以信息提取为基础，对此，您的看法是什么？我们想从您那得到宝贵的建议，如果您认为图1更合理，请在选项A上打"√"，如果认为图2更合理，请在选项B上打"√"。非常感谢您在百忙之中为课题的研究提供帮助！

"小学生阅读能力的认知诊断与提升策略研究"课题组

### 小学生阅读能力的认知诊断与提升策略研究

表1　　　　　　　　　阅读技能的操作性定义

| 属性 | 属性名称 | 操作化定义 |
|---|---|---|
| A1 | 词句理解 | 能准确理解文中字、词、句的意思 |
| A2 | 写作手法 | 能理解、识别文本的体裁、篇章结构、修辞、表达技巧等写作手法 |
| A3 | 信息提取 | 能在文本中找出对解决当前问题有价值的信息 |
| A4 | 内容探究 | 能根据文章信息及已有经验预测、判断、推论文章没有明示的信息、态度、观点、理由等 |
| A5 | 内容概括 | 能概括段落或整篇文章的主旨大意或中心思想 |
| A6 | 文本评鉴 | 能对文本的思想、内容、写作手法、写作风格等进行评价和鉴别 |
| A7 | 情感体验 | 能欣赏文章的优美语句，体会文章所蕴含的思想情感 |

1. 您认为更合理的模型是：A. 图1　　B. 图2
2. 如果您有其他的想法，请在此附上您的宝贵意见。

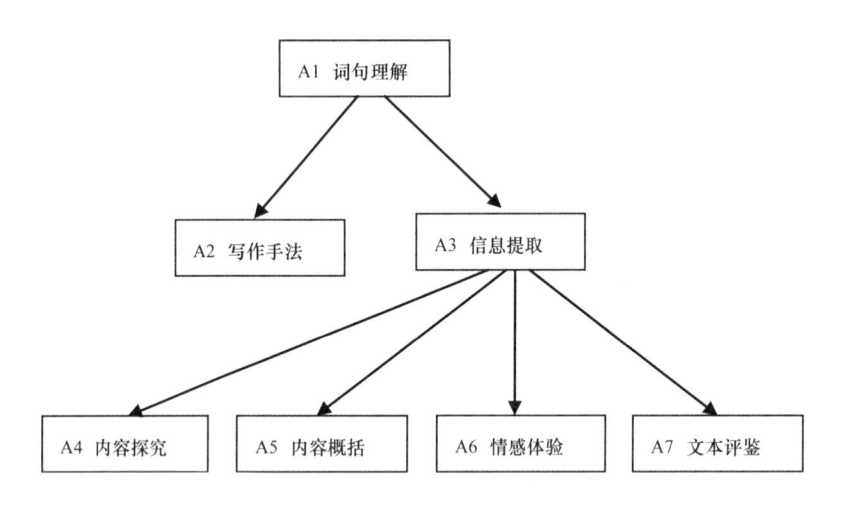

图1　小学生阅读能力属性层级关系认知模型2

```
            ┌──────────────┐
            │ A1 词句理解  │
            └──────────────┘
           ↙    ↓    ↓    ↘
┌──────────┐              ┌──────────────┐
│A2 写作手法│              │ A3 信息提取  │
└──────────┘              └──────────────┘

┌──────────┐              ┌──────────────┐
│A4 内容探究│              │ A5 内容概括  │
└──────────┘              └──────────────┘

   ┌──────────┐        ┌──────────────┐
   │A6 文本评鉴│        │ A7 情感体验  │
   └──────────┘        └──────────────┘
```

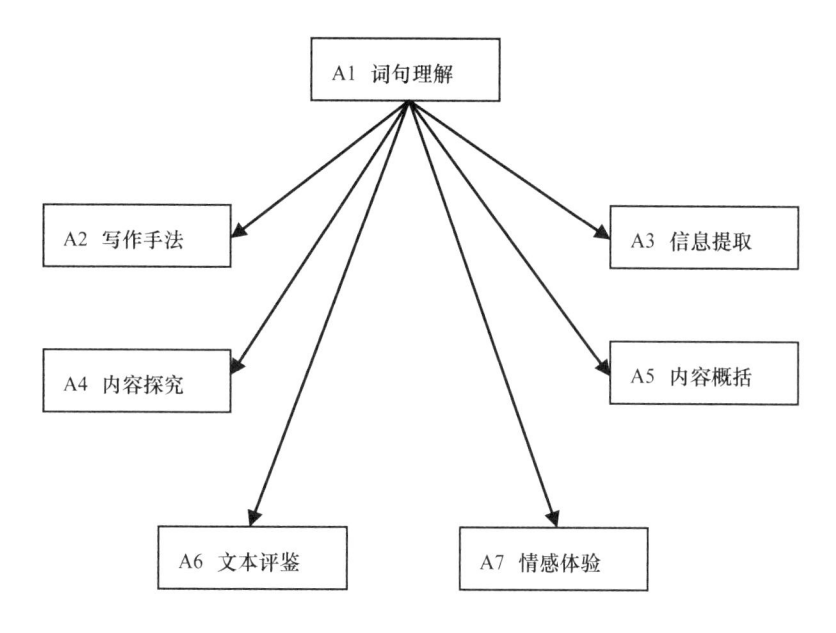

图 2　小学生阅读能力属性层级关系认知模型 3

再次感谢您的大力支持！

# 附录 3　小学生阅读能力认知诊断测验

【材料一】

二维码是在一维条码的基础上发展起来的，二维码是一种黑白相间的图形，是用特定的几何图形按一定规律在平面（二维方向）上分布的。二维码能够把文字、图片、音频、视频等"编码"成一个图像，当用特定软件拍摄这些图像时，二维码内包含的信息就会显现出来。

二维码在生活中非常实用。民警查户口时，用智能手机扫描门牌上的二维码，即可准确获取该住户的信息；公交车引入二维码后，乘客只要用手机扫描一下，便可获知要乘坐的公交车离站点还有多远；有人把传统名片和二维码结合起来，既美观，又方便实用，无须交换名片，只要用手机一扫，对方大量的信息就能进入到自己手机中。另外，一些艺术品展览也引入二维码管理系统，当游客参观展览时，只要使用智能手机拍下展品上的二维码，经过解码后，再耳贴手机，就能听到语音介绍……

**【材料二】**

二维码相对于一维条码的优势：

| 类型 | 一维条码 | 二维码 |
| --- | --- | --- |
| 数据容量 | 大约30字符 | 大约2000字符 |
| 数据密度 | 1 | 20~100 |

使用一维条码时，碰到条码受损（如污染、脱墨等）时，识读设备就无法读取信息，这就需要操作人员通过键盘手动输入条形码号。二维码引入了错误纠正机制，使得二维码在受到局部损坏时，依旧可以正确识读。

1. 以下哪项最适合作为本文的标题（　　）

A. 二维码的优势　　　B. 二维码

C. 二维码的作用　　　D. 二维码和一维码的比较

2. 二维码相对于一维条码有什么优势（　　）

①二维码的数据容量更大。②二维码制作成本更便宜。

③二维码的数据密度更大。④二维码引入了错误纠正机制，局部受损时仍可以正确识读。

A. ①②③　　B. ①③④　　C. ①②④　　D. ②③④

3. 关于二维码，下列选项表述不正确的是（　　）

A. 要想显现二维码内包含的信息，需要用特定的软件来拍摄这些图像

B. 二维码有把文字、图片、音频、视频等"编码"成一个图像的功能

C. 人们在一维条码的基础上发展了二维码，二维码已经进入了大众的视野

D. 二维码是一种用普通几何图形按一定规律在平面（二维方向）上分布的黑白相间的图形

4. 如果要介绍二维码在生活中的应用，下列材料中，不可选用的是哪一项？（　　）

A. 二维码能够把文字、图片、音频、视频等"编码"成一个图像

B. 扫一扫与公交车相关的二维码，便可获知要乘坐的公交车离站点还有多远

C. 去参观秦皇兵马俑时，我们可以通过扫指定的二维码听关于兵马俑的知识的讲解

D. 第一次见面，用手机扫一下对方名片上的二维码，对方的个人信息就可进入自己的手机中

### 未来的清洁能源——可燃冰

①你可知道，世界上有一种遇火能燃烧的"冰"吗？它叫可燃冰。

②可燃冰又叫天然气水合物，它主要储存于深水沉积物和永久冻土带中，是由天然气与水在中高压、低温条件下结合而成的类冰状晶体物质。在国际上，它被公认为石油、天然气的接替能源。

③可燃冰储量巨大，估计可燃冰所含有机碳的总资源相当于全球已知煤、石油和天然气总量的两倍。此外，可燃冰的能量密度非常高。同等条件下，可燃冰燃烧产生的能量比煤、石油、天燃气要多出数十倍。据悉，1 立方米的可燃冰可转化为 164 立方米的天然气。可燃冰的能量密度很高，一辆汽车加 100 升天然气，只能跑 300 千米，而加入相同体积的可燃冰，就能跑 5 万千米。

④可燃冰燃烧后仅会产生少量的二氧化碳和水，与煤、石油等传统能源产生的大量污染相比，不可同日而语，是真正的绿色能源，被誉为"21 世纪最具商业开发前景的绿色清洁战略能源"。

⑤尽管可燃冰有巨大的能量优势和储量，但开采极为困难。可燃冰要么深埋于寒冷的永久冻土层之下，要么藏身于深海地层，给开发利用造成了巨大的困难。

⑥2017年5月，中国首次海域可燃冰试采成功。这标志着我国成为全球第一个在海域可燃冰试开采中，实现连续稳定产气的国家。

5. 文章第②自然段中说"在国际上，它（可燃冰）被公认为石油、天然气的接替能源"，从全文看是因为（　　）

　　A. 可燃冰储量巨大且污染小

　　B. 可燃冰能量密度高且污染小

　　C. 可燃冰储量巨大且能量密度非常高

　　D. 可燃冰有巨大的能量优势和储量

6. 文章第④自然段用"不可同日而语"的意思是（　　）

　　A. 可燃冰燃烧后会和传统能源一样产生二氧化碳和水

　　B. 可燃冰燃烧后产生的污染小，与传统能源产生的大量污染大不相同

　　C. 煤、石油等传统能源燃烧后会产生大量的污染

　　D. 可燃冰的能量密度比天然气要多出数百倍

7. 文章第③自然段中画横线的句子运用的说明方法有（　　）

　　A. 列数字、作比较　　　　B. 分类别、列数字

　　C. 分类别、打比方　　　　D. 打比方、列数字

8. 根据文章内容，下列说法不正确的一项是（　　）

　　A. 可燃冰是天然气与水在中高压条件下结合而成的冰状晶体物质

　　B. 可燃冰被誉为"21世纪最具商业开发前景的绿色清洁战略能源"

　　C. 可燃冰埋于寒冷的永久冻土层下，或藏身于深海地层，开发利用困难巨大

　　D. 在海域可燃冰试开采中，中国是全球第一个实现连续稳定产气的国家

## 陌生人的红苹果

①一个微寒的夜晚,我搭上了从广州开往长沙的第58次列车。

②我躺在铺位上看杂志,听到一声温柔的呼唤:"小姑娘!"侧过脸,对面铺位上那位陌生妇女扬着手里的一只红苹果,对我说:"喜欢吃这个吗?"我笑笑,摇摇头。那妇女硬是把苹果塞到我枕边,我只好礼貌地道谢。

③夜深人静,拿起那只苹果仔细地看,那是一个很精致圆滑的华盛顿苹果,发出诱人的香甜。她不认识我,凭什么送呢?我开始警惕起来,脑中迅速闪过儿时看过的童话故事:白雪公主吃了一口"陌生人"送的苹果,结果中毒了……我把苹果放下,打算天亮后物归原主。

④第二天一醒,发觉对面的铺位已经空了,苹果仍在我枕边,下面还压着一张字条:

⑤"小姑娘,早上好!我知道你怀疑我的好意,不敢吃。女孩子出门在外多加一个心眼是好的,不怪你。苹果是我到广州开会时一位朋友送给我女儿的,可我女儿正在北京读大学。昨天一见你,便觉得你很像我女儿,一样留着长发,一样长着大眼睛,一样穿着牛仔裤,一样喜欢躺着看书,于是我猜你也和我女儿一样,喜欢吃苹果……"

⑥我很内疚,她能把我想象得同女儿一样可爱,而我却没有把她想象得像母亲一样可信。

⑦苹果送到唇边时,我感到自己得到的不仅仅是一个苹果……

9. 文中第3自然段中的"她不认识我,凭什么送呢?"用了什么描写方法?(    )

　　A. 行动描写　　B. 神态描写　　C. 心理描写　　D. 语言描写

10. 第3自然段最后一句话,"我把苹果放下,打算天亮后物归原主。"这是因为(    )

　　A. 作者并不喜欢吃苹果

　　B. 作者怀疑妇女的好意,不敢吃

　　C. 作者接受的是一个陌生人的苹果,觉得不好意思

D. 作者想到童话故事，怕中毒

11. "苹果送到唇边时，我感到自己得到的不仅仅是一个苹果……"从这句话中可以体会到作者有怎样的情感体验？（　　）

  A. 作者从中体会到那位妇女对自己的慈爱和信任

  B. 作者错误地怀疑了妇女，感到很内疚

  C. 作者被妇女热心的帮助深深感动了

  D. 妇女把作者当成了自己的女儿看待

12. 下面哪句话最能概括本文的中心思想？（　　）

  A. 我很内疚，她把我想象得同女儿一样可爱，而我却没有把她想象得像母亲一样可信

  B. 她把我想象成她的女儿了，我不愿意接受

  C. 我觉得不好意思接受一个陌生人的苹果

  D. 在火车上，由于我的防备心理拒绝了一位好心阿姨送的苹果，事后感到内疚又温暖

## 黑夜里的小灯笼

  我还记得第一次看见萤火虫时的情景。那是数年前的一个下午，在某个果园的山坡上，我看见一只艳丽的甲虫，正在草丛中拼命地向高处爬。在最高处，它突然弹开鞘（qiao）翅，甩出了半透明的柔软翅膀，飞了起来。在这个过程中，我注意到，它有着漆黑的甲壳，橙红的背板，细长的触角，就像一个戴着红色头盔的武士。它背后不时扇动的翅膀，使它看起来更像一个神话中的角色。

  我顾不得身边的东西，像着了迷一样跟着它跑，凭着直觉追踪着天空中的那一个小点。终于，在它笨重地降落时，我赶到了它的附近。几乎所有甲虫，在结束飞行时，都会重重地下坠一下。这个艳丽的小东西也不例外，它像是有点力不从心的样子，栽落到草地上。我得以细细打量它。老实说，它躲在红色盔甲下，灵活地伸来伸去的头，贼亮的眼睛，都给我留下了深刻的印象。

  当晚，我翻阅关于昆虫的书籍，为它验明正身。原来，它就是大名鼎鼎的萤火虫，不过，算是萤火虫中比较好看的，叫窗萤。我略感

惊异，没想到萤火虫会如此漂亮。因为过去从书上看到的都长得比较朴素，一副不起眼的样子。

后来，我有很长的时间没有再看到窗萤。在山中的夜晚，我时常看到星星点点的萤火虫，在风中时上时下，却很难把它们抓到手中，只能猜想它们的样子。

有一次郊游，在农家小院，我看到一只小灯笼冉冉上升，又突然下降，最后停在农家的窗台上。我跟过去，看到的是另一种毫不起眼的萤火虫。虽然没有窗萤漂亮，但它的萤光却相当迷人。感觉它的灯笼，比它自己身体的实际大小还要大得多。

萤火虫的发光很有意思。每个萤火虫的腹部，都有数千个发光细胞，它们共同组成一个发光车间，依靠有限的某种物质的氧化作用，高效率地产生出萤光。

一只萤火虫成虫，能照亮周围的一小块黑暗。成千上万的萤火虫，能把一座夜色里的山峦，装点成水晶一样透明的庞大建筑。这样的奇观，多次被萤火虫爱好者观察到。天啊，那该是多么激动人心的场面。

13. 这篇文章描写的是（　　）

　　A. 窗萤　　　　　　B. 萤火虫

　　C. 农家小院的萤火虫　　D. 萤火虫的发光器官

14. 萤火虫为什么能在夜间发光？（　　）

　　A. 它要照亮前行的路　　　B. 它有着橙红的背板

　　C. 腹部有许多发光细胞　　D. 腹下挂着发光的灯笼

15. 这篇文章主要表达了作者对萤火虫怎样的思想感情（　　）

　　A. 疼惜、快乐　　B. 思念、幸福

　　C. 快乐、惆怅　　D. 喜爱、疼惜

16. 文章的最后一句话可否删掉？为什么？（　　）

　　A. 可以，因为作者没见过这样的场面

　　B. 可以，因为故事已讲完

　　C. 不可以，因为这句话在文末起到了画龙点睛的作用，表达了作者对萤火虫的喜爱之情

D. 不可以，因为成千上万的萤火虫在一起确实让人很激动

## 总有一种角色适合我

①曾看过这样的一个故事：

②静谧的非洲大草原上，夕阳西下。这时，一头狮子在沉思，明天当太阳升起，我要奔跑，以追上跑得最快的羚羊；此时，一只羚羊也在沉思，明天当太阳升起，我要奔跑，以逃脱跑得最快的狮子。

③话说这只狮子发现了一只羚羊，追了半天也没追上。别的动物笑话狮子，狮子说："我跑不过是为了一顿晚餐，而羚羊跑却是为了一条命，它当然跑得快了。"

④是的，无论你是狮子还是羚羊，当太阳升起的时候，你要做的就是奔跑，尽管有的为晚餐，有的为生命。因为目的从来是没有过失的，错误与罪恶总是出在手段上，犹如猎手只瞄准而不射击，士兵只呐喊而不冲锋。

⑤也许你奔跑了一生，也没有到达彼岸；也许你奔跑了一生，也没有登上峰顶，但是抵达终点的不一定是勇士，敢失败的未必不是英雄。不必太关心奔跑的结局如何，奔跑了，就问心无愧；奔跑了，就是成功的人生。

⑥人生之路，无需苛求。只要你奔跑，路就会在你脚下延伸，人的生命就会真正创新，智慧就会得以充分发挥。

⑦生活中，那些所谓的成功者总是被善意夸张着，好像他一生下来就证明了他是一个平凡的人，而那些曾和你我一样的凡人，却在一遍又一遍地演绎着试图证明自己不是凡人的闹剧。一次又一次的失败之后，凡人终于发现其实自己也不过是一个凡人。正是由于发现了这一点，所有的一切事情的得失就似乎都算不了什么了。一次次相遇的错过，一次次逝去的优越条件，一个个失败……凡人问自己："这难道就是凡人的悲哀吗？"凡人就是凡人，凡人只有凡心。于是凡人对自己说："何必沮丧呢？我干嘛要庸人自扰地看着别人的角色而懊丧呢？这个世界一定有一种角色适合我的。"

⑧凡人渐渐发现，凡人也有成功的时候，一个善意的赞扬、一次

深深的感动、一种不菲的收获……都意味着凡人的成功。"成功"这个字眼儿并不意味着像爱因斯坦那样闻名于世,像爱迪生那样造福人类……凡人终于知道所有的成功并不一定要轰轰烈烈,也并不一定要出人头地,只要你把握自己,好好地活着,别在烦恼中虚度光阴,你就会发现茫茫人海中,你也是不平凡的一个……

⑨人能奔多远?这话不是问双脚而是要问志向;人能跑多快?这事不是问双脚而是要问素质。

17. 作者在文章开头给我们讲了一个故事,有什么用意(　　)

　A. 渲染气氛,奠定基调,引发读者思考

　B. 点明主旨,强化作者情感

　C. 增强文章的生动性和趣味性,吸引读者,从中自然引出所要谈论的观点

　D. 设置悬念,交代背景,点名中心

18. 读完第⑧自然段,你的感受是(　　)

　A. 奔跑了,就问心无愧;奔跑了,就是成功的人生

　B. 凡人就是凡人,凡人只有凡心

　C. 这个世界一定有一种角色是适合我的

　D. 凡人只要把握自己,也可以成为不平凡的人

19. 作者在第⑦自然段说"凡人就是凡人,凡人只有凡心",从文中能感受到的凡心是(　　)

　A. 奔跑了,就是成功的人生

　B. 奋斗、拼搏、努力,试图证明自己不是凡人

　C. 这个世界一定有一种角色是适合我的

　D. 人生之路,无需苛求

20. 第⑤自然段中"奔跑"一词的含义是(　　)

　A. 为一定目的而到处活动

　B. 奋斗、拼搏、努力,试图证明自己不是凡人

　C. 拼命向前跑

　D. 找到适合自己的角色

# 附录4 小学生阅读能力认知诊断测验项目考核属性的验证

尊敬的老师：

您好！我们正在进行一项评估小学生阅读能力的研究，这个研究是国家社科基金"十三五"规划 2016 年度教育学一般课题（BHA160083）。在研究中，我们对小学生阅读能力分成了 7 种技能，技能的界定请见表1。根据技能的界定，课题组编制了一份"小学生阅读能力认知诊断测验"来考核这 7 种技能，为了确保每道题与所测属性之间能达到最高程度的吻合，我们特别希望得到来自您专业的判断和意见，请您根据表1阅读技能的定义对照已编制的测验就每道题所考核的属性发表您的意见，答案没有对错，恳切希望得到您宝贵的意见，请您在表2中对您认为某题所考核到的相应属性下打"√"。非常感谢您在百忙之中为我们的研究提供帮助！

"小学生阅读能力的认知诊断与提升策略研究"课题组

表1        **阅读技能的操作性转化**

| 属性 | 属性名称 | 可操作化指标 |
| --- | --- | --- |
| A1 | 词句理解 | 能准确理解文中字、词、句的意思 |
| A2 | 写作手法 | 能理解、识别文本的体裁、篇章结构、修辞、表达技巧等写作手法 |
| A3 | 信息提取 | 能在文本中找出对解决当前问题有价值的信息 |
| A4 | 内容探究 | 能根据文章信息及已有经验预测、判断、推论文章没有明示的信息、态度、观点、理由等 |
| A5 | 内容概括 | 能概括段落或整篇文章的主旨大意或中心思想 |
| A6 | 文本评鉴 | 能对文本的思想、内容、写作手法、写作风格等进行评价和鉴别 |
| A7 | 情感体验 | 能欣赏文章的优美语句，体会文章所蕴含的思想情感 |

表2　　　　　　　　　　　题目与属性关系表

| 题目 | A1 | A2 | A3 | A4 | A5 | A6 | A7 |
|---|---|---|---|---|---|---|---|
| 1 | | | | | | | |
| 2 | | | | | | | |
| 3 | | | | | | | |
| 4 | | | | | | | |
| 5 | | | | | | | |
| 6 | | | | | | | |
| 7 | | | | | | | |
| 8 | | | | | | | |
| 9 | | | | | | | |
| 10 | | | | | | | |
| 11 | | | | | | | |
| 12 | | | | | | | |
| 13 | | | | | | | |
| 14 | | | | | | | |
| 15 | | | | | | | |
| 16 | | | | | | | |
| 17 | | | | | | | |
| 18 | | | | | | | |
| 19 | | | | | | | |
| 20 | | | | | | | |

再次感谢您的大力支持！

## 附录5 小学生阅读能力认知诊断测验验证性因素分析

Confirmatory Factor Analysis Example 1
DA NI = 20 NO = 2406 MA = KM
RA = file3. psf
MO NX = 20 NK = 7 LX = FU, FI PH = SY, FI  TD = DI, FR
　　FR LX 1 1 LX 2 1 LX 3 1 LX 4 1 LX 5 1 LX 6 1 LX 7 1 LX 8 1 LX 9 1 LX 10 1 LX 11 1 LX 12 1 LX 13 1 LX 14 1 LX 15 1 LX 16 1 LX 17 1 LX 18 1 LX 19 1 LX 20 1
　　FR LX 1 3 LX 2 3 LX 3 3 LX 4 3 LX 5 3 LX 9 3 LX 12 3 LX 13 3 LX 15 3 LX 16 3 LX 20 3 LX 4 4 LX 12 4 LX 14 4 LX 17 4 LX 18 4 LX 11 5 LX 12 5 LX 13 5 LX 14 5
　　FR LX 10 6 LX 15 6 LX 16 6 LX 18 6 LX 19 6 LX 11 7 LX 16 7 LX 17 7
　　FI PH 1 1 PH 2 2 PH 3 3 PH 4 4 PH 5 5 PH 6 6 PH 7 7 PH 2 1　 PH 3 1 PH 4 1 PH 5 1 PH 6 1 PH 7 1
　　VA 1 PH 1 1 PH 2 2 PH 3 3 PH 4 4 PH 5 5 PH 6 6 PH 7 7
　　VA 0 PH 2 1 PH 3 1 PH 4 1 PH 5 1 PH 6 1 PH 7 1
　　PD
　　OU MI SS SC RO IT = 20000 AD = OFF

## 附录6 小学生阅读能力影响因素调查问卷

亲爱的同学：
　　你好！我们正在进行一项关于小学生阅读能力评估的调查，本调查旨在了解与阅读有关的情况，你所提供的信息对研究如何提高小学生阅读能力有着重要的参考价值，真诚希望得到你的帮助！资料仅供学术研究使用，请安心填写！

填写问卷所需时间大约为 15 分钟。真诚感谢你的配合及对研究的帮助！

"小学生阅读能力的认知诊断与提升策略研究"课题组

一．背景资料

学校　　　　　　班级　　　　　　姓名

1. 性别：A. 男　　B. 女

2. 家庭所在地：A. 农村　　B. 乡镇　　C. 县城　　D. 地级市　　E. 省会城市或直辖市

3. 您家每月总收入约为：

A. 1000 元以下　　B. 1001—4000 元　　C. 4001—7000 元　　D. 7001—10000 元　　E. 10001 以上

4. 您与父亲的关系如何：A. 疏远　　B. 一般　　C. 亲密

5. 您与母亲的关系如何：A. 疏远　　B. 一般　　C. 亲密

6. 您是独生子女吗？A. 是　　B. 否

7. 您担任过学生干部吗？　A. 是　　B. 否

8. 您的学习成绩在班上的水平：A. 下　　B. 中下　　C. 中等　　D. 中上　　E. 上

9. 您学校有图书馆吗？A. 有　　B. 没有

10. 您最近三次的语文测验成绩分别是____、____、____分。

请分别将选项的编号填入左侧相应的横线"____"上

| | |
|---|---|
| 11. 您父亲受教育程度是____<br>12. 您母亲受教育程度是____ | ①没有上过学　　②小学毕业　　③初中毕业<br>④高中（或中专）毕业　　⑤大专毕业　　⑥本科毕业<br>⑦硕士研究生毕业及以上 |
| 13. 您父亲的职业是____<br>14. 您母亲的职业是____ | ①工人　　②农民　　③私营或个体经营者　　④商业服务业人员　　⑤公务员　　⑥军人　　⑦教育、医务、科研人员　　⑧企业管理人员　　⑨进城务工人员　　⑩其他职业（可自填）　　⑪目前无工作 |

## 二、请在每行中选出一个合适的数字打"√"。

| A. 您拥有以下物品或学习条件吗？ | 没有 | 有 | | | |
|---|---|---|---|---|---|
| 1. 一个自己的房间 | 0 | 1 | | | |
| 2. 一张学习的书桌 | 0 | 1 | | | |
| 3. 一个学习的安静地方 | 0 | 1 | | | |
| 4. 属于自己的电脑 | 0 | 1 | | | |
| 5. 互联网 | 0 | 1 | | | |
| 6. MP3 机或 MP4 机或 Ipad | 0 | 1 | | | |
| 7. 经典文学作品（如《莎士比亚》） | 0 | 1 | | | |
| 8. 一部诗集 | 0 | 1 | | | |
| 9. 艺术品（如绘画作品） | 0 | 1 | | | |
| 10. 课外辅导用书 | 0 | 1 | | | |
| 11. 一本字典\词典 | 0 | 1 | | | |
| B. 下列物品，您家有多少？ | 没有 | 一个 | 两个 | 三个 | 三个以上 |
| 1. 房子 | 0 | 1 | 2 | 3 | 4 |
| 2. 电视机 | 0 | 1 | 2 | 3 | 4 |
| 3. 电脑 | 0 | 1 | 2 | 3 | 4 |
| 4. 小汽车 | 0 | 1 | 2 | 3 | 4 |
| C. 您拥有下列读物的情况 | 没有 | 1—5 本 | 5—10 本 | 11—20 本 | 20 本以上 |
| 1. 自己喜欢的报刊杂志 | 0 | 1 | 2 | 3 | 4 |
| 2. 自己喜欢的文学作品 | 0 | 1 | 2 | 3 | 4 |

续表

| | | | | | |
|---|---|---|---|---|---|
| 3. 自己喜欢的科普读物 | 0 | 1 | 2 | 3 | 4 |
| 4. 课外练习册或参考书 | 0 | 1 | 2 | 3 | 4 |
| 5. 你家有多少本书（通常书架每米可放40本书） | 25本以下 0 | 26—100本 1 | 101—200本 2 | 201—500本 3 | 500本以上 4 |
| D. 您会阅读下面的读物吗？ | 从不 | 很少 | 有一些 | 较多 | 每周数次 |
| 1. 文学类 | 0 | 1 | 2 | 3 | 4 |
| 2. 古典类 | 0 | 1 | 2 | 3 | 4 |
| 3. 童话类 | 0 | 1 | 2 | 3 | 4 |
| 4. 诗歌类 | 0 | 1 | 2 | 3 | 4 |
| 5. 科普类 | 0 | 1 | 2 | 3 | 4 |
| E. 以下描述符合您的情况吗？ | 完全不符合 | 不符合 | 不确定 | 符合 | 非常符合 |
| 1. 只有必要时我才阅读 | 0 | 1 | 2 | 3 | 4 |
| 2. 阅读是我最喜欢的爱好之一 | 0 | 1 | 2 | 3 | 4 |
| 3. 我喜欢和别人谈论书本 | 0 | 1 | 2 | 3 | 4 |
| 4. 把一本书读完是件很困难的事 | 0 | 1 | 2 | 3 | 4 |
| 5. 如果收到的礼物是书，我会很高兴 | 0 | 1 | 2 | 3 | 4 |
| 6. 对我来说，阅读是浪费时间 | 0 | 1 | 2 | 3 | 4 |

续表

| | | | | | |
|---|---|---|---|---|---|
| 7. 我喜欢去书店或图书馆 | 0 | 1 | 2 | 3 | 4 |
| 8. 阅读只是为了找到我需要的信息 | 0 | 1 | 2 | 3 | 4 |
| 9. 我很难安静地坐下来阅读 | 0 | 1 | 2 | 3 | 4 |
| 10. 我喜欢对读过的书发表看法 | 0 | 1 | 2 | 3 | 4 |
| 11. 我喜欢和朋友交换书籍 | 0 | 1 | 2 | 3 | 4 |
| F. 以下描述的情况，您能做到吗？ | 几乎不能 | 一点点 | 基本可以 | 总是可以 | |
| 1. 我能认读并领会基本词汇的含义 | 0 | 1 | 2 | 3 | |
| 2. 我知道文本的体裁、写作顺序、修辞、表达技巧等有关的知识 | 0 | 1 | 2 | 3 | |
| 3. 我能找到理解文章或做题所需的关键信息 | 0 | 1 | 2 | 3 | |
| 4. 我能根据文章信息去预测、推断文章没有明示的信息 | 0 | 1 | 2 | 3 | |
| 5. 我能概括文章的段落大意或中心思想 | 0 | 1 | 2 | 3 | |
| 6. 我对文章思想内容、作者观点态度、文章表现手法等有自己的看法 | 0 | 1 | 2 | 3 | |

续表

| | | | | | |
|---|---|---|---|---|---|
| 7. 我能体会文章所描述的作品形象、情感，欣赏文章的优美语句等 | 0 | 1 | 2 | 3 | |
| G. 在阅读中你会用到以下策略吗？ | 几乎不 | 有时 | 多数时候 | 经常 | |
| 1. 专注于文章中难以理解的部分 | 0 | 1 | 2 | 3 | |
| 2. 把文章迅速地读两遍 | 0 | 1 | 2 | 3 | |
| 3. 与他人讨论读过的文章 | 0 | 1 | 2 | 3 | |
| 4. 在文章的重要部分画线 | 0 | 1 | 2 | 3 | |
| 5. 用自己的话概括这篇文章 | 0 | 1 | 2 | 3 | |
| 6. 向别人大声朗读这篇文章 | 0 | 1 | 2 | 3 | |
| 7. 对读过的文章提出自己的看法 | 0 | 1 | 2 | 3 | |
| H. 您的语文老师会这样做吗？ | 几乎不 | 有时 | 多数时候 | 经常 | |
| 1. 事先说明对学生的期望 | 0 | 1 | 2 | 3 | |
| 2. 询问所有学生是否已明白怎样完成阅读作业 | 0 | 1 | 2 | 3 | |
| 3. 预先告诉学生怎样评定阅读作业 | 0 | 1 | 2 | 3 | |

续表

| | | | | | |
|---|---|---|---|---|---|
| 4. 讨论学生的阅读作业 | 0 | 1 | 2 | 3 | |
| 5. 为学生提供关于阅读作业的提问机会 | 0 | 1 | 2 | 3 | |
| 6. 通过提问激发学生阅读的积极性 | 0 | 1 | 2 | 3 | |
| 7. 给学生的作业评分并立即反馈 | 0 | 1 | 2 | 3 | |
| 8. 检查学生做阅读作业时是否专心 | 0 | 1 | 2 | 3 | |
| 9. 表扬学生阅读作业做得如何好 | 0 | 1 | 2 | 3 | |
| 10. 批评学生阅读作业做得不好 | 0 | 1 | 2 | 3 | |
| I. 您的语文老师会这样做吗？ | 几乎不 | 有时 | 多数时候 | 经常 | |
| 1. 要学生解释文章的意义 | 0 | 1 | 2 | 3 | |
| 2. 提出一些挑战性问题 | 0 | 1 | 2 | 3 | |
| 3. 给予学生充足的时间思考答案 | 0 | 1 | 2 | 3 | |
| 4. 推荐阅读的书本或作者 | 0 | 1 | 2 | 3 | |
| 5. 鼓励学生表达自己对文章的看法 | 0 | 1 | 2 | 3 | |
| 6. 帮助学生把所读材料与生活联系 | 0 | 1 | 2 | 3 | |
| 7. 向学生指出文章信息如何建构在已知事物上 | 0 | 1 | 2 | 3 | |

续表

| J. 下列情况在班上出现多吗？ | 几乎没有 | 有些课堂 | 多数课堂 | 所有课堂 | |
|---|---|---|---|---|---|
| 1. 学生不听老师的话 | 0 | 1 | 2 | 3 | |
| 2. 有喧哗声和混乱 | 0 | 1 | 2 | 3 | |
| 3. 老师等好长时间后学生才会安静 | 0 | 1 | 2 | 3 | |
| 4. 学生不会好好学习 | 0 | 1 | 2 | 3 | |
| 5. 开始上课很久，学生还不开始用功 | 0 | 1 | 2 | 3 | |
| K. 您和语文老师的关系如何？ | 完全不符合 | 不符合 | 不确定 | 符合 | 非常符合 |
| 1. 我和语文老师相处很好 | 0 | 1 | 2 | 3 | 4 |
| 2. 我的语文老师很关心我 | 0 | 1 | 2 | 3 | 4 |
| 3. 我的语文老师能倾听我说话 | 0 | 1 | 2 | 3 | 4 |
| 4. 我总能得到语文老师的帮助 | 0 | 1 | 2 | 3 | 4 |
| 5. 我的语文老师能公平地对待学生 | 0 | 1 | 2 | 3 | 4 |

**问卷到此结束，再一次感谢您的作答！**

## 附录7 二分知识状态为（000000）的 118名被试五等划分后的技能等级水平

| 学生编号 | 测验总分 | 二分知识状态 | 技能掌握水平 |
| --- | --- | --- | --- |
| 1966 | 10 | 000000 | CCCCDD |
| 2289 | 10 | 000000 | DCECDC |
| 841 | 10 | 000000 | DCECDC |
| 1095 | 10 | 000000 | DCCCDC |
| 879 | 9 | 000000 | CDDCDC |
| 1185 | 9 | 000000 | CCDCED |
| 2373 | 9 | 000000 | DDDCED |
| 2350 | 9 | 000000 | DCDCED |
| 1365 | 9 | 000000 | DCECDC |
| 855 | 9 | 000000 | DCDCEC |
| 563 | 9 | 000000 | DCDCEC |
| 1364 | 9 | 000000 | EDECDC |
| 2374 | 9 | 000000 | ECCCDC |
| 2058 | 9 | 000000 | ECECDD |
| 1159 | 9 | 000000 | ECECDD |
| 837 | 8 | 000000 | DCDCDC |
| 446 | 8 | 000000 | ECDDDC |
| 1602 | 7 | 000000 | DDEDDD |
| 69 | 7 | 000000 | DEECDD |
| 1373 | 7 | 000000 | EDECDD |
| 1377 | 6 | 000000 | EEDDED |
| 1987 | 6 | 000000 | EEDEED |
| 552 | 6 | 000000 | EECDDD |
| 870 | 6 | 000000 | EDCCDD |
| 2096 | 6 | 000000 | EDDCDD |

续表

| 学生编号 | 测验总分 | 二分知识状态 | 技能掌握水平 |
| --- | --- | --- | --- |
| 553 | 6 | 000000 | EDDDDD |
| 2091 | 6 | 000000 | EDDEED |
| 1613 | 6 | 000000 | EDDEED |
| 2386 | 6 | 000000 | EDDEEC |
| 1368 | 6 | 000000 | EDDEED |
| 1115 | 6 | 000000 | EDDDDD |
| 1595 | 6 | 000000 | EECEED |
| 1620 | 6 | 000000 | EEDDDC |
| 872 | 6 | 000000 | EDDEDC |
| 2095 | 6 | 000000 | EDDEED |
| 554 | 6 | 000000 | EDDEEC |
| 2078 | 6 | 000000 | EDDDED |
| 1994 | 6 | 000000 | EDDEDD |
| 2393 | 6 | 000000 | EDDDDD |
| 558 | 6 | 000000 | EDDDDC |
| 1752 | 6 | 000000 | EDDDDC |
| 1746 | 5 | 000000 | EDCDDD |
| 1113 | 5 | 000000 | EDDCDD |
| 458 | 5 | 000000 | EDEDDD |
| 562 | 5 | 000000 | EDEDDC |
| 1374 | 5 | 000000 | ECDCDD |
| 452 | 5 | 000000 | ECDCDD |
| 547 | 5 | 000000 | ECEDDC |
| 2406 | 5 | 000000 | ECECDD |

续表

| 学生编号 | 测验总分 | 二分知识状态 | 技能掌握水平 |
| --- | --- | --- | --- |
| 448 | 5 | 000000 | ECDCDD |
| 1986 | 5 | 000000 | ECDCDD |
| 449 | 5 | 000000 | ECDDDD |
| 1116 | 5 | 000000 | ECDCDD |
| 1611 | 5 | 000000 | ECDDDD |
| 1608 | 5 | 000000 | ECCCDD |
| 456 | 5 | 000000 | EDECEC |
| 776 | 5 | 000000 | EDDCDD |
| 2005 | 5 | 000000 | EDDCDC |
| 1749 | 5 | 000000 | EDCCDD |
| 358 | 5 | 000000 | EDEDEC |
| 773 | 5 | 000000 | EDECED |
| 1747 | 5 | 000000 | EDECDD |
| 568 | 5 | 000000 | EDCCDD |
| 1764 | 5 | 000000 | EDCDDD |
| 2002 | 4 | 000000 | EEEDED |
| 2400 | 4 | 000000 | EEEDED |
| 561 | 4 | 000000 | EEEDED |
| 1754 | 4 | 000000 | EEEDED |
| 574 | 4 | 000000 | EEEDED |
| 1614 | 4 | 000000 | EDDDDD |
| 1625 | 4 | 000000 | EDEDED |
| 573 | 4 | 000000 | ECDEDE |
| 1382 | 4 | 000000 | ECDEDE |

续表

| 学生编号 | 测验总分 | 二分知识状态 | 技能掌握水平 |
|---|---|---|---|
| 569 | 4 | 000000 | ECEEEE |
| 557 | 4 | 000000 | ECDEDD |
| 1762 | 4 | 000000 | ECEEEE |
| 1610 | 4 | 000000 | ECEEDD |
| 549 | 4 | 000000 | ECDEDD |
| 559 | 4 | 000000 | ECEEEE |
| 1751 | 4 | 000000 | ECCEDE |
| 365 | 4 | 000000 | ECDEDD |
| 1767 | 4 | 000000 | ECCEDD |
| 1741 | 4 | 000000 | ECEEED |
| 895 | 4 | 000000 | ECDEDD |
| 1753 | 4 | 000000 | EDDEED |
| 543 | 4 | 000000 | EDECED |
| 1220 | 4 | 000000 | EDECED |
| 1623 | 4 | 000000 | EDECED |
| 457 | 4 | 000000 | EDECED |
| 2403 | 4 | 000000 | EDECDD |
| 1766 | 4 | 000000 | EDDCED |
| 1383 | 4 | 000000 | EDDDDD |
| 1619 | 4 | 000000 | EDECDD |
| 1213 | 4 | 000000 | EEEDED |
| 366 | 3 | 000000 | EEEDEE |
| 1626 | 3 | 000000 | ECEDDE |
| 1629 | 3 | 000000 | ECDDDE |

续表

| 学生编号 | 测验总分 | 二分知识状态 | 技能掌握水平 |
|---|---|---|---|
| 1628 | 3 | 000000 | ECCDDD |
| 774 | 3 | 000000 | ECEDDD |
| 1772 | 3 | 000000 | ECDDCE |
| 2404 | 3 | 000000 | EDEDDE |
| 1379 | 3 | 000000 | EDDDDE |
| 1622 | 3 | 000000 | EDDEDE |
| 1117 | 3 | 000000 | EDDDDE |
| 1761 | 3 | 000000 | EDDDDE |
| 896 | 3 | 000000 | EDDDDE |
| 1627 | 3 | 000000 | EDEDDE |
| 1771 | 3 | 000000 | EDCEED |
| 1621 | 3 | 000000 | EDEDED |
| 1765 | 3 | 000000 | EDCEED |
| 572 | 3 | 000000 | EDEEED |
| 1757 | 3 | 000000 | EEEEED |
| 1617 | 3 | 000000 | EEECEE |
| 571 | 3 | 000000 | EEEDEE |
| 1769 | 3 | 000000 | EEDDEE |
| 1385 | 3 | 000000 | EEEEDE |
| 1630 | 2 | 000000 | EEEEEE |

# 附录8 二分知识状态为（111111）的604位被试五等划分后的技能等级水平

| 编号 | 测验总分 | 二分知识状态 | 技能掌握等级 |
|---|---|---|---|
| 73 | 20 | 111111 | AAAAAA |
| 238 | 19 | 111111 | AAAAAA |
| 1633 | 19 | 111111 | AAAAAA |
| 579 | 18 | 111111 | AAAAAB |
| 231 | 18 | 111111 | AAAABA |
| 1222 | 18 | 111111 | AAAABA |
| 1406 | 18 | 111111 | AAAABA |
| 1395 | 18 | 111111 | AAAAAB |
| 230 | 18 | 111111 | AAAAAB |
| 178 | 18 | 111111 | AAAAAB |
| 1522 | 18 | 111111 | AAAABA |
| 18 | 18 | 111111 | AACAAA |
| 1386 | 18 | 111111 | AAAABA |
| 1634 | 18 | 111111 | AABAAA |
| 1778 | 18 | 111111 | AABAAA |
| 1423 | 18 | 111111 | AABABA |
| 953 | 18 | 111111 | AABAAA |
| 83 | 18 | 111111 | AAAABA |
| 226 | 18 | 111111 | AAAABA |
| 1246 | 17 | 111111 | AAABBB |
| 183 | 17 | 111111 | AAAAAA |
| 900 | 17 | 111111 | AAAABA |
| 5 | 17 | 111111 | AAAAAA |

续表

| 编号 | 测验总分 | 二分知识状态 | 技能掌握等级 |
|---|---|---|---|
| 611 | 17 | 111111 | ABAAAA |
| 39 | 17 | 111111 | AABABA |
| 1242 | 17 | 111111 | AABAAA |
| 2101 | 17 | 111111 | AAAABA |
| 261 | 17 | 111111 | AAAABA |
| 1885 | 17 | 111111 | AAAABA |
| 932 | 17 | 111111 | AAAAAA |
| 461 | 17 | 111111 | AAAAAB |
| 160 | 17 | 111111 | AAABBB |
| 937 | 17 | 111111 | AAABAB |
| 177 | 17 | 111111 | AABABA |
| 32 | 17 | 111111 | AAAACA |
| 35 | 17 | 111111 | AAAABA |
| 1516 | 17 | 111111 | AAAAAA |
| 784 | 17 | 111111 | AABABA |
| 144 | 17 | 111111 | AAAABA |
| 478 | 17 | 111111 | AAAAAA |
| 957 | 17 | 111111 | AAAAAB |
| 1399 | 17 | 111111 | AABAAA |
| 149 | 17 | 111111 | AAAABA |
| 53 | 17 | 111111 | AAAAAA |
| 372 | 17 | 111111 | AABAAA |
| 125 | 17 | 111111 | AABAAA |
| 119 | 17 | 111111 | AABAAA |

续表

| 编号 | 测验总分 | 二分知识状态 | 技能掌握等级 |
|---|---|---|---|
| 1266 | 17 | 111111 | AAAABA |
| 1531 | 17 | 111111 | AABAAA |
| 1638 | 17 | 111111 | AABAAA |
| 1518 | 17 | 111111 | AABAAA |
| 1855 | 16 | 111111 | AABACA |
| 276 | 16 | 111111 | ABAABA |
| 212 | 16 | 111111 | ABAACA |
| 98 | 16 | 111111 | AAAAAB |
| 933 | 16 | 111111 | AAAAAB |
| 1444 | 16 | 111111 | ABAACA |
| 1509 | 16 | 111111 | ABCABA |
| 935 | 16 | 111111 | ABAAAA |
| 498 | 16 | 111111 | AAAAAA |
| 1508 | 16 | 111111 | ABAACA |
| 2147 | 16 | 111111 | ABCABB |
| 613 | 16 | 111111 | AAAAAA |
| 904 | 16 | 111111 | AABABB |
| 1283 | 16 | 111111 | AAABAA |
| 249 | 16 | 111111 | AABBAA |
| 1273 | 16 | 111111 | AAABAA |
| 1792 | 16 | 111111 | ABAAAA |
| 1796 | 16 | 111111 | ABAAAA |
| 578 | 16 | 111111 | AAAAAA |
| 593 | 16 | 111111 | AABAAA |

续表

| 编号 | 测验总分 | 二分知识状态 | 技能掌握等级 |
| --- | --- | --- | --- |
| 1430 | 16 | 111111 | AAAAAA |
| 940 | 16 | 111111 | AAABAA |
| 116 | 16 | 111111 | AABAAA |
| 985 | 16 | 111111 | AACABB |
| 1389 | 16 | 111111 | AABBBA |
| 24 | 16 | 111111 | AABAAA |
| 389 | 16 | 111111 | AABABA |
| 499 | 16 | 111111 | AAACAA |
| 1782 | 16 | 111111 | AABABA |
| 1650 | 16 | 111111 | AABAAA |
| 1632 | 16 | 111111 | AABAAA |
| 120 | 16 | 111111 | AABAAA |
| 473 | 16 | 111111 | AABAAA |
| 388 | 15 | 111111 | ACBACA |
| 644 | 15 | 111111 | AABACB |
| 1045 | 15 | 111111 | AABACB |
| 643 | 15 | 111111 | ABAABB |
| 922 | 15 | 111111 | ACBACA |
| 942 | 15 | 111111 | ACAABA |
| 1911 | 15 | 111111 | ACBACA |
| 948 | 15 | 111111 | AABACB |
| 2049 | 15 | 111111 | ABBACA |
| 403 | 15 | 111111 | ABAAAA |
| 1320 | 15 | 111111 | AABACB |

续表

| 编号 | 测验总分 | 二分知识状态 | 技能掌握等级 |
| --- | --- | --- | --- |
| 2182 | 15 | 111111 | AABABB |
| 623 | 15 | 111111 | ABBACA |
| 2013 | 15 | 111111 | AABABB |
| 2038 | 15 | 111111 | ABBACA |
| 1409 | 15 | 111111 | AAAAAB |
| 1284 | 15 | 111111 | ABBACA |
| 610 | 15 | 111111 | AAAAAB |
| 1781 | 15 | 111111 | ACBABA |
| 2226 | 15 | 111111 | AABAAA |
| 785 | 15 | 111111 | ACBACA |
| 1565 | 15 | 111111 | AABABA |
| 1564 | 15 | 111111 | ACBABA |
| 379 | 15 | 111111 | AAACAA |
| 2108 | 15 | 111111 | AABABA |
| 1532 | 15 | 111111 | AABAAA |
| 1443 | 15 | 111111 | AAACBA |
| 795 | 15 | 111111 | ABAAAA |
| 213 | 15 | 111111 | AAACBA |
| 1407 | 15 | 111111 | AAACBA |
| 595 | 15 | 111111 | AAACAA |
| 1542 | 15 | 111111 | ABBABA |
| 1822 | 15 | 111111 | AABABA |
| 1860 | 15 | 111111 | AABAAA |
| 486 | 15 | 111111 | ACBABA |

续表

| 编号 | 测验总分 | 二分知识状态 | 技能掌握等级 |
| --- | --- | --- | --- |
| 1290 | 15 | 111111 | AAAABA |
| 2188 | 15 | 111111 | AAACBA |
| 856 | 15 | 111111 | ABAAAA |
| 58 | 15 | 111111 | ACBABA |
| 202 | 15 | 111111 | ABAABA |
| 2012 | 15 | 111111 | AAAAAA |
| 780 | 15 | 111111 | AABAAA |
| 1439 | 15 | 111111 | AABAAA |
| 165 | 15 | 111111 | AAAAAA |
| 670 | 15 | 111111 | AAAAAA |
| 789 | 14 | 111111 | ABBACB |
| 2212 | 14 | 111111 | ABBACA |
| 711 | 14 | 111111 | ABBACB |
| 2183 | 14 | 111111 | ABBABB |
| 192 | 14 | 111111 | ABAABB |
| 2148 | 14 | 111111 | ABAABB |
| 709 | 14 | 111111 | ABBACA |
| 1431 | 14 | 111111 | ABBABB |
| 2162 | 14 | 111111 | ACABBA |
| 2154 | 14 | 111111 | ABBACB |
| 2114 | 14 | 111111 | ABBCCB |
| 1680 | 14 | 111111 | ABBBCA |
| 2041 | 14 | 111111 | ABBBCA |
| 1411 | 14 | 111111 | ABBCBB |

续表

| 编号 | 测验总分 | 二分知识状态 | 技能掌握等级 |
|---|---|---|---|
| 2264 | 14 | 111111 | ACCACA |
| 1546 | 14 | 111111 | ABAABB |
| 1654 | 14 | 111111 | ACBACA |
| 1549 | 14 | 111111 | ACAABB |
| 2156 | 14 | 111111 | ABBCBB |
| 817 | 14 | 111111 | ACCACA |
| 500 | 14 | 111111 | AAAAAA |
| 1897 | 14 | 111111 | ACBACA |
| 282 | 13 | 111111 | ACABBA |
| 422 | 13 | 111111 | ACABBA |
| 1898 | 13 | 111111 | ACBACA |
| 2196 | 13 | 111111 | ABBBBA |
| 1148 | 13 | 111111 | ACBACA |
| 2195 | 13 | 111111 | ABBBBA |
| 648 | 13 | 111111 | ABBCCB |
| 1307 | 13 | 111111 | ACBBBA |
| 2073 | 13 | 111111 | ACBBBA |
| 1351 | 13 | 111111 | ACBBBA |
| 1581 | 13 | 111111 | ABCACA |
| 1923 | 13 | 111111 | ABBABB |
| 413 | 13 | 111111 | ABCACA |
| 2225 | 13 | 111111 | ACAAAA |
| 1168 | 13 | 111111 | ABBABB |
| 1838 | 13 | 111111 | ACAAAA |

续表

| 编号 | 测验总分 | 二分知识状态 | 技能掌握等级 |
|---|---|---|---|
| 717 | 13 | 111111 | ACBABA |
| 705 | 13 | 111111 | ACBABA |
| 2271 | 13 | 111111 | ACBACA |
| 421 | 13 | 111111 | ACBACA |
| 743 | 13 | 111111 | BCBABA |
| 800 | 13 | 111111 | BCBBBA |
| 647 | 13 | 111111 | BCBACA |
| 1058 | 13 | 111111 | BCBACA |
| 61 | 13 | 111111 | CABABA |
| 1052 | 13 | 111111 | CABABA |
| 828 | 12 | 111111 | BCCCCA |
| 1069 | 12 | 111111 | BCCCCA |
| 1938 | 12 | 111111 | BBCACB |
| 409 | 12 | 111111 | BBCCCB |
| 1914 | 12 | 111111 | BCABAA |